中国产业发展路径和机制

现代产业体系建设论坛文集

李晓蓉 巫强 等 编著

Paths and Mechanism of China's Industrial Development

Collected Essays of Modern Industrial System Building Forum

南京大学出版社

目　录

第三部分　产业升级与政策

第四部分　区域协调发展

导　言　在全球价值链路径上建设制造强国[①]

刘志彪[②]

《中国制造2025》全面描述和展望了中国建设制造强国的战略方针、主攻方向和建设路径。在新一轮的经济全球化浪潮中，建设制造强国当然要在高水平的开放经济体系下进行。过去的中国制造业就是在嵌入全球价值链(Global Value Chains，简称 GVC)形态的产品内分工体系下，利用低成本优势进行国际代工，使制造业的规模、体量得到了迅速扩张。未来中国将起到重要作用的新一轮经济全球化，必然带来全球先进的、高级的生产要素的转移，从而将有效提升中国技术创新的能力，驱动中国创新经济的发展，提升中国制造的品质和水平。

过去的经济全球化，也出现了中国制造企业被 GVC 的"链主"俘获和锁定在低知识、低技能环节，只能获取低附加值的现象。某些领域甚至出现了比较严重的依赖经济迹象。高质量地建设现代化经济体系，要求我们在开放条件下进一步深入思考制造业转型升级的战略、主攻方向和根本路径。从中国制造业深度嵌 GVC 分工这一事实出发，我们提出建设 GVC 上的制造强国的政策主张。这是对《中国制造2025》规划提供了多视角的补充性认识和战略建议。

一、在 GVC 上培育具有"链主"地位的跨国公司

在 GVC 的治理结构中，具有主导性地位的"链主"是跨国公司。它们要么背靠巨大的国内市场，形成市场驱动型 GVC，以品牌、设计、市场、营销、网络等优势，向全

---

① 原文载于《学习与探索》2018 年第 11 期。

② 教育部首批文科长江学者特聘教授，南京大学经济学院教授，博导，国家高端智库建设培育单位"长江产业经济研究院"院长。

球供应商发出巨额的采购订单;要么依靠国家整体科技创新能力、工业化水平和综合国力,形成生产者驱动型GVC,制定和监督规则、标准的实施,并最终获取价值创造的绝大部分收益。

显然,建设GVC上的制造强国,首先要依据产业的不同性质,构建或培育具有这种治理地位的跨国公司。如在资本技术密集型的生物医药、集成电路、飞机制造等产业,就适合培育生产者驱动型GVC的链主。[①] 如果未来我国没有这一大批驰骋全球市场的有竞争优势的跨国公司,尤其是以产业和技术资本为基础的链主,何来中国制造在全球的强势地位?党的十八大报告和十九大报告,都指出要“培育具有全球竞争力的世界一流企业”。这其实就是提出了在GVC上培育“链主”的战略要求。

根据2017年《财富》世界500强排行榜来看,进入世界500强的中国银行有10家。中、农、工、建四大银行居于全球银行排名的前四位。2016年中国这10家银行利润达到1 738亿美元,占全部109家上榜企业利润总额的55%。进入世界500强排行榜的美国银行共有8家,这8家银行的利润为1 025亿美元,占全部132家上榜企业总利润的16%。[②] 银行利用自己的垄断地位获取高额利润。在这种情况下银行实际上挤压了实体经济的利润,从而影响了中国实体经济企业的盈利能力,进而影响了中国实体经济企业的可持续发展。

在中央大力振兴实体经济、持续扩大内需与调整结构相结合的政策导向下,中国市场不仅正在给全球企业和人才提供巨大的发展机遇,而且中国企业也完全可以依托庞大的内需,建设市场驱动型GVC,把全球供应商纳入自己主导的分工网络。主要对策建议是:

一是在消费终端推进以电子信息网络支持的零售企业的大型化,通过资产的兼并重组构建若干拥有一定市场势力又相互竞争的大型商业巨头,这些商业巨头可以与制造业巨头之间产生市场势力的对冲效应。

二是要改革收入分配制度,以收入增长和公平分配支持内需规模的不断扩大和

---

① 苏明、刘志彪:《全球价值链视野下的中国产业发展——刘志彪教授访谈》,《南京社会科学》2014年第8期。

② 据https://baike.sogou.com/v166353302.htm? fromTitle资料计算。

结构优化。当前制约内需扩大的主要因素是收入分配差距的加大。富人缺乏消费的动力,而边际消费倾向大的低收入群体又无力消费。这跟中国收入分配的基尼系数过大有直接的关系。

三是可以鼓励中国制造企业沿着"制造-零售"产业链进行前向的纵向一体化投资活动,或者鼓励制造企业收购兼并国外的品牌、网络、广告、营销系统。这些活动将产生价值链上的"链主"效应。

更重要的是,我们可以依据中国的内需去虹吸全球高级人才、技术和资本,开发具有自主知识产权和品牌的研发项目,发展创新经济,建设生产者驱动型 GVC。由于这类价值链的动力根源是产业资本,其核心能力主要体现在研发、生产能力上,所以像高通、ARM 等公司可以通过授权或者掌握芯片的核心技术,站在产业链的最高端,成为链主。因此制造强国还是应加强对核心技术的掌握,通过拥有核心技术占据 GVC 上链主的治理地位。[①] 主要的对策性建议是:

一是把扩大内需,新一轮全球化,建设创新驱动国家等战略结合起来,共同服务于建设制造强国的目标。扩内需不是为了自力更生,更不是闭关锁国,而是为了更深层次的开放,为了给全球先进技术和人才提供市场机遇。在以扩内需为基点的新一轮开放战略下,通过对开放的包容性生态社会环境的建设,千方百计地推进全球优秀人才向中国转移,利用大国经济优势推进制造强国的首要政策目标的实现。

二是鼓励中国企业从加入全球生产分工,转向加入全球创新网络,在全球创新分工中占据一席之地。嵌入生产分工虽然与嵌入创新分工有联系,前者往往是后者的必经阶段,但是后者的等级要大大高于前者。向这个地位升级的企业必须专注于知识的投入,必须对创新系统有边际贡献。嵌入全球创新网络,首要的事情是要讲规则,尊重和严格保护知识产权。另外要充分发挥企业与大学、科研院所的互动作用。在全球创新网络中,大学是这种创新分工体系中的核心要素。如硅谷周边区域,就拥有斯坦福大学、加州大学伯克利分校、加州大学圣克鲁兹分校等近 20 家名牌大学。

① 洪银兴:《参与全球经济治理:攀升全球价值链中高端》,《南京大学学报(哲学·人文科学·社会科学)》2017 年第 4 期。

波士顿区域内，则分布着哈佛大学、麻省理工学院等世界一流大学，它们所提供的大量高素质人才，以及高水平的科研成果，是创新生态系统形成和发展的关键因素。

值得强调的是，在培育"链主"的战略实施过程中，我们始终可以把引进来和走出去结合起来，通过新的投资、逆向外包、收购兼并等市场经济手段，广泛吸纳全球知识、技术和人才为我所用，同时为世界其他国家的发展提供新的机会。

二、向上延伸产业链：培育 GVC 上的"隐形冠军"

这次中美贸易摩擦，美方欲对中国高科技企业痛下狠手，其实打乱的是 GVC 的分工循环体系。事实说明，要建设 GVC 上的制造强国，必须高度警惕那些拥有核心技术、关键部件和特殊材料的中间投入品供应商，在关键时刻对我国产业安全所发出的难以置信的威胁。具有这类性质和能力的供应商，一般我们也把它们称为"隐形冠军"，指在某个细分市场绝对处于世界领先地位，却鲜为人知的企业。这些隐形冠军不直接与终端消费者发生联系，却因掌握行业的关键知识和技能，享有其他企业无法替代的优势地位，因而往往是具体产业命运的真正控制者。①

中国企业过去处在 GVC 上的加工装配等生产环节，是高技术产业的低端环节。目前处于这个价值链上游的隐形冠军全世界有 3 000 多家，其中德国数量最多，拥有 1 300 多家，而中国虽然是世界制造大国，全球第二大经济体，很多产业规模也名列世界前茅，但这些产业往往大而不强，高度缺乏像台湾地区的"台积电"那样的行业隐形冠军②，其核心技术、关键部件和材料大多垄断在国外"隐形冠军"企业的手中。大到精密机床、半导体加工设备、飞机发动机，小到圆珠笔笔头的球珠、高铁的螺丝钉、电子产业的芯片、微电子链接用的导电金球等，都是我们在产业链上的软肋和痛点。中国的主导性、战略性新兴产业不可能都通过依赖投资或收购兼并下游的加工厂和零售店而实现，而是需要培育更多的隐形冠军，才能突破发展的瓶颈，迈向 GVC 的中高端。隐形冠军是决定中国迈向制造强国的关键点。

---

① 许惠龙、康荣平：《隐形冠军：全球最优秀的公司》，《管理世界》2003 年第 7 期。

② 台积电目前的市值大概 2 000 亿美金，而美国的高通和博通也只有 1 000 亿美金的市值。可见专业代工的隐形冠军规模不一定小，其市场地位也不一定低。

未来根据战略性和紧迫性，某些战略性新兴产业发展必须依靠国家的力量逐步向上延伸产业链，专注于链上的技术知识密集环节，把技术一层一层地往上做，做大做强后往上提升，掌握链的某一部分的不易被取代的重要价值环节。这些产业我们不一定非要做成链主，也不太可能方方面面都是由我们作为链主。总之，要争取把这些产业的核心技术、关键部件和特殊材料的发展主动权，牢牢地掌握在自己的手中，否则我国的制造强国战略就是建立在沙滩上的。正如习近平总书记最近多次强调的，核心技术是国之重器，是我们最大的命门，核心技术受制于人是我们最大的隐患，"就好比在别人的墙基上砌房子，再大再漂亮也可能经不起风雨，甚至会不堪一击"。

向上延伸产业链，培育 GVC 上的隐形冠军，说明我们过去认可的某些经济理论已经过时，尤其是不能根据静态比较优势理论去继续实施所谓的扬长避短策略，放弃对 GVC 上游的某些高知识技术密集环节的追赶，应该以动态竞争优势理论为指导，实施扬长补短策略，全力拓宽瓶颈部门。[①] 过去在静态比较优势理论的指导下，我们长期定位于 GVC 上的低成本环节，专业化生产劳动密集型产品。其实，这种定位存在一些隐患，一是随着我国发展水平的提升和要素成本的提高，我们将会不断遇到来自其他要素更为低廉的后发国家的威胁，从而容易陷入产能过剩和过度竞争的格局；二是不具备讨价还价的能力，容易被具有非对称权力的"链主"长期锁定在产业链的低端，导致贫困化增长；三是容易在不安全和不稳定的 GVC 中，成为被上游企业讹诈的对象，从而影响国家产业安全。根据动态的竞争优势理论，对战略性瓶颈部门的拓宽，可以从幼稚产业开始。根据后起的德国、日本和韩国的经验，可以对幼稚产业设置阶段性的成长保护期，以阻隔外来竞争。在保护期内，除了可以补贴消费者、使用者，鼓励国内消费者优先购买外，还可以鼓励产业内的优势企业进行资产兼并，迅速做大。

向上延伸产业链，培育 GVC 上的隐形冠军，对于我国塑造现代化强国具有十分重要的战略意义。制造业是现代化强国的基础。如果说，小国经济可以通过嵌入全球经济实现专业化分工和合作，从而建立起依赖外部关系的开放型经济体系的话，那

① 干春晖、余典范：《中国构建动态比较优势的战略研究》，《学术月刊》2013 年第 4 期。

么对于中国这样一个经济大国来说，就必须清醒地认识到，主要依赖不断增长的、规模巨大的内需优势，去建设独立自主的、开放的工业经济体系，是我国发展战略目标最重要的选择。这个道理很简单。小国经济因国内需求规模的限制，不可能，也没有必要建设很多门类齐全的，具有规模经济特性要求的现代工业，必须放弃许多产业领域，同时也需要较大规模地利用外部市场，否则就很难生存。像中国这样的经济大国，我国产业发展所需要的核心的、关键的技术和知识，是市场换不来的，也是金钱买不到的，必须自主研发，否则就不可能形成基础厚实的制造业和强大的军事工业。国家的长治久安要求中国人的饭碗必须端在自己的手中，中国重要的、关键的产业技术，必须掌握在中国人手中。

当然，考虑到国际分工，即使是最强大的国家，既没有可能也没必要在诸如芯片、精密仪器、飞机发动机、传感器等所有领域和环节都取得绝对优势和控制地位，中国目前欠缺的技术，也不可能都由国家出面不惜代价地组织追赶。因此，一是实施扬长补短策略中，最需要的是集中力量补最短的那些板，由此提高边际收益；二是更需要充分发挥民间、市场和中小企业的主体作用。

三、摆脱“被俘获”命运，坚持功能升级，重点发展制造型服务业

做 GVC 上的制造强国，要久久为功的是日积月累的产业升级。但是考虑到我国企业嵌入的 GVC，在治理结构的性质上属于被俘获性，因此产业升级过程具有特殊性。这是我国在建设制造强国中必须面对的最大约束条件之一。

被俘获性的 GVC，指的是价值链上的交易者之间，虽然不存在纵向一体化的所有权关系，但是它却可以通过价值链中的治理机制，使广大的供应商被具有“链主”地位的跨国公司所控制。这种交易网络和治理方式，相对于能力分享型的 GVC，或基于市场公平交易的 GVC 来说，因为参与方之间极度缺乏平等对话的市场势力和技术的基础，所以在价值分配上，也不利于发展中国家。

但是嵌入被俘获性的 GVC，对发展中国来说，也会有受益的一面。研究案例发现，中国代工企业嵌入被俘获的 GVC 后，在得到来自大买家的巨额订单的同时，也会受到其具体的人员培训、技术服务和市场训练等。中国代工企业在价值链的低端

经过快速的学习，其工艺升级和产品升级的周期不断缩短。大买家之所以肯帮助代工企业进行产品和工业升级，主要原因是这种性质的升级，有利于品牌产品在最终市场上的销售，其利益与代工企业是一致的。目前这些中国代工企业早已走过进口零部件的装配生产的阶段，处于大规模的整机生产能力提升阶段，甚至已经可以反向出口发达国家的阶段。下一步的产业升级，就是要瞄准功能升级的目标，逐步形成自己的研发设计能力乃至拥有自己的核心技术和自主品牌。

另一方面，目前中国大部分代工企业的能力仍然局限于生产功能的投资与建设，以大规模、低成本、低价格取胜。代工企业的功能升级即向微笑曲线的两端升级过程，受到了资源能力的限制，以及价值链中买方市场势力的阻扰。这些掌控 GVC 两端的品牌、营销、研发、设计等生产性服务技能和知识的链主，因为担心来自中国企业的竞争和可能的替代，往往会用一切可行的手段压制中国企业的功能升级。其所采取的围追堵截手段很多，比如威胁取消订单、打价格战、以知识产权名义起诉等。

未来根据专业化分工原则，大部分企业做精致的、专业的代工厂家，把代工业务做大做强，也是不错的选择。但是鼓励一部分优秀的中国代工企业逐步实施功能升级，也是产业政策未来发展的必然趋势。只有在某些战略性产业方面建立起了自己的品牌，掌握了自主技术，才能实现制造强国的目标。① 因此鼓励企业立足于中国制造业的已有基础，加大知识技能的投入，逐步发展“制造型服务业”，是当下激励企业摆脱“被俘获”命运的最重要的有效措施。

中国企业在现阶段大规模转向服务业既不现实也不可行，毕竟全面走向以金融科技为主的服务业，至少在相当长的一段时间内不符合中国建设制造强国的国情。比较合理的路径，是先发展制造型服务业。② 在大数据、互联网、云计算、人工智能技术突飞猛进的当下，制造服务业将信息网络化作为提供服务的平台和工具，把服务向产业链的前端和后端延伸，扩大服务范围、拓展服务群体，能快速获得客户的反馈，优化服务内容和持续提高服务质量。其中，工业互联网平台建设是制造业服务化大方向。

---

① 罗斌、黄昭昭：《全球价值链下的中国产业功能升级研究》，《经济社会体制比较》2010 年第 6 期。

② 齐二石、石学刚、李晓梅：《现代制造服务业研究综述》，《工业工程》2010 年第 5 期。

中国企业从纯粹的生产型制造，逐步向服务型制造发展，是加快制造业自主创新和结构调整的重要内容，也是《中国制造2025》中关于制造业智能化发展的主攻方向。中国实施这一具体的战略方向具有非常好的条件和基础。一方面，我国庞大的制造业规模和体量，将会对智能化发展产生巨大的市场需求，是支持智能化按市场规律正常快速发展的现实基础。另一方面，用智能化改造中国制造业，必将大大地提高制造业企业的技术素质和产品质量，这也为制造强国奠定了坚实的技术基础。

四、以竞争政策重整价值链上的中低端供应商

在做 GVC 上的制造强国的问题上，还有一个调整和优化产业组织方面的问题，这是制造强国的市场结构基础。在这方面，要研究的问题很多，如大中小企业之间怎么协调配合？不同规模、不同所有制企业之间公平竞争的条件是什么？如何破除政府的行政垄断，以及反对具有市场势力的企业行使垄断特权等？

这当中，有一个与本文主题直接相关的，当前急需关注和解决的重要问题，就是如何以竞争政策重整价值链上的中低端供应商。目前我国有众多处于价值链中低端的国际代工企业。需要坚决贯彻中央去产能方针政策的中低端供应商，主要有两类：一类是属于资源能源开采加工方面的，如煤炭、建材、铝业、电力、钢铁等，这些产业产出均质性强，投资规模大，受供求和价格影响大，具有周期性；另一类是那些进入门槛低，全球涌入的企业过多，市场低价竞争激烈，因而产能容易过剩的劳动密集型产业，如鞋帽服装、玩具、消费类电子产品、家具，等等。

为了防止这两类产业残酷的价格竞争不断地驱使行业走向衰退，需要坚决地进行产能调整。但是调整过程的手段和工具的选择，应该有不同的把握。对于上述第二类产业，市场机制是最佳的手段，但是也需要政府在税收信贷政策、劳动力转移和培训、资产调整等方面给予配合。而比较难以操作的是上述第一类产业。主要是这些产业进入后比较难退出。原因是市场需求循环变动，产业未来前景不明；同时资本规模大、转换成本高、沉淀成本高。更重要的是，这些产业往往也同时云集着大量的低技能型劳动者，他们退出产业寻找新工作的机会少、可能性低。对这些产业的调整，最佳手段是政府在做好劳动者社会保障和失业再培训再就业的前提下，通过提高

环保、能耗、质量、标准、安全等各种准入门槛来完成淘汰目标。要尽量不利用行政的强制手段和计划指令,防止一刀切损害产业中真正有效率的民营企业。加强规则完善法治,减少行政指令,实现良性产能治理。

五、战略互动:价值链攀升与培育世界级先进制造业集群的结合

在GVC上建设制造强国,也需要落实在具体的空间结构上。产业升级需要重整制造业的经济地理条件。这主要包括制造业发展的时间空间条件被压缩、投资密度的加大、经济市场分割程度降低等三个方面。

大力发展高水平的制造业产业集群,是实现上述三个要求的关键。制造业集群所依赖的运输条件等基础设施建设,以及集群内部企业之间的天然物理距离,都是压缩时间空间的具体形式,也是集群存在的基本理由;产业集群的投资密度,要大大高于原子式竞争分散布局的企业投资密度,也是产业集群竞争力的基本来源;产业集群打破了行政区域的界限,按照经济功能布局,群内企业的相互学习和由此引出的知识溢出,是减少市场分割、增强经济一体化发展的内在力量。因此,优化产业的空间配置,大力发展制造业产业集群,是打造制造强国的重要途径。

党的十九大报告指出,促进我国产业迈向GVC中高端,培育若干世界级先进制造业集群。这其实就是已经考虑了要结合产业升级与集群升级实施互动战略。从学理上看,一方面,可以通过促进集群升级,有力地支撑产业攀升GVC。产业集群的最重要特点之一,就是大量的相关产业的企业集中在特定的地域范围内。这些企业因处于同一产业,所以相互之间既有激烈的市场竞争,又会有多种形式的合作,如信息共享、股权合作、联合开发新产品、开拓新市场、建立新的供应链,等等。这种合作机制的根本特征是互动互助、集体行动。通过集体行动的方式,中小企业获得知识和技能的溢出,如在培训、金融、技术开发、产品设计、市场营销、出口、分配等方面,可以弥补市场缺陷,克服其内部规模经济的劣势,既可与外部强大的竞争对手相抗衡,又能对冲掉一些大买家压制下游供应商进行产业升级的市场势力。

另一方面,在GVC上的产业升级,尤其是选择不同形式和性质的GVC的行动,将促进产业集群向世界级水平的跃迁。首先,在GVC上的升级,尤其是实现功能升

级，意味着集群在向知识技术密集方向和环节延伸，这种延伸通过群内的竞争和学习效应，技术和知识将不断溢出，最终推动整个集群的产出水平与世界标杆的缩小。其次，一个产业集群中的企业，所嵌入的 GVC 性质往往不同，[①]由此决定了在不同性质的 GVC 中，产业升级的具体路径和方式有很大的差异，培育世界级先进制造业集群的政策取向也不同。例如，嵌入能力分享型的 GVC 网络或公平市场交易型的 GVC，与加入被俘获型的 GVC 相比，后者需要政府为产业集群提供更多的外部资源以及强化外部性，也需要集群中的领头企业发起更多的集体行动，才可能突破封锁艰难地驱动集群升级。最后，企业可以在不同的“链主”所控制的 GVC 中学习，并把所掌握的知识和技能，用于带动集群整体升级的活动之中。在实践中，一个产业集群中的企业，往往加入欧美日等不同国家主导的跨国公司 GVC 之中。这些不同的链主因文化、管理等差异，对所嵌入的企业升级的态度和政策也有所不同。如长三角地区有很多企业，它们既嵌入美国大买家主导的以“被俘获”为特征的 GVC，也加入欧洲大买家主导的松散型的 GVC，有的还同时自主地对南美洲和非洲出口独立品牌，它们在国内市场也有大量不依赖中介代理的直接销售业务。这样，在不同类型和性质的 GVC 中，集群中的企业可以发挥“杠杆能力”(leveraging competences)，即把在某条 GVC 中学到的东西，运用到另外一条 GVC 的某种升级活动中，从而实现低成本的产业升级。

我国加入 WTO 以来，企业嵌入 GVC 的方式发生了许多新的变化。突出的表现就是，伴随着各个地方规划的高新区和产业园的日渐成熟，企业首先在园区内扎堆，形成各具特色的地方性产业集群，这些产业集群又以集合的形式抱团嵌入 GVC。与早期单个企业嵌入 GVC 的形态相对应，竞争形态也由公司总部与制造业工厂之间单一的链式竞争，逐渐演变为集群内部企业与企业之间的原子式竞争、集群与集群平台之间的竞争、集群与非集群之间的混合竞争，以及本国集群与国外集群之间的全球竞争。产业集群之间竞争的结果，使得价值链获取业务的空间越来越大，内容越来越复杂，竞争程度越来越深，竞争效率越来越高。中国商品过去在全球竞争中攻城略

---

① 有的企业技术或市场运营能力较强，加入的可能是能力分享型的 GVC 网络；有的企业可能就是跨国企业通过 FDI 形成的子公司，属于纵向一体化型的 GVC；有的企业完全通过市场合约与大买家进行公平交易，属于市场交易型 GVC；在实践中，更多的中国企业加入的是被俘获型的 GVC。

地、所向披靡,形成所谓“中国价格”的旋风,与这种产业集群的竞争形态和方式有着直接的、密切的关系。我国未来的产业政策,应该鼓励和支持这些产业集群成为GVC的链主。这样,这个集群内部就是世界性产业链的一部分,要让这一段产业链成为全球该产业链的核心,不仅在要素技术的创新能力上要过硬,更要在系统技术方面有足够的能力。在这里,系统技术是指在这一段产业链中,各个企业之间如何协调、互相促进的技术,当然它包括集群内部的组织能力与战略协调能力。它们是制造强国战略中产业链攀升和培育若干世界级先进制造业集群的基本条件和现实基础。

六、结语

本文描述了在新一轮高水平的开放型经济体系建设中,建设制造强国的战略方向、基本路径和基本政策。在GVC上建设制造强国而不是闭关锁国自力更生,是本文研究的基本出发点。本文分析得到的基本结论是,第一,中国企业完全可以依托庞大的内需,建设需求或技术驱动的GVC,把全球供应商纳入自己主导的分工网络中。第二,现阶段应该扬弃静态比较优势理论,以动态竞争优势理论为指导,加强对GVC上游的某些高知识技术密集环节的追赶,实施扬长补短策略,拓宽瓶颈部门。第三,为了挣脱在GVC上“被俘获”的命运,必须鼓励企业坚持不懈地进行功能升级,重点发展制造型服务业。第四,区分GVC上两类不同的供应商,主要运用竞争政策坚决去掉过剩严重的周期性产业的产能。第五,把价值链攀升与培育世界级先进制造业集群这两大任务结合起来,实施战略互动。

关于鼓励中国企业提升制造能力的途径和渠道,除了要继续向掌握核心技术的领头公司学习之外,我们提出至少还有:第一,积极并购GVC上的科技公司。第二,与GVC上的核心企业合作。比如华为要开发芯片,可让IBM协助进行前端设计,让台积电代工。第三,采取逆向发包策略,通过OFDI形式利用外国的科研资源。如华为在十多个发达国家都建立了实验室。第四,在国内建设产学研合作体系。比如武汉、西安、南京等科研资源丰富的城市,华为、中兴等实力雄厚的企业,都可以采取国家、地方和企业共同合作投巨资的方式,建设面向战略性新兴产业的研发部门。第五,大量录用跨国企业在华的研发人员。第六,资助培养国内研发人员,等等。

第一部分

企业家精神、创新与企业发展

企业家精神的理论、比较与实现路径[①]

陈　东[②]　刘志彪[③]

十八大以来，习近平总书记系列重要讲话中多次出现"企业家精神""企业家作用""企业家才能"等关键词，体现了以习近平同志为核心的党中央在治国理政过程中高度重视企业家群体。在十九大报告中，习近平同志再次强调，"激发和保护企业家精神，鼓励更多社会主体投身创新创业"，这对于全社会正确认识和弘扬优秀企业家精神，营造尊重企业家、尊重创新创业者的良好环境，有效激发市场主体活力，促进现代化经济体系建设具有十分重要的意义。

一、企业家精神：内涵与能力独特性

长期以来，企业家和企业家精神被看作外部变量并未引起经济学家的广泛注意。无论是亚当·斯密，还是以后的凯恩斯学派、弗里德曼学派和供应学派等主流经济学派，都以发挥资源最大效用和建立平衡作为经济学理论的核心。18 世纪 30 年代，法国经济学家理查德·坎蒂隆(Richard Cantillon)首次提出"企业家"这一概念，即"使经济资源的效率由低转高的人""企业家精神"则是企业家的"特殊技能"，是精神和技巧的集合。1911 年，熊彼特出版了经典的《动态经济学理论》(*The Theory of Economic Dynamics*)将企业家和企业家精神引到经济学理论中，指出追求创新的企业家所推

---

① 本文受中国博士后科学基金特别资助项目"党组织治理嵌入、民营企业投资结构优化与实体经济振兴"(2018T110469)安徽高校人文社会科学研究重大项目"安徽高新技术产业创新能力提升研究"(SK2018ZD003)资助。

② 安徽工业大学商学院教授，南京大学长江产经研究院博士后在站。

③ 南京大学经济学院教授，博导，教育部首批文科长江学者特聘教授，国家高端智库建设培育单位"长江产业经济研究院"院长。

动的经济体系的动态不平衡才是一种健康经济学常态。1934 年，熊彼特经过论证进一步提出，经济增长的主要推动力是企业家的创新活动，他们通过开发新产品、新的生产方式以及其他创新活动来激发经济活力，因此，企业家精神可以描述为一种"创造性的破坏过程"。至此，企业家精神开始真正引起学术界的重视。

企业家精神的内涵包括哪些内容？这既是一个古老的学术命题，也是一个内涵不断丰富的范畴，学术界并没有一个统一的结论。在经济理论界，主要有强调创新特征的德国学派，强调冒险特质的芝加哥学派，以及强调发现市场机会的奥地利学派。每一种学派后面都有一大批著名的学者代表。根据熊彼特的定义，创新无疑是企业家精神的核心，同时，也有其他研究对此进行扩充，如认为敬业是企业家精神动力，专注是企业家精神底蕴，诚信是企业家精神基石。笔者认为，企业家精神既是一种无形的资源，也是一种决策和行动能力，是一个国家产业竞争优势的主要来源。

经济学家 Miller(1983)提出从三个方面来测量组织经营是否具有企业家精神，即企业家精神包括创新性(Innovation)、主动积极性(Proactiveness)和风险承担性(Risk-taking)，而这些都是企业家特有的能力。作为经济发展中最重要的无形资源，企业家精神的独特性主要表现在：当某个企业对某个机会的潜在价值具有敏锐的洞察力而其他企业不具有时，前者能够对这种未利用机会进行率先的认知、发现和探索，以及采取及时的商业化行动。如果这个企业的判断是正确的，那么他就可以获得企业家租金；如果判断失误，他就会发生损失。结合以往的研究，笔者认为，企业家精神的特性表现为一种对风险活动的认知、发现、探索和追求的行为，是一种对企业各方面专业知识进行协调的能力。据此可以从企业家认知能力、企业家发现能力、企业家利用市场机会的能力以及企业家协调知识的能力四个方面，来充分认识企业家精神的独特性。

一是企业家认知能力的独特性。管理大师德鲁克在 1985 年出版的《创新与企业家精神》一书中指出：企业家精神既不是一门科学，也非一门艺术，它是一门实践。企业家在决策实践过程中使用的是基于直观推断的逻辑，而不是大企业经理阶层利用的程序化的计划决策。在对新的商业机会的追求中，市场的发展很少以确定的、逻辑的方式演化，如果更多地使用以确定性为基础的逻辑进行决策，往往会使决策者变得无所适从，即使可能这样做，也要付出很高的决策成本，企业家面对的决策过程也会变得更为复杂。在不完全和不确定信息的复杂世界中进行战略决策，企业家的思考出现显著的跳跃，通过使用直观推断方法简化决策过程，缩短决策时间，并先于其他企业产生各种创新成果，也可以让企业家在机会之窗关闭之前，做出及时的决策。

二是企业家发现能力的独特性。企业家所面临的环境风险和机会并存，在环境迅速变化的情况下，具有企业家认知导向的人，经常可以发现良好的商业机会，而风险回避型或者厌恶风险的人，一般更关注新出现的机会可能存在的威胁，并寻求自我保护。以机会主义的伺机谋利方式适应新形势的认知能力，是企业家的一种体现为竞争优势的独特性资源。Kirzner(1997)提出了“企业家预警”(Entrepreneurial Alertness)的概念，用于反映企业家发现市场机会存在与否或者是否具有价值的能力。当某个人对某种资源的价值具有其他人所没有的洞察力时，这时预警就已经出现。因此企业家预警可以归结为当某种机会出现时，某个人具有抓住这种稍纵即逝的机会的洞察能力。一般来说，并不是只要某个人具备某种系统的知识，就可以具有企业家预警能力，这种抓住稍纵即逝机会的洞察能力主要取决于与市场的贴近程度、过去积累的经验和对学习机制的自我强化效应，甚至可能与某人的先天禀赋有着极为密切的联系。这说明了企业家发现能力是一种难以模仿的异质性资源，是某些企业具有独特竞争优势的根源。

三是企业家实现机遇能力的独特性。制度经济学理论认为，如果利用市场的成本大于企业科层运作的成本，那么对利润最大化和效率的追求就要求用企业形式代替市场。科斯指出：用企业形式代替市场交易，突出地体现了企业家精神在一体化独特性的、专业化知识中的作用。熊彼特则通过强调发明和创新之间的区别，指出发明就是发现新的商业机会，而创新是对这种机会进行有利可图的利用。这一区分的实际意义在于，它把体现企业家精神的创业企业作为解决创新中制度安排问题的关键环节。在企业家实现机遇的过程中，当这项交易需要高度专业化的投资时，更加科层的企业治理机制的选择一般说来要优越于市场方式。基于资源和战略管理的逻辑认为，由于各种具有社会复杂性、路径依赖性等特征的资源需要专业化的投资以实现其经济价值，所以当商业机遇的价值与企业家实现方式相关时，就更有可能选择企业形式的科层机制，而不是非科层的市场机制，但一般的专业知识拥有者不具备企业家所拥有的那种专业化的投资能力，因此他们需要企业家通过科层方式来运作所发现的知识，或者直接把所发现的知识在市场上出售。

四是企业家协调知识能力的独特性。企业家可以运用自己的综合知识，获得各种被别人低估或未被认识的隐含知识，把其概念化和抽象化，并进行有效的利用和配置。一般来说，知识具有四个方面特征：分散性（企业中的知识广泛地分散在某些群体的头脑中）、隐含性（隐含在个体中的不能被编码的知识，不容易交流和传递）、情境依赖性（运用某些知识需要某种特定的环境）和过程性（某些知识出现在某些活动的过程中，不进行这类活动就不会出现这些知识）。Kirzner 在论述企业家知识的重要性时，区分了企业家知识与专家知识的差异，并指出后者需要企业家来雇佣，体现了获取知识过程中知识专家与企业家的分工。专业知识在市场中较为普遍，但仅有专业化的知识离市场价值还很远，更重要的是综合性知识对前者的驾驭，所以在对专业化知识进行一体化运用时，需要有企业家的综合性知识。因此，企业家组合资源生产新资源的过程，是企业家所拥有的综合知识对专家所拥有的各种专业知识的协调，是用企业形式对各种隐性的专业知识的一体化。

二、西方企业家精神：制度、文化与政府作用

现代企业家精神起源于西方，西方国家将企业家精神、职业经理人才能与企业发展方式有机结合，并借助一定的战略手段实现创新性、引领性、规模化、品牌化、国际化发展，率先实现了由传统社会向现代社会转型。其背后是制度、文化与政府共同作用的结果。

一是打造成熟稳定的制度环境。西方国家企业家精神成长的土壤，一个重要的基础就是完备的制度环境，包括成熟的市场体制与法治基础。从宏观政治法律关系调整、交易费用两个角度，对企业发展构建了制度安排和游戏规则，成为企业做强做大的过滤器。在现代法治建设层面，一方面是确立商业游戏规则，引导企业从经济寻租、政治寻租向依靠技术创新、高质量的服务，良好的信誉等方面实现利润最大化；另一方面强化法律促进企业利益的作用，如出台并完善公司法、物权法、合同法、版权

法、专利法、国家贸易法等,便利企业完成追求利润的使命。西方的制度环境建设有着悠久的历史传统。Mokyr(2008)指出,英国的制度环境是工业革命早期英国取得领先地位的重要因素。早在1714年,英国议会就已经获得了合法地位和大量权利,在打破行业进入壁垒和排他性制度安排上发挥了重要作用,为企业家提供了更好的追求成功的机会,且能从国外吸纳大量极富创造性的成功企业家增加补充创造才能的机会,同时,也为社会交易提供了一个可靠信息和可置信承诺(Wilson, 1955; Sidney Pollard, 1968)。美国更是一个以法立国的国家,以法律确立规则的合适制度,如理查德・西拉(Rousseau and Sylla, 2005)认为,汉密尔顿的财政金融体系给了美国一套"世界级的"的财政制度,良好的财政金融有助于使企业发展支持制度化。二战以后,西方国家进一步强化现代市场法治建设,加强基本制度安排,为经济的恢复和高速发展打下了坚实的基础。

二是塑造积极进取的文化氛围。西方国家有着浓厚的追求财富创造的文化氛围,这种文化氛围不但重塑了西方的创业创新精神,还从根本上重建了西方社会发展的激励结构,构成了企业做强做大的文化根基。在对中世纪商业革命的突破性研究中,格雷夫(Greif, 1994,2005)已说明了"文化信念"的重要性。本杰明・富兰克林1748年写下的《给年轻商人的忠告》一书中,有许多传世名言,如"时间就是金钱""凡是影响个人信用的行为,纵令是最琐碎的事情,也应该留心"等。亚当・斯密(1776)在论述商人的抱负是成为乡绅时,仍在思考商人问题。马克斯・韦伯(1905)推崇入世苦行的新教伦理、理性计算和坚强意志,孕育促成了资本主义的勤奋敬业精神。虽然西方国家和民族都有各有特点,如英国人的高雅,德国人的严谨、日本人的坚韧、法国人的浪漫,但背后都有着一个相似的价值观,就是对创业创新的鼓励,对创造财富的肯定。钱德勒在《企业规模经济与范围经济》一书中通过对美国、德国、英国三国19世纪末到20世纪40年代企业发展的考察,认为美国的资本主义为竞争型管理资本主义,英国企业更突出创业者个人的作用,而德国企业则是建立在合作基础上的管理资本主义。西方国家的这种文化氛围,一方面衍生出诸如冒险、敬业、执着、诚信等创新创业精神,点燃了企业做强做大的引擎;另一方面,还从社会伦理、价值导向的角度,引导社会最优势、最具有竞争性的人才、资金、知识等要素投入到创业、商业、实业或扩大再生产,成为做强做大企业的物质基础。

三是发挥适度有为的政府作用。西方国家政府的作用发挥大小有所区别,如法德日政府的作用就显著大于美英政府,但都遵循着在市场手段发挥决定性作用的前提下,适当发挥政府作用,做好市场的查余补缺工作。如美国认为中小企业是企业家精神发挥的重要平台,专门成立了中小企业管理局和小企业创业投资基金,用于对中小型企业的投资和贷款担保,培养有资金、懂管理、勇于变革的企业家。据统计,美国在 1962 年到 1985 年间,《幸福》杂志所列的 1 000 家最大公司和政府机构大量裁员,减少了 500 万个工作,但同期中小企业所创造的工作机会则有 4 000 万个。二战以后,联邦德国政府通过政策倾斜集中支持企业家的前沿技术创新(Gotzfried,2005),20 世纪 90 年代中期,政府又开始推广"服务沙漠德国"(Service Desert Germany)来推动小型企业发展。法国长期以来在政府作用上发挥较大,在二战以后,为了快速推动经济的发展和提高国家竞争力,政府出台了"国家冠军企业"(National Champions)政策,培养了一大批高效运转的跨国公司和企业家。在金融领域,法国曾任财长米歇尔·德勃雷(Michel Ddbré)通过组织和管理创新(租赁业务的引进、抵押贷款市场的发明和外汇管理的削弱),为企业家成长创造了良好的金融支撑环境。20 世纪 90 年代以来,西方发达国家普遍减少了政府干预,即使是长期奉行国家资本主义的法国政府,也转向了市场资本主义,政府一般都比较强调技术革新,而对企业具体的规模发展、变革组织结构等支持逐渐减少。

三、中国历史上"企业家精神":商业文明与农耕文明的交替主导

纵观我国从古至今的经济发展历程,尽管江山辈有才人出,但企业家精神却几经沉浮,虽然有过领先于世界的短暂辉煌,但更多的时候是商业及贸易未能成为推动经济发展的有效手段,存在着制度上不稳定、文化上重农抑商、政府作用过于强大等不足,商人及工商业界管理者并未成为社会的主流,他们的价值也没有得到普遍认可,创造精神无从得以激发,经济人格被压抑和扭曲。

第一,先秦的"企业家精神"——领先世界。中国第一个"企业家精神"发展的黄金时期是先秦及之前的时期。我国有历史记载的第二个王朝商朝,就是由善于经商

的商族人建立的,《周易》和甲骨文均对商朝的贸易有记载。到春秋时期,商业活动十分活跃,出现了私商,如白圭、子贡、吕不韦、管仲、弦高、范蠡等大商人,他们通过商贸而致富,得以进入朝廷,社会地位显赫。当时政治上赋予了"企业家"很高的地位,社会普遍存在着"农不如工,工不如商"之说,也带来了"企业家精神"的蓬勃发展。即使是儒家先圣孔子对其弟子子贡的经商活动,也赞许为"不受命而货殖"。(《论语》:先进篇)《管子》实存 76 篇,其对工商业及经济规律的深刻分析,揭示了春秋战国时期商业的重要贡献和社会各界对此的深刻认识,在广度和深度上均与当代西方经济学有异曲同工之妙。齐桓公与列国之间"关于几(稽)尔不征"的公约,反映了当时社会建立共同市场的需求。可以说,当时的中国商业发展和"企业家精神"处于世界领先地位,而社会对"企业家精神"的尊敬程度在中国数千年的历史中也几乎无出其右。

第二,秦汉至唐五代之间的企业家精神——几度沉浮。从秦朝一直到北宋之前,中国的"企业家精神"虽然时有亮点,但总体上处于低潮期,经历数度沉浮。秦朝虽然统一了货币和度量衡,客观上有利于商品的交换,但因为建政较短及暴政的影响,商业发展受到了严重打击。西汉初年,在全国市场统一及"休养生息"的大好形势下,"企业家精神"才得到了较大地释放。《史记・货殖列传》中所记载的诸多工商业者们,通过自已勤劳俭朴及对市场的敏锐、对风险的承担,不断开拓出新的天地。但遗憾的是,这种大好的形势并未持续多久,自汉武帝实行官营垄断,及"杨可告缗",各地"民营企业家"们"大抵皆破",中国蓬勃发展中的"企业家精神"骤然受挫。及至王莽新政,全面复古,五均六莞,倒行逆施,限制市场的发展,导致中华民族的"企业家精神"进一步受到打击。东汉的豪强地主经济也基本上排斥了"企业家精神"的生存土壤,三国两晋南北朝的政局动荡,民众流离失所,在生存环境难以保证的情况下,商业发展几近停滞,中国经济甚至倒退到以物易物的阶段,"企业家精神"荡然无存。隋代统一后,全国性的大市场重新确立,随后的贞观之治和开元盛世,带来了"企业家精神"在一定程度上的恢复,但由于数百年的动荡,本土"企业家"发展离先秦的标准仍然较远,胡商在中国商业活动中占据重要地位。唐朝最大的商人,大抵为胡商。中唐以后安史之乱、藩镇割据,以及五代十国的分裂动荡,使"企业家精神"再次失去了生存的土壤。

第三,两宋与元朝的"企业家精神"——再现辉煌。两宋是中国"企业家精神"重绽光芒的重要阶段,把中国古代的"企业家精神"推向了第二个高峰。宋朝实施文官治国,对发展工商业上持鼓励态度,唐代开始出现在大城市周围的定期集市,到宋代已经普遍存在于各大城市,甚至农村中亦可见到。北宋以前的城市中,居民区"坊"和商业区的"市"是分开的,交易只能白天在市里进行。北宋时,开始打破了"坊""市"和昼夜的界限,白蜡的发明使夜市极为繁荣,商店可以随处开设,营业通宵达旦。著名的海上丝绸之路开始兴起,唐代仅在广州一地设市舶司,负责外贸事务,北宋除广州外,又在杭州、明州、泉州、密州(今山东诸城)、秀州(今浙江嘉兴)五地设市舶司,外贸规模成倍扩大。远洋航行的海舶,无论是船体构造还是经营规模,抑或船员人数及专业分工,都处于当时国际领先地位。① 宋朝不仅仅在 GDP 规模上超过世界上任何国家,且在人均 GDP 上也超过同期的欧洲国家②,宋代的商税一度超过国家税收的一半,经济规模空前,出现了世界上最早的纸币。"交子"这在数千年的以农立国的封建专制主义统治下能出现这样数百年的商业文明主导时间,难能可贵。《清明上河图》《东京梦华录》等反映了华北地区繁荣的经济,《武林旧事》等书又充分反映了南方地区活跃的商业活动,北方的少数民族国家一度出现无宋商品则社会经济难以正常运转的局面。元朝建立的时间虽然较短,且以军事立国,但其在企业家精神的发挥上却可圈可点。蒙古人对商品交换依赖较大,同时受儒家轻商思想较少,故元朝比较提倡商业。元朝首都大都、东南沿海的泉州等,均成为当时闻名世界的商业贸易中心。为了适应商品交换,元朝建立起世界上最早的完全的纸币流通制度,是中国历史上第一个完全以纸币作为流通货币的朝代。

第四,明清时期的企业家精神——向现代艰难转型。明清两朝从整体上来说企

① 根据吴自牧《梦粱录》卷一二《江海船舰》的记载,大型中国海舶载重达 1 万～1.2 万石(500～600 吨),同时还可搭载 500～600 人。中型海舶载重 2 000～4 000 石(100～200 吨),搭载 200～300 人,超过同期世界上任何国家。参照吴琪、刘云:《中国古代如何经营南海:宋元时南海疆域已基本确定》,三联生活周刊,2016 - 7 - 12。

② 根据《世界经济千年史》等记载,公元 1000 年北宋 GDP 为 265.5 亿美元,占界比重的 22.7%,人均 GDP 为 450 美元,超过当时西欧的 400 美元。参见安格斯·麦迪森:《世界经济千年统计》,北京大学出版社,2009 年。

业家精神向现代转型的阶段,虽然亦有可圈可点之处,但总体发育不足。明朝前期企业家精神受到较大打击,当朝除了官方贸易之外,片板不许下海,民间海外贸易受到严重阻碍。中期以后,“海禁”撤除,商业活动和市场发展得到一定的解放,民间企业家精神开始恢复。商人们除贩运之外,还开始开钱庄、矿山和手工作坊的生产。明代及其后清朝中先后崛起的商人有徽州的商帮、山西的号票号商以及江淮盐商等,反映了当时工商业在一定程度上的复兴。清朝长期实行闭关锁国之政策,封建专制制度得到进一步加强。这一时期,商业生存的土壤受到较大的制约,民间企业家精神发挥的土壤不足,因而出现了新的官商结合的阶层——红顶商人,最有代表性的是清朝后期的胡雪岩和盛宣怀等人。19 世纪末 20 世纪初,随着现代工商文明的“西风东渐”,中国出现了可谓之为现代意义上的“企业家”群体和企业家精神。他们中的代表人物有盛宣怀、陈光甫、卢作孚、张謇、刘鸿生、张元济等。由于那时的中国长时间内外交困,他们的事业大多处于颠沛流离的不稳定状态。即便如此,他们仍然是中国第一批现代意义上的企业家。他们不仅经营有术、创业有成,而且办学、办医、投身公益,致力于推动建立一个保障企业发展的制度环境。这是他们创造历史的过程,也是自我塑造的过程。

纵观中国古代“企业家精神”发挥的过程,商人群体出现较早,在先秦之前也曾领先于世界,但进入封建大统一王朝以后,发挥得并不是很顺利,宋元数百年的工商业繁盛也只能说是一个特例。探索背后的原因,根本的原因在于中国曾长期处于农耕文明,大一统的体制下重农抑商的观念和政策长期占主导地位,导致了工商业和“企业家精神”缺乏生存的文化土壤。在传统中国社会,“学而优则仕”是通向权力和荣华富贵的捷径,商人则为“四民(士、农、工、商)”之末。同时,纵观中国古代数千年的封建史,不定期的改朝换代导致的政局不稳、法律制度不健全、产权服务于政权等现实,使企业家产权保护较差,特别是时代转换,商业财富基本被清零,创新的基本铁律是“兴亡皆政治”,也是“企业家精神”难以成长的重要原因。

四、当代中国企业家精神:作用、不足及政策建议

改革开放后,企业家精神迎来了黄金发展期,形成了我们今天庞大的企业家群体

和企业家阶层。这是一个企业家队伍从无到有、不断壮大和历炼成熟的过程，一大批具有开拓精神，能发现机会、资源以及勇于创新、敢于拼搏、爱国敬业的企业家，带领出了一批具有核心竞争力的企业。这些企业家既有公有制企业，也有非公有制企业，还有混合所有制企业，所有这些企业家都在朝着追求卓越、开拓市场的方向前进，在市场经济的激励下，为积累社会财富、创造就业岗位、促进经济社会发展、增强综合国力做出了重要贡献，他们是参与经济活动的重要主体、“关键少数”和特殊人才。

但是，毋庸讳言，在这一过程中，由于我国社会主义市场经济体制环境还处于完善过程中，企业家成长的外部环境还有不尽如人意之处。**在企业家合法权益保护方面**，出现了一些因产权纠纷、专利侵权、政府不当干预等造成企业家合法权益遭受损害的事件。在财产权保护方面，针对企业家采取强制措施以及针对企业财产的超标查封、扣押、冻结等措施时有发生，出现了一些社会反映强烈的产权纠纷申诉案件。依法平等保护各种所有制经济产权的长效机制并未完全建立，因政府规划调整、政策变化造成企业家合法权益受损的情况时有发生，依法依规补偿救济机制未得到全面落实，“新官不理旧账”、政策“朝令夕改”的现象时有发生，企业家对政策调整存在担忧。**在创新权益保护方面**，民营企业特别是中小型民营企业的创新权益的保障是薄弱环节，对民营企业产权保护最薄弱的环节是对知识产权的保护，这让企业陷入不创新投入难以生存、加大创新投入后生存更艰难的两难困境。**在企业家自主经营权保护方面**，各级政府、部门及其工作人员一定程度上存在随意干预企业依法经营活动等现象，涉企收费、监督检查等名目繁多，企业家难以安心自主经营。**在公平竞争的环境塑造方面**，不同所有制企业地位不平等的现象仍然存在。在价格、税费、融资、土地批租、原材料供应、工商管理、市场准入和资产重组等方面，存在各类不公平的限制，部分行业领域存在“玻璃门、旋转门、弹射门”现象。**在诚信经营市场环境塑造方面**，还存在一定程度上的“劣币驱逐良币”现象，企业及企业家信息分布在各个企业部门，企业家个人信用记录和诚信档案同样分布较散，全国层面的信用信息共享交换平台和国家企业信用信息公示系统整合程度不足，对企业家诚信经营的激励约束不足。跨部门跨地区的市场协同监管难，多重多头执法一定程度上存在，综合执法效率不高，企业负担较重。

当前，中国特色社会主义进入新时代，我国社会的主要矛盾已经转化为人民日益增长的美好生活需要和不平衡不充分的发展之间的矛盾。习近平总书记指出“我们全面深化改革，就要激发市场蕴藏的活力。市场活力来自于人，特别是来自于企业家，来自于企业家精神”。营造企业家健康成长环境、弘扬优秀企业家精神、更好地发挥企业家作用，更有着特殊的意义。

首先，这是推动经济高质量发展的内在要求。我国经济已由高速增长阶段转向高质量发展阶段，正处在转变发展方式、优化经济结构、转换增长动力的攻关期，要坚持质量第一、效益优先，推动经济发展质量变革、效率变革、动力变革，提高全要素生产率，除了增加有形的要素资源投入外，更需要激发企业家精神和创新潜力，优化要素资源配置效率，提高全要素生产率和潜在增长率。

其次，这是推进供给侧结构性改革的重要支撑。这是现代化经济体系建设的一条主线，当前经济运行中的主要问题是，供给的结构、质量体系与不断升级的社会需求结构之间，存在着“重大的结构失衡”，从而导致产能过剩、效率低下和运转失灵。通过推动质量、效率、动力三大变革，向结构调整要速度、向结构变化要质量、向结构变化要效益，是解决新时代社会主要矛盾的不二法门。企业家精神的发挥，可以识别和捕捉市场机会，高效组织配置资源要素，提供适应市场需求变化的产品和服务，促进优胜劣汰，从根本上解决供需错配矛盾。

最后，这是建立创新引领、协同发展产业体系的重要举措。现代产业体系强调，增长更多发挥高级生产要素的协同作用，更多依靠提高全要素生产率；强调国民经济中投入的生产要素最终必须落在实体经济上，鼓励金融服务实体经济，而且要用现代金融机制支撑科技创新和经济增长。企业家是这一产业体系构建的参与者和引领者，通过建立新企业、创造新模式、运用新技术、制造新产品、开拓新市场，在不断提升企业和产业的核心竞争力的同时，推动着全社会新技术、新产业、新业态蓬勃发展。

企业家精神的培育是一项长期工程，非一朝一夕之功。眼下，企业家精神的培育还有不尽如人意的地方，主要是营商环境出了问题。为此，当务之急是在改善和优化法治化的市场营商环境上下功夫，笔者认为主要有三个方面的内容：

第一,实现产权保护制度的法治化。中共中央、国务院已经颁布了《关于完善产权保护制度依法保护产权的意见》,提出要抓紧编纂民法典,加强对各种所有制组织和自然人财产权的保护。现在我们谈保护和鼓励企业家精神,需要"两稳",即稳法律与法规、稳营商环境。在实践中,现在最迫切的应该是根据中央的部署,坚持有错必纠的原则,甄别纠正一批侵害民营企业产权的错案冤案,增强企业家对中国发展的信心。

第二,要由产业政策管理转向竞争政策或反垄断法,并以此来规范市场秩序和行为。改革开放40年来,我国面临的发展问题已不再是没有市场竞争或市场自由,更不是没有发展竞争,而是缺少"平等竞争",缺少自由竞争的公平环境和条件。因此,建设法治化的市场营商环境,首先必须推进经济从"发展竞争"转向"平等竞争",确立横向的竞争政策在整个政策体系中的优先地位,明确竞争政策或反垄断法是市场经济的根本大法。这是我国在新常态下全面深化改革的重要内容和体现。

第三,宏观经济政策法治化。与市场会存在失误一样,宏观调控政策也可能产生失误。为防止宏观调控政策出现随意性、盲目性和不协调性等问题,需要把政府的宏观调控纳入法治化的轨道,主要包括:一是依法划清宏观调控的范围,防止随意扩大调控领域;二是要界定宏观调控职权,实行权力清单、责任清单、投资清单、财力清单管理,并把其逐步公开化;三是要规范宏观调控行为,明确宏观调控方法,防止随意性、盲目性;四是要强化宏观调控部门的协调性,明确宏观调控责任。如金融宏观调控,直接关系到国家金融安全,关系到避免出现大规模、系统性的金融危机,需加强央行、证监会、银监会、保监会这"一行三会"之间的协调性和配合性。

参考文献

[1] 刘志彪.竞争优势:基于企业家精神的分析框架[J].中国经济问题,2004(1):25-33.

[2] 刘志彪.当务之急是保护企业家的"环境再造"[N].人民政协报,2017-10-12(3).

[3] 刘志彪.振兴实体经济的战略思路和关键举措[J].新疆师范大学学报:哲学社会科学版,2017,38(5):52-60.

[4] 伊丽莎白・切尔. 企业家精神:全球化,创新与发展[M]. 李欲晓,赵琛徽,译. 北京:中信出版社,2004.

[5] 威廉・鲍美尔. 企业家精神[M]. 孙智君,译. 武汉:武汉大学出版社,2010.

[6] 戴维・兰德斯,乔尔・莫克,威廉・鲍莫尔编著. 历史上的企业家精神[M]. 姜井勇,译. 北京:中信出版社,2016.

中国居民收入差距变化对企业产品创新的影响机制研究[①]

安同良[②]　千慧雄[③]

一、导论

传统的创新增长模型是基于消费者同质偏好假设下进行研究的(Romer, 1990),因而一直未关注需求对技术创新的影响,需求因素对技术创新影响的早期研究囿于市场规模产生的“激励效应”(Schmookler, 1962)和“不确定效应”(Myers 和 Marquis, 1969)。收入差距对技术创新的影响是通过改变需求的结构与数量来实现的,收入差距的扩大,一方面会使一部人更为富有,这些人则愿意为新产品支付更高的价格,此为“价格效应”,价格效应促进企业产品创新;另一方面,收入差距的扩大会使一部分人变得更为贫穷,从而缩小新产品的市场规模,此为“市场规模效应”,这一效应会抑制企业的产品创新,收入差距扩大对技术创新影响的最终方向取决于这两种效应的力量角逐(Foellmi 和 Zweimüller, 2006)。

纵观中国的经济发展历程,中国的基尼系数已从改革开放初期的 0.292 7(程永宏,2007)迅速攀升至 2012 年的 0.474,根据联合国的划分标准我国已处于收入差距较大的阶段。收入差距的持续扩大,不仅引起了全社会的关注,更给中国的经济发展带来了严峻的挑战。中国经济面临着由资源驱动转向创新驱动的发展道路。在现实

---

① 原文载于《经济研究》2014 年第 9 期。

② 南京大学经济学院教授,博导,院长,教育部长江学者特聘教授。

③ 供职于江苏省社会科学院经济研究所。

经济活动中,创新有很多种类型,比较普遍的做法是把创新分成两类:过程创新(或称工艺创新)和产品创新。就中国这样的发展中国家而言,两者相较产品创新更为重要(Edquist, 2001),新产品最终要面对消费者的需求引致,而收入差距又会通过需求来影响产品创新。事实上,中国收入差距的扩大已对创新尤其是产品创新带来了复杂的深刻影响,而我们对此还知之甚少!

关于收入差距与技术创新关系的现有研究,大致可分为三类:首先是基于增长理论视角的技术创新与收入差距关系的研究。这一理论旨在解释国家间收入差距产生的原因,并将其归结为技术进步率(创新)的差异,这些研究是本研究的一个逆问题,即技术创新影响收入差距。Solow(1956)模型是经济增长分析的起点,其将长期经济增长归结为外生的技术进步,从而也就将国家间收入差距外生化。Lucas(1988)、Romer(1990)、Aghion 和 Howitt(1992)等内生经济增长模型,将经济增长与收入差距归结为内生的技术进步,从而从经济系统内部解释了增长与收入差距的原因。Comin 和 Mestieri(2013)研究了技术采用滞后性与技术普及率对国家间收入差距的影响。

其次是收入差距对技术创新的间接影响机制研究。在收入不平等与经济增长相关的文献中,收入差距与技术创新的中介变量——需求影响创新的文献很少被关注,这主要是因为在传统熊彼特式的经济增长中,消费者偏好被假设为同质。在这一假设条件下,消费者对包括新产品在内的各种产品的需求与收入分配无关。直到最近才有文献关注到收入不平等和分层需求结构对经济增长的影响。Chou 和 Talmain (1996)模型中,消费者消费两种商品,一种是标准商品(休闲),一种是 Grossman 和 Helpman 型的创新产品,如果对休闲产品需求的财富效应是非线性的,那么收入不平等将会影响经济增长。Falkinger (1994)模型中决定经济长期增长率的核心变量是居民收入分配情况,如果技术进步率与产品种类同比例增长,那么收入分配不平等会促进经济增长;如果技术进步是平均收入的函数,那么收入不平等将阻碍经济增长。Aoki 等(2002)建立了一个基于逻辑恩格尔曲线的增长模型,需求引致创新,创新引致增长。

最后是在消费者分层偏好下,收入差距对技术创新的直接影响机制研究。收入分配对技术创新的较早研究始于 Murphy、Shleifer 和 Vishny(1989)，他们研究了消费者具有分层偏好的条件下收入分配在现代技术采用中的作用，其研究表明，先进技术的采用需要一个比较大的产品市场规模，财富的集中可能是新技术采用的一个障碍；Eswaran 和 Kotwal (1993)也强调了分层需求结构的重要性。在上述各文献中，收入分配仅仅影响需求数量，对新产品的价格没有影响，Li (1996)、Zweimüller 和 Brunner (1996)、Zweimüller(2000)模型弥补了这一不足，在质量阶梯的分析框架下，研究了收入不平等对产品价格结构，进而对创新的影响机制。Foellmi 和 Zweimüller (2006)对 Murphy 等(1989)和 Zweimüller(2000)模型做了进一步拓展，在消费者分层偏好条件下，研究了收入差距产生的“价格效应”与“市场规模效应”。Foellmi 和 Zweimüller(2006)的研究表明价格效应小于市场规模效应，因而收入向穷人的再分配可以促进创新和收入的增长。

关于收入差距对技术创新的影响，国内只有少量的经验分析，目前还缺乏理论分析。王俊等(2009)认为短期内收入差距与企业技术创新间是正相关关系，而在长期中收入差距对技术创新影响会逆转为反向关系。李平等(2012)使用中国地区层面的面板数据检验了收入差距与自主创新间的关系，研究表明收入差距与自主创新之间呈倒“U”型关系。

综观国内外关于收入差距与技术创新关系的研究，与创新经济学其他领域的文献相比，研究的数量、深度与广度都远远不够。另外现有研究在理论上存在三方面的不足：(1) 现有理论模型基本上都是建立在质量阶梯模型框架下，即技术创新的表现形式仅仅是对原产品质量升级，仅就产品创新而言，这根本不全面，无法解释新产品种类增进的创新过程；(2) 关于收入差距的处理方式，多是将居民分为穷人和富人两个群体，收入差距用其中一个群体的收入占总收入的比重来表示，此种表示方法不能反映一国居民收入分布上的连续变化，而且在需求处理上过于简单，与现实相差甚远；(3) 缺少关于居民收入效应的分析，即当居民收入发生变化时，不同居民对收入变化产生的反应是异质的，因而对需求的冲击也不同。基于以上认识，本研究引入异质性收入效应，建立居民收入差距连续变化条件下的企业产品创新竞争模型，从而弥补了现有理论研究的不足。

二、收入差距与企业产品创新的模型设定

模型的设定框架是对 Murphy 等(1989)、Zweimüller(2000)、Foellmi 和 Zweimüller(2006)等模型的拓展,以克服他们模型中收入差距的非连续性、创新形式的局限性等问题。假设存在这样一个经济系统——国家,系统总收入为 M,可以理解为一个国家的 GDP,系统中共有 L 个人,每个人的收入不同,将系统中的人依据收入从低到高排成一个序列,用 l 来表示一个人在这一序列中的位次,那么可以用下面的帕累托累积分布函数来表示此经济系统的收入分布情况:

$$z=\left(\frac{l}{L}\right)^{\alpha},l=1,2,\cdots,L;\alpha\in[1,+\infty) \tag{1}$$

其中 z 表示这个系统中个人收入从低到高排序后,前 l 个人的收入占系统总收入的百分比,若令 $x=\frac{l}{L}$,则 $z=x^{\alpha}$ 就是这个系统的洛伦茨曲线,当 $\alpha=1$ 时,收入完全平均分配,随着 α 的增大,系统成员间的收入差距会增大。当 L 很大时,可以近似地将(1)式作为一个连续的函数来处理,那么当 l 增加一个单位时,z 的边际变动为:

$$Mz=\frac{\alpha}{L}\left(\frac{l}{L}\right)^{\alpha-1} \tag{2}$$

z 的边际变动实际上就是第 l 个人的收入占系统总收入的百分比,考虑到整个系统总收入为 M,则第 l 个人的收入(用 m_l 来表示)为:

$$m_l=M\frac{\alpha}{L}\left(\frac{l}{L}\right)^{\alpha-1},l=1,2,\cdots,L \tag{3}$$

对于一个新产品,由于收入差异,以及其他一些偏好因素,不同消费者的支付意愿不同,为简化分析,这里假设消费者对新产品的支付意愿仅依赖于收入,可用下面效用函数来表示:

$$U=\begin{cases}S-\dfrac{P}{m^{\beta}}, & \text{购买}\\ 0, & \text{不购买}\end{cases} \tag{4}$$

单个消费者的消费决策是一个0-1分布，不购买或者购买一件，当购买时，S 表示消费者能从该商品消费中获得的最高效用，P 是商品的价格，m 表示消费者的收入，$\beta>0$，表示消费者对新产品的支付意愿随着收入的增加而增加，在一定程度上 β 可以作为衡量消费者"收入效应"的一个指标。为简化分析，这里假设消费者的保留效用是0，那么消费者购买新产品的临界条件为：

$$S-\frac{P}{m^{\beta}}\geqslant 0,\text{即}:m\geqslant\left(\frac{P}{S}\right)^{\frac{1}{\beta}} \tag{5}$$

结合(3)式，购买创新产品的消费者所占比例满足：

$$\frac{l}{L}\geqslant\left(\frac{L}{\alpha M}\right)^{\frac{1}{\alpha-1}}\left(\frac{P}{S}\right)^{\frac{1}{\beta(\alpha-1)}} \tag{6}$$

那么市场对新产品的总需求为：

$$Q=L\left[1-\left(\frac{L}{\alpha M}\right)^{\frac{1}{\alpha-1}}\left(\frac{P}{S}\right)^{\frac{1}{\beta(\alpha-1)}}\right] \tag{7}$$

关于企业的创新行为，假设系统中存在这样一个行业，行业里有 n 个企业，初始阶段每个企业的规模、研发水平等企业特征相同，为在未来的市场竞争中占据优势，这些企业展开了新产品的创新竞赛活动，对于第 i 个企业，其完成创新的时间与创新的投入负相关，即投入越多，完成创新所需要的时间越短，这里假设企业在期初一次性投入 d_i 单位创新资金。由于创新活动具有不确定性，借鉴 Loury(1979)的处理办法，假设企业 i 的创新完成时间是一个与创新投入相关的指数分布，即：

$$P(t_i\leqslant t)=1-e^{-d_i^{\lambda}t},\lambda\in(0,1) \tag{8}$$

其中 λ 反应的是企业研发效率，指对于给定的 R&D 投入，产品创新完成的或然时间缩短的速度。$\lambda\in(0,1)$表明研发是规模报酬递减，随着研发投入的增加，创新完成的或然时间以递减速度缩短。由于各企业间是竞争关系，对研发活动会采取比较严格的保密措施，因而各企业的创新完成时间可以认为是相互独立的，其联合密度函数为：

$$f(t_1,\cdots,t_n)=\prod_{i=1}^{n}\left(d_i^{\lambda}\lambda e^{-d_i^{\lambda}t_i}\right) \tag{9}$$

那么企业 i 率先完成创新的分布函数为：

$$F(t)=P(t_i\leqslant \min(t,\min_{j\neq i}(t_j)))=e^{-t\sum_{j\neq i}d_j^{\lambda}}(1-e^{-d_i^{\lambda}t})+\sum_{j\neq i}d_j^{\lambda}\int_0^t(1-e^{-d_i^{\lambda}s})e^{-s\sum_{j\neq i}d_j^{\lambda}}ds$$

$$=\frac{d_i^{\lambda}}{\sum_{i=1}^{n}d_i^{\lambda}}(1-e^{-t\sum_{i=1}^{n}d_i^{\lambda}}) \tag{10}$$

企业 i 完成创新后会为创新成果申请专利保护等措施，最终在新产品市场上形成垄断地位，作为垄断企业，在面临既定的需求时会制定垄断价格，获取垄断利润，为简化分析，不失一般性，这里假设企业的边际成本为零。在这种条件下实际上就是收益最大化的问题，根据(7)式可得：

$$TR=PQ=PL\left[1-\left(\frac{L}{\alpha M}\right)^{\frac{1}{\alpha-1}}\left(\frac{P}{S}\right)^{\frac{1}{\beta(\alpha-1)}}\right] \tag{11}$$

则 $\max_P TR$ 可得：

$$P=S\left[\frac{\beta(\alpha-1)}{\beta(\alpha-1)+1}\left(\frac{\alpha M}{L}\right)^{\frac{1}{\alpha-1}}\right]^{\beta(\alpha-1)} \tag{12}$$

将优化后的价格代入(11)式可得出最大收益为：

$$TR=\frac{LS}{\beta(\alpha-1)+1}\left[\frac{\beta(\alpha-1)}{\beta(\alpha-1)+1}\left(\frac{\alpha M}{L}\right)^{\frac{1}{\alpha-1}}\right]^{\beta(\alpha-1)} \tag{13}$$

这实际上就是率先完成创新的企业在一期内可获得的收益，这一收益的获得时间服从(10)式的随机分布，那么这一收益的期望的现值为：

$$E(TR)=\int_0^{+\infty}TRe^{-rt}dF(t)=\frac{LS}{\beta(\alpha-1)+1}\left[\frac{\beta(\alpha-1)}{\beta(\alpha-1)+1}\left(\frac{\alpha M}{L}\right)^{\frac{1}{\alpha-1}}\right]^{\beta(\alpha-1)}\frac{d_i^{\lambda}}{r+\sum_{i=1}^{n}d_i^{\lambda}} \tag{14}$$

由于率先完成创新的企业每一期都可以获得(14)的期望收益，为简化分析，假设这一专利为永久性，那么这一创新的真正价值应该是所有这些收益和的现值，即：

$$V=\int_0^{+\infty}E(TR)e^{-rt}dt=\frac{LS}{\beta(\alpha-1)+1}\left[\frac{\beta(\alpha-1)}{\beta(\alpha-1)+1}\left(\frac{\alpha M}{L}\right)^{\frac{1}{\alpha-1}}\right]^{\beta(\alpha-1)}\frac{d_i^{\lambda}}{r(r+\sum_{i=1}^{n}d_i^{\lambda})} \tag{15}$$

企业在第一阶段的创新竞争实际上就是在争夺(15)式所示的创新价值，根据前面的假设，企业的创新竞争实际上是一个对称的Cournot博弈，在给定竞争对手的创新投入条件下，n个企业优化各自的创新投入，根据(15)式的创新价值，以及各自研发成本d_i，可得其均衡条件为：

$$\frac{LS}{\beta(\alpha-1)+1}\left[\frac{\beta(\alpha-1)}{\beta(\alpha-1)+1}\left(\frac{\alpha M}{L}\right)^{\frac{1}{\alpha-1}}\right]^{\beta(\alpha-1)}\frac{\lambda d^{\lambda-1}(r+(n-1)d^{\lambda})}{r(r+nd^{\lambda})^{2}}-1=0 \tag{16}$$

均衡时各个企业的创新投入相同，因而略去创新投入d的下标。收入结构即居民收入的分布情况，实践上通常用表征收入差距的基尼系数来表示，通过(1)式的居民收入分布情况可以得出居民收入分布的基尼系数为：

$$G=\frac{\alpha-1}{\alpha+1} \tag{17}$$

根据(16)、(17)可得均衡时收入差距(G)与创新投入(d)应满足的关系为：

$$\frac{2LS(1-G)}{(2\beta-1)G+1}\left[\frac{2\beta G}{(2\beta-1)G+1}\left(\frac{M(1+G)}{L(1-G)}\right)^{\frac{1-G}{2G}}\right]^{\frac{2\beta G}{1-G}}\frac{\lambda d^{\lambda-1}(r+(n-1)d^{\lambda})}{r(r+nd^{\lambda})^{2}}-1=0 \tag{18}$$

三、模型的均衡分析与数值模拟

第二部分得出了收入差距(基尼系数G)与企业产品创新(产品创新投入d)之间的函数关系，由于它是一个复杂的非线性关系，直接用微分方法很难透彻分析二者之间的实际关系，为此我们将使用Matlab 7.0软件对它进行数值计算，尔后将计算的结果以图形方式表达出来。另外在收入差距与产品创新的函数关系中，还含有人口(L)、总收入(M)、收入效应(β)、研发效率(λ)、利率(r)和市场结构(n)等参数。

1. “收入效应”变化对产品创新及收入差距与产品创新关系的影响。这里的“收入效应”是指居民收入变化时对新产品支付意愿的变化，图1就是对这一变化的模拟。图1中其他参数的取值分别为：$L=10^6$，$S=1$，$M=10^{10}$，$\lambda=0.6$，$r=0.05$，$n=10$，图1中共有6个子图，其“收入效应”从小到大顺次变化，具体值如图所示。从模拟图中可以观察到：当β比较小时，产品创新的R&D投入随着基尼系数G的增加而递减，即二者成负相关关系；随着β的增加，基尼系数与产品创新 R&D 投入间的关系由单纯负相关逐渐变成“U”型曲线关系，即随着基尼系数增加，R&D 投入先下降，再上升；随着β的进一步增加，基尼系数与产品创新 R&D 投入间最终会变成单调的正相关关系，如子图Ⅵ所示。综合六个子图可以看出，给定其他条件，产品创新 R&D 投入与“收入效应”(β)是正相关的，综上可得命题 1：

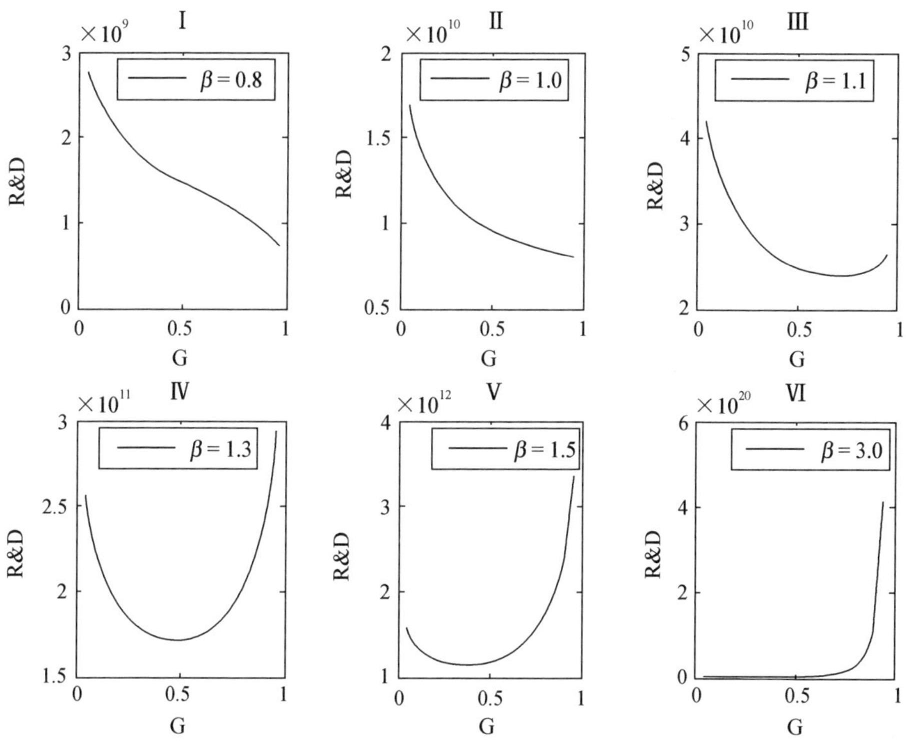

图 1 “收入效应”变化对收入差距与产品创新关系的影响

命题 1：给定其他条件，产品创新 R&D 投入与“收入效应”正相关，其与基尼系数之间的关系因“收入效应”的大小而异，当“收入效应”较小时，二者是单调的负相关关系；随着“收入效应”的增加，二者逐渐演变为“U”型曲线关系；随着“收入效应”的进一步增加，二者最终将演变为单调的正相关关系。

收入差距与产品创新之间呈现此种变化关系的原因在于，收入差距的变化会同时产生两个相反的作用,这两个作用的大小会随着“收入效应”的变化而变化。第一个作用:在系统总收入一定的情况下,基尼系数的增大会降低低收入者的收入,这样一方面原有的低收入者的收入会减少,另一方面低收入者的群体会扩大,这都会降低低收入者对新产品的支付意愿,进而导致新产品的市场规模缩小,从而减少企业的创新利润,也就会降低企业的创新投入,由于这一作用是通过影响市场规模来实现的,因而可称之为“市场规模效应”。第二个作用:基尼系数的增加会增加高收入者的收入,这样高收入者对新产品的支付意愿会增强,那么作为新产品垄断者的创新企业可以制定高价格,从而获取更高的利润,利润的增加将会推动企业进行创新,由于这一作用是企业通过变动价格来实现的,可称之为“价格效应”。“市场规模效应”和“价格效应”是两个相反的效应,从总体上看,当“市场规模效应”大于“价格效应”时,产品创新 R&D 投入与基尼系数是负相关关系,反之则为正相关关系。

“价格效应”与“收入效应”是正相关的,并且当基尼系数较小时,收入差距变动所引起的“市场规模效应”会比较大,而“价格效应”会比较小。这是因为当基尼系数比较小时,收入分配比较平均,基尼系数的上升会使较多的人收入下降,而另一部分人收入上升的幅度又不够大,因而“市场规模效应”会比较大。当基尼系数已经比较高时,基尼系数再增加,虽然会使低收入者的收入更低,但这时“市场规模效应”就没有那么大了,因为很多低收入者本来就不购买新产品了,收入变得更低也不会再产生“市场规模效应”。“市场规模效应”仅仅源于新的低收入者,因而当“收入效应”(β)较大时,“价格效应”会逐渐超过“市场规模”效应,使得基尼系数与产品创新 R&D 的关系由单调递减逐渐变为“U”曲线关系,最终演变为单调的正相关关系。

2. 人口规模变化对产品创新及对收入差距与产品创新关系的影响,见图 2 的模拟,该图共有六个子图。根据图 1 的模拟结果,“收入效应”的大小对收入差距和产品创新关系是有影响的,因而模拟人口规模变化的影响时要考虑这一因素,为不失一般性,子图Ⅰ、Ⅱ和Ⅲ中的$\beta=0.8$,子图Ⅳ、Ⅴ和Ⅵ中的$\beta=1.3$,分别代表较小的和较大的“收入效应”。其他参数的取值为:$S=1$,$M=10^{10}$,$\lambda=0.6$,$r=0.05$,$n=10$,人口规模的变化如图所示。从图 2 前三个子图的模拟中可以看出,给定其他条件,当“收入效应”较小时($\beta=0.8$),人口规模越大,企业的创新投入越多,即企业产品创新 R&D

投入与经济系统的人口规模呈正相关;从子图Ⅳ、Ⅴ和Ⅵ可以看出,当“收入效应”较大时(β=1.3),产品创新 R&D 投入与人口规模负相关。图 2 中的模拟只是“收入效应”大小的两个代表,那么“收入效应”大小的分界线究竟是多少呢?通过将前面公式(18)整理可以发现,参数 L 在式中的表达式为 $L^{1-\beta}$。由此可知,当 β=1 时参数 L 的变化对系统没有影响,当 β>1 时 L 与所在的因子正相关,反之负相关。因此“收入效应”的大小以 β=1 为分界线,左边是“收入效应”较小的区域,右边是“收入效应”较大的区域。综合六个子图可以看出,人口规模的变化对基尼系数与产品创新之间的关系没有影响。

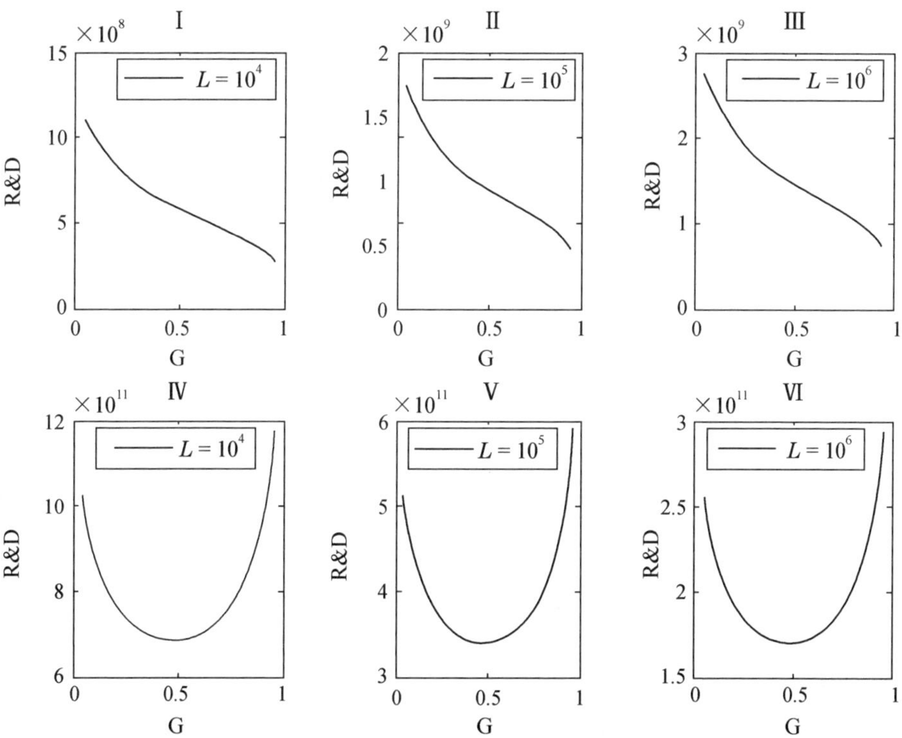

图 2　人口规模变化对产品创新及对收入差距与产品创新关系的影响

命题 2:给定其他条件,“收入效应”较小时(β<1),产品创新 R&D 投入与人口规模正相关;“收入效应”较大时(β>1),产品创新 R&D 投入与人口规模负相关;对于

特定的"收入效应"(β=1)，产品创新 R&D 投入与人口规模不相关；对于所有的"收入效应"，人口规模的变化不影响收入差距与产品创新 R&D 投入之间的关系。

命题 2 实际上是说当"收入效应"较小时，人口规模越大越有利于创新，当"收入效应"较大时，人口规模越小越有利于创新。出现这种现象的根本原因还是取决于收入变化时的"市场规模效应"和"价格效应"之间力量对比情况。对于给定的系统总收入，当基尼系数不变时，人口规模的增加意味着收入被"均化"了，原有居民的收入会减少。从"价格效应"看，创新投入会减少，但与此同时人口的增加会引起"市场规模效应"，这一效应会促进企业进行 R&D 投入。与前面的理论相同，当收入效应较小时，"市场规模效应"会大于"价格效应"，于是人口规模的增加会促进创新，反之则反。

3. 创新产品性质的变化对企业产品创新及对收入差距与产品创新关系的影响。新产品性质是指新产品可以给消费者带来的效用，从(4)式的效用函数可以看出，这一性质对应的参数是 S，S 越大表明新产品给消费者带来的效用越大。图 3 是对这一问题的模拟，考虑到"收入效应"的影响，图 3 的模拟依然分为低"收入效应"(β=

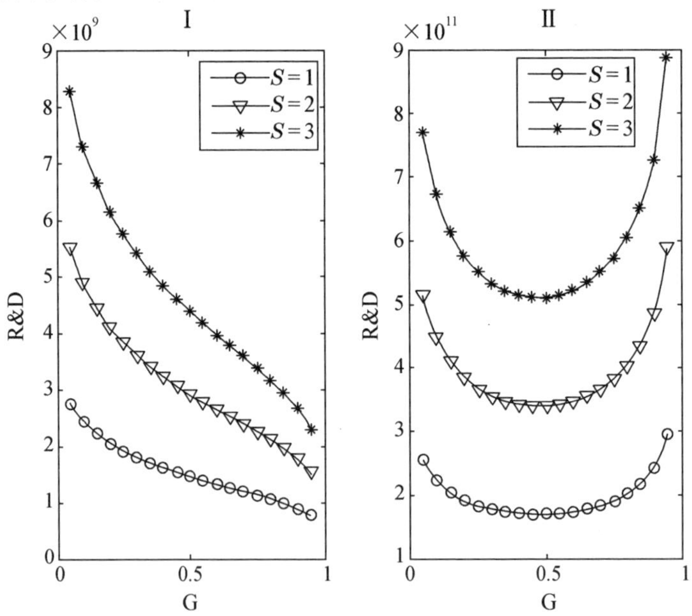

图 3　新产品带来的效用变化对产品创新及对收入差距与产品创新关系的影响

0.8)和高“收入效应”($\beta=1.3$)两种情况，分别对应子图Ⅰ和子图Ⅱ，其他参数的取值分别为：$L=10^6$，$M=10^{10}$，$\lambda=0.6$，$r=0.05$，$n=10$，S 的变化如图所示。观察图 3，新产品性质变化所产生的影响与“收入效应”无关，新产品带来的效用越大，消费者的购买意愿就越强，因此企业可以制定的价格就越高，因而利润就越大，从而创新动力就越强。同时可以观察到产品性质变化并不影响收入差距与产品创新的关系。

命题 3：给定其他条件，新产品性质变化产生的影响与“收入效应”无关，产品创新 R&D 投入与新产品带来的效用正相关，新产品性质变化对收入差距与产品创新关系没有影响。

4. 系统总收入变化对产品创新及对收入差距与产品创新关系的影响。系统总收入的变化如图 4 所示，其他参数的取值分别为：$S=1$，$L=10^6$，，$\lambda=0.6$，$r=0.05$，$n=10$，与图 2 相同，子图Ⅰ、Ⅱ、Ⅲ对应较小的“收入效应”($\beta=0.8$)，子图Ⅳ、Ⅴ、Ⅵ对

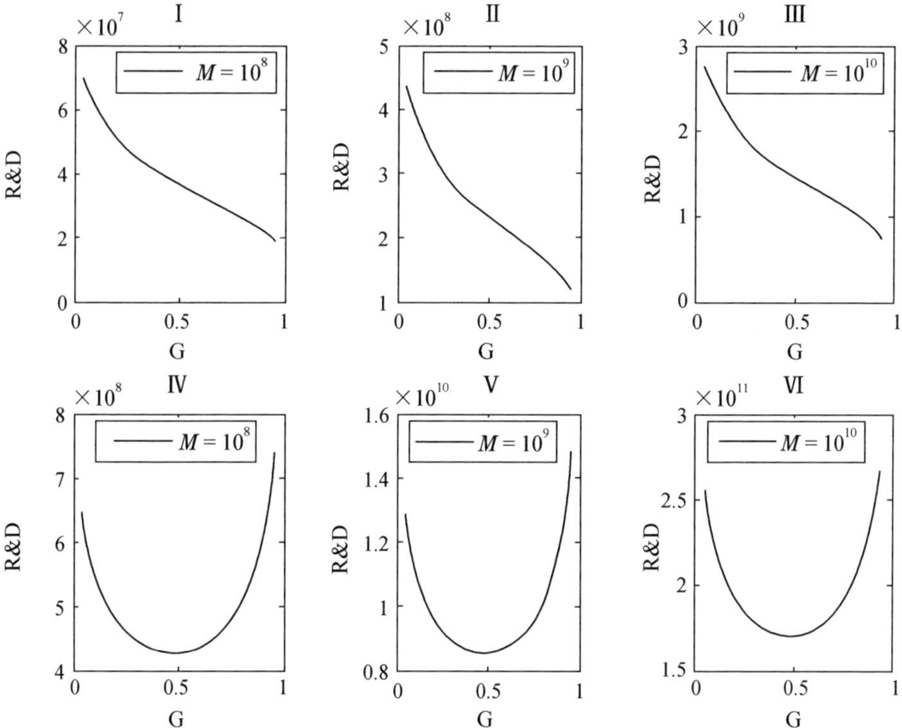

图 4　系统总收入变化对产品创新及对收入差距与产品创新关系的影响

应较大的“收入效应”(β=1.3)。给定人口规模,当系统总收入增加时,每个人的收入都会增加,由于“收入效应”总是正的,个人收入的增加会提高其对新产品的支付意愿,增加创新企业的利润,因而系统总收入的增加总会促进企业进行产品创新。总览图 4 的六个子图可以发现,系统总收入的增加对收入差距与产品创新关系没有影响。

命题 4:给定其他条件,系统总收入与产品创新 R&D 投入成正相关关系,系统总收入不影响收入差距与产品创新之间的关系。

5. 研发效率变化对产品创新以及对收入差距间与产品创新关系的影响。研发效率高的企业在相同的 R&D 投入条件下,其完成创新所需的或然时间会比较短,因而其期望利润就会比较高,创新的投入就会比较多,图 5 中的模拟结果证实了这一点。图 5 中子图Ⅰ对应的“收入效应”为 0.8,子图Ⅱ为 1.3,其他参数的取值与前面相同,从图 5 中可以看出,研发效率的变化对收入差距与产品创新之间的关系也不产生影响。由此可得命题 5:

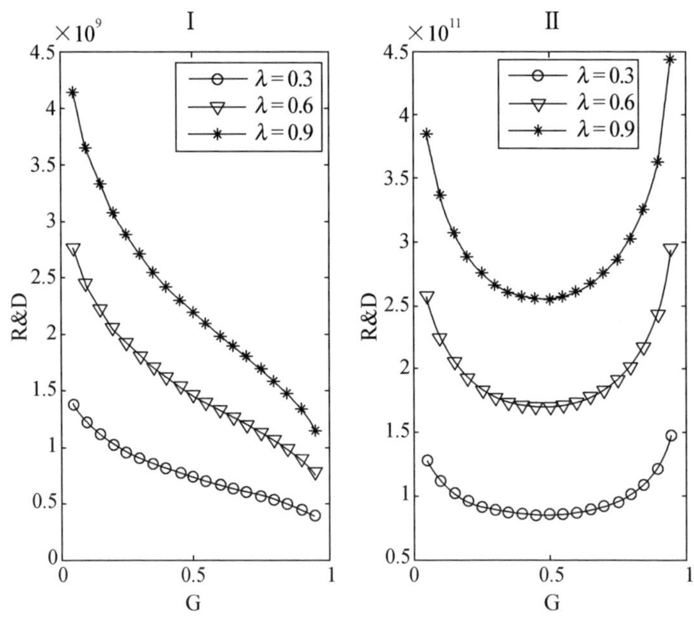

图 5　研发效率变化对产品创新及对收入差距与产品创新关系的影响

命题5：给定其他条件，研发效率与产品创新R&D投入正相关，研发效率的变化不影响收入差距与产品创新之间的关系。

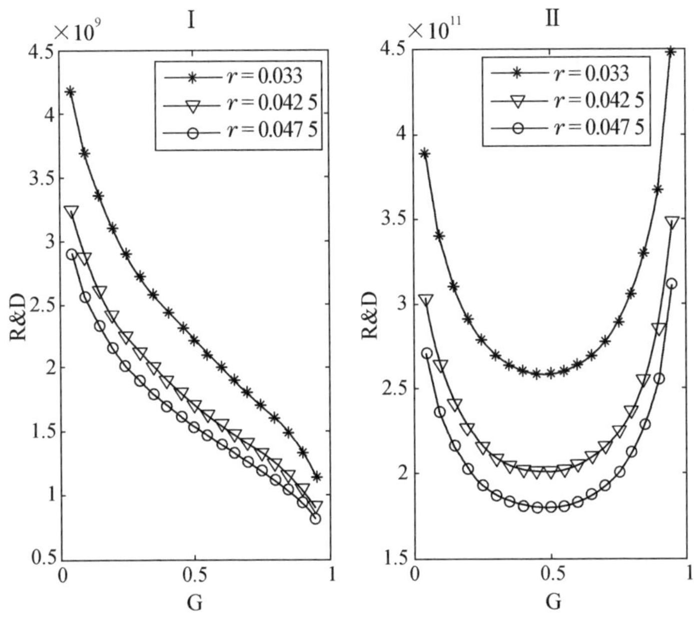

图6　贴现率变化对产品创新及对收入差距与产品创新关系的影响

6. 贴现率变化对产品创新及对收入差距与产品创新关系的影响。贴现率是指将未来值变为现值时所使用的利率，贴现率越高，对于给定的未来收益变为现值时就越少，由于率先完成创新的企业会获得一个永久性的收入流，因而当贴现率升高时，创新所产生的总收益的现值就会变小，因而就会降低企业的创新的动力，创新投入也会相应的减少，图6的模拟结果就证实了这一点，与图5相似，图6分为两个子图，除贴现率有所变化外，其他参数也相同，从图6还可以看出，贴现率的变化也不会影响收入差距与产品创新的关系。

命题6：给定其他条件，贴现率与产品创新R&D投入负相关，贴现率的变化不影响收入差距与产品创新之间的关系。

7. 市场结构变化对产品创新及对收入差距与产品创新关系的影响。市场结构是指市场的竞争程度，在本模型中用行业中企业的个数n来表示，企业数越多表明行业竞争越激烈。与前面的分析不同，前面分析中参数变化时行业中企业数量是不变的，因而企业 R&D 投入与行业 R&D 投入是同方向变化的，行业完成创新的期望时间与企业 R&D 是同步反方向变化的。而当市场结构发生变化时，企业 R&D 投入、行业 R&D 投入、行业完成创新的期望时间的变化方向是不确定的。为全面反映市场结构变化对创新的影响，这里需要同时模拟出行业 R&D，以及行业完成创新的期望时间。行业的创新总投入可以由企业投入加总得到，下面需要计算出行业完成创新的期望时间。若有一个企业率先实现了创新，则整个行业就完成了创新，即行业完成创新的时间为率先完成创新企业的所用时间，若行业完成创新时间为 T，则 T 的分布函数为：

$$P(T \leqslant t) = P(\min(t_i(d_i)) \leqslant t) = 1 - e^{-t\sum d_i^\lambda} \tag{19}$$

则行业完成创新的期望时间为：

$$E(T) = \int_0^{+\infty} td\left(1 - e^{-t\sum d_i^\lambda}\right) = \frac{1}{\sum d_i^\lambda} \tag{20}$$

根据(20)式，以及前面的(18)式可以详细地模拟市场结构变化对企业创新投入、行业总投入、以及行业完成创新的期望时间的影响。在图 7 的模拟中，子图Ⅰ、Ⅱ、Ⅲ对应的“收入效应”是 0.8，子图Ⅳ、Ⅴ、Ⅵ对应的“收入效应”是 1.3，另外子图Ⅰ和Ⅳ模拟的是市场结构对企业产品创新 R&D 投入的影响，子图Ⅱ和Ⅴ相应的是行业 R&D 总投入，子图Ⅲ和Ⅵ行业对应的是完成创新的期望时间，其他参数取值分别为：$S=1, L=10^6, M=10^{10}, \lambda=0.6, r=0.05$。从总体上看，市场结构的变化对收入差距与产品创新的关系没有影响。由子图Ⅰ和Ⅳ可以看出，当行业中企业数目增多时，单个企业率先完成创新的概率必然下降，继而其 R&D 投入的期望收益必然减少，因而企业的 R&D 投入会下降；从子图Ⅱ和Ⅴ可以看出，当行业内企业数目增多时，虽然单个企业的 R&D 投入在减少，但整个行业的 R&D 投入却是在增加的，这表明企业数目增加产生的“加总效应”超过了竞争增强使单个企业 R&D 投入减少的“竞争效应”；由子图Ⅲ和Ⅵ可以看出，行业完成创新的期望时间与行业 R&D 投入负相关，因而当竞争增强时，行业完成创新的期望时间是在缩短的。由子图Ⅵ还可以观

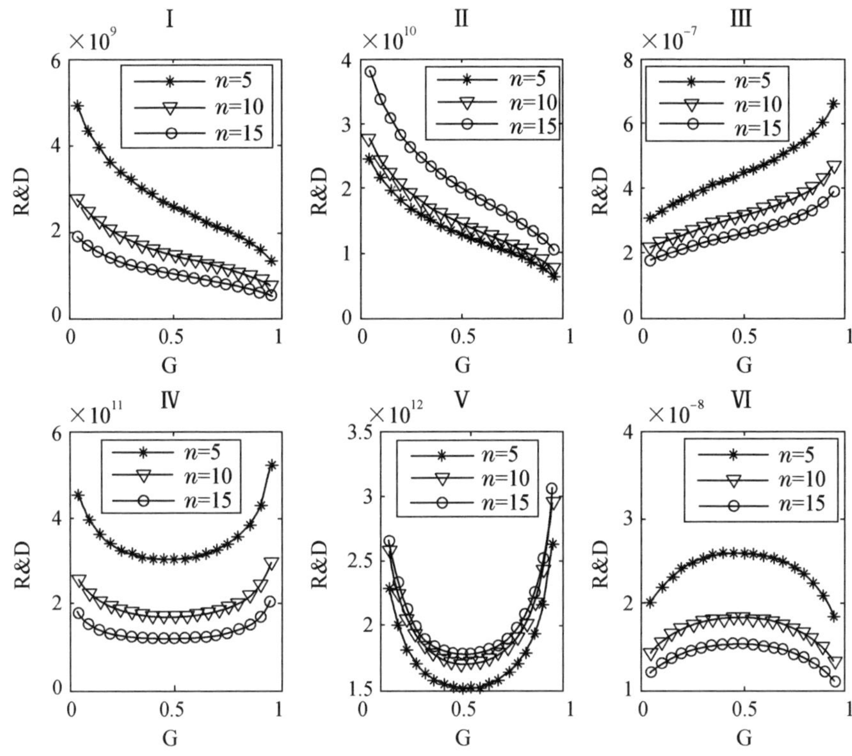

图 7　市场结构对产品创新及对收入差距与产品创新关系的影响

察到，当"收入效应"较大时，由于行业创新投入呈"U"型变化，行业完成创新的期望时间就呈"倒 U"型变化。

命题 7：给定其他条件，市场竞争与企业产品创新 R&D 投入负相关，与行业产品创新 R&D 投入正相关，与行业完成创新的期望时间负相关；市场竞争的变化不影响收入差距与产品创新之间的关系。

四、收入差距与企业产品创新的实证检验

我们从理论上剖析了收入差距对产品创新的影响，同时也探究了人口规模、收入水平、市场竞争等其他因素对产品创新的影响。下面根据历年《中国科技统计年鉴》等相关经济统计数据进行实证分析，鉴于数据的限制，仅进行基于产业层面的大中型

企业的实证分析。

（一）变量和数据的选取

依据我们的理论分析，产品创新和收入差距是本研究的两个核心变量，产品创新我们用行业产品创新投入（新产品开发投入）来表示，当然这里的行业指的是大中型企业的投入，并非该行业全部企业的投入。根据数据的可得性与连续性，选取十个行业在 1990—2010 年的数据，十个行业分别是：食品制造业、饮料制造业、烟草制品业、纺织业、家具制造业、文教体育用品制造业、医药用品制造业、橡胶制品业、塑料制品业和通信设备、计算机及其他电子设备制造业。因为本研究理论逻辑是收入差距影响消费者的消费选择，消费选择影响企业产品需求、需求影响利润，最终会影响企业的创新投入，为此这些行业的选择主要为最终消费品行业，或者说主要用于消费者最终消费的行业。收入差距这里用的变量与理论上相同，用基尼系数来表示，1990—2002 年基尼系数的数据来源于程永宏（2007）的估计，2003—2010 年的基尼系数源自国家统计局 2013 年 1 月份公布的数据。其他变量和数据的选取如下：市场结构取企业数量，即行业中大中型企业的数量，数量越多表明竞争越激烈；研发效率取行业中 R&D 人员的数量；贴现率取实际利率，剔除了通货膨胀的影响，通货膨胀取历年 CPI 指数，名义利率取中国人民银行公布的 6 个月至 1 年的短期贷款基准利率，1 年有多次调整的，取算术平均数；系统总收入取历年 GDP；人口取历年全国人口数量；另外增加两个控制变量，一个是行业的总产值，另一个是新产品产值，行业总产值用于控制其总的 R&D 投资能力，新产品产值用于控制创新效果对创新的影响。

（二）回归分析

前面变量和数据选取所形成的数据结构是 10 个行业 21 年间的面板数据，因而下面要做的回归是面板数据回归。面板回归首先要对变量进行平稳性检验，检验结果表明产品创新投入（新产品开发投入）和系统总收入（GDP）是二阶平稳的，研发效率（R&D 人员）和系统人口规模（人口规模）是零阶平稳的，其余变量是一阶平稳的，对一阶和二阶平稳的变量取对数后则全部变为零阶平稳的，数据平稳后可以对其进行回归分析。在回归之前首先要确定截面之间的差异是固定差异还是随机差异，即固定效应还是随机效应，我们可以通过基于随机效应模型的 Hausman 检验或基于固定效应的似然比检验来确定，表 1 是检验的结果。

表 1　Hausman 检验和似然比检验

检验方法	统计量	统计量值	自由度	P 值
Hausman 检验	χ^2	0.000 0	8	1.000 0
似然比检验	F	8.667 275	(9,192)	0.000 0
	χ^2	71.598 843	9	0.000 0

从检验结果看：Hausman 检验的统计量是 0，表明 Hausman 检验在此处无效，那么看似然比检验，从 F 统计量和卡方统计量的 P 值可以看出是高度支持固定效应，因而这里进行固定效应的回归。根据上述各种检验，回归模型可设定为：

$$\log(RD_{it})=\alpha_i+\beta_1\log(G_t)+\beta_2\log(STR_{it})+\beta_3\log(CAP_{it})+\beta_4\log(OUT_{it})+\beta_5\log(NO_{it})+\beta_6\log(GDP_t)+\beta_7R_t+\beta_8N_t+u_i \tag{21}$$

其中 RD 为产品创新 R&D 投入，α_i 是截面间的固定效应，G 是基尼系数，STR 是市场结构，即大中型企业数量，CAP 是研发效率（R&D 人员数量），OUT 是行业产值，NO 是新产品产值，GDP 是全国国内生产总值，R_t 是实际利率，N_t 是全国人口，u_i 是随机干扰项，回归结果见表 2。

表 2　回归结果（因变量为 LOG(RD)）

解释变量	回归 1	回归 2	回归 3	回归 4
C	2.648 930 (0.486 1)	2.130 332 (0.562 3)	3.677 767 (0.315 6)	3.049 804 (0.402 8)
LOG(G)	2.477 385 (0.008 4)	2.313 045 (0.009 2)	2.761 468 (0.002 0)	2.547 408 (0.003 4)
LOG(STR)	0.038 312 (0.582 8)		0.065 553 (0.309 9)	
LOG(CAP)	0.458 045 (0.000 0)	0.471 387 (0.000 0)	0.471 677 (0.000 0)	0.502 683 (0.000 0)

（续表）

解释变量	回归 1	回归 2	回归 3	回归 4
LOG(OUT)	0.073 057 (0.290 0)	0.088 290 (0.162 2)		
LOG(NO)	0.367 244 (0.000 0)	0.364 354 (0.000 0)	0.391 202 (0.000 0)	0.394 565 (0.000 0)
LOG(GDP)	1.358 347 (0.000 0)	1.362 721 (0.000 0)	1.416 096 (0.000 0)	1.449 883 (0.000 0)
R	0.027 559 (0.001 6)	0.026 549 (0.001 9)	0.029 946 (0.000 4)	0.028 897 (0.000 6)
N	−0.000 130 (0.006 3)	−0.000 128 (0.006 8)	−0.000 137 (0.004 0)	−0.000 136 (0.004 6)
AR(1)	0.268 104 (0.000 1)	0.268 139 (0.000 1)	0.289 142 (0.000 0)	0.302 460 (0.000 0)
	$\bar{R}^2$=0.979 200 D-W=2.086 375	$\bar{R}^2$=0.979 279 D-W=2.080 301	$\bar{R}^2$=0.979 193 D-W=2.085 608	$\bar{R}^2$=0.979 193 D-W=2.075 709

回归中增加 AR(1)是消除残差的序列相关，从后面的 D-W 值可以看出：回归中已经没有序列相关的影响。回归 1 中包含了所有的变量，后面三个回归逐步剔出不显著变量。从回归的结果看，基尼系数的回归系数为正，且高度显著，这似乎表明收入差距扩大有利于中国的产品创新。然而再结合前面的理论，这种结果实际上只是表明我国居民的“收入效应”(β)不是处于较小的阶段，否则产品创新与基尼系数应该为负相关。这也并非表明我国基尼系数与产品创新是单调正相关关系，原因有四：第一，收入差距与产品创新的正相关关系要求有很高的“收入效应”，即收入每增加1%，要求居民的支付意愿有 3 倍以上的提高，这在中国这样的大国中很难满足；第二，众多奢侈品在中国的价格要远远高于其他国家，同时近年来中国的奢侈品消费数量急剧增加，截至 2011 年底中国奢侈品市场年消费总额已经达到 126 亿美元(不包括私人飞机、游艇与豪华车)，占据全球份额的 28%，中国已经成为全球占有率最大的奢侈品消费国家，这对人均收入较低的中国来讲，再次证明我国的收入差距已经很大；第三，中国近些年来国内需求不足的问题越来越突出，1987 年至 2007 年中国经

济正迅速从“内需依存型”向“出口导向型”转变(刘瑞翔、安同良,2011);第四,中国现阶段基尼系数已经比较高,根据国家统计局公布的数据,2012 年已经达到 0.474。这几点表明我国居民的 β 值只能是处于中间阶段,即收入差距与产品创新之间是“U”型关系,而目前我国收入差距已经很大,越过了“U”型曲线的拐点处,因而收入差距与产品创新间表现为正相关关系。中国收入差距与产品间在现实中的正相关关系是收入差距过大的表现。

再来观察其他参数对产品创新的影响。首先是市场竞争,从理论上讲市场竞争的增强会促进行业的产品创新,从面板回归的结果看,这一系数为正,但不显著,这表明市场竞争对中国的产品创新影响不大。研发效率的增强可以促进企业的产品创新,这得到了经验上的支持。企业总产值和新产品产值间存在共线性,因而回归中只能保留一个,从回归结果上看这两个变量与产品创新都为正相关,这表明企业经济规模的扩大,或者新产品的市场行情好时会促进产品创新。GDP 的增加会促进产品创新,这是因为国民收入水平的提高会直接提高居民的购买力,增加需求,从而提高企业的创新利润。从理论上讲,贴现率的提高会降低企业的创新利润,从而降低企业的创新投入,但从实际情况来看,中国人民银行提高利率的时候恰恰就是社会投资高涨的时候,创新作为一种投资也会增加,因而从经验上看,实际利率的提高会促进创新。最后是人口变化对产品创新的影响,从回归结果看,其系数高度显著为负,根据前面的理论,这就从另一个角度证明中国的“收入效应”是处于较高的水平。

五、结论与政策启迪

当收入增加时,不同的人群对新产品的支付意愿增加的幅度不同,这就是所谓的异质性“收入效应”。本文研究了异质性“收入效应”条件下收入差距变化对产品创新的影响机制,研究表明:在给定其他条件的情况下,收入差距的变化会产生“市场规模效应”和“价格效应”两个相反的作用,前者与产品创新负相关,后者与产品创新正相关。当“收入效应”较小时,“市场规模效应”占主导地位,从而企业的产品创新 R&D 投入随着收入差距的扩大而减少,反之,当“收入效应”非常大时,收入差距与产品创新呈正相关。当“收入效应”处于中度值时,收入差距与产品创新 R&D 投入呈“U”

型关系，并且收入差距与产品创新的关系随着“收入效应”的扩大有一个从单调递减到“U”型，再到单调递增的连续变化过程。中国十个产业大中型企业的实证分析表明：中国居民的“收入效应”处于中间状态，而中国的基尼系数已经越过“U”型曲线的最低点，因而在现实中收入差距与产品创新R&D投入表现为正相关关系，但这是以牺牲内需为代价的，产品创新也必然为低水平(安同良等，2005)。为推动中国企业自主创新，使中国经济走上创新驱动的发展道路，本文的研究结论有如下政策启迪：

1. 以收入差距的缩小推动产品创新

在“中国制造”升级的过程中，虽然中国生产的产品逐渐高端，但本地的附加价值与30年前相比几乎没有什么变化(黄亚生，2011)。缩小中国的收入差距、扩大内需引致企业产品创新，这一政策在短期内可能会对产品创新形成压力，但压力导致的危机意识正好引领中国的产业升级与产品创新，为创新提供持久的动力机制。

2. 以企业深度研发及研发模式的优化提升其技术能力

企业研发效率的提高会促进产品创新，而企业研发效率的关键是R&D人才及其知识(安同良等，2006)。由于现代科技进步与研发活动的复杂性、网络性，单个企业已经很难掌握自己所需的全部创新资源，因而就需要将所有的创新资源整合起来，建立起以企业为主体、政产学研四位一体的协同创新平台，调动一切相关资源进行协同创新。同时优化企业研发的模式，实施开放式创新与技术撬动战略(约翰·马修斯，赵东成，2009)，弥补中国制造业企业内生R&D人才的不足，并可突破发达国家的技术封锁。

3. 以人口规模的控制倒逼企业创新

从经验上看，由于中国的“收入效应”处于中度水平，给定其他条件，适当控制人口规模可以提高市场的整体需求，以技术替代简单劳动力，从而促进企业创新。事实上，创新能力排名前10位的国家和地区依次为瑞士、瑞典、英国、荷兰、美国、芬兰、香港、新加坡、丹麦、爱尔兰(Cornell University, INSEAD, and WIPO, 2013)，它们当中许多国家和地区的人口总量非常少，可见，国家和地区的人口总量不能简单图大，应该追求人口质量与结构的优化。

4. *以竞争促进创新*

从理论上讲,市场竞争可以促进行业的总体创新,但本研究的经验数据表明,这一作用在中国不太明显,这也从侧面反映了中国的市场竞争还不充分,企业对市场竞争还不敏感,因而尤有必要进一步深化市场改革,拆除市场分割之藩篱,以制度变迁的红利促进企业间的有序竞争(在 2013 全球创新指数排名中,中国制度因素排名非常落后,排在第 113 位),向竞争求创新之动态效率租金。

5. *以经济发展引领创新*

GDP 水平的提高可以促进企业创新,这在理论和经验上都获得了支持,因而,不遗余力地推动经济发展,在发展的持续引领下,以经济总体水平的稳步提高,为创新提供有力的金融支持以及持续的需求拉力。在发展中、在创新中实现"中国梦"!

参考文献

[1] 安同良,王文翌,魏巍. 中国制造业企业的技术创新:模式、动力与障碍——基于江苏省制造业企业问卷调查的实证分析[J]. 当代财经,2005(12):69-73.

[2] 安同良,施浩,Ludovico Alcorta. 中国制造业企业 R&D 行为模式的观测与实证——基于江苏省制造业企业问卷调查的实证分析[J]. 经济研究,2006(02):21-30,56.

[3] 程永宏. 改革以来全国总体基尼系数的演变及其城乡分解[J]. 中国社会科学,2007(04):45-60,205.

[4] 黄亚生. "中国模式"到底有多独特?[M]. 北京:中信出版社,2011.

[5] 李平,李淑云,许家云. 收入差距,有效需求与自主创新[J]. 财经研究,2012,38(2):16-26.

[6] 刘瑞翔,安同良. 中国经济增长的动力来源与转换展望[J]. 经济研究,2011,7:30-41.

[7] 王俊,刘东. 中国居民收入差距与需求推动下的技术创新[J]. 中国人口科学,2009,2009(5):58-67.

[8] 约翰·马修斯,赵东成. 技术撬动战略[M]. 刘立,等译. 北京:北京大学出版社,2009.

[9] AGHION P, HOWITT P. A model of growth through creative destruction[J]. Econometrica (1986—1998), 1992, 60(2): 323.

[10] AOKI M, YOSHIKAWA H. Demand saturation-creation and economic growth[J]. journal of economic behavior & organization, 2002, 48(2): 127 - 154.

[11] CHOU C, TALMAIN G. Redistribution and growth: pareto improvements [J]. Journal of economic growth, 1996, 1(4): 505 - 523.

[12] Cornell University, INSEAD, and WIPO. The global innovation index 2013: the local dynamics of innovation, Geneva, Ithaca, and Fontainebleau[J], 2013.

[13] JOSE E, CASSIOLATO, HELENAM M, MARIA LUCIA MACIEL. System of innovation and development evidence from Brazil [M]. Cheltenham: Edward Elgar Publishing, 2003.

[14] ESWARAN M, KOTWAL A. A theory of real wage growth in LDCs[J]. Journal of development economics, 1993, 42(2): 243 - 269.

[15] FALKINGER J. An engelian model of growth and innovation with hierarchic consumer demand and unequal incomes[J]. Ricerche economiche, 1994, 48(2): 123 - 139.

[16] FOELLMI R, ZWEIMÜLLER J. Income distribution and demand-induced innovations[J]. The review of economic studies, 2006, 73(4): 941 - 960.

[17] C-WLi. Inequality and growth: a schumpeterian perspective [J]. Working papers, 2006.

[18] LOURY G C. Market structure and innovation [J]. The quarterly journal of economics, 1979: 395 - 410.

[19] LUCAS JR R E. On the mechanics of economic development[J]. Journal of monetary economics, 1988, 22(1): 3 - 42.

[20] MURPHY K M, SHLEIFER A, VISHNY R. Income distribution, market size, and industrialization[J]. The quarterly journal of economics, 1989, 104(3): 537 - 564.

[21] MYERS S, MARQUIS D G. Successful industrial innovations. A study of factors underlying innovation in selected firms[J]. American printer, 1969.

[22] ROMER P M. Endogenous technological change [J]. Journal of political economy, 1990, 98(5, Part 2): S71 - S102.

[23] SCHMOOKLER J. Economic sources of inventive activity [J]. The journal of

economic history, 1962, 22(1): 1-20.

[24] SOLOW R M. A contribution to the theory of economic growth[J]. The quarterly journal of economics, 1956, 70(1): 65-94.

[25] ZWEIMÜLLER J. Schumpeterian entrepreneurs meet engel's law: the impact of inequality on innovation-driven growth[J]. Journal of economic growth, 2000, 5(2): 185-206.

[26] ZWEIMÜLLER J, BRUNNER J K. Heterogeneous consumers, vertical product differentiation and the rate of innovation[C]. 1996.

金融发展、中间品进口与技术创新[①]

——基于江苏省的实证分析

李　群[②]　周庆茹[③]

一、引言

无论是内生经济增长理论还是新经济增长理论都强调了技术进步是一国经济增长的源泉。而在当下,当中国依靠劳动力禀赋优势促进经济增长的方式难以为继时,技术进步或技术创新则成了调整我国产业结构、促进产业结构升级、转变经济发展方式、实现经济的可持续发展、增强综合国力的重要途径。对于中国这样的发展中国家而言,国际技术溢出是实现技术创新的主要方式,且中间产品进口技术溢出是最主要渠道(Coe 和 Helpman, 1995)。[④] 康志勇(2015)发现 2011 年中国进口商品中,中间品进口过半,资本品紧随其后,约占进口总额的 20%。鉴于此可以判断中间品进口技术溢出对我国技术创新会有很强的促进作用。[⑤]

从另一个角度来看,近年来,金融改革一直是经济学界的热点话题,金融作为外

---

① 原文载于《南京审计大学学报》2016 年第 6 期,并全文转载于中国人民大学复印报刊资料《国际贸易研究》2017 年第 2 期。

② 南京财经大学国际经贸学院教授。

③ 南京审计大学经济学院硕士研究生。

④ Coe, D. T, E. Helpman, "International R&D spillovers," *European Economic Review*, Vol. 39, No. 5, 1995, pp. 859 - 887.

⑤ 康志勇:《资本品、中间品进口对中国企业研发行为的影响:"促进"抑或"抑制"》,《财贸经济》2015 年第 3 期。

生变量,可通过资本积累和国际技术溢出两条路促进技术创新,赵勇、雷达(2010)利用中国的数据进行实证研究发现,金融发展可通过促进全要素生产效率(即技术进步)来推动中国经济增长①。但是现实情况却是,我国技术创新面临着严重的金融约束瓶颈,金融发展对技术创新的作用还没有被广泛关注。基于以上事实和现状,我们认为有必要对金融发展与技术创新的关系进行系统研究,这对于利用技术创新快速转变我国经济增长方式具有很强的现实意义。

江苏作为全国经济发展的领头羊之一,既是对外贸易的前沿阵地,也是金融业较为发达的省份,在这种情况下探讨金融发展、中间品进口和技术创新对江苏实现经济结构的顺利转型可谓意义非凡。因此本文将根据 BEC 分类法,利用江苏省 13 个地级市 2000—2014 年的面板数据,以金融发展为切入点,建立门槛模型,实证分析中国从 OECD 部分国家(包括加拿大、法国、德国、意大利、日本、韩国、荷兰、俄罗斯、西班牙、瑞典、英国、美国)和新加坡 13 个国家中间品进口的国际技术溢出效应。与以往的研究相比,本文有以下的不同:一是以往的文献大多数把技术含量不高的初级中间品、半成品也当作中间品,而本文研究对象中间品仅包括具有先进技术的核心零部件和机器设备,这样研究中间品技术溢出更具有科学性;二是本文第一次将金融发展、中间品进口和技术创新三者结合起来进行研究。

本文的结构安排如下:第一部分对国内外相关文献进行梳理和总结;第二部分是机理分析;第三部分是计量模型设定、变量的选取及数据来源;第四部分是实证分析;最后是本文的主要结论和政策建议。

二、文献综述

研究中间品进口的国际技术溢出的文献较少,Grossman 和 Helpman(1991)第一次通过建立理论模型发现:在开放经济条件下,中间品进口能够促进进口国的技术进步②。Lawrence 等(1999)利用 1964—1973 年期间日本的相关数据实证研究发现,日

---

① 赵勇、雷达:《金融发展与经济增长:生产率促进抑或资本形成》,《世界经济》2012 年第 2 期。

② Grossman, G. M, E. Helpman, "Trade, Knowledge Spillovers and Growth," *European Economic Review*, Vol. 35, No. 3, 1991, pp. 517 - 526.

本经济的高速发展主要依靠中间品进口①。Kaahara(2008)利用智利制造业面板数据实证研究发现，与没有进口国外中间品的企业相比，进口国外中间品的企业生产效率显著提高②。楚明钦和陈启斐(2013)将中间品分为零部件和成套机器设备，通过计量模型研究发现，零部件进口对技术进步有正向影响而成套机器进口则阻碍技术进步③。王尧(2014)利用省级面板数据实证发现，中间品进口的国际技术溢出显著提高了我国的技术创新水平，并且对东部地区的促进作用大于中西部④。

关于金融发展和技术进步的关系，Schumpeter(1912)认为一个健全的金融系统提供的服务能够促进技术创新⑤。King 和 Levine(1993)通过采用内生经济增长模型，证明了金融中介可以通过两条途径影响技术创新，一是高效的金融机构评价企业创新活动所耗费的代理成本很低，从而促进技术创新，二是通过金融系统降低和分散企业研发活动的投资风险，进而促进技术创新⑥。张军和金煜(2001)通过构建对金融深度的适当测量，利用 1987—2001 年省级面板数据实证分析发现金融深化和生产率增长之间呈正向关系⑦。黄德春和闵尊祥等(2011)从产业层面，运用中国 2004—2008 年高新技术产业的省级面板数据进行实证分析发现，无论是金融发展规模还是金融发展效率，都对中国高新技术产业的技术创新产生了明显的促进作用⑧。张云华(2015)利用江、浙两省 1978—2013 年的数据进行实证分析发现，自改革开放以来，

---

① Rajan R, L. Zingales, "Financial dependence and growth," *American Economic Review*, Vol. 88, 1998, pp. 559 - 586.

② Kasahara H. R, "Does the Use of Imported Intermediates Increase Productivity? Plant-level Evidence," *Journal of Development Economics*, Vol. 187, 2008, pp. 106 - 118.

③ 楚明钦、陈启斐：《中间品进口、技术进步与出口升级》，《国际贸易问题》2013 年第 6 期。

④ 王尧：《中间品进口与我国区域技术创新的实证检验——基于国际技术溢出、吸收能力视角》，《中国流通经济》2014 年第 3 期。

⑤ Schumpeter Joseph A, A Theory of Economic Development, Cambridge: Harvard University Press, 1911.

⑥ King. R. G, R. Levine, "Finance and Growth: Schumpeter Might Be Right," *Quarterly Journal of Economics*, 1993, pp. 108.

⑦ 张军、金煜：《中国的金融深化和生产率关系的再检测：1987—2001》，《经济研究》2005 年第 11 期。

⑧ 黄德春、闵尊祥：《金融发展与技术创新：对中国高新技术产业的实证研究》，《中国科技论坛》2011 年第 12 期。

江苏和浙江两省的金融发展与技术创新都呈现出一定的互动关系，但是进入 2000 以后，这种互动关系在减弱[①]。

现有文献几乎都只从单一方向论证了中间品进口与技术进步的关系、金融发展与技术进步的关系，然而中间品进口技术溢出，如何随着金融发展规模和金融发展效率等金融环境的变化而变化？并且两者关系是否只是线性的？遗憾的是目前还没有文献对这些问题进行探讨，因此本文将金融发展、中间品进口和技术创新三者结合起来，建立面板门槛模型实证分析金融发展对中间品进口的技术溢出的影响。

三、机理分析

首先，企业外部资金的重要来源就是金融系统，完善的金融系统和发达的金融市场缓解了企业的融资约束，降低了企业的融资成本、投资风险和交易成本。一方面对于现有企业而言，企业可以获得足够的资金进口更多优质的中间品和机器设备，并且通过随后的干中学等，提高了企业的全要素生产率，直接促进了企业的技术创新。与此同时，物化在进口中间品里面的先进技术则会被企业消化、吸收、模仿，并可能在此基础上实现一定的创新。另一方面，在融资门槛降低后，原先只能使用国内中间品的企业则会进口国外先进的中间品，实现对国内中间投入品的替代，换言之，融资约束的降低，激励了更多企业进口含有先进技术的国外中间品，更多企业可以通过中间品进口促进技术创新。

其次，金融发展不仅可以通过降低融资约束促进技术创新，同时还可以通过实现投入品的互补促进技术创新。毋庸置疑，金融支持激励了企业从国外获得了更多种类的中间投入品，使用不同种类的中间品(国内和进口)可以创造“整体大于局部”的收益，企业的收入和利润增加，激发企业对研发活动的投入，促进自主研发创新。

再次，金融发展缓解了市场信息不对称问题，能够使企业把握投资机会，进口技术先进的国外中间品，促进技术创新。由于评估一个项目需要高信息成本，普通投资

---

① 张云华：《金融发展促进技术创新的比较研究——基于浙江省和江苏省》，《科技与管理》2015 年第 3 期。

者没有时间、精力和能力评估并且也不会对一个不熟悉的项目进行投资。然而一个强有效的金融中介具有信息生产的优势,发达的资本市场则直接通过价格信号引导金融资源投向技术创新项目,激发企业进行技术创新。

最后,金融发展通过风险管理,降低中间品进口的风险,从而促进技术创新。中间品进口作为一种贸易行为,由于其周期长、不可预知的情况较多,提高了中间品进口成本。而金融系统具有风险控制与管理的功能,借助相应的规避风险的方法,可以规避汇率风险、价格风险、信用风险和运输风险等。企业因此可以减轻顾虑,选择进口中间品,进而促进技术创新。

四、模型设定、变量选取与数据说明

(一) 进口中间品技术溢出模型

Coe 和 Helpman(1995)①首次提出了贸易溢出模型,该模型很好地度量了国际贸易技术溢出效应,并且有效考察了国外的进口商品和服务的技术溢出效应对本国TFP的影响。本文则在此基础上将金融发展纳入 CH 模型,分别考察金融发展规模、金融发展效率对中间进口品技术溢出的影响。构建模型如下:

$$\ln inno_{it} = \alpha_0 \ln RD_{it} + \beta_1 \ln H_{it} + \beta_2 \ln s_{it}^{f-fdi} + \beta_3 \ln infra_{it} + \beta_4 \ln ef_{it}$$
$$+ \beta_5 \ln ef_{it} \times \ln s_{it}^{f-m} + \beta_6 \ln s_{it}^{f-m} + \beta_7 \ln fin_{it} + \beta_8 \ln fin_{it} \ln s_{it}^{f-m} + \varepsilon_{it}$$

其中,i 表示地区,t 表示时间;$inno_{it}$ 表示江苏 i 市 t 年的技术创新水平;RD_{it} 表示江苏 i 市 t 年的研发投入密度;H_{it} 表示江苏 i 市 t 年的人力资本水平;s_{it}^{f-fdi} 表示江苏 i 市 t 年吸引 FDI 的国际技术溢出;$infra_{it}$ 表示江苏 i 市 t 年的基础设施状况;ef_{it} 表示江苏 i 市 t 年的贸易自由化水平;s_{it}^{f-m} 是江苏 i 市 t 年的进口中间品技术溢出水平;fin_{it} 是江苏 i 市 t 年的金融发展水平;ε_{it} 是随机扰动项。

(二) 门槛回归模型

上式虽可以得到 $\ln s_{it}^{f-m}$、$\ln fin_{it}$ 对 $\ln inno_{it}$ 的影响,却不能揭示 fin_{it} 对 $\ln s_{it}^{f-m}$ 溢出

---

① Coe, D. T, E. Helpman, "International R&D spillovers," *European Economic Review*, Vol. 39, No. 5, 1995, pp. 859 - 887.

效率的影响,而 Hansen(1999)①的多门槛回归理论则可以解决这个问题。该模型无需知道非线性方程的具体形式,门槛值和门槛数量由数据的特点内生决定,同时 Hansen 还运用了渐进分布理论用来检验统计量的置信区间,并通过 bootstrap(自主抽样法)检验门槛估计知道的显著性。根据此模型,本文构建门槛回归模型如下:

$$\begin{aligned}\ln inno_{it} = &\alpha_0 \ln RD_{it} + \alpha_1 \ln H_{it} + \alpha_2 \ln s_{it}^{f-fdi} + \alpha_3 \ln infra_{it} + \alpha_4 \ln ef_{it} \\ &+ \alpha_5 \ln ef_{it} \times \ln s_{it}^{f-m} + \alpha_6 fin_{it} + \beta_1 \ln s_{it}^{f-m} \cdot I(fin_{it} \leqslant \gamma_1) + \beta_2 \ln s_{it}^{f-m} \cdot I \\ &(\gamma_1 < fin_{it} \leqslant \gamma_2) + \beta_3 \ln s_{it}^{f-m} \cdot I(\gamma_2 \leqslant fin_{it}) + \varepsilon_{it}\end{aligned}$$

其中,$I(\cdot)$为指示函数。

(三) 变量选取

1. 进口中间品国际技术溢出(s_{it}^{f-m})的度量

第一步,采用 Lichtenberg 和 Potterie(1996)②的度量方法计算 2000—2014 年我国中间品进口的国际技术溢出:

$$s_t^{f-m} = \sum_j \frac{M_{jt}}{GDP_{jt}} s_{jt}^d$$

其中,s_t^{f-m}表示t年中国获得的进口外国中间投入品的研发溢出;M_{jt}表示中国在t年进口j国的中间投入品数额;GDP_{jt}表示t年j国的国内生产总值;s_{jt}^d表示t年j国研发资本存量,其估算采用"永续盘存法",即$s_{jt}^d = (1-\delta) s_{jt-1}^d + RD_{jt}$,$RD_{jt}$表示$j$国$t$年 R&D 经费总支出,$\delta$表示研发资本折旧率,本文采用被大多数学者接受的 5%。同时采用 Griliches(1980)③的方法计算各国基期初始研发资本存量:$s_{2\,000}^{jt} = RD_{j2\,000} / (g+\delta)$,其中$g$表示 2000—2014 年各国每年 R&D 经费总支出的算术平均增长率,δ同上。

---

① HANSEN B E, "Threshold Effects in Non-Dynamic Panels: Estimation, Testing, and Inference," *Journal of Econometrics*, Vol. 93, 1999, pp. 345 - 368.

② LICHTENBERG F R, Van Pottelsberghe, Potterie B, "International R&D spillovers: A Re-examination," *European Economic Review*, Vol. 428, 1998, pp. 1483 - 1491.

③ GROSSMAN, G M, E HELPMAN, "Trade, Knowledge Spillovers and Growth," *European Economic Review*, Vol. 35, No. 3, 1991, pp. 517 - 526.

第二步，采取谢建国(2009)[①]的方法，将江苏省进口中间品获得的技术溢出表示为：

$$s_{jct}^{f-m}=\frac{IMP_{jct}}{IMP_{qgt}}s_{t}^{f-m}$$

其中，s_{jct}^{f-m}表示江苏 t 年中间品国际技术溢出；IMP_{jct} 表示江苏 t 年进口额；IMP_{qgt} 表示全国在 t 年总的进口额。

第三步，在上面的基础上估算江苏各市中间品进口的国际技术溢出，同样采取上述方法，将江苏 i 市进口中间品获得的技术溢出表示为：

$$s_{it}^{f-m}=\frac{IMP_{it}}{\sum_{i}IMP_{it}}s_{jct}^{f-m}$$

其中，IMP_{it} 表示江苏各市 i 市 t 年的进口额。

2. 金融发展(fin_{it})的度量

金融发展应该是质与量的统一，包括两个方面：一是金融总量的扩张，二是金融效率的提高。然而由于数据的不可获得性，中国各地区金融发展水平如何度量一直是困扰学术界的难题。因此本文在基于数据可获得的基础上，分别采用金融发展规模(fir_{it})、金融发展效率(dcr_{it})作为衡量江苏各市的金融发展水平的指标。其中金融发展规模用地区金融机构存贷款余额占地区生产总值的比值表示，金融发展效率用各地区贷款占存款的比率表示。

用金融机构存贷款余额占地区生产总值表示金融发展规模有一定的合理性。尽管改革开放以来，我国直接融资资本市场不断发展，但相较于以银行机构为主导的间接融资市场而言，其仍只占一小部分，因此用金融机构存贷款余额占比度量的金融机构资产规模在很大程度上反应了整个金融系统的资产规模。选择贷存比衡量地区金融效率的发展，一方面是由于数据的缺失，无法获得地区资本市场、银行业的相对规模等信息；另一方面，贷存比衡量了储蓄转化为贷款的效率，反映了一个地区资金的

① 谢建国、周昭露：《进口贸易、吸收能力与国际R&D技术溢出——中国省区面板数据的研究》，《世界经济》2009 年第 9 期。

运用效率,能够在一定程度上体现金融中介的效率。

3. FDI 的国际技术溢出(s_{it}^{f-fdi})的度量

s_{it}^{f-fdi}的度量选用到 2014 年在我国直接投资排名前 10 位的国家和地区(香港、美国、新加坡、日本、中国台湾、韩国、英国、德国、荷兰和法国)。首先本文采用 LP 方法计算历年 FDI 对我国的技术溢出量:

$$s_t^{f-fdi} = \sum_{j=1}^{13} \frac{FDI_{jt}}{GDP_{jt}} \times s_{jt}^d$$

其中,FDI_{jt}表示j国t年对中国的外商直接投资额;GDP_{jt}表示j国t年的国内生产总值;s_{jt}^d表示j国t年研发资本量;然后,本文以历年江苏省各市实际利用外资占该年全国实际利用外商直接投资额的比值作为权重(A_{it}),得到江苏各市的 FDI 国际技术溢出量:

$$s_{it}^{f-fdi} = \left(\sum_{j=1}^{13} \frac{FDI_{jt}}{GDP_{jt}} \times s_{jt}^d \right) \times A_{it}$$

4. 其他变量的度量

因变量技术创新($inno_{it}$)用各市的专利授权数量表示;研发投入(RD_{it})用江苏各市全社会 R&D 支出占 GDP 比值表示;人力资本(H_{it})用江苏各市每万人中普通高校毕业生人数表示;基础设施($infra_{it}$)用江苏各市平均每平方公里公路里程数表示;江苏各市贸易自由化(ef_{it})度量:贸易自由化包括关税壁垒和非关税壁垒的消减,但是由于非关税壁垒的数据不易获得,又考虑到本文研究的是地区的贸易自由化水平,因此本文采用被学术界普遍使用的贸易依存度度量,即一地区贸易进出口总额占地区国内生产总值的比例。

(四) 数据来源与描述性统计

本文对江苏 13 个市 2000—2014 年的面板数据进行实证分析。BEC 分类法中,中间品包括初级中间品、半成品、零件和服务中间品。而包含先进技术的大多集中在零部件中,同时代码为 41 的资本货物和代码为 521 的运输设备在实际生产中往往作为资本投入生产其他最终产品,也可被看作中间品。因此本文选取代码 42(资本货物零部件)、53(运输设备零部件)、41 和 521 为中间品投入。

进口中间品数额来源于 UN COMTRADE 数据库；研发溢出国的 GDP、R&D/GDP 和对中国 FDI 投资额来源于世界银行世界发展指数数据库；江苏各市的金融机构存款余额、金融机构贷款余额、专利授权数、每万人口中普通高校毕业生人数、进出口总额、GDP、实际利用外资额和每平方公里公路里程数均来自于江苏省及各市的统计年鉴；江苏各市的全社会 R&D 支出占 GDP 的比值来自于《江苏科技年鉴》。相关变量描述性统计结果见表 1。

表 1　变量描述性统计

变量	样本容量	平均值	标准差	最小值	最大值
$inno_{it}$	195	6 580.154	13 655.39	34	98 430
RD_{it}	195	0.014 262	0.008 065	0.000 8	0.037 8
s_{it}^{f-m}	195	6.68E+08	1.58E+09	231 842.8	8.63E+09
H_{it}	195	43.224 61	61.924 3	0.197 926	367.133 7
s_{it}^{f-fdi}	195	1.81E+08	2.47E+08	916 562.3	2.16E+09
$infra_{it}$	195	1.148 686	0.499 859	0.194 506	2.249 094
ef_{it}	195	0.418 668	0.508 544	0.013 561	2.834 636
fir_{it}	195	1.839 484	0.773 091	0.148 07	4.716 27
dcr_{it}	195	0.683 699	0.095 203	0.463 348	0.959 397

五、实证分析

(一) 金融发展对技术溢出的影响

为了探究金融发展对技术溢出的影响，这部分分别采用金融发展规模($\ln fir_{it}$)、金融发展效率($\ln dcr_{it}$)作为解释变量 $\ln fin_{it}$ 的替代指标，并分两个模型回归，同时每个模型的回归分为 3 个步骤：在基础模型的基础上逐步加入 $\ln fin_{it}$、$\ln fin_{it} \times \ln s_{it}^{f-m}$ 变量。

这里我们运用 stata12 统计分析软件对江苏省 13 个地级市的面板数据，使用普通最小二乘法分别对模型 1 和模型 2 的三种效应模型(随机效应模型、固定效应模型和混合效应模型)进行估计回归,并对模型进行了 F 检验、BP - LM 检验和 Hausman 检验。结果发现固定效应模型更具有说服力,结果如表 2 所示:

表 2 固定效应模型回归结果

解释变量	模型 1($\ln fir_{it}$)			模型 2($\ln dcr_{it}$)		
	1(a)	1(b)	1(c)	2(a)	2(b)	3(c)
$\ln RD_{it}$	0.753*** (−0.113)	0.773*** (−0.113)	0.749*** (−0.109)	0.753*** (−0.113)	0.712*** (−0.117)	0.713*** (−0.117)
$\ln H_{it}$	0.271*** (−0.091)	0.269*** (−0.090)	0.201** (−0.089)	0.271*** (−0.091)	0.264*** (−0.091)	0.265*** (−0.091)
$\ln s_{it}^{f-fdi}$	0.183*** (−0.062)	0.190*** (−0.062)	0.242*** (−0.062)	0.183*** (−0.062)	0.167*** (−0.063)	0.171*** (−0.065)
$\ln infra_{it}$	0.208 (−0.133)	0.213 (−0.132)	0.281** (−0.129)	0.208 (−0.133)	0.280* (−0.143)	0.277* (−0.143)
$\ln ef_{it}$	−2.502*** (−0.382)	−2.551*** (−0.381)	−0.653 (−0.632)	−2.502*** (−0.382)	−2.256*** (−0.422)	−2.252*** (−0.424)
$\ln ef_{it}$ $\ln s_{it}^{f-m}$	0.0326 (−0.022)	0.0324 (−0.022)	−0.0496 (−0.031)	0.0326 (−0.022)	0.0208 (−0.024)	0.0205 (−0.024)
$\ln s_{it}^{f-m}$	1.044*** (−0.116)	1.086*** (−0.118)	0.556*** (−0.183)	1.044*** (−0.116)	1.001*** (−0.120)	1.016*** (−0.132)
$\ln fin_{it}$		−0.336* (−0.193)	−5.660*** (−1.455)		0.608 (−0.449)	−0.441 (−3.938)
$\ln fin_{it}$ $\ln s_{it}^{f-m}$			0.336*** (−0.091)			0.0583 (−0.217)
Constant	−7.242** (−2.610)	−15.54*** (−2.626)	−16.24*** (−3.519)	−7.242**	−15.54*** (−2.757)	−14.31*** (−3.034)
观察值	195	195	195	195	195	195
R-squared	0.923	0.925	0.930	0.923	0.924	0.924

注:***、**、* 分别表示在 1%、5%、10%的显著性水平下显著,括号内为 t 统计量。

由模型 1(a)、1(b)和 1(c)可知 $\ln s_{it}^{f-m}$ 的系数都为正，并且均在 1%显著性水平下显著，$\ln fin_{it} \ln s_{it}^{f-m}$ 的系数为正，并且在 1%显著性水平下显著。而 $\ln fin_{it}$ 系数为负，并都至少在 10%水平上显著。而 $\ln fin_{it}$ 系数为负，并都至少在 10%的水平上显著，这与 $\ln s_{it}^{f-m}$ 和 $\ln fin_{it} \ln s_{it}^{f-m}$ 的系数符号相异，可以说明金融发展规模对中间品进口技术溢出的发挥可能有显著的门槛效应。

由模型 2(a)、2(b)和 2(c)可知 $\ln s_{it}^{f-m}$ 的系数都为正，并且在 1%显著性水平下显著；$\ln s_{it}^{f-m}$ 在模型 2(c)中 $\ln fin_{it} \ln s_{it}^{f-m}$ 的系数估计值为正，而 $\ln fin_{it}$ 系数为负，与 $\ln fin_{it}$ 的系数符号相异，说明金融发展效率对中间品进口技术溢出的发挥可能有显著的门槛效应。

（二）金融发展对中间品进口技术溢出的门槛效应：基于门槛回归检验

由上述的初步分析可知，金融发展和技术创新之间并不是简单的线性关系，中间品技术溢出在一定程度上依赖金融系统和金融市场的完善和发展。因此这部分将采用 Hansen(2000)的门槛回归方法，对于门槛回归模型，各解释变量尤其是门槛变量不能存在内生性问题，即要进行内生性检验，本文用“ivreg2”进行稳健的内生检验，发现以 $\ln fir_{it}$ 为内生变量进行内生性检验的统计量 χ^2 为 0.901，P 值为 0.342 6，不拒绝原假设(所有解释变量为外生)；同样以 $\ln dcr_{it}$ 为内生变量进行内生性检验的统计量 χ^2 为 0.123，P 值为 0.725 7，也不能拒绝原假设。总体而言，$\ln fir_{it}$ 和 $\ln dcr_{it}$ 都不存在内生性问题。

1. 模型的门槛效应检验

首先检验是否存在非线性的门槛效应，由于传统的检验量具有“非标准非相似分布”，因此这里采用 bootstrap 法，通过 500 次的重复抽样估算 p 值和统计量在 10%，5%和 1%显著性水平上分别对应的临界值。具体结果如表 3 所示：

表 3　门槛效应检验

统计值	以 fir_{it} 为门槛变量		以 dcr_{it} 为门槛变量	
	单一门槛	双重门槛	单一门槛	双重门槛
F 值	25.130**	16.580 *	21.600**	11.820

（续表）

统计值	以 fir_{it} 为门槛变量		以 dcr_{it} 为门槛变量	
	单一门槛	双重门槛	单一门槛	双重门槛
P 值	0.022	0.074	0.020	0.250
10%临界值	17.405	15.420	15.335	15.303
5%临界值	21.227	17.693	18.023	18.239
1%临界值	29.090	26.659	23.320	23.173

注：P 值和临界值均采用 Bootstrp 方法反复抽样 500 次得到的结果。

从表 3 中可知，首先以金融发展规模（fir_{it}）为门槛变量的检验中发现，在 5%的显著性水平下存在单一门槛，在 10%的显著性水平下存在双重门槛，这表明该模型存在两个门槛效应；其次以金融效率（dcr_{it}）为门槛变量进行门槛检验发现，发现在 5%的显著性水平下存在单一门槛，而在双重门槛检验中则不能拒绝单一门槛的假设，因此以金融效率为门槛变量的模型存在单一门槛效应。总之，两个模型均存在显著的门槛效应。

2. 模型的门槛值估计结果

表 4　门槛值估计结果

	门槛变量（fir_{it}）	95%置信区间	门槛变量（dcr_{it}）	95%置信区间
门槛值 γ_1	1.572 2	[1.564, 1.576]	0.618 8	[0.610, 0.612]
门槛值 γ_2	2.121 8	[2.090, 2.154]		

表 4 分别给出了 fir_{it} 和 dcr_{it} 的门槛分析结果，发现 fir_{it} 门槛值（1.572 2 和 2.121 8）95%水平的置信区间，将江苏金融发展规模分为三个阶段：初期（fir_{it} 小于 1.572 2）、中期（fir_{it} 介于 1.572 2 和 2.121 8 之间）、发达（fir_{it} 大于 2.121 8）。并且可以发现门槛值的置信区间很窄，表明该分类法的可信度很大，双门槛效应显著；dcr_{it} 门槛值（0.618 8）95%水平的置信区间，将江苏金融发展效率分为两个阶段：前期（dcr_{it} 小于 0.611 8）、较发达（dcr_{it} 大于 0.618 8）。门槛值的置信区间也很窄，表明单门槛效应显著。

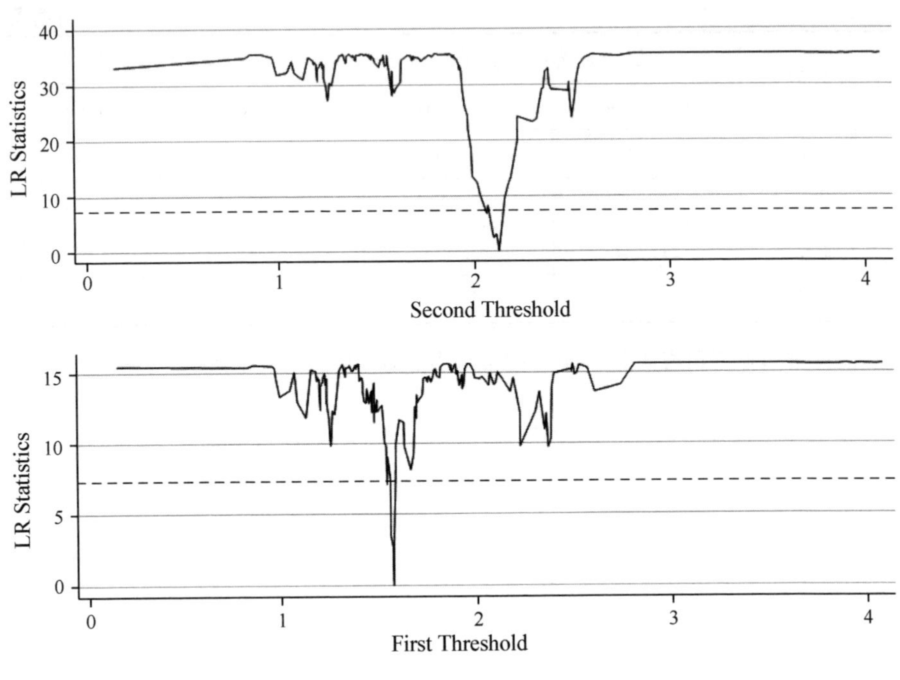

图 1　双门槛(fir_{it})的置信区间

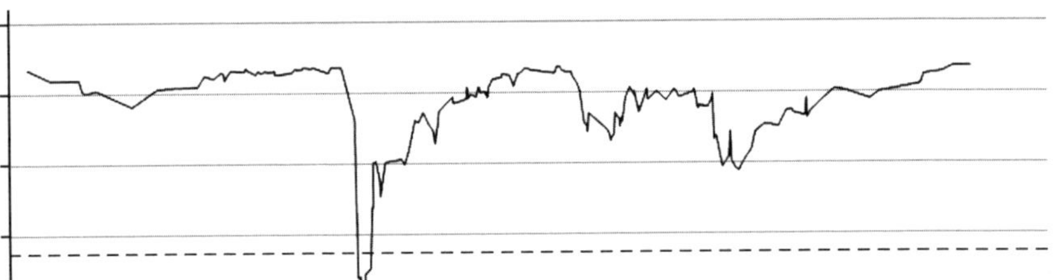

图 2　单门槛(dcr_{it})的置信区间

图 1 给出了 fir_{it} 门槛一阶段估计 γ_1 和二阶段估计 γ_2 的置信区间，其中一阶段门槛估计是 $LR_1(\gamma_1)$ 接近 0 的点，即在 γ_1 等于 1.572 2 处，似然比的第二个明显的下沉发生在二阶段估计值等于 2.128 8 处；图 2 则给出了 dcr_{it} 门槛一阶段估计值的置

信区间，可以明显的发现 γ_1 估计值出现在 0.618 8 附近。

3. 模型的门槛回归估计结果

表 5　门槛回归估计结果

解释变量	模型 3(fir_{it})	模型 4(dcr_{it})
$\ln RD_{it}$	0.691*** (−0.103)	0.545*** (−0.111)
$\ln H_{it}$	0.239*** (−0.082)	0.422*** (−0.086)
$\ln s_{it}^{f-fdi}$	0.252*** (−0.058)	0.151** (−0.058)
$\ln infra_{it}$	0.314** (−0.121)	0.178 (−0.131)
$\ln ef_{it}$	−1.589*** (−0.384)	−2.399*** (−0.385)
$\ln ef_{it} \ln s_{it}^{f-m}$	0.003 38 (−0.020)	0.023 4 (−0.021)
$\ln fin_{it}$	−0.540*** (−0.175)	0.323 (−0.520)
$\ln s_{it}^{f-m} \cdot I(fin_{it} \leqslant \gamma_1)$	0.752*** (−0.120)	1.067*** (−0.111)
$\ln s_{it}^{f-m} \cdot I(\gamma_1 > fin_{it} \leqslant \gamma_2)$	0.812*** (−0.118)	1.101*** (−0.111)
$\ln s_{it}^{f-m} \cdot I(\gamma_2 \leqslant fin_{it})$	0.772*** (−0.117)	
Constant	−11.040*** (−2.553)	−16.650*** (−2.572)
观察值	195	195
R-squared	0.941	0.938

注：***、**、* 分别表示在 1%、5%、10%的显著性水平下显著，括号内为 t 统计量。

从模型估计结果来看，在模型 3 中以金融发展规模(fir_{it})为门槛变量时，当 fir_{it} 低于 1.572 2 时，$\ln s_{it}^{f-m}$ 的系数是 0.752，并在 1%水平上显著；当 fir_{it} 介于 1.572 和 2.121 8 之间时，$\ln s_{it}^{f-m}$ 的系数是 0.812，并在 1%的水平上显著；当 fir_{it} 高于 2.121 8 时，$\ln s_{it}^{f-m}$ 的系数是 0.772，并在 1%的水平上显著。这表明在金融发展规模的三个阶段，金融规模的发展都促进了中间品进口正向技术溢出效应的发挥，并且促进的程度呈现先上升再下降的特征，即在金融规模发展初期(fir_{it} 低于 1.572 2)中间品进口技术溢出每增长 1%，技术创新增加 0.752%，并且随着跨越发展初期门槛值后(fir_{it} 介于 1.572 和 2.121 8 之间)，中间品进口技术溢出对技术创新的边际促进作用上升到 0.812%，然而当金融规模发展跨越更高的门槛值后(fir_{it} 高于 2.121 8)中间品进口技术溢出对技术创新的作用却下降到 0.772%。原因之一可能是随着金融市场的不断发展和完善，江苏省金融发达的地区其国际技术合作的渠道也在不断拓展，形式不断丰富，国际技术溢出的方式可能更多地体现在除中间品进口的其他渠道，例如外商直接投资、技术指导和培训等。另一个重要原因可能是信贷规模过大，造成了资源的无效配置，需要进口中间品的企业并没有获得充足的资金支持，进而在宏观上表现为过大的金融规模对中间品进口技术溢出效应的促进作用减小。至 2014 年底，处于金融规模发展初期的只有淮安、徐州；达到金融规模发展中期的则有连云港、扬州、镇江、泰州和宿迁，而南京、无锡、常州、苏州和南通则达到了金融发展规模发达的阶段。另一方面金融发展规模对技术创新的直接影响为负，并且在 1%水平上显著。原因可能是我国信贷有很强的政策导向性，大部分信贷流向了国有企业，导致高效率的中小企业融资困难，阻碍了企业对研发的投入，进而阻碍了技术创新。

模型 4 以金融发展效率(dcr_{it})为门槛变量，从结果来看，在其他变量不变的情况下，江苏金融发展效率每增加 1 个单位，技术创新将会直接增加 0.323 个百分点。并且金融发展效率对中间品进口技术溢出效应发挥的正向影响是递增的，在江苏金融发展效率水平前期(dcr_{it} 低于 0.618 8 时)，$\ln s_{it}^{f-m}$ 的系数为 1.067，并在 1%的水平上显著；在金融发展效率水平较高阶段(dcr_{it} 高于 0.618 8)，$\ln s_{it}^{f-m}$ 的系数上升到 1.101，并且在 1%的水平上显著。至 2014 年底，江苏省 13 个地级市都已经跨过金融发展效率的前期阶段，总体而言江苏各市金融深化与中间品进口的国际技术溢出的协同对技术创新能力的促进作用不断增强,然而值得警惕的是截至2014年,南京、宿迁、连云港、苏州、盐城和淮安的金融发展效率指标都超过了社会普遍认同的警戒值75%,这表明存在过度金融深化的风险,因而可能导致这些地区金融发展效率对中间品进口国际技术溢出效应发挥的促进作用是不可持续的。

在影响江苏技术创新的其他解释变量中,贸易自由化对技术创新的直接影响显著为负。原因可能在于江苏进出口产品的科技含量和经济附加值相对不高,进出口的扩张,反而会阻碍技术创新。贸易自由化和中间品进口的技术溢出的协同对江苏省技术创新能力的作用为正,但不显著。这可能与江苏省的加工贸易方式有关,因为这种对进口中间品进行简单加工组装的方式使得对中间品进口国际技术溢出的吸收有限,并且对于来料加工的企业而言,其进口中间品需要先征收进口关税,因此其对现金流有更大的需求,从而导致企业将更多的资金用于原材料的进口而没有足够的资金用于开发新产品,这样在宏观上就表现为自由化对中间品进口技术溢出的促进作用不明显(田巍,余淼杰,2013)①。此外,研发投入($\ln RD_{it}$)系数都在1%水平上显著为正,表明江苏省的R&D投入对技术创新有显著的促进作用,并且江苏的人力资本存量系数也都在1%的显著性水平下显著为正。更进一步,从回归系数值来看,R&D投入对技术创新的促进作用大于人力资本的投入,这说明R&D投入是当前江苏提高技术能力的最主要途径。另外,FDI的国际技术溢出与江苏各市的技术创新也呈现显著的正向关系,说明江苏省FDI的国际技术溢出效应也是提高技术创新能力的重要渠道。

六、结论与建议

本文以金融发展为切入点、以中间品进口为渠道,研究金融发展与中间品进口对江苏省技术创新的内在机制,并利用江苏省13个地级市2000—2014年的面板数据进行实证分析。通过检验,我们得出以下基本结论。

---

① 田巍、于森杰:《企业出口强度与进口中间品贸易自由化——来自中国企业的实证研究》,《管理世界》2013年第1期。

回归结果显示，金融规模和效率发展都显著促进了中间品进口技术溢出效应的发挥，其中江苏省中间品进口国际技术溢出显著地存在基于金融发展规模的“双门槛效应”，将金融发展规模划分为初、中、高阶段，三个阶段的促进作用是非线性的。其中，随着发展阶段的提升，金融发展规模和中间品进口技术溢出的协同对技术创新的产出由弹性递增转向弹性递减；另一方面，江苏省中间品进口国际技术溢出显著地存在基于金融发展效率的“单门槛效应”。此外，金融发展规模对江苏省的技术创新存在显著负相关，而金融发展效率对技术创新的促进作用却为正，但影响微弱。

其次，在其他的解释变量中，贸易自由化对技术创新的直接作用显著为负，但是贸易自由化对中间品进口技术溢出效果的发挥为正，但不显著。另外，研发投入、人力资本、基础设施和 FDI 的国际技术溢出对技术创新的促进作用都显著为正。

基于以上结论，为了加快江苏省技术创新的步伐，本文提出以下建议：

第一，应继续加强金融体系改革和金融市场发展。一方面，继续深化以建立市场竞争机制和产权多样化体制为目标的金融体系，即打破垄断，允许更多民间资本进入金融行业，同时要积极推进国有金融机构产权的多样化。这有利于扩大资金融通规模，引导更多资金流向创新型企业，特别是要加大对有需要进口先进中间品和机器设备的苏中和苏北地区创新型企业的资金融通支持。另一方面，加快金融市场建设，不断丰富和创新金融工具，建立创新型企业贷款的激励机制和风险补偿机制，减少金融机构贷款顾虑。同时也要通过保险、出口信贷、信用证担保、衍生工具等规避信用、汇兑、价格和运输等风险。增强企业进口国外高技术中间品的热情。另外，在提高金融发展效率的同时政府也要警惕南京、宿迁、连云港、苏州、盐城和淮安等市金融过度深化。金融业作为为实体部门提供资金融通的部门，其发展应以服务实体经济为前提。

第二，因地制宜，实施差别化中间品进口发展战略。一方面，对于处于金融规模发展初期的淮安、徐州和处于金融发展中期的连云港、扬州、镇江、泰州和宿迁等地区，应该鼓励企业向金融机构和市场进行融资，用于扩大中间品进口的数量和种类，尤其是增加蕴含高科技含量的资本品和零部件的进口，从而在消化吸收国际技术溢出的基础上，促进技术创新。另一方面，对于金融较为发达的南京、无锡、苏州、常州和南通地区，中间品进口已不是国际技术溢出的主要途径，在加强高技术含量中间品进口的同时,应更加重视 FDI、技术指导、培训和国际技术合作等途径对技术创新的作用。

第三,积极调整外贸结构。在参与全球经济融入全球分工的过程中,逐步实现由初级简单加工和贴牌生产为主,转向高附加值、高技术含量加工制造和技术开发等上游环节延伸,物质资本和人力资本必然随之增加,进而提高江苏的技术创新能力。

第四,继续重视物质研发资本和人力资本的投入,坚持走自主创新之路。金融发展作为外生变量对技术创新的作用毕竟有限,而提高技术创新归根到底还是取决于江苏自身的技术吸收能力,因此必须加强技术和知识的积累,即加大对研究与开发经费和教育经费的投入力度,以充分吸收进口中间品的技术溢出,进而提高创新能力。

参考文献

[1] 楚明钦,陈启斐.中间品进口,技术进步与出口升级[J].国际贸易问题,2013(6):27-34.

[2] 黄德春,闵尊祥,徐敏.金融发展与技术创新:对中国高新技术产业的实证研究[J].中国科技论坛,2011(12):21-25.

[3] 康志勇.资本品,中间品进口对中国企业研发行为的影响:"促进"抑或"抑制"[J].财贸研究,2015(3):61-68.

[4] 师文明,王毓槐.金融发展对技术进步影响的门槛效应检验——基于中国省际面板数据的实证研究[J].山西财经大学学报,2010(9):38-45.

[5] 田巍,余淼杰.企业出口强度与进口中间品贸易自由化:来自中国企业的实证研究[J].管理世界,2013(1):28-44.

[6] 王尧.中间品进口与我国区域技术创新的实证检验——基于国际技术溢出,吸收能力视角[J].中国流通经济,2014,28(3):74-78.

[7] 谢建国,周露昭.进口贸易,吸收能力与国际 R&D 技术溢出:中国省区面板数据的研究[J].世界经济,2009(9):68-81.

[8] 张军,金煜.中国的金融深化和生产率关系的再检测:1987—2001[J].经济研究,2005,(11):34-45.

[9] 张云华.金融发展促进技术创新的比较研究——基于浙江省和江苏省[J].科技与管理,

2015,(2):13-18.

[10] 赵勇,雷达.金融发展与经济增长:生产率促进抑或资本形成[J].世界经济,2010(2):37-50.

[11] COE D T, HELPMAN E. International R&D spillovers[J]. European economic review, 1995, 39(5): 859-887.

[12] GRILICHES Z. R & D and the productivity slowdown[J]. The american economic review, 1980, 70(2): 343-348.

[13] GROSSMAN G M, HELPMAN E. Trade, knowledge spillovers, and growth[J]. European economic review, 1991, 35(2-3): 517-526.

[14] HANSEN B E. Threshold effects in non-dynamic panels: estimation, testing, and inference[J]. Journal of econometrics, 1999, 93(2): 345-368.

[15] KASAHARA H, RODRIGUE J. Does the use of imported intermediates increase productivity? Plant-level evidence[J]. Journal of development economics, 2008, 87(1): 106-118.

[16] KING R G, LEVINE R. Finance and growth: schumpeter might be right[J]. The quarterly journal of economics, 1993, 108(3): 717-737.

[17] LICHTENBERG F, DE LA POTTERIE B V P. International R&D spillovers: a re-examination[R]. National bureau of economic research, 1996.

[18] RAJAN R G, ZINGALES L. Financial dependence and growth[J]. The American economic review, 1998, 88(3): 559-586.

[19] LAWRENCE R Z, WEINSTEIN D E. Trade and growth: import-led or export-Led? Evidence from Japan and Korea[R]. National bureau of economic research, 1999.

[20] JOSEPH S. A theory of economic development[M]. Boston: Harvard university press, 1911.

网络平台战略驱动的企业跨界发展模式与策略

——基于淘金世家的案例研究[①]

侯赟慧[②]　朱婧瑜[③]　卞慧敏[④]

一、问题提出

中国经济当前步入速度趋缓、结构趋优的“新常态”，在 2014 年实现了工业型经济向服务型经济的转换，同时网络经济对传统产业的改造也从标准化商品过渡到非标准化服务，在这些趋势的叠加影响下，传统产业如何在第四次工业革命指引下实现从“制造”向“智造”升级的创新驱动战略呢？工业 4.0 将使传统产业的界限消失，产业链分工重组，产生各种新的活动领域和合作形式。平台模式能有效激励多方群体互动，快速配置整合全球资源，弯曲打碎既有的产业链，重塑市场格局的商业生态系统架构(徐晋，2013；陈威如，余卓轩，2013；李海舰等，2014)。

在“创新驱动战略”背景下，传统企业需要利用互联网思维重新架构运营模式。平台作为其他企业发挥功能的必要、共享的“互补品”，并由于平台供给者在核心技术、组织间界面、竞合规则等方面的设定和领导，使得众多企业之间的分工、合作、竞争等行为模式与认知框架逐渐强化，形成一个可以整合系统产品和服务供给、增强系

① 国家社会科学基金项目“网络平台战略驱动的企业跨界成长研究”(15BGL076)；中央高校基本科研业务费基础扶持立项项目“网络平台战略驱动的商业银行核心竞争力研究”(2242017S20033)，南京科技发展计划项目“基于科技贷款的科技型中小企业股权融资定价模式研究”(20180919)。

② 东南大学经济管理学院硕士生导师，副研究员。

③ 东南大学经济管理学院硕士研究生，在读。

④ 供职于招商银行南京分行。

统机体创新能力的产业生态系统。将传统企业改造成互联式平台，能获取新利润增长点和竞争优势，与外部不稳定、未来不确定性、环境高复杂性动态匹配和整合创新，实现企业跨界成长的“智造”梦想。因此，本文在互联网与工业融合创新日益加快的大背景下，构建网络平台战略驱动的传统企业跨界协同发展模式，并以“淘金世家”为例，进一步研究在网络平台战略驱动下，传统企业如何从破界、跨界到无边界的动态演变和成长策略选择，为传统企业的跨界成长提供理论支持和帮助。

二、网络平台经济与企业跨界成长理论研究

（一）网络经济与产业转型升级关系研究

当前关于信息技术革命下网络经济的研究主要有：① 网络平台就用户进行的竞争行为研究，主要强调网络效应的作用及其对平台战略的影响（Rochet & Tirole, 2003; Armstrong, 2006; Weyl, 2010；程贵孙，2011；甄艺凯等，2013）。这些研究表明，网络平台应该进行交叉补贴，对那些为其他人创造价值的用户收取较低的费用。② 网络平台的市场机制创新行为研究，主要涉及广告和产品的竞标方法（Edelman et al, 2007; Varian, 2007; 冯华等，2016）、网络声誉和评价系统（Resnick et al, 2001; Dellarocas, 2006; Bolton et al, 2009；汪旭晖等，2015）等方面。③ 网络竞争对消费者行为的影响研究，消费曲线呈长尾特征（Anderson, 2006；吴义爽等，2016），平台需要动态响应内容越来越丰富，要求越来越高的消费者需求。④ 网络平台的商业模式创新研究，主要包括平台企业的边界选择（Santos, 2005；李晓翔，2016）、平台商业生态系统的构建与锁定（Gawer et al, 2008；吕一博等，2015；李鹏等，2016）。虽然现有文献有涉及信息产业对产业结构优化的影响（史忠良、刘劲松，2002；陶长琪等，2015），但在联结网络经济和产业转型升级之间仍存在很大的割裂，缺乏系统性地探讨网络经济影响产业转型升级的路径机制和策略选择。

（二）企业跨界成长理论研究

企业成长本身预示着对原有边界的突破。国际化等企业内生性成长是企业跨越边界能力演化的一种表现（Sapienza et al, 2006；李晓翔，2016），这些企业在保持原有所有者优势的前提下，突破了地理边界；外生性成长则更多地体现了全新边界或者虚

拟边界的构筑，如战略联盟使企业与合作伙伴共同形成了新的虚拟边界，降低了知识传递、技术学习、市场分享的成本。近年来，学界已意识到 Penrose(1959,2007)的成长理论在强调不同成长路径对企业绩效影响差异时，忽略了环境对企业成长的影响。企业成长的关键是企业结构与功能的完善和对环境的适应。企业从创立之时起，就伴随着合作(Singli & Mitchell, 2005;梁强等,2016)、企业网络(Hite & Hesterly, 2001; Sullivan & Ford, 2014)、社会资本(Prashantham & Dhanaraj, 2010;韩炜等, 2013)、不同战略选择组合演化(Lockett et al, 2011)等多个外部要素的演化以及成长本身多要素之间的共同演化(Coad, 2010;刘江鹏,2015)，来达到成长所需的资源管理和竞争环境的一致(Claryssee et al, 2011)。特别是在一些发展中国家，不同的战略类型都显示了不同的环境特征和竞争行为，当外界环境变化时，企业调整资源发展和市场定位，以实现成长(Pettus, 2001;王茂详等,2015)。当前大量研究都集中于解释不同企业的成长差异，而非企业是如何发展和如何实现成长的充分的定性差异以适应环境变化。

(三) 平台理论研究

双边市场改变了产业组织理论、企业战略管理等研究领域的视界，从传统的厂商—消费者的“价格—需求”研究转变为两个相互关联的平台厂商—双边用户的“价格—交易行为”的研究。平台提供了双边市场的交易途径和方法，其本质是市场的具化(徐晋,2006)。在网络经济环境下，平台战略的目标在于打造一个完善的、成长潜能强大的“生态圈”(陈威如，余卓轩，2013;李鹏等，2016)。从动态演化角度来看，随着平台与整个生态系统在结构、功能、运行模式等方面的互动与逐渐成熟，平台运营商和系统内各专业化企业之间将产生能力与结构的“协同演化”(Jacobides & Winter, 2005; Jacobides, 2008;冯华等,2016)，使得这种跨界资源能力的整合特征得以累积并强化。在软件平台的支撑下，已出现了很多跨界混搭的商业模式(Evans, 2011;刘江鹏,2015)。目前学界的研究普遍围绕技术平台范畴和平台经济范畴两条主线展开(Evans, 2003; Tellis et al, 2009; Eisenmann et al, 2011; Zhu & Iansiti, 2012)，与此相关的研究问题有平台的定价、建构、成长、进化、竞争以及监管等。

已有文献对网络经济、平台战略以及企业成长进行了深度的探讨，但平台战略的研究情境多选择平台市场发展较为成熟的IT行业，而平台企业之间不仅相互渗透，并且还在不断深入和颠覆传统产业，平台可以有多个层次，平台战略应当作为企业层面的成长和竞争战略向其他行业进行跨界拓展；其次，古典经济学派或新制度经济学派忽略了无形要素对企业成长发展的影响，在网络经济环境下现实世界在虚拟空间中得到逻辑再现，加快了企业破界、跨界到无边界的发展；此外，现有文献在联结网络经济和传统企业优化升级之间仍存在很大的割裂，难以融合技术平台范畴和平台经济范畴引导传统企业实现转型升级。

不难发现，企业在进行跨界发展的路径之中必须要考虑几个问题：一是企业自身所处的行业发展状态如何，行业跨边界或者无边界发展的需要是否已经迫在眉睫。这一点能够帮助企业认清行业现状，对自身的发展规模和在行业中的定位做出选择。成为行业的先驱还是后来者对企业跨界成长发展的投资策略有重要的作用。二是在联系行业发展特点之外，明确企业的发展路径，因为不同行业的发展方向存在区别，企业需要借鉴但不能局限于上文所阐述的三大理论研究成果。

三、网络平台战略驱动的传统企业跨界协同发展模式

网络平台战略提供了共享式互补品，提升了专业化服务资源的收益，为平台创建者成为产业领导者奠定了利益相关者激励相容的基础。产业生态系统基于共同创造价值、共同成长的战略逻辑将更有可能获取可持续竞争优势的发展前景。在中国工业经济步入新常态、互联式服务型经济快速崛起的趋势叠加影响下，在"立体网络式"格局的产业生态系统中将工业生产、服务、消费和创新通过平台链接形成一个动态闭环正反馈开放体系，用互联网思维将传统企业改造为更有弹性更加灵活的互联式平台，促进企业的跨界成长，从而为工业经济增长注入新动力。网络平台战略驱动的传统企业跨界协同发展模式如附录1所示。

以平台为基础的产业生态系统增长受到网络效应的驱动，如何保证足量的同边和跨边主体参与平台型产业生态系统突破临界规模，激发间接网络正反馈效应，是企业能否成功实现跨界成长的最大挑战。具体而言，就是平台注意力竞争、临界规模的突破、平台身份的锁定和平台竞争优势的获取。传统企业如何在网络平台战略驱动

下,通过路径依赖的“自强化”机制、经济行为与社会结构的“互嵌”效应、以及强化平台竞争优势的“反哺效应”,并在产业生态系统中实现以平台企业为核心的“鸡蛋相生”的正反馈协同效应。

同时,对于产业生态系统中的企业而言,产业间的互动发展机制是影响系统中的企业间能否协同演进的主要因素,进而会影响到其成长性和成长轨迹。随着平台产业生态系统逐渐成熟,跨界整合资源能力的特征逐渐显著,但实体经济资源有边界约束供给不能及时响应虚拟平台市场无边界需求的矛盾也愈加突出,并会进一步阻碍平台企业的跨界成长,平台企业需要重塑产业生态系统中的企业间关系,进行无边界化整合。

尽管平台型产业生态系统能更好地整合并合理布局企业和产业的资源,为其他外部实体进入平台范畴并为其构建产业平台和产业链打下基础。但是,在“创新驱动战略”协调推进信息化和工业化深度融合的背景下,中国产业转型升级的现实情境及其可行性“规定”了何种产业生态系统跨界协同模式真正有效率。

另外,还需要考虑平台参与主体的不良行为会导致经济效率丧失,进而导致平台整体价值降低,有必要完善平台型产业生态系统的治理机制,对各个利益相关者进行创新激励,在确保平台应用多样化、互补性的同时,协调降低平台企业间的潜在冲突。

简单来说,从平台型企业的破界发展到跨界成长,再到最终的无边界动态演化,企业需要在未雨绸缪的同时做好全方位的整体规划,为企业未来跨界和无边界发展的具体策略选择做好铺垫,避免在未来由于基础不扎实而落后。

四、案例背景介绍

黄金是重要的战略资源,兼具商品和货币的双重属性,在满足人民生活需要,保障国家金融和经济安全等方面具有重要作用。“十二五”期间,我国黄金行业形成了地质勘查、矿山开采、选冶、深加工、批发零售、交易市场等完整产业体系,产业发展迅速。2017 年 1—9 月,上海黄金交易所总交易额 13.74 万亿元,同比增长 7.33%。其中,黄金累计成交量 3.63 万吨,累计成交金额 10.03 万亿元,同比增长 2.82%。至 2016 年,上海黄金交易所已连续十年位居全球场内黄金现货场所之首。但是,我国黄金行业在快速发展的同时也存在一些问题。首先，黄金矿业资源整合进展缓慢，地质勘查工作滞后，深部开采技术亟待突破，企业负债率偏高。其次，黄金饰品附加值不高，加工技术工艺相对落后，设计创意欠缺。最后，黄金市场及保障体系还须进一步完善。随着中国黄金市场的逐渐完善，传统黄金珠宝产业已经不能满足市场发展的需求，转型升级势在必行。

近年来，随着互联网用户的普及和网络交易习惯的养成，政府在国家战略层面上积极推进"互联网+"计划，金融交易互联网化发展迅猛。2015 年 10 月 1 日，上海黄金交易所联合几大银行以及部分券商，正式推出了"易金通"移动端 App，众多商业银行的黄金银行业务也纷纷推出线上功能，发展黄金交易互联网终端成为大势所趋。在此背景下，"互联网+黄金"模式兴起，淘金世家正是一款利用网络经济和平台模式发展起来的顺应时代潮流的产品。

淘金世家是一款典型的"互联网+黄金"App 产品，随着黄金首饰消费增速放缓，居民对黄金投资的需求逐渐上升。淘金世家从消费和投资双角度入手，首先，它依托萃华珠宝，以线上黄金饰品销售为切入口，将商场开到线上，使黄金消费更符合现代人的消费习惯。其次，它依靠互联网模式拓宽了传统的黄金投资渠道，降低了黄金投资门槛的同时使用户能够不受时间和地域的限制投资黄金。充分发挥了"互联网+"的作用。具体而言，黄金饰品消费包括建设黄金珠宝交易云商平台、现代珠宝产业服务创意发展平台、珠宝饰品公共服务平台，打造互联网金店；而黄金投资意味着将黄金银行业务与互联网渠道相结合，发展委托黄金存管业务，提供黄金余额宝、黄金保险、保值金条、黄金 ETF 等具体产品。

淘金世家目标成为黄金产业综合化服务平台和黄金资产配置专家。为消费者提供丰富多样的黄金投资、黄金交易等服务，为金店提供动产融资、扩大销售等服务。全新打造智慧门店，激发市场活力，助推黄金行业降本增效。为了实现这一目标，淘金世家从 2017 年 8 月成立之初，就沿着获取用户注意力、增强用户注意力、平台身份锁定和获取平台竞争优势的发展路径在努力。淘金世家 App 于 9 月 13 日上线，截至十一月份，用户量已突破 2 200 位，累计交易额突破 2 050 万元，合计管理黄金 74.2 千克，人均投资金额 0.92 万元，人均购金 33.4 克。作为一个黄金市场的新进入者，淘金世家已经在获取和增强用户注意力方面做出了详尽的安排，在平台身份锁定和获取平台竞争优势方面也在规划和铺垫过程中。

五、基于网络平台的企业跨界成长策略分析

平台型产业生态系统突破传统的线性交易逻辑，是实体经济与互联网虚拟经济相融合的跨界经营现象，是一种全新的企业间战略互动模式。对传统企业而言，通过构建平台型产业生态系统，企业得以颠覆传统价值创造方式、改变竞争结构，从而实现制造到智造，制造到服务，制造到整合的产业基础跃迁(赵振，2015)。在构建平台型生态系统的起步阶段首先要保证多边群体的关注和充分参与，然后触发网络效应，突破临界规模获得平台的发展，进而锁定生态系统领导者地位，建立隔绝机制，获得竞争优势。

(一) 平台注意力竞争策略

注意力可以给企业带来无形资产增值、潜在产品或服务市场的稀缺资源。随着互联网功能的多样化发展，用户空余时间逐渐接近上限，获得更多用户的关注变得越来越困难。事实上，随着注意力的飘忽，平台出售产品或者服务的能力以及卖个好价钱的机会都会受到极大的影响。线上平台竞争的实质就是稀缺注意力的竞争，新上线的平台要为争取日益有限的注意力而加倍努力。

注意力是一种具有正负效应之分的主观心理状态，是任何企业都可以共享的资源。平台企业借助传播手段推广自身的产品或服务、核心能力、价值观等，吸引品好相投的大众注意力。基于注意力以人为本、集中于目标事物、无法复制性、易从众性、可传递性等特征(荚莺敏等，2002)，平台企业可以从定价模式、功能、突破性创新等方面(Evans, 2013)，通过扩大注意力范围，吸引大量用户，同时增加注意力黏性，锁定并培养忠诚用户，使注意力成为平台企业的优势资源。

扩大注意力范围策略

① 定价策略。平台企业可以通过注册费、交易费或组合模式获得利润。但是在平台起步阶段，基于吸引注意力需要以人为本，经济人是趋利的特征，免费提供有价值的商品和服务，是很典型的获取注意力的策略行为。那么，平台型企业如何免费

呢？考虑到平台的交叉网络外部性，解决好“鸡蛋相生”问题，才能成功启动平台。因此，在综合考虑用户的平台产品价格需求弹性、用户的交叉网络外部性的强度、用户的平台黏性以及免费或补贴的成本收益比(Rochet & Tirole，2003)后，对价格需求弹性大、交叉网络外部性强、平台黏性高的用户进行补贴、实施免费或者收取较低价格等措施。当该边用户的网络外部性带来的平台收益低于平台对其实施免费甚至补贴的成本时，则应放弃此策略。

在定价策略上，平台首选不对称定价策略。消费和投资端用户的网络外部性更强，因此为了吸引新用户，淘金世家针对新用户推出“特价金”和“新手金”等业务，优惠黄金买入价、提高投资收益率。其次，相比传统渠道，互联网黄金平台使黄金投资门槛得到进一步降低，24 小时交易，零手续费，1 毫克黄金即可交易，降低了黄金投资交易的门槛，投资效率和普及程度得到了很大提升，有利于获取平台双方尤其是消费者和投资者的关注。

② 合作策略。在网络经济时代，企业间以平台为依托，满足长尾需求，扩大平台企业的注意力范围。合作扩大了平台企业的资源边界，不仅可以充分利用对方的异质性资源，而且可以提高本企业资源的利用效率。通过与合作伙伴在生产、研发、营销等各个环节的优化组合，为用户提供更优质的产品和服务，激发协同效应；合作使企业间可以近距离的相互学习，将自身的能力与合作企业的能力相结合创造出新的能力。此外，在平台型产业生态系统中，合作组织间整体的信息搜集、沟通成本较低，通过紧密关注行业动向和产业发展动态、跟踪外部技术、管理创新等，为企业提供新的思想和活力，从而为用户提供更好的产品或服务，激发创新效应。

作为联系多方群体的基础架构，淘金世家也深知合作共赢的重要性。淘金世家的股东包括萃华珠宝和先锋金融集团，也与中共民生银行、五矿经易期货展开深度相合作。一方面，丰富了黄金挂钩的金融产品设计的能力和经验，同时与银行等金融机构联合开发挂钩黄金的金融产品。为用户提供活期金、定期金、黄金衍生品、保值金条等业务，黄金产品设计多样化，满足平台多方面的需求。另一方面，与多个企业进行合作能够优化企业的研发、营销、后台维护等多个环节。比如，与萃华珠宝合作能够扩大用户范围、在未来通过创新的饰品穿戴服务模式增强对用户吸引力；与先锋金融等金融机构合作能够保证黄金投资的安全性和未来投资品的扩大可能。

③ 包络策略。不同于传统企业考虑如何运用自身的异质性资源、核心能力、商业模式运用于新的产品或服务以赚取利润，平台企业作为联系多方群体的基础架构，更多考虑的是提供某类共性资源和能力，使得各类用户能够在平台上实现合作，各取所需。为了把握这一“共性规则”，平台企业需要在产业融合的背景下，以提升用户价值体验为导向，在不同行业、产品、服务和功能实施包络战略。具体而言：一是转化已有的用户资源，将企业原有的用户数据充分线上化；二是通过平台包络增加平台功能模块，为更多的供应方和需求方提供产品和服务；三是为用户提供多样化的“捆绑服务”，增加多边用户之间的互动，使用户之间以及用户和平台之间的依赖程度加深。一旦平台企业的包络策略实施成功，平台网络效应和多边用户的依赖程度达到一定临界值之后，将激发强大的同边效应和跨边效应，帮助平台企业吸引更多的关注。

为了拉长公司产品链、为用户提供增值服务，淘金世家与老牌黄金企业萃华珠宝合作，直接把黄金商场开进手机 APP 里。未来，淘金世家计划与门店及设计师合作，定期为用户提供免费私人定制服务，同时根据平台账户数据，用户可享受免费穿戴服务，极大地丰富了黄金饰品交易市场。另外，账户里的黄金可方便及时地申请提金条，储藏的金条可以随时回购，通过 O2O 模式将服务延伸到线下门店，有利于将黄金投融资、产品回收置换及终端零售业务有机结合起来。淘金世家拓宽了企业边界、拉长了产品链，为用户提供更多的增值服务，也为整个生态系统的发展添砖加瓦。

增强注意力黏性

平台企业不断面临着来自新产品以及新服务供应商的竞争，分散用户的注意力，平台企业通过提供个性化的产品或服务使自身显著区别于其他平台，满足长尾群体的需求，增强用户注意力的黏着力。具体策略有：

① 个性化战略。注意力具有目标性（莢莺敏等，2002），在大数据技术日益成熟的情况下，大数据精准营销成为平台挖掘潜在注意力，增强注意力黏性的有效策略。

在“大数据”技术的支持下，平台企业可以精准市场定位，由于消费者需求具有隐蔽性、易变性、复杂性、情景依赖性，平台通过用户信息收集系统，数据分析系统，结果反馈系统，力图洞悉消费者的真实需求，找准市场定位；平台企业还可以及时、动态地提供个性化的产品或服务，通过“大数据”技术的及时准确捕捉、对比、分析消费者信息，通过模块化生产方式，及时、动态地为消费者量身定制产品或服务；平台企业也能在确定目标人群的真实需求后，通过点告、窄告、竞价排名搜索等方式精准投放广告，提升平台在消费者心目中的声誉，良好的声誉又会吸引更多的关注，形成良性循环。

首先，淘金世家 APP 明确主体用户是互联网年轻消费群体。通过开发丰富的金融产品，智能营销获客能力强，低成本覆盖与传统黄金投资重叠度不高的客户群。培育年轻消费群体的黄金线上交易习惯，快速扩大网络效应规模。其次，APP 利用大数据为用户提供了个性化的定制服务。一是提供免费穿戴业务和私人定制黄金饰品业务，这不仅能够吸引用户注意力，也是模块化创新的体现，为未来降低竞争对手的替代威胁和模仿威胁做好铺垫。二是针对年轻人制定适合的分期付费方式。淘金世家致力于打造智能体验店，计划未来通过人脸识别及大数据分析对用户进行云授信。如果客户需要消费分期，只需提供手机和身份证号，云端就可以通过比对大数据生成综合信用报告，自动评出可以给该客户的授信额度。

② 降低用户搜寻成本。平台企业为用户创造价值不仅体现在为其提供产品或服务，还体现在其平台架构能够降低用户的搜寻成本，帮助用户寻找到更满意更有效的产品或服务。平台通过设计、提炼、汇总有关产品以及应用程序的评价，并向用户公开相关信息，一键解决用户的最终需求，从而锁定用户的长久注意力。淘金世家从生活和投资两方面寻找客户，对生活和投资业务进行了综合性整合，减少用户搜寻成本。在生活业务上提供免费穿戴业务和私人定制黄金饰品等服务，在投资业务上剧集了多种黄金投资品，在未来将涵盖租赁、定期、期权等多种产品。

③ 优化平台接口。平台企业为了突破地理、空间上的界限，需要通过其支持层提供的 APP 软件连接多方用户群体。在其他条件相同的情况下，用户更偏好容易使用的平台，因此，平台接口的优化就显得尤为重要。为了提高接口质量，一方面，平台需要重视用户的需求、搜集用户的意见，确定用户加入平台存在哪些困难；另一方面，平台需要重视应用程序开发人员针对用户需求的接口改进工作，通过优化平台的开发环境，更好地利用开发人员独特的专业知识和技能，促进平台接口的优化、提升创

新速度。

为了使平台接口更加优化、资金安全得到保障,淘金世家和阿里云展开合作,构建业界领先的多重防火墙保护系统,全站信息加密,保障数据安全,严防网络入侵。同时,为了使平台更方便使用,平台重视用户的需求、搜集用户的意见,对平台注册用户进行回访,了解用户在使用时是否存在困难,针对用户需求进一步优化平台。

(二) 临界规模突破策略

平台的基本特征是拥有两个或两个以上不同的群体,其运行的基础是网络效应,即一方获利的多少取决于另一方的规模。因此,平台在早期启动过程中,如果一边使用者数量不够多,那么另一边的潜在用户群体将很难选择加入平台,并进一步导致已经加入平台一边的使用者数量减少,从而导致平台启动失败。平台在达到临界规模前,其增长是不稳定的,只有突破临界规模后,网络交叉外部性才会使得平台增长成为内生的、自我实现的,甚至是无法阻挡的(Evans & Schmalensee, 2013)。突破临界规模的目的是为了激发网络效应,而网络效应的激发不应当局限于规模,还应当注意用户之间的网络关系强度(蔡宁等,2015)。因此,传统企业构建平台后,根据网络效应的特征、平台的形成机制以及用户的影响力进行临界规模突破策略选择。

(1) 常规曲折向前策略。选择这一策略的平台企业本身不进行产品销售,只是作为多边群体的连接。平台往往采取免费甚至补贴的方式吸引早期用户,随着网络效应的激发开始营利。

(2) 两步走策略。采用这一策略的平台企业,其中一边的用户对另一边用户存在较强的交叉网络外部性(傅瑜,2013),平台需要采用免费的方式在其中一边招募到足够数量的参与者,然后再去平台的另一边招募用户群体。

(3) 大买家策略。当平台用户在一边甚至多边存在个人影响力的时候,其不仅能够提高所在平台对于潜在用户的价值,而且能够为平台吸引大量新的用户。因此,平台企业在创立初期可以通过实施大买家策略迅速获取足量的多边用户数量。

(4) 自主供给的曲折向前策略。平台企业可以自行充当平台某一边的经济主体,至少在早期启动阶段,通过自身良好的信誉吸引多边群体的关注和加入。

在临界规模突破的问题上,淘金世家倾向于大买家策略,主要是受到黄金这一特殊品的限制,企业需要与具备黄金投资交易牌照的金融机构合作,首先准备好平台一边,并设计相关产品来吸引另一边用户的加入。当然,想要在未来获得用户和金融机构或是传统金店数量的双增长,还需要依靠平台合理的产品设计和良好的收益率。

(三) 平台身份锁定策略

在网络经济发展过程中,平台身份的不断涌现是经济行为和社会结构共同作用的产物。平台企业只有占据商业生态系统的关键位置,获得商业生态系统的控制权,才能不断增强自身的竞争力(刘刚等,2013)。一旦平台供给者提供的产品或服务及其领导者地位得到产业认可的"临界水平",在自我强化的累积效应下,逐渐锁定平台身份(吴义爽等,2011)。传统企业基于生态系统领导者身份,其平台身份锁定背后的核心逻辑在于:立足平台供给抢占生态系统的规则制定权。构建产业生态系统的"共同盈利"模式,联结产业内外企业,逐步稳定产业内外企业的竞争秩序。提出系统性价值主张,提高生态系统凝聚力,进一步巩固领导者地位。

(1) 塑造生态系统,立足平台供给,抢占生态系统的规则制定权,获取市场话语权。受网络经济的影响,在传统企业逐渐平台化的过程中,原本处于弱联结甚至是没有关系的众多企业聚集成一个有机的网络系统,或是打破原来合作与竞争平衡的生态系统,形成新的平台生态系统。但是许多产业的未来发展模式、行业竞争规则、产业政策制度、空间集聚范围、区位等事关企业发展的"产业系统架构"还处于高度不确定的状态。

(2) 设计生态系统规则,构建产业生态系统的"共同盈利"模式。为生态系统内的企业之间的竞争秩序,企业与最终用户之间的交易秩序,制定一套相对稳定的规则。这种"共同盈利"模式使得平台运营商能够优化配置生态系统资源,拉升系统内各个专业化企业的资源短板。通过与系统内的企业共同成长、共享系统的创新价值,平台企业才能在与其他企业的健康互动中取得领导者地位,在参与企业数量的增长中获得服务的规模经济效应。为了完成巩固和扩大伙伴关系、壮大平台生态圈的双重任务,核心企业应当强化其他企业对自身的资源依赖。

(3) 管理生态系统,提出系统性价值主张。为了保证平台生态系统的高效率运行,平台运营商需要及时处理生态系统里各种交易中的冲突。通过提出核心价值观,为生态系统成员提供有价值的技术方案和创新模式，核心企业能够增加其他主体对自己的依赖性，增强生态系统的凝聚力，维持生态系统的竞争优势，再对核心价值观进行去物质化、聚核、扩网，丰富其价值主张，推动企业从边缘走向核心(王伟光等，2015；刘林青等，2015)。

综上所述，为了获取行业领导者地位、锁定平台身份，企业首先需要获得一定的市场势力，赢得行业话语权；其次企业的发展模式要满足多方共同盈利的标准规则；另外还要肩负起行业的责任，提出合理的系统性价值主张。具体平台身份锁定策略的内在逻辑可参见附录2。

淘金世家定位于传统金店互联网化改造的平台型产品，致力于提高传统金店的运营管理效率，将传统金店打造为互联网信息管理金店，实现服务、销售、供应链信息化管理。能通过互联网数据针对用户的购金习惯制定个性化服务如线上买卖黄金、线上存金、线上提金等。这些良好的发展模式能够在未来开拓更多的用户群并获得理想的市场势力，进一步帮助企业进行身份锁定。通过与多个企业的深度合作，企业已经具有高信息流、资金流和物流效率，朝着合作共赢的目标迈进。淘金世家也将秉承“共同盈利”的经营思维，保持黄金行业平台生态圈的良性互动发展。

(四) 平台竞争优势获取策略

平台企业在完成基础用户沉淀、网络效应激发、身份锁定之后，就已经完成了平台竞争的主导框架，为获得持续发展，平台还需要建立隔绝机制，即获得竞争优势。企业竞争优势源自其相较于竞争对手拥有的可持续优势源泉，即更先进的组织结构与运行方式、更低成本的优势资源、更适合市场需求的产品和服务以及更具有前瞻性的创新能力等(汪亚青等，2015)。平台要想获得竞争优势，需要增加平台的创新流入，减少平台的创新流出(被竞争对手复制)，使平台创新流入的速度大于流出的速度(Tiwana, 2014)，保持一定具有竞争优势资源，这些资源必须具备价值性、稀缺性、独特性、不可替代性，同时提升资源的价值专属特性，增强价值捕获能力。

(1) 模块化创新，降低竞争对手的替代威胁。从传统工业经济时代到互联网经济时代，价值创造的起点从供给端发展成为消费端。为增加产品价值，平台应当从消费端需求出发，对产品进行极致化分工，满足消费者个性化需求。通过通用模块与专用模块的动态组合,能够及时、动态地为消费者提供个性化产品,快速满足市场上的动态需求、长尾需求,在降低平台产品创新成本的同时,快速的模块组合使得竞争对手无法复制,产品的极致化差异降低了被替代的风险。大数据技术的发展,使得企业对消费者数据的收集和快速分析成为可能,从技术上支持了网络平台进行模块化创新。

(2) 形成专属价值,降低竞争对手的模仿威胁。为了控制创新流出给平台造成的成本,平台需要形成专属价值。这种基于维持企业生存和发展的基础作用力,以品牌、文化为载体而形成的平台专属价值,具有形式稳定、变化可控,难以被竞争对手复制等优点。平台可以通过积累的大量数据以及平台的界面规则,借助技术和商业模式创新,实现平台升级,创造专属价值。

(3) 形成开放式创新生态系统,创造更多的创新流。成型期的平台面临内部资源创新增速放缓、外部资源创新带来的竞争压力变大的境况。同时,互联网经济使得平台之间的资源竞争从物质资源上升到知识资源。平台应当克服知识流动、共享障碍,实现企业之间的互动与合作。同时,利用互联网技术,突破物理时空约束向外无限拓展,实现实体与虚拟空间的互联互通,进行无边界发展。随着平台无边界的发展,平台与系统内的企业逐渐融合,平台管理超越水平边界和垂直边界,在"共赢"的理念下,信息、资源、创意不仅能够在企业内自由流动,还能在系统内自由流动,平台通过充分调动内部和外部资源,增强内外部的合作,灵活地反映市场需求,创造更多的创新流。

当前淘金世家在获取平台竞争优势方面主要采取了如下策略:第一,淘金世家致力于为金融机构提供优质的资产端,为个人消费金融、金店供应链金融提供更好的发展平台。具体而言,就是通过人脸识别和大数据风控,在真实的消费场景下为客户提供消费贷款;也会通过 POS 机、门店管理系统监控资金和库存,为商户贷做风控和贷后管理。第二,帮助私人银行提供增值服务,留存客户、开发客户,主要从免费试戴、珠宝定制出发,发展珠宝租赁、珠宝公益讲座等业务。第三,平台深化与银行、保险、信托、证券等金融机构联合开发挂钩黄金的投资产品,积极配合监管部门审批。开发黄金余额宝、黄金保险、保值金条、黄金 ETF 等金融业务。通过模块创新、形成用户专属价值，创造更多的创新流来获得竞争优势。

淘金世家期望在互联网和工业“智造”不断发展的背景之下，未来打通黄金交易、黄金存管、黄金零售，珠宝加工定制等环节，成为基于黄金产业全产业链一站式服务专家；利用“互联网+”提升传统金店产业效率，成为全球用户互联网买卖黄金饰品、存取交易黄金的一流平台。

六、结论与建议

在黄金饰品消费增速放缓的同时，用户对于黄金投资配置的需求逐渐增强，这对传统黄金企业而言是挑战也是机遇。互联网黄金平台的本质是用互联网模式高效匹配投资需求和用金需求。相较于线下黄金实物投资的交易手续繁杂、费用和门槛高、回收质检难度大，互联网黄金平台的出现也改变着人们的黄金消费、投资模式。依托强大的互联网获客能力和交易体验，促进线上线下联动、黄金消费与投资融合，使黄金不仅可以作为商品，也可以被当作投资品，互联网黄金集黄金消费、销售、融资、投资为一体，打造黄金消费新闭环，实现黄金不同属性、用途之间的转换，全面满足黄金保值、增值、佩戴等多种需求。

以淘金世家为例的一大批互联网黄金平台相继成立也是大势所趋，其与传统产业和金融资本展开深度合作，包括矿产企业、黄金珠宝加工企业、黄金饰品零售企业和金融机构。一方面使用户能够随时随地购买黄金饰品或进行黄金投资，延伸了黄金消费投资的空间和时间，更好地联系了消费者。另一方面扩展了黄金企业原有的功能和用户范围，使各个产业之间的联系更加紧密，同时互联网年轻用户群体的特性也使得许多原来不是黄金消费或投资的客户群接触到黄金投资，大大提升了客户覆盖面和行业潜力。对于整个行业而言，互联网产品的多样化、高效的平台运营能力和精准的营销模式，加速了专业黄金投资市场的成长，有助于市场规模的快速扩张。

因此，虽然目前的平台规模都很小，还远远比不上传统金融机构的黄金存量和租赁业务规模，但在未来，行业竞争将日趋激烈，行业规模也会越来越大。这考验着平台的营运能力和发展策略。淘金世家预计在未来从消费和投资双重角度考虑。首先，从消费目的出发，个性化、互联网化、社交化是黄金零售行业的发展趋势，淘金世家在未来将通过加强与用户的互动，如消费者可以亲自参与黄金珠宝首饰的设计与生产，联合线下商家为用户提供更多样化、个性化的黄金珠宝首饰服务，进一步丰富消费者在平台的消费体验。其次，从投资目的出发，淘金世家通过深入研究黄金投资的产品设计、增强自身资产运营能力，不断向专业的黄金投资金融机构或专业金融产品提供方看齐。总的来说，淘金世家既要在用户体验上多下功夫，又要重视与各个合作伙伴的互利共生，实现投资者、合作伙伴与平台的共赢。

“互联网+”的发展模式不光是在传统黄金企业中备受欢迎，在多个行业中都备受关注。网络经济的发展使得互联网与工业融合创新日益加快，本文以淘金世家这一互联网黄金平台为例，在梳理网络经济与传统企业转型升级的相关研究下，提出网络平台战略发展驱动的传统企业跨界协同发展的一般模式。

1. 产业生态系统立足于“协同发展”的战略逻辑更有可能获得竞争优势。在中国工业经济步入新常态的影响下，传统企业要想获得跨界成长，需要将生产、服务、消费、创新通过平台联结成一个动态闭环正反馈开放系统，充分激发各个环节的活力，为工业经济增长注入新的动力。

2. 传统企业应该摆脱产业边界掣肘，利用自身积累的用户资源，广泛实施跨界成长。在网络平台战略的驱动下，传统企业通过路径依赖的“自强化”机制、经济行为与社会结构的“互嵌”效应、平台竞争优势的“反哺效应”，在产业生态系统中实现以平台企业为核心的“鸡蛋相生”的正反馈协同效应。随着平台生态系统的逐渐成熟，实体经济资源有边界的供给约束不能及时响应虚拟平台市场上无边界需求的矛盾愈加突出，要求平台企业重塑产业生态系统中的企业关系，进行无边界化整合。

3. 通过实施平台注意力策略、临界规模突破策略、平台身份锁定策略、竞争优势获取策略实现跨界成长。为激发间接网络正反馈效应，进一步促进企业的跨界成长，平台企业可以从扩大注意力范围和增加注意力黏性两方面实施注意力竞争策略，平台注意力的强化使得企业突破临界规模，再通过平台身份的锁定，强化平台在生态系统中的领导者地位，有助于平台进行模块化创新，形成专属价值，进行无边界发展，创造更多的创新流，从而获得竞争优势。同时，平台需要注意自己处于平台的启动阶段、成长阶段、成熟阶段还是衰退阶段，从而选择不同的成长策略。

本文提出的网络平台战略驱动的传统企业跨界协同发展模式具有一般性,在现实中,处于不同发展阶段的企业选择的平台战略可能有所不同。此外,平台如何跨界整合,缓解实体经济资源有边界供给约束与虚拟边界无边界需求的矛盾是值得以后进一步探讨的问题。

附录1:网络平台战略驱动的传统企业跨界协同发展模式

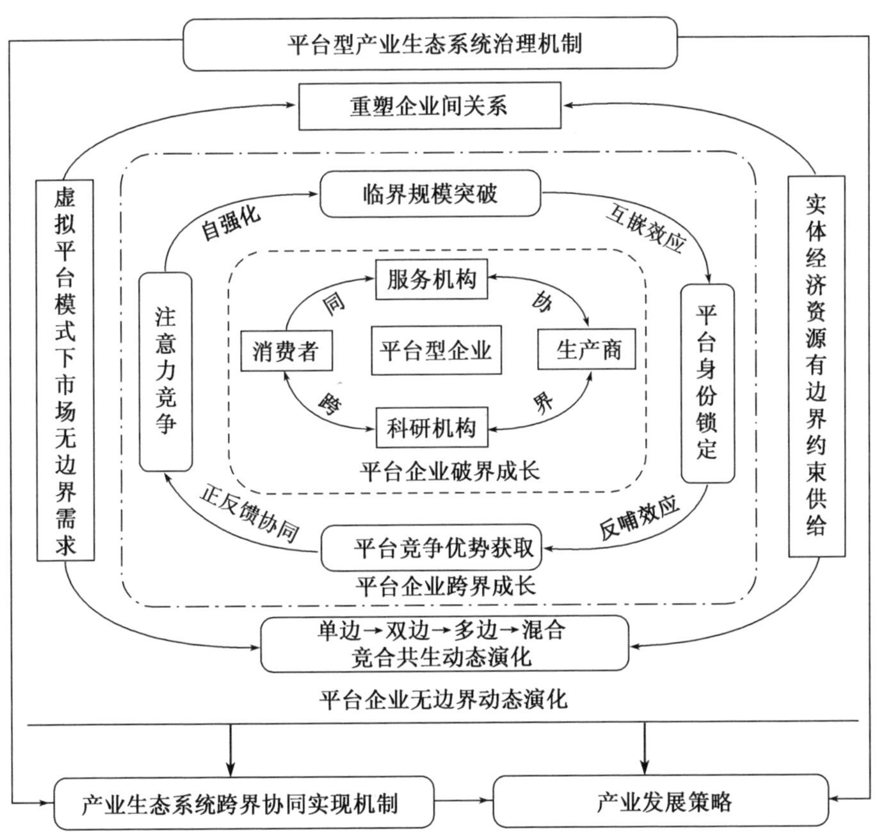

资料来源:案例作者绘制

附录 2：平台身份锁定策略的内在逻辑

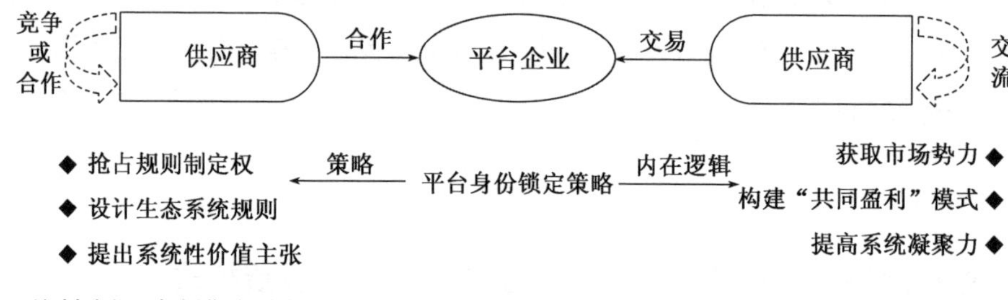

资料来源：案例作者绘制

参考文献

[1] 蔡宁，王节祥，杨大鹏. 产业融合背景下平台包络战略选择与竞争优势构建——基于浙报传媒的案例研究[J]. 中国工业经济，2015(5)：96－109.

[2] 程贵孙. 平台型网络产业的微观结构，特征及竞争策略[J]. 华东师范大学学报(哲学社会科学版)，2010，42(6)：104－109.

[3] 陈威如，余卓轩. 平台战略：正在席卷全球的商业模式革命[M]. 北京：中信出版社，2013.

[4] 冯华，陈亚琦. 平台商业模式创新研究——基于互联网环境下的时空契合分析[J]. 中国工业经济，2016(3)：99－113.

[5] 傅瑜. 网络规模，多元化与双边市场战略——网络效应下平台竞争策略研究综述[J]. 科技管理研究，2013，33(6)：192－196.

[6] 韩炜，杨俊，包凤耐. 初始资源，社会资本与创业行动效率——基于资源匹配视角的研究[J]. 南开管理评论，2013，16(3)：149－160.

[7] 荚莺敏，吴之洪. 试述注意力经济[J]. 唯实，2002(6)：36－40.

[8] 李海舰，田跃新，李文杰. 互联网思维与传统企业再造[J]. 中国工业经济，2014(10)：135－146.

[9] 李鹏，胡汉辉. 企业到平台生态系统的跃迁：机理与路径[J]. 科技进步与对策，2016(10)：1－5.

[10] 李晓翔. 无边界企业的构成要素与成长路径研究[J]. 中国工业经济,2016(6):011.

[11] 梁强,李新春,周莉. 新创企业内部资源与外部关系的战略平衡——中国情境下的经验研究[J]. 管理科学学报,2016,19(4):71-87.

[12] 刘刚,熊立峰. 消费者需求动态响应,企业边界选择与商业生态系统构建——基于苹果公司的案例研究[J]. 中国工业经济,2013(5):122-134.

[13] 刘江鹏. 企业成长的双元模型:平台增长及其内在机理[J]. 中国工业经济,2015,6(148,160).

[14] 刘林青,谭畅,江诗松,等. 平台领导权获取的方向盘模型——基于利丰公司的案例研究[J]. 中国工业经济,2015(1):134-146.

[15] 吕一博,蓝清,韩少杰. 开放式创新生态系统的成长基因——基于 iOS, Android 和 Symbian 的多案例研究[J]. 中国工业经济,2015(5):148-160.

[16] 陶长琪,周璇. 产业融合下的产业结构优化升级效应分析——基于信息产业与制造业耦联的实证研究[J]. 产业经济研究,2015(3):21-31.

[17] 吴义爽,徐梦周. 制造企业"服务平台"战略,跨层面协同与产业间互动发展[J]. 中国工业经济,2011(11):48-58.

[18] 吴义爽,盛亚,蔡宁. 基于互联网+的大规模智能定制研究[J]. 中国工业经济,2016,4:127-143.

[19] 王茂祥,李东. 外部环境变化对企业战略创新的影响及其案例分析[J]. 现代管理科学,2015(4):36-38.

[20] 王伟光,冯荣凯,尹博. 产业创新网络中核心企业控制力能够促进知识溢出吗? [J]. 管理世界,2015,6:99-109.

[21] 汪旭晖,张其林. 平台型网络市场[J]. 中国工业经济,2015(3):135-147.

[22] 汪亚青,张明之. 第三次工业革命浪潮中的产业竞争优势转型研究述评[J]. 科技进步与对策,2015,32(18):155-160.

[23] 徐晋. 平台经济学[M]. 上海:上海交通大学出版社,2013.

[24] 徐晋,张祥建. 平台经济学初探[J]. 中国工业经济,2006(5):40-47.

[25] 赵振. "互联网+"跨界经营:创造性破坏视角[J]. 中国工业经济,2015(10):146-160.

[26] 甄艺凯,孙海鸣. "腾讯 QQ"免费之谜——基于消费者搜寻的厂商定价理论视角[J].

中国工业经济,2013(2):130-142.

[27] AMRIT T. Platform ecosystems: aligning architecture, governance, and strategy [M]. Amsterdam elsevier science publishers, 2014.

[28] ARMSTRONG M. Competition in two-sided markets [J]. The rand journal of economics, 2006, 37(3): 668-691.

[29] EVANS D, SCHMALENSEE R, Noel M D, et al. Platform economics: essays on multi-sided businesses[J]. Social Science electronic publishing, 2011.

[30] EVANS D S, SCHMALENSEE R. Failure to launch: Critical mass in platform businesses[J]. Review of network economics, 2010, 9(4).

[31] GAWER A, M. Cuaumano, how companies become platform leaders [J]. Sloan management review, 2008, 49(2): 28-35.

[32] ROCHET J C, TIROLE J. Platform competition in two-sided markets[J]. Journal of the european economic association, 2003, 1(4): 990-1029.

[33] SANTOS F M, EISENHARDT K M. Organizational boundaries and theories of organization[J]. Organization science, 2005, 16(5): 491-508.

[34] SULLIVAN D M, FORD C M. How entrepreneurs use networks to address changing resource requirements during early venture development[J]. Entrepreneurship theory and practice, 2014, 38(3): 551-574.

[35] WEYL E G. A price theory of multi-sided platforms[J]. American economic review, 2010, 100(4): 1642-72.

第二部分

开放经济

自贸区：中国开放型经济“第二季”[①]

陈爱贞[②] 刘志彪[③]

一、问题的提出

改革开放以来，中国以低端要素为优势加入全球价值链，并在出口导向型经济发展这个巨大引擎的拉动下，进入了开放型经济“第一季”，创造了举世瞩目的国民经济连续30多年高速增长的“中国奇迹”，并迅速在世界各个经济体中确立了“经济大国”和“贸易大国”的地位。然而，随着中国生产要素优势的逐渐散失，中国以低端要素加入全球价值链的红利已经透支殆尽；伴随着国际竞争加剧，中国基于出口导向的发展模式已经受到其他国家的围堵。尤其在目前的国际形势下，由美欧主导的跨太平洋伙伴关系协议（TPP）、跨大西洋贸易与投资伙伴关系协定（TTIP）和多边服务业协议（PSA），欲利用发达国家在国际经济中的地位，重新设定国际贸易和投资规则，进而影响世界经济规则。以上这些谈判，中国均被排除在外。因此，中国亟需主动推动经济转型，开启开放型经济“第二季”。

在开放型经济“第一季”中，中国制造业主要以贴牌代工或加工贸易的方式，加入由国际大买家或由跨国公司主导的全球价值链生产分工体系中，因而许多最终产品的生产制造部门为了满足发达国家的技术标准和消费者的需求，并不采用国产的技

---

① 原本载于《学术月刊》2014年第1期。

② 厦门大学经济学院教授，博导。

③ 教育部首批文科长江学者特聘教授，南京大学经济学院教授，博导，国家高端智库建设培育单位“长江产业经济研究院”院长。

术设备,而是直接采用从国外引进的设备和技术,同时出于提升竞争力的需要,往往还要采取动态的技术跟随和引进模式。这使得中国最终出口部门的迅速扩展,并没有逻辑地带动国内装备制造业的扩张,而是引致了对国外装备工业的巨额需求,加速了国外装备部门对国内相应部门的替代,造成本土装备制造部门长期缺乏足够的市场份额支撑导致创新力度不足,从而弱化了整个制造业自主创新的技术基础。① 而且,参与产品内国际分工,虽然推动了中国制造业引进国外技术和设备及与跨国公司合资等,企业技术能力有了较大幅度的提升,但本土企业技术能力的提高并不一定会提升其国际竞争力,原因有三:

其一,本土企业技术能力提高的同时,跨国公司的技术能力也在提高,因此企业技术能力提高不一定意味着与跨国公司的技术差距缩小,反而可能会因为跨国公司技术能力提升更快而差距拉大;②其二,本土企业技术发展可能是追随发达国家的脚步,即其技术发展受制于跨国公司,被动的发展路径会挤压本土企业技术创新的空间;其三,通过技术引进和合资所获得的往往都不是先进技术和核心技术,这使得本土企业发展的可能主要是外围技术,核心技术还掌握在跨国公司手中。本土企业与跨国公司的技术差距,以及对海外中低端市场的追逐,导致国内高端市场被外资企业控制,弱化了中国本土企业自主创新的市场支撑,使得中国制造业被锁定在全球价值链的低端环节。

可见,中国开放型经济"第二季"的核心是实现中国经济高端发展,提升国际竞争力。为此,经济全球化战略相比于"第一季"需要实现根本转变:一是从基于出口导向转向基于国内需求;二是从依赖低端要素转向依靠创新要素。但是,中国现有的收入分配体制、行政垄断、政府管制等,抑制了国内市场需求的扩大,以及企业从依赖技术

---

① 关于出口导向经济发展模式造成需求转移而带来的国内企业自主创新的市场需求支撑不足,参见陈爱贞、刘志彪、吴福象:《下游动态技术引进对装备制造业升级的市场约束》,《管理世界》2008 年第 2 期。

② 对中国高科技行业计量分析发现,由于有强大的资金实力和雄厚的技术积累,FDI 企业在研发竞争中明显采取"领先一步"的战略,而国内企业的科技活动会对对方产生"挤牙膏"效应,激发对方更强的创新动力。因此,国内企业在与对方的技术创新竞争中很难占据上风。可见蒋殿春、夏良科:《外商直接投资对中国高技术产业技术创新作用的经验分析》,《世界经济》2005 年第 8 期。

引进转向自主创新、政府从招商引资转向获取国外高级生产要素。① 因此，中国开启开放型经济“第二季”的最终问题可以归结为：如何改革现有的体制和推动政府职能转换，以激励企业创新和扩大国内市场需求？如何创造出一个符合国际惯例、自由开放、鼓励创新的市场经济环境，以推动“引进来”和“走出去”来获取国外高级生产要素助力中国企业升级？

改革开放四十多年中国已经行至深水区，剩下的全是难啃的“硬骨头”。如要素价格改革、垄断行业改革，收入分配体制改革，民营企业和中小企业发展等都举步维艰。而在现有的国际竞争背景下，如果中国无法推动改革进一步深化，则在新一轮的世界经济格局重新洗牌的过程中，中国可能错失发展良机并被边缘化而处于非常被动的地位。那么，既然受制于“改不动”的困境，不妨就以开放倒逼改革。但对中国这样一个整体经济发展水平和市场化程度依旧较低且地区间差距巨大的发展中大国而言，整个国家在短期内大开放，有其现实难度和风险。而在境内建立自贸区(free trade zone)，先形成局部区域对接国际市场的小窗口，然后逐渐将国际市场的一些高标准映射到整个中国制造业和服务业，推动改革创新和对内开放；最后再进一步扩大、推广并实现整个中国经济全面对接国际市场，却是一个可行的做法。

二、自贸区：推动开放型经济转型

境内自贸区是在一国境内划出部分领土，在该领土内任何货物就进口关税及其他各税而言，被认为在关境以外，并免于实施惯常的海关监管制度，是一个国家对外开放的一种特殊的功能区域。由于其“境内关外”的特性，能大大提升贸易自由化和投资便利化，有利于吸引更多外商投资企业和扩大贸易量。我们认为，除此之外，上海自贸区更主要的是可以实现中国开放型经济的三个转变，有利于推动中国经济高端发展：

一是实现国际经济从“多边开放”和“双边开放”，转向“单边开放”。2001 年，中

---

① 关于中国国内需求不振的分析，可见刘志彪：《战略理念与实现机制：中国的第二波经济全球化》，《学术月刊》2013 年第 1 期；关于中国自主创新制约的分析，参见路风、余永定：《“双顺差”、能力缺口与自主创新：转变经济发展方式的宏观和微观视野》，《中国社会科学》2012 年第 6 期。

国加入世界贸易组织(WTO)，多边开放推动了中国对外贸易和引进外资跨越式发展，出口总量从 2001 年的 2 990 亿美元增至 2011 年的 19 256 亿美元，增长了 5.4 倍；同时实际利用 FDI 从 2001 年的 469 亿美元增至 2011 年的 1 160 亿元，增长了 1.5 倍。但近年来，多哈回合谈判破裂导致多边贸易体系陷入困境，WTO 成员国纷纷加快了双边自由贸易协定(free trade agreement)谈判。中国也在积极寻求建立地区和双边自贸协定，目前，正与五大洲的 29 个国家和地区建设 16 个自贸协定。其中，已经签署并实施 10 个自贸协定，正在商建的自贸协议有 6 个。双边开放促进了中国与贸易伙伴的经济和贸易合作，但这种一对一谈判的开放模式相对比较耗时，且涉及的开放领域往往比较狭窄，使得对外开放推进的进程相对比较缓慢。

设立上海自贸区，中国实现了单边开放。单边开放的自贸区，可以突破 WTO 规则体系的限制，根据中国经济发展水平和需要自己设定规则体系，主动对接国际市场；可以不受中国作为发展中国家在 WTO 中的地位与谈判能力低的约束，在着力提升贸易自由化和投资便利化的基础上充分挖掘大国市场优势，增强中国对世界经济的影响力；可以不需要“一对一谈判”的同时对整个国际市场开放，并在不断完善风险控制机制的过程中在更多领域和更多地区实现与国际市场全面对接。最重要的是，单边开放是与国际市场完全对接，其对中国市场的竞争冲击将是前所未有的，必将对中国改革深化和企业创新形成倒逼机制。尤其是 TPP、TTIP 和 PSA 将在投资、金融、政府采购、标准与认证、竞争政策、物联网、互联网以及知识产权等新领域建立规则。其中 TPP 将涵盖市场准入、知识产权保护、劳工标准、环境标准、安全标准、技术性贸易壁垒、动植物卫生检疫、促进中小企业发展、竞争政策、政府补贴、反贪、限制国有企业、海关合作等内容，标准之高和覆盖领域之广远远超过一般自贸协定。一旦这些谈判达成，将使 WTO 和非成员国双边自贸协定面临被边缘化的危机，提高了非成员国参与全球化的成本和难度。当前，中国制造业和货物贸易领域的开放程度已经较高，需要扩大开放空间的主要是服务业、行政垄断行业和投资领域，这也正是这些谈判的重要内容。这将逼迫中国政府在新的国际贸易和投资规则形成之前，借助单边开放的窗口，深化改革，加快开放，以确立“市场经济地位”，提高国际谈判地位。由此，会促使中国政府着力打破垄断，并在金融市场(资金市场)、技术市场、信息市场、劳动力市场、产权市场等领域改革开放，促进要素自由流动，从而实现从产品市场开放走向要素市场开放。

二是实现政府管理从"正面清单"管理，转向"负面清单"管理。上海自贸区内改过去的"正面清单"管理为"负面清单"管理，即过去企业只能从事清单上列出的活动，现在则只要未列入清单的，都属于"法无禁止皆可为"的范围。"负面清单"管理对负面清单之外的外商投资暂时停止与"负面清单"实施有冲突的外资企业法、中外合资经营企业法、中外合作经营企业法三部法律的有关规定，同时取消对民营企业市场准入或经营范围等诸多限制，使得更多资本可以进入原本垄断或者审批门槛很高的行业，实现不同所有制企业之间的平等竞争，带来新的活力和商机。改革开放30多年，中国已经基本实现产品市场统一，但投资审批制度、行政壁垒等带来的不同所有制企业和不同行业之间资源配置扭曲，①造成生产要素价格扭曲，企业效率低下而制约了自主创新。长期以来，民营企业被设置了市场进入的重重壁垒，而国有企业拥有各种特权和优惠，包括免费使用土地、矿产等国有自然资源，并在上市融资、贷款利率、税收等方面拥有优势，这种资源配置扭曲挤压了民营企业的资源，导致不公平竞争，制约了民营企业创新能力的发展。更严重的是，获得大量资源的国有企业虽然保持主导地位，②但行政垄断优势扼杀了其创新动力。③"负面清单"管理下大量外资企业和民营企业进入，将迫使国有企业面临激烈的市场竞争，逼迫既得利益集团放弃垄断权，倒逼国有企业和行政垄断部门改革创新，也为民营企业创新留出更多的产品市场

① 不同所有制企业和不同行业间的资源配置扭曲不仅仅体现在资本、土地和资源上，还体现在劳动力方面。由于行政垄断行业进入就业的行政壁垒比较高，且国有企业员工绝大多数都是国家正式员工，行业内和企业内的员工流动性弱，造成垄断部门和竞争部门间劳动力市场分割。

② 根据中国企业联合会、中国企业家协会课题组的数据，2012年中国企业500强中，国有及国有控股企业为310家，实现营业收入占500强企业的81.96%，资产总额和净利润总额分别占500强企业的89.68%和87.50%。数据引自 http://finance.chinanews.com/cj/2012/09-01/4151098.shtml。

③ 如2008年，中国前500家大企业集团中国有经济研发费用比销售额仅为0.89%，低于全国平均水平(0.99%)，也明显低于港澳台合资企业(2.76%)、外商投资股份有限公司(2.66%)、股份有限公司(1.78%)、其他有限责任公司(1.17%)。数据引自国务院发展研究中心企业研究所等:《2009中国大企业集团年度发展报告(紫皮书):全球金融危机中的中国大企业集团》，中国发展出版社2010年版第5页。

和要素市场空间。可以说自贸区不但是更高层次的对外开放，也是主动对内开放，有利于形成本土企业通过自主研发掌握核心技术，建立自主品牌的激励机制。

同时，打破行政垄断也将有助于优化收入分配结构，[①]而“负面清单”管理消解了既有政府部门的审批权以及相应的设租、寻租权限，这意味着改革将从过去的政府内部权力调整为向市场和企业放权，即从“分权”模式走向“减权”模式，切实减少了政府对市场的干预，将加快政府职能转变，促成政府从过去的管制型逐步转变为服务型，提升公共产品的供给能力。这些都将有助于培育、扩大国内市场，从而提高投资成功的机率，对国外先进生产要素形成虹吸效应，也有助于本土高级人才的培育。更重要的是，自贸区的体制改革会对周边乃至全国地区形成改革压力，能为全国性的改革破局形成巨大示范效应。自贸区“负面清单”管理所带来的投资自由化和便利化，以及政府“减权”改革所带来的市场经济环境改善，会对周边乃至全国地区的资本形成虹吸效应和挤出效应，将逼迫各地政府进行相应改革，从而有助于改革在全国推进。

三是从过去制造业产品内国际分工，转向全球价值链两端，即从实体性经济活动转向非实体的高附加值的服务活动。在开放型经济“第一季”中，中国制造业凭借低廉的生产要素优势参与产品内国际分工，从事劳动密集型、微利化、低技术含量的生产、加工、制造或组装，从而被锁定在全球价值链的低端环节。全球价值链两端即设计研发、品牌营销环节，是高附加值的生产者服务，是制造业升级的方向。上海自贸区的改革开放，可以通过以下路径推动中国企业向全球价值链两端攀升：

(1) 培育提供高附加值服务活动的能力。历史经验表明，发达国家之所以能占据全球价值链的高端，最重要的原因在于不断地投入现代生产者服务业所内含的技术、知识和人力资本，使产业结构不断趋向于“软化”。因此，中国制造业向全球价值链两端攀升，需要培育高级人才和先进生产者服务业。开放型经济“第一季”中出口导向所带来的“两头在外”的生产模式，由于国内链条短且生产迂回程度低，以及中间

---

① 中国行政垄断把其收取的高价格中所包含的垄断租金，转化为与这些部门的劳动投入极不相称的高收入和高福利，恶化了中国社会各阶层的收入分配，对中国收入与财富分配差距的扩大化趋势，起到了推波助澜的作用。参见陈爱贞、刘志彪：《中国行政垄断的收入与财富分配效应估算》，《数量经济技术经济研究》2013 年第 10 期。

需求外泄，抑制了中国生产者服务业的发展。自贸区政府职能转换能扩大国内市场，将有助于提高生产迂回程度而增加中间需求，以及达到规模报酬递增的效果，①从而促进中国生产者服务业发展。同时，与国际市场对接的自贸区，有助于培育具有全球化视野和强烈的创新意识、掌握本专业国际范围内最新知识、熟悉国际惯例、具有较强的跨文化沟通能力的高级人才；有助于培育具有全球化理念、熟悉国际市场、国际运营和勇于创新的中国企业，其将从追求依靠低端要素转向依靠高级要素投入来构建高端竞争能力，因而剥离出非核心环节而专注于非实体的高附加值的服务活动，或增加对先进生产者服务的中间需求而促进生产者服务业发展，从而将推动中国从开放型经济“第一季”的制造业全球化发展，升级为开放型经济“第二季”的服务业全球化发展。

(2)“引进来”国外高级要素。技术密集型产业和生产者服务业，由于对专业化的劳动力市场、信息技术、通信设施和公共服务设施等要求高，也受中心城市商务成本中交易成本较低所驱使，往往高度集中在大都市。上海自贸区依托上海的地区优势，立足高度开放的强大的承载和容纳能力，不断完善趋于全球化功能的基础设施，将有助于把上海建设成具有较强功能和辐射力的全球性城市，从而吸引大量技术密集型产业和生产者服务业企业的进入，直接提升高级要素投入能力，同时本土企业也能获得技术溢出效应和学习效应而提升高级要素供给能力。此外，上海自贸区通过金融业市场准入放开、建立境内的“离岸市场”、鼓励开展跨境投融资服务等，来推动金融改革和资本项目开放，一方面将加强人民币流动性，提高人民币在贸易、投资、保险等领域的使用率，推动人民币业务的整体发展，完善人民币的全球循环路径，提升人民币的国际地位，从而诱使全球其他国家向中国出口，有利于中国企业向其他国家企业逆向发包，获取更多海外高级要素；另一方面将推动要素市场开放，使得企业可以以较低价格获得本国产业发展所需要的要素和产出品，以此为本土企业价值链升级提供各种要素支撑。

---

① 生产者服务业是知识密集型产业，具有规模报酬递增的特性。可见 MARKUSEN J R，1989，“Trade in Producer Services and Other Specialized Intermediate Inputs”，*American Economic Review*，79(1)：85－95.

(3) 推动企业“走出去”获得国外高级要素。在与发达国家技术差距大，自身自主创新能力有限的情况下，通过海外设厂或者海外并购等方式“走出去”，成为中国企业获得国外高级要素的重要途径。① 2012年中国对外投资创下878亿美元的历史新高，首次成为全球第三大对外投资国。但总体看来，中国企业对外投资的经验还不够，对外投资额中70%为国有企业完成，以及中国“市场经济地位国”还未被承认，中国企业在发达国家投资、并购高技术企业的准入门槛还相当高。自贸区吸引大量高端外资企业进来，本土企业不但能获得技术溢出效应，还方便了解海外并购的专业知识和先进的国际经营管理经验、投资目的国的文化和法律，将降低企业海外投资和并购及经营的风险。而且政府可以以自贸区为平台，拓展企业尤其是民营企业海外投资并购的融资渠道，在自贸区内探索发展对外私募股权投资基金、并购投资基金、风险投资基金，鼓励票据融资、融资租赁及债券融资等多元化手段，降低企业融资成本和风险，为中国企业“走出去”提供融资支持和中介服务。而大量企业“走出去”与国际惯例对接、获取更多海外高级要素，也会给国内企业带来改革和创新的压力。

(4) 培育价值链治理者。自贸区内的产业发展所带来的强大辐射力，会吸引周边地区根据产业关联效应或功能互补效应，推进与自贸区产业对接；②同时，自贸区内现代服务业的发展，可以更好地为周边地区制造业发展提供服务支撑和降低交易成本。由于改革深化和更高层次的开放，自贸区的政策环境和经济环境与国际市场对接，周边地区要与自贸区联动发展，也需要在监管模式、企业准入模式、资本项目开

---

① 如竞争激烈的机床行业，已逐渐从前期的技术引进转向通过并购国外公司来提升参与全球竞争的基础。其龙头大连机床从2002年起先后跨国并购了三家国际知名机床生产商，2007年又在意大利组建了DMTG欧洲有限公司，并购了德国瑞马机器。此外，沈阳机床、哈尔滨量具刃具、上海明精机床、秦川机械发展、北京第一机床厂、杭州机床等，这些几乎代表了国内机床行业水平的企业，也相继并购了一些掌握核心技术的国际机床公司。通过跨国并购，中国机床企业直接获得了核心技术，并利用跨国公司的知名品牌、国际通道，构建起全球化网络和国际化运营体系。

② 如台湾地区自2004年以来相继设立了5个自贸区(4个海港自贸区和1个航空港自贸区)，周边地区也积极跟进，以多功能贸易园区、经济加工区(economic processing zone)、物流园区、集装箱堆场等功能互补形式进行产业对接，促进了整个区域融合，获得乘数效应。可见 Yi-Chih Y, 2009, “A Comparative Analysis of Free Trade Zone Policies in Taiwan and Korea: Based on A Port Hinterland Perspective,” *The Asian Journal of Shipping and Logistics*, 25(2): 273 - 303。

放等相应领域进行改革创新，从而推动周边地区与自贸区市场对接。此外，区域间分工协作的加强，也将促进区域间资本市场融合、人员流动、基础设施和信息共享，从而推动信息市场、人才市场、资本(资金)市场等要素市场的统一，促进资源整合，推动国内价值链的延伸、发展，培育居于国内价值链高端环节的大型企业，增强中国企业“走出去”与向发达国家企业逆向发包的能力，从而为中国企业加入全球创新链打下坚实的基础。

三、开放型经济“第二季”：自贸区与经济高端发展良性互动

上文分析表明，上海自贸区在推进更高层次开放和政府管理模式改革的同时，也有助于推进企业向全球价值链两端攀升，实现中国经济向产业链高端发展。但这并不意味着设立自贸区就可自动推动中国开放型经济发展。自贸区推动开放型经济转型会因触及利益集团而面临诸多阻力，其到底能在多大程度上推动改革和投资自由化？单边开放也可能带来新的风险，政府能否实现管理模式创新？这些问题都可能阻碍中国经济高端发展。而自贸区改革和开放的逐步推进，也需要中国经济高端发展为其提供支撑。即，随着经济向高端发展，企业国际竞争力的提高，自贸区开放的领域和深度会不断推进；随着经济高端发展，虹吸更多国内外高级要素，将进一步推进自贸区发展。因此，自贸区能否真正启动中国开放型经济“第二季”，关键在于自贸区在推动开放型经济转型过程中，能否与中国经济高端发展进行良性互动。其主要涉及到以下具体问题：

一是“负面清单”管理能否切实推动体制改革并向全国铺开。不管是设在发展中国家的还是发达国家的境内自贸区，其主要目的都是通过免除进口关税、简化海关监管来吸引投资、扩大出口和提高国际竞争力。贸易自由化和投资便利化是自贸区最基本的功能，“境内关外”是自贸区国际通行的政策。不同国家会根据自身不同的经济发展水平和目标制定具体的自贸区政策。发达国家的自贸区是在一个已经高度开放和市场化的基础上的进一步特殊化，自贸区内外的经济环境差异不大，因此其自贸区主要是关税和海关监管政策上的“特区”，主要体现在免除进口关税、简化海关监管方面。一些设立自贸区的发展中国家(如印尼、马来西亚、文莱、菲律宾、利比亚、尼日

利亚等)，虽然由于其经济发展水平和市场化程度不高，自贸区内外的政策差异比较大，但"促进出口导向型产业发展"是这些发展中国家设立自贸区的最主要目标，因此这些发展中国家的自贸区实际上更多地体现为开放程度比较高的"加工贸易区"。与发达国家相比，中国的整体经济体制尚未完全市场化，开放程度也不高，自贸区是在一个较低的市场化水平上向全世界开放。与建立自贸区的发展中国家相比，中国自贸区取消市场限制等将牵扯到更多相关体制改革。[①] 可以说，中国自贸区的发展需要改革来推进。而开放服务业、行政垄断行业和投资领域，往往同时牵涉国内体制和规制的系统性改革，会面临重重困难。因而开放能否切实"倒逼"改革深化，是中国自贸区能否顺利发展并助推经济转型的第一步。

然而自贸区只是中国向世界开放的一个小窗口，即使自贸区内实现了体制改革，促进了市场竞争，但如果自贸区之外的旧体制没有改革，则垄断企业可以保持在自贸区外的垄断地位，继续利用自贸区外的垄断特权获得垄断资源和垄断利润，并在此基础上交叉补贴自贸区内的业务，从而在自贸区内外与民营企业进行不公平竞争。这就无法为本土企业自主创新创造市场条件，最终不但中国本土企业无法有效利用国外高级要素，还可能因为技术密集型和从事先进服务活动的外资企业大量进入，进一步挤压中国本土企业的高端市场，造成本土企业自主创新的市场需求支撑不足。因此，能否从自贸区摸索出一套可以推向全国的改革模式，是开放倒逼改革的宗旨所在。

二是"负面清单"管理能在多大范围内提升投资自由化。解除经济管制、投资自由化等是创造公平竞争市场环境的重要措施。我们需要看到的是，尽管大量跨国公司的进入也会对国有企业造成竞争压力，但这些大型国有企业已经积累了相对丰富的资源，包括市场网络资源、供应网络资源、特许经营权利、品牌资源等，总体而言实力相对较强；而且在自贸易区外其垄断地位在一定时期内还保持，这可以在资源、市场等方面为其抗衡跨国公司的竞争提供后盾支持。相比较而言，在长期的不平等竞

---

① 根据各国的数据，其他发展中国家的国有企业比重都比较低，市场经济体制也相对比中国健全。可见 HOSKISSON R E. "Strategy in Emerging Economies," *Academy of Management Journal*, 2000, 43 (3): 249 - 267。

争环境下成长的民营企业，不管是经济实力还是在很多领域的经验方面都比较欠缺，与跨国公司竞争会面临更多困难。如虽然上海自贸区支持符合条件的民营资本在区内设立自担风险的民营银行、金融租赁公司和消费金融公司等金融机构，但由于长期以来被政府管制，中国民营资本还只是在有限范围内参与金融服务，因此上海自贸区首批入驻的10家银行和1家金融租赁公司中，除了2家外资银行外，剩下的全部是国有银行和国有金融机构，没有一家是民营企业。因此，面对在自由的市场化环境中成长的竞争优势明显的跨国公司，以及在长期保护中积累了较多资源的国有企业，不但需要民营企业通过各种合作方式增强进入自贸区参与竞争的基础，还需要在自贸区外通过各种方式为民营企业更快发展提供自由竞争的环境，为更多民营企业参与自贸区内竞争储备力量。如果在更具竞争优势的跨国公司大量进驻过程中，民营企业没有发展起来，那么中国企业自主创新能力将无法提升。

由于中国自贸区是在一个市场化水平较低的基础上建立的政策高地，所以自贸区的改革与开放不管是在领域还是力度方面都不可能一步到位。如金融改革和金融开放、负面清单中不能投资的领域和行业黑名单的减少、扩大服务业开放等，往往都需要在中国经济逐渐实现向高端发展的过程中，随着要素配置力和国际竞争力、国际影响力逐渐提升而逐步推进。东南亚等一些发展中国家都尝试过汇率市场化，但由于经验、能力与经济实力不足，结果聚积起巨大的债务和泡沫而引发金融危机。中国不管是政府监管能力还是企业市场竞争力都还比较弱，如果政府过快地大领域开放，可能会因竞争冲击和政府监管水平低而引发危机；而如果政府采取逐步开放的战略，但产业升级缓慢，则可能导致自贸区发展停滞不前。此外，设立自贸区之后，大量国外产品和跨国公司进入中国市场，必将对长期从事价值链低端环节的中国企业造成市场冲击。因此，在自贸区发展的初期，政府一般会在自贸区与非自贸区间设置一定的限制。随着本土企业自主创新能力的提升，经济往高端发展，本土企业国际竞争力增强，自贸区与非自贸区之间的限制会逐渐下降。同时，随着更多国家设立自贸区，自贸区的“境内关外”等优惠政策的影响效力将减弱，决定一国自贸区发展的最重要因素将是当地的经济发展水平。一国经济高端发展所培育的高端人才和高级市场需求，会对国外高级生产要素造成虹吸效应，推动自贸区发展。因此，如何在自贸区推动下尽快实现中国经济高端发展，进而反推自贸区改革与开放深化，是中国开放型经济"第二季"的核心也是难点所在。

三是单边开放后能否创造出一个极具吸引力的稳定的市场经济环境。自贸区单边开放会带来新的问题和风险，"放"的同时如果没有提升政府监管能力，市场就可能混乱或不稳定。如随着自贸区制度改革和金融改革，自贸区内外的经济环境以及关税、税费甚至利率和汇率都会不同，容易产生套利行为；随着金融服务业放开，大量资金涌入，金融风险也会大大增加，甚至会对金融市场的稳定性造成较大影响；随着利率和汇率市场化、人民币资本项目可兑换推进，资金自由流通，也可能带来人民币升值的压力和更多的资产泡沫。同时，政府能否有效提供各种基础设施和公共服务，也是吸引企业进入的重要条件之一。尤其对技术密集型产业和生产者服务业企业来说，其对城市功能多样化、公共服务供给的要求比较高。

因此，政府从干预市场中退出，需要转而提升事中、事后监管和提供公共服务的能力。但改革开放以来，由于地方政府形成了以优惠政策招商引资的思维，要其改为提供高效透明的行政服务的困难比较多。如从近期全国多个地方政府有意申报设立自贸区的现象就可以看出，地方政府设立自贸区的动力可能主要是政策红利而不是改革红利。而且政府职能转换也会削弱相关部委的权力，同样也会面临诸多阻力。尽管目前世界上已经有大约 1 200 多个境内自贸区，但其设立自贸区的市场环境以及自贸区的功能与中国有很大不同，可供借鉴的经验很有限，如何提升政府监管能力、控制各种风险以及提供高效的公共服务，是中国政府面临的另一新的难题。

四、自贸区启动开放型经济"第二季"的政策建议

可见，设立上海自贸区是一个国家层面的开放战略，而不仅仅是上海的区域开放战略；上海自贸区不但是更高层次的对外开放，也是主动的对内开放。但目前其还处于实验阶段。由于中国自贸区设立的市场环境、战略目标与世界其他国家不同，可供借鉴的经验比较有限；同时自贸区改革会触动既得利益阶层的利益和权力，必会遭到其抵制和反对，改革必定会面临诸多困难。我们通过上文分析可知，自贸区只有与中国经济高端发展良性互动，才能启动开放型经济"第二季"。基于中国的现状，我们认

为需要在以下几个方面着力推进：

第一，完善自贸区的软硬件基础。自贸区只有吸引大量企业进入，才能扩大贸易和促进当地产业发展，以提高国际竞争力。从其他国家自贸区发展的成功经验来看，自贸区吸引企业进入主要在于，自贸区能在多个方面为企业提供了更好的经营环境和更多的贸易机会：(1) 成本方面。降低甚至免除关税和其他税费，直接降低了企业的经营成本；简化的海关监管制度和政府管理模式，不但能降低企业的交易成本，还会大大降低企业的时间成本。如美国对自贸区的审批非常灵活，私人企业也可以申请设立自贸区。(2) 功能方面。尽管不同自贸区的功能定位有差异，但越成功的自贸区其提供的生产者服务功能就越多，如连接世界的便利的物流功能、国际化的金融功能和技术服务功能等，为区内企业的各种生产和国际贸易提供了优质的服务支撑。(3) 效率方面。企业市场准入的备案制和简化的海关监管制度等，极大地提高了企业投资和贸易的自由和灵活度，提升企业效率。(4) 服务方面。为更好地吸引各种要素，以及更好地为自贸区内的企业提供快捷、优质的公共服务，多数政府不但完善自贸区的基础设施，还积极打造极具吸引力的软环境。如韩国为吸引国外人才到自贸区，着力为外国人才提供极具吸引力的居住条件，专门为其配套医院和学校等设施；台湾地区自贸区为吸引更多海外高级人才，允许自贸区内企业雇佣国外员工的人数占员工总数的比例超过 40%。因此，着力完善自贸区的软硬件基础是中国自贸区发展的重要前提。为此，必须在自贸区的政府审批方面进行彻底的改革，消除政府对企业的直接干预，同时提高政府监管水平和服务能力，完善自贸区及其周边地区的基础设施，推进自贸区服务功能尤其是生产者服务功能的完善和升级，以更多地提供高效率低成本的公共服务。其中政府职能转变是改革的第一步也是最难的一步，需要中央政府采取相应措施自上而下推动；政府监管创新难题，需要从顶层架构层面进行科学的、全方位的考虑，也需要从战术层面协调不同部门的工作；政府公共服务能力要着重在软环境方面使力，如针对中国本土企业自主创新能力弱的突出问题，政府可以设立技术扶持基金，为区内的技术发展活动和技术人员培训提供相应的支持。

第二，积极推动自贸区改革模式向全国推进。由于中国市场化水平整体比较低，因此在对接国际市场上采取了先点突破后全面推进的战略。然而，可以想象，自贸区内迈出改革的第一步会面临诸多困难，而自贸区改革模式向全国推进由于会触及更多部门和地区的既得利益集团，其面临的困难将更多。但如果自贸区改革模式无法在全国推进，自贸区内外的体制差异和市场经济环境差异将滋生更多的投机、套利、垄断和寻租等行为，中国将因改革停滞、延误而错失启动第二波经济全球化的良机。我们认为改革可以沿着两条路径向全国推进：(1) 行业内竞争和产业链。可以有选择地选取一些行业或领域率先在全国铺开改革，[①]使得行业内的各市场主体包括原来的垄断企业面临激烈的市场竞争，倒逼企业改革创新。率先突破的行业其竞争压力和创新动力将通过产业链向上下游行业传导，带动更多行业改革创新。但改革在全国推进并不意味着一放了之。由于我们的民营企业长期以来是在不公平竞争的市场夹缝中成长，其各种竞争能力相对比较弱，要让民营企业培育与跨国公司和国有企业公平竞争的能力，除了市场放开，还需要相关部门为民营企业的发展提供更多服务，如引导民营企业通过参与各种并购、合作等活动来增强企业实力；为民营企业技术创新提供各种平台。(2) 区域间分工协作和国内价值链。可以借助自贸区改革开放的产业辐射作用和竞争压力，一方面推动周边地区以产业关联或功能互补形式与自贸区进行产业对接，另一方面促进自贸区服务功能往周边地区溢出，实现自贸区与周边地区联动发展，从而通过市场力量和政府间竞争压力推动周边地区进行改革。在此基础上，周边地区的市场竞争压力和创新动力通过国内价值链向其他地区传导，并在延伸国内价值链的过程中拉动其他地区企业和政府改革创新。这要求完善目前中国对地方政府的激励机制，促使地方政府间从相互竞争转向分工协作，从替代关系转向互补关系，创造“你追我赶”共同提速的氛围。

第三，稳步推进更多自贸区发展。由于中国地区间差距大，要把所有的试验都放在上海自贸区先行先试是不现实的，因此可以在上海自贸区改革模式实验成功的基础上，发展多个自贸区，让自贸区根据各自的地区优势在不同方向、不同领域进行改革探索。目前中国不少地方政府对设立自贸区跃跃欲试，恨不得跑步前进。可实际

---

① 基于中国产业转型升级的需要，自贸区的产业导向应该趋向高技术和高级生产者服务业，且应与当地产业有较强的关联效应。否则自贸区将可能演变为升级版海关特殊监管区，或者一个无法带动当地产业发展的“飞地”。

上正如我们上文所分析的，自贸区可以通过提升市场化水平而带来各种收益，但它也可能带来各种风险，甚至部分可能失败。而且世界各国的自贸区之间的竞争也非常激烈，并不是设立自贸区就一定能成功并促进当地经济发展。如具有125年历史的德国汉堡港自贸区，由于现代高科技的运输方式已经使货物在港时间大大缩短，对保税的需求也日渐减少，造成其业务萎缩，于2013年被关闭。还有日本唯一的自贸区冲绳自贸区，由于其各方面条件不成熟，且功能定位未能体现其在全球价值链中的地位，使其发展处于停滞状态。此外，一国自贸区降低关税和吸引大量外资企业进入所带来的产品市场和要素市场竞争效应等，也可能会降低其社会福利。[①] 所以，对自贸区的发展，需要保持谨慎的态度。从自贸区的可控管理和地理便利性要求来看，自贸区主要设在四种地区：海港、航空港、与海港或航空港临近的区域或一国边境。从自贸区的发展基础和联动发展效应来看，不但需要考虑设立自贸区的地区综合能力，也要考虑到其周边地区的整体综合能力。因此，要避免一哄而上，重复建设；而且不同的自贸区应该根据各自的地区优势定位不同的功能，避免低层次的恶性竞争。如韩国的三个自贸区：仁川国际空港自贸区的主要功能为知识密集型的研发基地，釜山海港自贸区的功能定位为教育研发基地、知识密集型工业基地、商务和居住区、海事处理中心和港口配送中心，光阳海港自贸区的核心功能为教育研发基地和制造业中心。而美国的200多个自贸区主要有两大类：综合性自贸区和单一性的自贸区。此外，上海自贸区既然是试验区就有可能部分失败，需要总结经验教训，避免上海自贸区的改革和开放经验在其他自贸区简单移植或变相应用。

总而言之，中国应该清醒地认识到目前所处的困境，借助自贸区这个与国际市场对接的窗口，以开放倒逼改革深化，通过自贸区推动中国开放型经济转型，突破中国经济高端发展的技术和市场制约，开创中国开放型经济“第二季”，形成新的国际竞争

---

① 一些学者研究了一国设立自贸区可能带来的福利影响，总体来看，研究结果并不一致。可见 Din M., 1994, "Export Processing Zones and Backward Linkages," *Journal of Development Economics*, 43: 369-385. Hamada K, 1974, "An Economic Analysis of the Duty-Free Zone," *Journal of International Economics*, 4: 225-241. Hamilton C, Svensson L, 1982, "On the Welfare Effects of a Duty-Free Zone," *Journal of International Economics*, 13: 45-64。

力,从而提升中国在国际投资和贸易中的谈判地位。

参考文献

[1] 陈爱贞,刘志彪. 中国行政垄断的收入与财富分配效应估算[J]. 数量经济技术经济研究,2013,30(10):63-78.

[2] 陈爱贞,刘志彪,吴福象. 下游动态技术引进对装备制造业升级的市场约束——基于我国纺织缝制装备制造业的实证研究[J]. 管理世界,2008(2):72-81.

[3] 蒋殿春,夏良科. 外商直接投资对中国高技术产业技术创新作用的经验分析[J]. 世界经济,2005,28(8):3-10.

[4] 刘志彪. 战略理念与实现机制:中国的第二波经济全球化[J]. 学术月刊,2013(1):88-96.

[5] 路风,余永定. "双顺差",能力缺口与自主创新——转变经济发展方式的宏观和微观视野[J]. 中国社会科学,2012(6):91-114.

[6] DIN M. Export processing zones and backward linkages[J]. Journal of development economics, 1994, 43(2): 369-385.

[7] HAMADA K. An economic analysis of the duty-free zone[J]. Journal of international economics, 1974, 4(3): 225-241.

[8] HAMILTON C, SVENSSON L E O. On the welfare effects of a 'duty-free zone'[J]. journal of international economics, 1982, 13(1～2): 45-64.

[9] HOSKISSON R E, EDEN L, LAU C M, et al. Strategy in emerging economies[J]. Academy of management journal, 2000, 43(3): 249-267.

[10] MARKUSEN J R. Trade in producer services and in other specialized intermediate inputs[J]. The American economic review, 1989: 85-95.

[11] YANG Y C. A comparative analysis of free trade zone policies in Taiwan and Korea based on a port hinterland perspective[J]. The Asian journal of shipping and logistics, 2009, 25(2): 273-303.

需求规模与服务业出口：一项跨国的经验研究[①]

陈启斐[②]　刘志彪[③]

一、引　言

随着以服务贸易为代表的中间品贸易份额已经占据了全球贸易总量的一半以上，服务贸易已经成为国际贸易中不可忽视的部分，全球经济日趋“服务化”。全球服务贸易量从1980年的8 434.31亿美元迅速飙升至2011年的83 251.59亿美元[④]，增长了9.87倍，而同期货物贸易的增长幅度仅为8.89倍。因此在全球产业结构调整、升级的背景下，服务贸易的变化作为世界经济景气状况和服务业发展的“风向标”，已经成为衡量国家经济实力的重要指标，引起越来越多学者的关注。众所周知，服务业一直被认为是一个具有本地化、非贸易特征的产业(福克斯，1987)。但世界服务贸易的迅猛发展，却充分说明了服务业除了具有本地化特征外，还具有在信息技术支持下的强烈的全球化倾向(Hoekman, 1997)。人们现在普遍关心的问题是：全球金融危机之后，随着各国对商品的购买力降低，全球服务贸易还会不会成为接替商品贸易成为新的贸易增长的动力机制？回答这个问题首先需要我们了解服务贸易尤其是出口服务贸易，其增长究竟取决于哪些因素？

为了探究服务贸易增长背后的因素，学者们进行了多角度的深入研究。第一类

---

① 原载于《财贸经济》2014年第7期，82～94＋36。

② 南京财经大学国际经贸学院讲师，硕士生导师，经济贸易系主任。

③ 教育部首批文科长江学者特聘教授，南京大学经济学院教授，博导，国家高端智库建设培育单位“长江产业经济研究院”院长。

④ 联合国贸发会议统计数据(UNCTAD, 2012)。

研究主要是探讨外商直接投资对服务贸易的影响。Markusen(1989)采用垄断竞争模型分析了生产性服务贸易的影响因素。他认为生产性服务业属于知识密集型行业,需要大量的初始学习成本。因此,放松对外商直接投资的管制可以提高本国生产性服务业的出口。随后,Markusen 等(2005)研究了生产性服务贸易对经济增长的影响。多样化的商业服务有助于提高经济增长的绩效,同时服务品[①]也是集聚外溢的来源之一。但是相对于货物贸易,服务贸易的生产要素会受到更多的非贸易壁垒的影响。虽然引入 FDI 会提高本国的工资水平,不利于低技能工人的就业;但是 FDI 的流入不仅能提高生产性服务业出口,还可以促进一国全要素生产率的提高,他利用模型证明了两者净效用为正。这意味着 FDI 不仅可以促进服务业出口,还能提高国家的福利。其他经济学家对于 FDI 和服务贸易关系的研究结论和 Markusen 基本一致(Head 和 Ries, 2001; Helpman, 2006)。另一类研究则是主要关注人力资本在服务贸易中的作用。Hoekman(1997)研究发现伴随着人力资本的提高,一国的服务业出口额会显著提高。这也间接印证了 Markusen 的观点,即服务业是高技术行业,需要大量的人力资本做支撑。Amiti 和 Konings(2007)通过研究印度尼西亚的数据也发现了人力资本可以促进服务业出口。冯晓玲和赵放(2009)基于美国的数据发现,人力资本是美国服务贸易竞争力的重要来源。陈虹和章国荣(2010)基于钻石模型研究了中国的服务贸易国际竞争力的影响因素。结果显示,人均国民收入对我国服务贸易竞争力的促进作用最大,其次是服务贸易开放度和服务业发展的水平,人力资本的促进作用也十分明显。

以上学者的研究拓展了我们对服务业出口的认识,但是已有的成果都忽略了一个重要的因素——需求规模。无论是新贸易理论还是新新贸易理论,都十分强调“本地需求规模”这一变量对一国出口的重要性(Krugman, 1980; Melitz, 2003)。现有的研究清晰地阐述了市场需求规模影响货物贸易的作用机制,如新经济地理学预测:拥有较大需求规模的国家不仅可以引致产业集聚,还能提高自身出口绩效,成为经济发展的“核心”地区。随着信息通信技术尤其是计算机技术的发展,服务业已经实现

① 主要指满足规模报酬递增的生产性服务品。

了生产与消费在空间上和时间上的双重分离，突破本地化特征建立了其生产消费与全球需求的密切关系之后，市场规模对服务贸易的影响机制是不是与商品贸易相同？市场需求规模对于服务贸易的促进作用能否像货物贸易那样显著？服务贸易出口能否形成像货物贸易那样的“本土市场效应(home market effect)”?① 对于这些问题的研究，不仅可以厘清内需和外需之间的关系，对一国的服务贸易进行准确的定位，也能丰富和发展服务贸易占据主导态势下的国际贸易理论，能据此调整国家贸易政策和制定新的产业发展战略，引导产业结构转型升级和资源配置。

二、理论模型

Krugman(1980,1991)研究了市场需求规模和货物贸易的关系，Markusen et al (2005)阐述了服务贸易与专业化分工的联系。本文在以上两位学者的基础上，构建了一个三部门的贸易模型②。将贸易分成货物贸易和服务贸易，服务贸易进一步细分为生产性服务业贸易和非生产性服务贸易(消费性服务贸易)。本文最重要的设定是生产性服务品主要作为制造业的中间投入，进入生产环节；非生产性服务品主要消费对象是个人，直接进入消费领域。消费者的效用函数仅包括工业品和生产性服务品；而生产性服务品内嵌于工业品之中，并不直接进入效用函数。假定存在两个国家(母国和外国)，劳动力在国家间不能流动，在国家内部不同行业间可以流动。所有消费者的偏好均相同，效用由柯布一道格拉斯(Cobb-Douglas)函数形式表示：

$$U=M^{\mu}S^{1-\mu} \tag{1}$$

其中，M 表示加总的工业品消费指数；S 代表加总的消费性服务品(非生产性服务品)消费指数；μ 是固定数值，表示消费者的支出份额。假定 M 和 S 符合常替代弹性函数(CES)：

$$M=\left[\int_0^{n^M} m(i)^{\rho}di\right]^{1/\rho},0<\rho<1 \tag{2}$$

---

① 本土市场效应指：地区需求提高1%促使出口的扩张超过1%。

② Krugman(1980)的论文中只包含单一的制造部门，本文在其基础上加入服务部门。为了更好地分析服务业出口，本文将服务部门分成生产性服务部门和消费性服务部门。

$$S=\left[\int_0^{n^S} s(x)^{\alpha}dx\right]^{1/\alpha},0<\alpha<1 \tag{3}$$

其中，ρ 和 α 分别代表消费者对工业品和服务品的偏好程度。当 ρ 和 α 趋近于 1 时，产品是完全替代的；当 ρ 和 α 趋近于 0 时，产品是不可替代的。给定收入水平 Y，P^M 和 P^S 分别表示工业品价格和消费性服务品价格。n^M 和 n^S 分别代表工业品和服务品的种类。

通过解消费者效用最大化问题，可以得到国家 r 的进口量①：

$$q_r^M=\mu Y_k(p_r^M T_{rk}^M)^{-\sigma}G_k^{\sigma-1}T_{rk}^M \tag{4}$$

$$q_r^S=(1-\mu)Y_k(p_r^S T_{rk}^S)^{-\beta}G_k^{\beta-1}T_{rk}^S \tag{5}$$

其中，μ 表示地区消费者对制造品的偏好，$(1-\mu)$是消费者对生产性服务品的偏好。工业品的运输成本为 T_{rk}^M，消费性服务品的运输成本为 T_{rk}^S，$G=\left[\int_0^{n^M} p(j)^{\rho/(\rho-1)}dj\right]^{(\rho-1)/\rho}$ 表示工业品价格指数。

消费者是在工业品和消费性服务品之间做出选择，但是厂商需要生产 3 种产品：工业品、消费性服务品和生产性服务品。假定三种产品的固定成本分别为 F_1、F_2 和 F_3，就业人数为 l^M、l^S 和 l^{PS}。利用厂商的零利润条件，可以得出②：

$$q_r^M=(\sigma-1)F_1/(c_1+1/q^{PS}) \tag{6}$$

$$q_r^S=(\beta-1)F_2/c_2 \tag{7}$$

$$q_r^{PS}=(\varepsilon-1)F_2/c_2 \tag{8}$$

接着，将(8)式带入(6)式中，可得：

$$q_r^M=(\sigma-1)F_1/(c_1+(\varepsilon-1)F_3/c_2) \tag{9}$$

将公式(4)和(6)结合起来，可以得地区 r 生产性服务业进口(即为地区 k 的出口)的表达式：

---

① 此处计算过程省略。

② 同上。

$$q_r^{ps}=q_r^M/[(\sigma-1)F_1-c_1q_r^M]=[\mu Y_k(p_r^M T_{rk}^M)^{-\sigma}G_k^{\sigma-1}T_{rk}^M]/\{(\sigma-1)F_1-c_1[\mu Y_k(p_r^M T_{rk}^M)^{-\sigma}G_k^{\sigma-1}T_{rk}^M]\} \tag{10}$$

为了进一步分析服务品出口的影响因素，首先分别对公式(5)和(10)求对数

$$\ln q_r^S=\ln(1-\mu)+\ln Y_k-\beta\ln p_r^S-\beta\ln T_{rk}^S+(\beta-1)\ln G_k+\ln T_{rk}^S \tag{11}$$

$$\ln q_r^{ps}=\ln\mu+\ln Y_k-\sigma\ln p_r^M-\sigma\ln T_{rk}^M+(\sigma-1)G_k^M+\ln T_{rk}^M-\ln\{(\sigma-1)F_1-c_1[\mu Y_k(p_r^M T_{rk}^M)^{-\sigma}G_k^{\sigma-1}T_{rk}^M]\} \tag{12}$$

(11)和(12)表示地区 r 的进口决定因素，现在将 r 地区的进口转换为 k 地区的出口变量，得到公式公式(13)和(14)，这也是下文计量方程的基础。

$$\ln q_k^S=\ln(1-\mu)+\ln Y_k-\beta\ln p_r^S+(1-\beta)\ln T_{rk}^S+(\beta-1)\ln G_k \tag{13}$$

$$\ln q_k^{ps}=\ln\mu+\ln Y_k-\sigma\ln p_r^M+(1-\sigma)\ln T_{rk}^M+(\sigma-1)G_k-\ln\{(\sigma-1)F_1-c_1[\mu Y_k(p_r^M T_{rk}^M)^{-\sigma}G_k^{\sigma-1}T_{rk}^M]\} \tag{14}$$

由上面两个公式可以发现，需求对不同特征的服务业的影响程度存在差异性：$\frac{\partial\ln q_k^{PS}}{\partial\ln Y_k}=1-\frac{\partial\ln\{(\sigma-1)F_1-c_1[\mu Y_k(p_r^M T_{rk}^M)^{-\sigma}G_k^{\sigma-1}T_{rk}^M]\}}{\partial\ln Y_k}\geqslant 1=\frac{\partial\ln q_k^S}{\partial\ln Y_k}$，这就是本文的结论：

结论：市场需求规模扩大对可以促进服务业出口，并且对生产性服务业的促进作用大于对消费性服务业的作用。

对比 Krugman(1980)文章的结论：贸易开放带来市场规模的扩张，并不会影响边际成本的加成定价，也不会影响单一产品的生产规模，因为所有的规模效应都是通过产品种类的变换发生作用的。但是本文的结论是：由于规模扩张带来生产性服务业产品种类的扩张影响工业品的价格。因为，随着生产性服务业种类的增多，厂商可以增加投入种类；中间品投入种类的增加提高了产品的质量(或者同等质量时降低了

产品的价格）。接下来，本文将选取41个发达国家和发展中国家的数据进行实证分析[①]。

三、计量模型设定及数据来源说明

（一）计量模型设定和方法的选择

考虑模型中解释变量的设定以及对服务业出口的现有研究，结合本文的样本数据的实际特点，在尽可能地考虑遗漏变量和模型的多重共线性的基础上加入相应的控制变量，将上式扩展得到本文的计量模型：

$$\ln export_{rt}^{i} = \lambda_0 + \lambda_1 \ln demand_{rt} + \lambda_2 \ln \ln tariff_{rt}^{i} + \lambda_3 \ln hum_{rt} + \lambda_4 \ln capital_{rt} + \lambda_5 \ln ts_{rt} + \lambda_6 \ln open_{rt} + \lambda_7 \ln urbanization_{rt} * \ln demand_{rt} + \lambda_8 \ln contruction_{rt} * \ln demand_{rt} + \lambda_9 \ln develop_{rt} * \ln demand_{rt} + \mu_r + \varepsilon_{rt}$$

其中，i、r、t 分别表示部门、国家和时间。sexport 表示服务贸易的出口（本文的计量一共有整体服务贸易出口值、生产性服务贸易出口值和消费性服务贸易出口值）；demand 代表市场规模（本文用最终消费需求衡量市场规模）；贸易自由化程度（tariff）本文用关税来衡量贸易自由化程度，一般而言关税越低意味着贸易的自由化程度越高：hum 是国家的人力资本，rd 表示一国的科研水平，capitial 表示一国的物质资本量，ts 是服务贸易出口的技术水平，open 是国家的开放程度，urbanization 代表一个国家的城市化水平，structure 是一个国家的产业结构状况，develop 则表示国家的发展水平。μ_r 是国家的固定效应，ε_{rt} 是随机误差项。三个交叉项用来衡量需求和城市化、产业结构和经济发展水平之间的关系。系数为正表示两者相互补充、为负说明是替代关系。

（二）数据设定及来源说明

服务贸易出口值（sexport）：本文主要从整体层面（总体服务贸易出口值）和分部

---

① 这41个国家（地区）不分为OECD国家和非OECD国家。OECD国家有：澳大利亚、奥地利、比利时、加拿大、智利、丹麦、埃及、芬兰、法国、德国、希腊、冰岛、爱尔兰、意大利、日本、韩国、墨西哥、荷兰、新西兰、挪威、波兰、葡萄牙、西班牙、瑞典、瑞士、土耳其、英国和美国。非OECD国家包含：阿根廷、巴西、保加利亚、中国、哥伦毕业、印度、菲律宾、罗马利亚、俄罗斯、新加坡、南非、泰国、突尼斯。

门层面(生产性服务贸易出口值[①]和消费性服务贸易出口值)两个方面来衡量服务贸易的出口情况(折算为美元现价)。各国的服务贸易数据均来自联合国贸发会议统计数据库(UNCTAD Statistics)。

需求规模(demand):现有研究对于需求的衡量主要有两种方法:第一种方法是采用一国的 GDP 来衡量需求规模(Amiti, 1998; Hanson 和 xiang, 2004; Uchikawa 和 Zeng, 2011);第二种是利用投入产出表,提取出行业需求(Davis and Weinstein, 1999)。后者比前者更为细致合理。但是由于本文选择国家较多,无法获得每个国家的投入产出,本文并没有采用这种方法。由于存在产业关联效应,中间需求和最终需求实际上都是源于一国的消费需求。因此,本文选取一国的总消费需求作为需求规模的代理变量。该指标来自世界银行世界发展指标数据库。

关税(tariff):Markusen 曾证明:贸易开放扩大了市场规模,导致服务品分工程度的提高,但是他没有讨论贸易开放对生产性服务业及消费性服务业的影响。针对这个问题,我们将区分贸易自由化对生产性服务业和消费性服务业出口的作用。本文的关税包括进口税、出口税、出口或进口专营利润、汇兑利润和汇兑税。数据来源于国际货币基金组织的《政府财政统计年鉴》。

人力资本(Hum):已有研究表明人力资本是服务业出口重要的影响变量(张杰等,2011)。本文参照盛斌(2011)年的处理方法,采用受不同教育年限人数占全体劳动力人口比重来衡量人力资本。分别将小学、中学和高等教育的年限记为 6 年、12 年和 16 年。则人力资本为:$Hum=\frac{6*\mathrm{prime}+12*\mathrm{middle}+16*\mathrm{university}}{\mathrm{labor}}$。其中,prime、middle 和 university 分别表示接受过小学、中学和大学教育的人数;labor 表示一国劳动力总数。[②]

---

① 在计量模型中,生产性服务业出口用 pse 表示;消费性服务业出口用 npse 表示。

② 劳动力市场指标数据库中没有中国的数据,中国的人力资本数据来源于中国统计年鉴。在年鉴中,教育分为小学(prime),初中(middle)、高中(high)、大学及以上(university)。由于统计口径的差异,中国的人力资本计算公式为:$Hum=\frac{6*\mathrm{prime}+12*\mathrm{middle}+16*\mathrm{university}}{\mathrm{labor}}$。初中教育(middle)记为 9 年,高中(high)教育记为 12 年。

物质资本(capital):服务业是资本密集型行业,当一国拥有较高的物质资本存量时,可以使用更先进的机器设备,向研发环节注入更多的资金。这些都有助于增加服务业出口额。本文用资本形成总额来表示一国的物质资本。数据来源于世界银行国民经济核算数据,以及经济合作与发展组织、国民经济核算数据文件。

出口技术水平(ts):出口的技术水平越高,意味着相对于其他国家,本国具备了比较优势,更有利于服务业出口。本文认为:一国的高科技产品出口量可以代表一国的出口技术水平,因此我们用一国高科技出口值占整体出口值来衡量出口的技术水平(数据按现价美元计)。

服务业开放程度(open):一个国家或地区的开放程度越高,意味着该地区的贸易成本越低,对外出口的贸易额也会越多。参照主流的处理方法,本文以服务贸易额占国民生产总值(GDP)比例计算出一国的对外开放程度。对外开放程度数据主要由国际货币基金组织的《国际收支统计年鉴》。

发展水平(develop):国家的发展水平越高,服务业和服务贸易的重要性就越明显。随着发展水平的提高,服务贸易额也将逐渐增加(Francois, 1996)。本文用人均GDP(现价美元)来表示国家的发展水平。

城市化水平(urbanization):国家的城市化水平越高,意味着市场经济越发达,就会引致最终需求的扩大。本文采用城镇人口占总人口比例来代表城市化水平。数据选自联合国的《世界城市化前景》。

产业结构(structure):随着经济服务化的趋势日趋明显,服务贸易也慢慢将成为国际贸易的核心部分(裴长洪、杨志远,2012)。本文用服务业附加值占整体 GDP 的比例还衡量一国的产业结构。数据来源于世界银行国民经济核算数据文件。

四、需求规模与服务贸易：实证结果

(一) 整体层面的研究

首先,我们从整体样本层面考察需求规模对服务业出口的影响。本文使用了动态面板 GMM 的计量结果作为实证结论。表 1 中 5 个方程均通过 F 值检验,说明整体拟合效果良好,本文的回归结果是稳健的。方程 1 是基准计量方程,方程 2～5 是加入交叉相乘项之后的方程。方程 5 的二阶序列相关(AR(2))的检验结果支持估计方程的误差项不存在二阶序列相关的假设。同时，Hansen 过度识别检验结果也显示，我们不能拒绝工具变量有效性假设(p 值均显著的大于 0.1)。这意味着模型设定的合理性和工具变量的有效性。我们以方程 5 作为本文最终的计量结果。

表 1　整体服务贸易出口的两阶段系统 GMM

变量	基准方程		进入交叉相乘项		
	方程 1	方程 2	方程 3	方程 4	方程 5
	ln sexport	ln sexport	ln sexport	ln sexport	ln sexport
L. ln sexport	0.640*** (0.022 3)	0.593*** (0.021 9)	0.631*** (0.023 4)	0.644*** (0.012 8)	0.276*** (0.051 2)
ln demand	0.393*** (0.051 5)	0.486*** (0.083 6)	0.550*** (0.053 1)	0.369*** (0.042 8)	0.885*** (0.073 4)
ln tariff	0.021 7*** (0.007 84)	0.020 3** (0.008 23)	0.004 21 (0.009 48)	0.019 8*** (0.004 95)	0.062 7*** (0.012 0)
ln hum	0.034 6 (0.073 8)	0.336*** (0.097 2)	0.144 (0.126)	−0.014 8 (0.101)	0.656*** (0.118)
ln capital	1.193*** (0.133)	1.048*** (0.098 9)	1.010*** (0.083 9)	1.182*** (0.114)	0.489*** (0.067 8)
ln ts	−0.002 95 (0.016 9)	0.004 79 (0.018 4)	0.019 0 (0.013 5)	−0.008 65 (0.011 6)	−0.004 34 (0.014 5)
ln open	0.599*** (0.059 7)	0.629*** (0.072 3)	0.626*** (0.054 6)	0.604*** (0.052 7)	0.831*** (0.095 4)
ln urbanization * ln demand		−0.008 08 (0.014 9)			−0.079 0*** (0.009 13)
ln structure * ln demand			−0.035 0*** (0.006 40)		−0.014 0*** (0.005 36)
ln develop * ln demand				0.000 301 (0.001 38)	0.019 4*** (0.001 90)

(续表)

变量	基准方程		进入交叉相乘项		
	方程 1	方程 2	方程 3	方程 4	方程 5
	ln sexport	ln sexport	ln sexport	ln sexport	ln sexport
Constant	−13.62*** (1.358)	−14.76*** (1.134)	−13.26*** (1.164)	−12.97*** (1.174)	−16.13*** (1.502)
Wald 检验	40 708 [0.000]	135 610 [0.000]	21 363 [0.000]	33 737 [0.000]	10 862 [0.000]
AR(2)检验	−3.886 3 (0.133 5)	−3.972 7 (0.000 1)	−3.777 2 (0.000 2)	−3.913 9 (0.000 6)	−1.105 1 (0.122 6)
Hansen 检验	13.88 (0.76)	12.35 (1.00)	31.27 (0.92)	23.06 (0.72)	23.96 (0.81)
所在国固定效应	Y	Y	Y	Y	Y
观测值	492	492	492	492	492
国家数	41	41	41	41	41

说明：实证的结果均有 stata11 计算并整理得出。方括号内是 Wald 检验的 P 值。圆括号内是稳健的标准差，***、**、* 分别表示 1%、5%、10%的显著性水平。

1. 市场需求规模与出口服务贸易之间存在显著的正相关关系，需求每提高 1% 就会拉动服务品出口额提升 0.885%。这也验证了我们的观点：需求规模可以促进服务业出口。现有的贸易文献已经证实了需求规模对货物贸易存在强本土市场效应。但是本文在对服务贸易的检验中，并没有需求规模对服务业出口存在强本土市场效应。按照 Davis 的定义，需求的系数小于 1，意味着服务业出口符合包含运输成本的比较优势模式(Davis and Weinstein, 1999)。在这样贸易模式中，母国的需求扩张对贸易伙伴国的福利都有正向的促进作用。与工业不同，服务业产品差异化较大，本地化特征更加明显。因此，拥有完善的法律体系和发达的母国市场对于发展服务业和服务贸易而言至关重要。目前国际分工体系处于调整期，国内也是产业转型升级的关键时刻，随着外需的持续低迷，内需市场的重要性愈发显现。

2. 关税的上升会促进服务业出口值的提高，具体表现为关税每上升 1%会促进服务业出口额增加 0.062 7%。现有的研究表明降低关税会产生截然不同的两种效果：正向作用：国家通过降低关税、提高贸易自由化程度，扩大中间进口品种类、提高中间投入品的质量，可以改善产品的质量，提高产业的国际竞争力（Amiti 和 Konings, 2007）；负向作用：随着市场的开放，本土企业的竞争压力加大，如果和国外企业的生产率差距过大，则有可能导致本土企业的全面溃败，丧失国际市场份额（Francois, 2009）。此外，还有汇率、利率等因素会影响关税对服务贸易的作用。本文的研究表明，在现阶段关税可以较为有效地隔绝外来竞争压力，为本土企业的发展提供较为宽松的经济环境。因此，适当的关税有利于服务业出口。

3. 人力资本对服务业出口有正向促进作用。当一国的人力资本每提高 1%时，会带动服务业出口增加 0.656%，这充分印证了服务业是知识密集型行业的论断（Francois, 2009）。与货物贸易相比，服务贸易面临更为苛刻的产品质量、安全、行业规则和版权保护等进入壁垒，因此较高的人力资本可以保证服务业出口品在质量和安全等方面的要求。此外，丰裕的人力资本还有助于一国的创新活动，带动服务业出口。

4. 物质资本和服务贸易之间存在显著的正相关关系。物质资本每增加 1%会促进服务贸易出口增加 0.489%。本文的结论和 Melvin(1989)的观点相同，服务贸易品多属于资本密集型和技术密集型，需要大量的初始投入，对物质资本的要求较高。因此丰裕的资本有助于服务贸易出口。对外开放会促进服务贸易出口，这说明对外开放程度的提高有助于强化需求。正如 krugman 所说，“贸易的实质是市场规模的扩张”。贸易的开放程度越高，表明国家越好地融入了全球市场，规模效应就会更加显著。伴随着开放程度的提高，一国也可以更快、更便捷地学习国外的先进技术和管理理念，强化服务贸易的国际竞争力，促进服务业出口。

5. 本文引入的 3 个交叉相乘项中，发展水平与需求的交叉相乘项会对服务品出口产生正向的激励作用，这说明国家经济发展水平越高，需求对于服务贸易的引致作用就会越显著。国家人均收入水平越高，服务业的市场化程度就更高。[①] 随着服务

---

① 收入水平越高，意味着自我服务的机会成本就越高。随着家庭服务会逐渐进入市场，服务业的市场化程度也会慢慢提高。

业市场化程度的提高，需求价格弹性降低，需求扩张会提高企业的利润。面对高涨的需求，企业会提高研发资金或者增加要素投入，进一步导致出口的扩张。

城市化水平和需求的交叉项乘积为负，这说明城市化程度的提高在一定程度上会对需求规模产生替代作用。这说明随着城市化水平的提高，一国的服务业会表现出空间集聚的特征。随着集聚产生的正外部性，服务业的生产率随之提高，进而带动一国的服务业出口。产业结构和需求规模的交叉相乘项系数也为负。这意味着产业结构变迁也会对需求产生替代作用。本文认为，随着产业结构日趋服务化，服务业就业和产出将不断增加。一国的服务贸易将取代货物贸易慢慢成为国家的主要出口品。因此，无论是城市化或是产业结构都是从供给角度，对需求规模产生了替代作用。

（二）细分行业研究

由于行业性质的不同，需求规模对出口的影响也存在差异。因此，服务业细分行业的出口模式需要区别分析。同时引入研究投入(rd)①，用来分析一国 R&D 支出对生产性服务业出口和消费性服务业出口的影响。本小节将服务业出口划分为生产性服务业出口和非生产性服务业(消费性服务业)出口，进行比较分析。同时为了研究金融危机前后，需求规模对于出口的差异性作用，本文以 2008 年为界，进行分阶段回归。本段采用同样的计量框架，实证结果见表 2：

表 2 生产性服务贸易和非生产性服务贸易

变量 \ 时间段	生产性服务业出口			消费性服务业出口		
	2000—2011	2000—2007	2008—2011	2000—2011	2000—2007	2008—2011
	方程 1	方程 2	方程 3	方程 4	方程 5	方程 6
	ln pse	ln pse	ln pse	ln npse	ln npse	ln npse
L. ln pse	0.446*** (0.069 9)	0.397*** (0.051 9)	0.354*** (0.081 8)			
L. ln npse				0.464*** (0.056 2)	0.827*** (0.070 0)	−0.048 5 (0.053 2)

① R&D 研究人员是指参与新知识、新产品、新流程、新方法或新系统的概念成形或创造，以及相关项目管理的专业人员。包括参与 R&D 的博士研究生(ISCED97 第 6 级)。

（续表）

变量 \ 时间段	生产性服务业出口			消费性服务业出口		
	2000—2011	2000—2007	2008—2011	2000—2011	2000—2007	2008—2011
	方程 1	方程 2	方程 3	方程 4	方程 5	方程 6
	ln pse	ln pse	ln pse	ln npse	ln npse	ln npse
ln demand	1.149*** (0.171)	1.220*** (0.068 9)	1.237*** (0.369)	0.956*** (0.086 9)	0.620*** (0.130)	1.093*** (0.132)
ln tariff	0.016 7** (0.007 67)	0.011 6 (0.007 45)	−0.011 5 (0.081 0)	0.040 6** (0.019 6)	0.034 0*** (0.010 3)	0.100 0*** (0.020 3)
ln hum	2.219*** (0.431)	1.158*** (0.224)	1.332 (1.406)	0.407* (0.215)	0.711*** (0.166)	0.164 (0.594)
ln rd	−0.111 (0.115)	−0.010 2 (0.035 8)	0.748* (0.408)	−0.017 2 (0.036 4)	0.106** (0.049 6)	0.089 5 (0.148)
ln capital	0.580*** (0.167)	0.990*** (0.117)	0.283 (0.442)	0.679*** (0.181)	0.345* (0.178)	0.299 (0.203)
ln open	1.152*** (0.173)	1.228*** (0.056 3)	0.613*** (0.175)	0.909*** (0.181)	0.643*** (0.104)	0.761*** (0.105)
ln ts	0.042 4 (0.047 0)	0.098 4*** (0.030 7)	−0.063 8 (0.114)	−0.049 7** (0.023 3)	−0.024 7** (0.012 4)	0.052 6 (0.032 2)
ln urbanization * ln demand	−0.085 8*** (0.032 6)	−0.035 5** (0.015 2)	−0.128* (0.074 9)	−0.045 5** (0.022 0)	−0.040 1** (0.018 8)	−0.096 4*** (0.036 8)
ln structure * ln demand	−0.004 23 (0.009 96)	−0.060 7*** (0.013 5)	−0.062 6** (0.029 7)	−0.040 5*** (0.008 66)	−0.021 9* (0.012 3)	−0.005 54 (0.017 3)
ln develop * ln demand	0.010 2*** (0.002 93)	−0.000 760 (0.001 36)	0.016 1** (0.007 41)	0.011 7*** (0.002 66)	0.005 20** (0.002 18)	0.022 0*** (0.003 78)
Constant	−27.47*** (3.658)	−27.04*** (1.437)	−21.05*** (6.304)	−17.57*** (2.766)	−12.23*** (1.820)	−15.26*** (1.971)
Wald 检验	86 255 (0.000)	264 251 (0.000)	6 109 (0.000)	15 034 (0.000)	367 049 (0.000)	1 945 (0.000)
AR(2)检验	1.08 (0.280 2)	−0.43 (0.669 3)	−0.558 49 (0.576 5)	−0.165 74 (0.868 4)	−0.099 46 (0.920 8)	0.897 55 (0.369 4)

（续表）

变量 \ 时间段	生产性服务业出口			消费性服务业出口		
	2000—2011	2000—2007	2008—2011	2000—2011	2000—2007	2008—2011
	方程 1	方程 2	方程 3	方程 4	方程 5	方程 6
	ln pse	ln pse	ln pse	ln npse	ln npse	ln npse
Hansen 检验	17.78 (1.00)	20.23 (0.99)	15.18 (0.98)	25.12 (0.99)	25.656 47 (0.95)	20.408 61 (0.83)
所在国固定效应	Y	Y	Y	Y	Y	Y
观测值	492	492	492	492	492	492
国家数	41	41	41	41	41	41

注：实证的结果均有 stata11 计算并整理得出。Wald 检验的原假设为变量时外生的（H_0:/athrho=0)，方括号内是 Wald 检验的 *P* 值。圆括号内是稳健的标准差，***、**、*分别表示 1%、5%、10%的显著性水平。

1. 需求对于生产性服务业出口促进作用高于消费性服务品出口。当需求每上升 1%会促进消费性服务业出口值增加 0.956%，能刺激生产性服务贸易出口增加 1.149%，比前者高了 0.193%。前文的理论分析表明，需求对于服务业有两个的作用机制：一是直接机制，需求的提高将直接促进服务业（主要是消费性服务业）的出口；二是间接机制，需求的提高通过促进工业品出口间接带动了服务贸易（主要是生产性服务贸易）。后者的影响要大于前者，这也正是本文的第一个命题。为什么间接机制要高于直接机制？我们的理解是：货物贸易存在强本土市场效应，而服务业并不存在如此强烈的本土市场效应。当内需扩大时，货物贸易会急速扩张，工业部门处于扩张状态，增加了对工业投入（生产性服务品）的需求，带动生产性服务业的扩张，促使生产性服务业出口高速增长。分阶段回归结果显示：金融危机之后需求对服务业出口的促进作用有了明显的增强。这说明后危机时代，全球经济进入一个深度调整期。面对外部需求的持续减弱，内需对服务业出口的驱动作用进一步强化。全球经济进入了一个以内需为主的阶段。这点为扭转我国的服务贸易逆差，找了一个具备可行性的切入点。

2. 关税的提高有助于增加服务贸易的出口量，并且对消费性服务业的促进作用大于生产性服务业。关税每上升1%会导致生产性服务业出口增加0.0167%，消费性服务业增加0.0406%。分行业的检验结果和整体研究的结果相吻合。这说明：在国家服务业发展初期，不宜过早地开放本土的服务业市场。只有当本土企业具备国际竞争力时，贸易自由化才能提高国民的整体利益。

3. 物质资本对生产性服务业出口会产生促进作用，国家的物质资本积累每增加1%就会带动本国生产性服务业出口提高0.58%，这一关系在统计上十分显著。这也印证了Melvin的观点——生产性服务业多是资金密集型行业，因此需要丰裕的物质资本做支撑。而物质资本对消费性服务业出口也会有明显的带动作用。因此，随着国家资本富裕度的提高对消费性服务业和生产性服务业出口都会产生显著的促进作用。相对于物质资本，人力资本的作用更加显著。实证结果显示：人力资本的提高会同时促进生产性服务贸易和消费性服务贸易。尤其是对生产性服务业，会产生显著的促进作用。人力资本每提高1%，就会促进生产性服务业出口增加2.219%。现有文献表明，人力资本对于工业部门的生产率有强烈的促进作用。当工业部门生产率提高时，出口增加、产业扩张；此时对服务品的需求会增加，也会间接地促进生产性服务贸易。

（三）分地区研究

需求规模对不同收入水平的国家的影响是否相同？为了解决这个问题，我们将样本分为OECD国家和非OECD国家，进行比较研究。由于服务贸易更多地受到一国政治制度和法律法规的影响。因此我们加入了国家的法律权利度指数law①，突出OECD国家和非OECD国家制度上的差异，回归结果见表3：

---

① 法律权利力度指数衡量的是担保品法和破产法通过保护借款人和贷款人权利而促进贷款活动的程度。指数范围由0至10，数值越高表明担保品法和破产法越有利于获得信贷。该数据来自世界银行。

表 3　分地区检验

变量	OECD 国家			非 OECD 国家		
	方程 1	方程 2	方程 3	方程 4	方程 5	方程 6
	整体服务业	生产性服务业	消费性服务业	整体服务业	生产性服务业	消费性服务业
	ln sexport	ln pse	ln npse	ln sexport	ln pse	ln npse
L. ln sexport	0. 252 *** (0. 066 6)			0. 196 *** (0. 040 9)		
L. ln pse		0. 354 *** (0. 085 1)			0. 672 *** (0. 051 0)	
L. ln npse			0. 393 *** (0. 114)			0. 180 *** (0. 046 1)
ln tariff	0. 030 5 (0. 043 4)	0. 150 *** (0. 056 2)	0. 029 6 (0. 051 9)	−0. 037 9 ** (0. 017 1)	−0. 099 2 * (0. 059 7)	0. 003 93 (0. 019 4)
L. ln tariff	−0. 039 9 (0. 032 1)	−0. 143 *** (0. 045 7)	0. 001 49 (0. 082 6)	−0. 010 2 (0. 021 5)	0. 109 (0. 067 4)	−0. 029 9 (0. 023 9)
ln demand	0. 877 *** (0. 139)	1. 201 *** (0. 167)	0. 868 *** (0. 165)	0. 740 *** (0. 049 2)	0. 354 *** (0. 129)	0. 731 *** (0. 055 4)
ln hum	−0. 026 2 (0. 446)	3. 615 *** (1. 100)	−0. 645 (1. 050)	0. 053 1 (0. 096 1)	0. 132 (0. 307)	0. 206 * (0. 118)
ln rd	0. 219 ** (0. 103)	−0. 061 1 (0. 272)	0. 241 (0. 166)	0. 045 9 * (0. 024 1)	0. 174 * (0. 092 3)	−0. 045 6 (0. 027 8)
ln capital	0. 620 *** (0. 125)	0. 862 ** (0. 352)	0. 634 (0. 475)	0. 286 *** (0. 082 3)	−0. 074 8 (0. 270)	0. 477 *** (0. 101)
ln ts	−0. 097 8 (0. 078 8)	0. 003 12 (0. 109)	−0. 108 (0. 148)	0. 124 *** (0. 027 9)	0. 221 ** (0. 091 3)	0. 035 4 (0. 031 7)
law	−0. 103 (0. 100)	−0. 066 5 (0. 109)	−0. 095 2 (0. 112)	−0. 034 5 *** (0. 011 0)	−0. 019 6 (0. 039 4)	−0. 016 7 (0. 012 1)
ln open * ln demand	0. 036 1 *** (0. 002 82)	0. 034 2 *** (0. 006 84)	0. 030 0 *** (0. 005 19)	0. 041 9 *** (0. 003 44)	0. 010 2 (0. 010 1)	0. 051 1 *** (0. 003 94)

(续表)

变量	OECD 国家			非 OECD 国家		
	方程 1	方程 2	方程 3	方程 4	方程 5	方程 6
	整体服务业	生产性服务业	消费性服务业	整体服务业	生产性服务业	消费性服务业
	ln sexport	ln pse	ln npse	ln sexport	ln pse	ln npse
ln urbanization * ln demand	−0.041 5* (0.023 7)	−0.063 0*** (0.024 0)	−0.043 4 (0.042 8)	−0.009 48 (0.007 69)	−0.022 4 (0.023 5)	0.008 87 (0.008 59)
ln structure * ln demand	−0.035 6* (0.018 4)	−0.108*** (0.041 3)	−0.052 0* (0.027 5)	−0.031 5*** (0.005 98)	−0.010 3 (0.021 8)	−0.041 2*** (0.006 60)
ln develop * ln demand	0.015 4*** (0.004 77)	0.018 3*** (0.004 29)	0.010 1 (0.011 3)	0.019 1*** (0.001 24)	0.008 68** (0.003 74)	0.016 0*** (0.001 41)
Constant	−17.23*** (2.119)	−25.37*** (3.576)	−13.63** (6.154)	−14.61*** (1.139)	−5.688* (2.986)	−16.35*** (1.281)
Wald 检验	76 883 [0.000]	12 868 [0.000]	48 960 [0.000]	26 359 [0.000]	4 805 [0.000]	15 243 [0.000]
AR(2)检验	0.774 23 (0.438 8)	0.589 7 (0.555 4)	0.628 4 (0.529 7)	−2.02 (0.183)	−0.56 (0.197)	−0.47 (0.224 5)
Hansen 检验	13.49 (0.78)	6.92 (0.88)	10.04 (1.00)	16.78 (0.85)	13.05 (0.79)	15.22 (0.94)
所在国固定效应	Y	Y	Y	Y	Y	Y
观测值	336	336	336	156	156	156
国家数	28	28	28	13	13	13

注：实证的结果均由 stata11 计算并整理得出。Wald 检验的原假设为变量时外生的(H_0:/athrho=0)，方括号内是 Wald 检验的 P 值。圆括号内是稳健的标准差，***、**、*分别表示 1%、5%、10%的显著性水平。

1. 根据回归结果，我们可以得出以下结论：需求对 OECD 国家的服务贸易促进作用，无论是整体层面还是细分行业层面都高于非 OECD 国家。尤其是生产性服务业，需求每提高 1%，就会导致 OECD 国家生产性服务品出口增加 1.2%。这说明：

OECD国家的生产性服务业出口存在强本土市场效应。目前在全球范围生产性服务业中存在一个以OECD国家为核心地区的“中心-外围”结构。与之相对应的是，在消费性服务业中，需求规模扩张对OECD国家的促进作用比非OECD国家高了0.137%。这说明，需求对服务业的促进作用存在明显的区域性差异。现有研究表明：当一国的经济迈入中等收入水平后，服务业和服务贸易变得更为重要(Francois and Kenneth, 1996)。商业服务不仅直接参与出口活动，而且对制造业的出口也有促进作用。对于像中国这样高速增长的发展中国家，不仅要关注制造业出口，更应该大力发展服务业，鼓励出口服务贸易。出口服务贸易不仅可以优化贸易结构，更能促进经济增长(Arnold et al, 2011；唐宝庆等，2011)。

2. 在OECD国家中提高关税有利于服务贸易出口，但是在非OECD国家，降低关税可显著提高整体服务业和生产性服务业出口，对消费性服务贸易的抑制作用并不显著。信息技术的发展推动全球服务业价值链的延长，带来服务业生产环节国际梯度转移的同时也降低了国家参与服务品全球生产链的门槛。不同发展水平的国家和地区可以按照自身的比较优势参与到全球价值链中，提高国家福利。发展中国家应该积极融入全球贸易网络中，主动降低贸易壁垒。尽管这些措施在短期内可能造成工业品贸易量的萎缩，但是随着服务贸易量的增长，长远来看会提高国家的福利水平。

3. 法律权利指数的提高会抑制OECD国家和非OECD服务业的出口量。这说明，目前的法律法规尚未形成对服务业出口的促进机制。随着服务贸易的兴起，未来政府工作的一个重要任务是，制定适宜有效的政策法规，降低服务贸易成本，促进服务业出口。出口技术水平的提高，有助于非OECD国家整体服务业出口和生产性服务业出口，对OECD国家服务业出口作用并不显著。

无论是OECD国家还是非OECD国家，对外开放程度以及发展水平的提高都能强化需求对服务贸易的作用(整体和分部门)。对外开放程度的提高，可以起到扩大产品种类，进而强化需求的作用。随着经济发展水平的提高，居民的收入也会增加，也会强化需求对服务业出口的促进作用。

五、结论和政策涵义

随着信息技术的发展,服务已经逐渐成为可运输、可贮存以及可贸易的商品。一个直观的问题是:在一个不完全竞争的环境下,需求规模是否有助于服务业出口？本文扩展了新贸易理论的模型,将服务业分为生产性服务业和消费性服务业,将其同时纳入分析框架中,构建了一个三部门的贸易模型。在新模型的基础上,利用 41 个国家 2000—2011 年的面板数据,检验提高需求规模对服务业出口的影响,得到了以下的结论和启示:

需求规模扩大会通过两个渠道影响服务贸易。直接机制,需求提高会直接引致服务业的企业产生类似于工业企业一样的集聚效应,提高服务出口量(直接效应)。间接机制,需求提高会导致制造业企业的集聚,竞争压力增大。为了强化自身优势,企业专注于自身核心技术,将非核心环节外包或者从市场购买,因此会增加对服务品的需求。随着分工进一步细化,促进本地服务业的发展,提高服务企业在国际贸易中的竞争力,扩大了服务出口额(间接效应)。本文的理论模型和实证研究都表明:间接作用的强度要高于直接作用。金融危机后随着外部需求的萎缩,内需规模对于服务业出口的促进作用有了显著提升。为了扭转我国不断增加的服务贸易逆差,必须大力发展内需市场,促进服务业和服务贸易的良性发展。

将样本分为 OECD 国家和非 OECD 国家之后,我们发现 OECD 国家的需求对服务贸易的刺激作用高于非 OECD 国家,在生产线服务贸易中的差距尤为明显。这意味着:全球服务业已经形成了“中心-外围”的结构。虽然市场规模的扩张,会提高外围地区的福利水平,但是对中心地区经济发展绩效的作用更大。目前 GDP 增速放缓,这意味中国经济发展步入深度调整期,大量事实表明此时发展服务贸易有助于维持经济的高速增长。在目前的全球经济发展的格局下,刺激内需,发展服务业和服务贸易,不仅可以缓解制造业产能过剩的问题,还能解决服务业发展滞后产生的民生问题,提高中国的经济发展绩效。

参考文献

[1] 陈虹,章国荣. 中国服务贸易国际竞争力的实证研究[J]. 管理世界,2010(10):13-23.

[2] 冯晓玲,赵放. 人力资本和R&D投入与美国服务贸易的关系分析[J]. 财贸经济,2009(6):75-82.

[3] 裴长洪,杨志远. 2000年以来服务贸易与服务业增长速度的比较分析[J]. 财贸经济,2012(11):5-13.

[4] 盛斌,毛其淋. 贸易开放,国内市场一体化与中国省际经济增长:1985—2008年[J]. 世界经济,2011(11):44-66.

[5] 唐保庆,黄繁华,杨继军. 服务贸易出口,知识产权保护与经济增长[D],2011.

[6] 富克斯. 许微云等. 服务经济学[M]. 北京:商务印书馆,1987.

[7] 张杰,周晓艳,郑文平,等. 要素市场扭曲是否激发了中国企业出口[J]. 世界经济,2011(8):134-160.

[8] AMITI M, KONINGS J. Trade liberalization, intermediate inputs, and productivity: evidence from indonesia[J]. American economic review, 2007, 97(5): 1611-1638.

[9] HOEKMAN B. Competition policy and the global trading system[J]. World economy, 1997, 20(4): 383-406.

[10] DAVIS D R, WEINSTEIN D E. Economic geography and regional production structure: an empirical investigation[J]. European economic review, 1999, 43(2): 379-407.

[11] HANSON G H, XIANG C. The home-market effect and bilateral trade patterns[J]. American economic review, 2004, 94(4): 1108-1129.

[12] HEAD K, RIES J. Overseas investment and firm exports[J]. Review of international economics, 2001, 9(1): 108-122.

[13] HELPMAN E. Trade, FDI, and the organization of firms[J]. Journal of economic literature, 2006, 44(3): 589-630.

[14] ARNOLD J M, JAVORCIK B S, MATTOO A. Does services liberalization benefit manufacturingfirms? Evidence from the czech republic[J]. Journal of international

economics, 2011, 85(1): 136 - 146.

[15] FRANCOIS J, REINERT K. The role of services in the structure of production and trade: stylized facts from a cross-country analysis[J]. Asia-Pacific economic review, 1996, 2(1): 35 - 43.

[16] FRANCOIS J, HOEKMAN B. Services trade and policy[J]. Journal of economic literature, 2010, 48(3): 642 - 92.

[17] KRUGMAN P. Scale economies, product differentiation, and the pattern of trade[J]. The American economic review, 1980, 70(5): 950 - 959.

[18] KRUGMAN P. Increasing returns and economic geography[J]. Journal of political economy, 1991, 99(3): 483 - 499.

[19] MARKUSEN J R. Trade in producer services and in other specialized intermediate inputs[J]. The American economic review, 1989: 85 - 95.

[20] MARKUSEN J, RUTHERFORD T F, TARR D. Trade and direct investment in producer services and the domestic market for expertise[J]. Canadian journal of economics/revue Canadienne D'économique, 2005, 38(3): 758 - 777.

[21] MELVIN J R. Trade in producer services: a heckscher-ohlin approach[J]. Journal of political economy, 1989, 97(5): 1180 - 1196.

[22] MELITZ M J. The impact of trade on intra-industry reallocations and aggregate industry productivity[J]. Econometrica, 2003, 71(6): 1695 - 1725.

[23] UCHIKAWA T, ZENG D Z. The home market effect in a multicountry space[R]. Working paper, 2011.

“一带一路”下全球价值链的双重嵌入[①]

刘志彪[②]　吴福象[③]

一、引　言

改革开放以来，中国凭借丰富的劳动力资源和巨大的内需市场，选择了以加工贸易的方式嵌入全球价值链(Global Value Chains, GVCs)，成就了中国制造大国的地位。但伴随着国际经济和金融形势的变化，中国不仅出现了产能的结构性过剩，而且人口红利也在逐步耗尽。当前，中国制造业正面临着来自发达国家“高端回流”和发展中国家“中低端分流”的双重压力，产业的生存和发展空间也遭遇了多重挤压。为了摆脱单一的东向开放战略导致的GVCs被低端锁定，摆脱区域经济发展不平衡的困境，中国相继推出了一系列重大举措，包括长江经济带、国际产能合作和“一带一路”倡议，等等。

其中，“一带一路”倡议顺应了全球经济的区域主义浪潮，突出强调内与外、东与西、沿海与内地、工业与农业的多重互动，从多时空、多维度、多领域实现战略合作。通过构建以中国为核心的全球经济治理平台，并基于对外投资与引进外资并重的战略思想，将中国区域经济发展战略的重大转型，放到重塑世界经济地理格局及全球治

---

① 原文载于《中国社会科学》2018年第8期。

② 教育部首批文科长江学者特聘教授，南京大学经济学院教授，博导，国家高端智库建设培育单位“长江产业经济研究院”院长。

③ 南京大学经济学院教授博导。

理模式变迁这一全新的国际关系当中①。通过重构对外经济开放新格局,依托地区要素禀赋,优化资源配置,实现区域规模经济效应,从而重塑国内价值链(National Value Chains, NVCs)。

“一带一路”倡议强调以经济合作为核心,统筹协调国际和国内两个市场、两种资源,构筑陆海统筹、东西互济、面向全球的对外开放新格局,体现了以开放促改革,以改革促发展,以发展促转型顶层设计的中国智慧。“一带一路”还彰显了中国作为发展中大国的世界情怀和担当,是中国应对逆全球化的复杂局面,创新全球治理和发展理念,构建开放和包容 GVCs 的决心和措施。这对开启我国新一轮经济全球化战略具有决定性意义,有助于中国在新常态下扩大内需、调整结构,重塑制造业的国际竞争优势。党的十九大报告也明确提出:要促进我国产业迈向 GVCs 中高端,培育若干世界级先进制造业集群。

“一带一路”倡议坚持共商、共建、共享、共赢的思想,秉承合作理念、合作空间、合作领域、合作方式上的开放和包容的宗旨,寻求政策沟通、设施联通、货物畅通、资金融通、民心相通,推进构建人类命运共同体。“一带一路”的空间范围虽然以亚欧大陆为核心,但延伸到非洲、拉美、大洋洲。从经济学角度讲,建设“一带一路”开放、包容的区域体系,关键是要沿着带与路构建 GVCs。“一带一路”上如果没有 GVCs 的连接,那我们走出去干什么? 没有 GVCs,城市与城市之间就有没有贸易和投资活动,即使有,也没有足够的经济利益纽带去维系。而沿着“一带一路”,我们首先走出去的地方必然是 GVCs 的中低端,今后我国很多加工业都要通过 GVCs 的有效连接,逐步转移到那边去。这就要求各参与主体必须结合自身的要素禀赋,提高技能水平与产业技术复杂度的耦合水平。本文将集中围绕 GVCs 嵌入模式、路径和机制,对“一带一路”倡议下 GVCs 的上游度、中间品贸易和附加值贸易等进行理论诠释和实证分析,提出在“一带一路”倡议中,一方面要继续深度融入发达国家主导的全球创新链(Global Innovation Chains, GICs),另一方面要在“一带一路”沿线重构“以我为主”的 GVCs 的战略构想。

---

① 吴福象、段巍:《国际产能合作与重塑中国经济地理》,《中国社会科学》2017 年第 2 期。

本文结构安排如下:第二部分概述中国企业既加入产业集群又嵌入全球价值链的"双重嵌入""抱团嵌入"模式的演变及路径。第三部分构造异质性禀赋下的匹配模型并借鉴生物学种群竞争的建模思想,对"一带一路"倡议下嵌入全球价值链的运行机制进行理论分析。第四部分对"一带一路"下的中间品贸易和附加值贸易核算机理进行解析;最后是研究结论与政策启示。

二、中国嵌入全球价值链的模式演变及路径

(一) 价值链嵌入模式早期研究及演变

改革开放以来,中国东部地区外向型经济发展是推动该地区经济率先起飞的主要动力。这个地区外向型经济发展的主要特征是引进外资进行加工贸易,通过加入发达国家主导的全球商品链(Global Commodity Chains, GCCs),接受发达国家企业的外包订单,或为发达国家企业进行国际代工。

在早期的这种代工模式下,外资企业主导着产业链分工当中价值增值率较高的生产环节,本土企业或者依附于跨国公司或海外进出口商进行国际代工,或者以低端要素从事加工、制造、装配等低附加值的生产活动。这种过度注重初级要素专业化的产业发展战略,在自身成本不断提高或新竞争者不断进入的前提下,有可能引发严重的产业衰退。同时,这种以不适当的方式加入 GCCs 和 GVCs,极容易被跨国公司锁定在低附加价值的路径,从而出现贫困式增长和依附型经济的特点。摆脱依附型经济发展的关键,就在于增加对产业部门的高级生产要素的投入,即在产业生产领域,增加对知识资本、人力资本、技术资本密集的高级生产者服务的投入,把价值链转化为具有促进产业升级功能的学习链和创新链。

早在 2000 年前后学术界就开始探索如何超越国际代工者角色,实现向产业链高端攀升。这些研究主要沿着两条路径展开:其一是基于波特①和寇伽特②以价值链为

---

① PORTER M. *Competitive Advantage: Creating and Sustaining Superior Performance*. Net York: The Free Press, 1985.

② KOGUT B. "Designing Global Strategies: Comparative and Competitive Value-added," *Sloan Management Review*, 1985, 26(4).

核心的比较优势理论，认为产业升级的动力来源于要素积累和转移；其二是基于温特、纳尔逊[①]和格里菲[②]以组织学习为核心的产业动态演化理论，认为企业通过组织学习，改变学习曲线的形状，提升其在国际分工中的地位。沿着第二条研究路径，Gereffi[③] 将全球价值链划分为生产者驱动(Producer-driven)和购买者驱动(Buyer-driven)两种类型，并对 GVCs 的治理模式进行了研究。此后，Gereffi[④] 和 Humphrey & Schmitz[⑤] 将产业升级模式分为工艺升级(Process upgrading)、产品升级(Product upgrading)、功能升级(Functional upgrading)和链条升级(Inter-sectoral upgrading)四种，对应的治理模式则有市场型(Arm's length market relations)、网络型(Networks)、准层级型(Quasi hierarchy)、层级型(Hierarchy)四种。

与之相对应的是，早期运用 GVCs 分析框架研究的对象主要是发达国家，但 2000 年之后，对欠发达国家的研究开始增多。其间，理论研究普遍认为，产业升级一般必须遵循工艺升级→产品升级→功能升级→链条升级的次序，并且对应的主要转换路径为 OEM→ODM→OBM→EMS[⑥]。

在此理论背景下，大部分研究关注的是中国以单体企业形式嵌入 GVCs 的情形。卢锋[⑦]最早以“产品内分工”为中心，构建了一个分析当代国际分工的研究框架。后来，也有少数研究开始转向以产业集群形式嵌入 GVCs 的研究，早期代表性的成果主

---

① Richard R. Nelson, Sidney G. Winter:《经济变迁的演化理论(中译本)》，北京：商务印书馆，1997 年版，第 68 - 81 页。

② Gereffi G, Humphrey J, Sturgeon T. 2005, “The Governance of Global Value Chains,” *Review of international political economy*, Vol. 12, Issue1, pp: 78 - 104.

③ Gereffi G., Korzeniewicz, and M. (ed.). 1994, *Commodity Chains and Global Capitalism*, Westport: Praeger.

④ Gereffi G. 1999, “International Trade and Industrial Upgrading in the Apparel Commodity Chain,” *Journal of International Economics*, Vol. 48, pp: 37 - 70.

⑤ Humphrey J. and Schmitz, H, 2002, “Developing Country Firms in the World Economy: Governance and Upgrading in Global Value Chains',” *INEF Report*, No. 61. http://www.ids.ac.uk/ids/global/vwpap.html.

⑥ Original Equipment Manufacture; Original Design Manufacture; Own Brand Manufacture; Electric Manufacture Service，即委托代工、深度代工、品牌经营和电子制造服务等。

⑦ 卢锋：《产品内分工——一个分析框架》，北京大学中国经济研究中心讨论稿系列，2004 年第 C2004005 期。

要有童昕、王缉慈等[①]以东莞为例对“生产者主导”和“订户主导”两种方式的GVCs在地方产业集群中作用的分析，黎继子[②]、文嫮[③]等以不同地区的产业集群为例对全球价值链与地方产业集群升级的思路和途径的分析。

从以上研究中不难看出，中国企业嵌入GVCs的模式主要有两种：其一是在跨国公司主导的国际生产体系中进行，即企业通过争取跨国公司大买家发包订单方式直接嵌入GVCs；其二是企业首先加入地方制造业集群，然后这些制造业集群再整体嵌入GVCs。改革开放初期，在这种“双重嵌入”模式中，中国企业大多是以单体形式嵌入外资主导的GVCs。

不过，“一带一路”倡议下企业嵌入GVCs的方式发生了许多新的变化。其中最突出的表现是，伴随着各个地方所规划的高新区和产业园的日渐成熟，企业首先在园区内扎堆，形成各具特色的地方性产业集群，然后这些产业集群内的企业再以平台方式“抱团嵌入”GVCs。本文“双重嵌入”中的“一重嵌入”是指企业既嵌入本地化的产业集群，又同时嵌入GVCs；“二重嵌入”是指集群既要在嵌入西方跨国公司主导的GVCs中向GICs升级，以便得到更有利的分工地位，又要依托“一带一路”塑造以我为主的包容性GVCs。在“一带一路”建设中，伴随着各类飞地园区的合作共建，第二种模式将是未来中国企业嵌入GVCs的主要路径。

与产业集群内的企业抱团式嵌入GVCs形态相适应，“一带一路”倡议下GVCs的竞争形态，也由早期的单体企业之间的链式竞争（主要表现为公司总部与制造业工厂的竞争），逐渐演变为集群内部企业与企业之间的原子式竞争、集群与集群之间的平台竞争、集群与非集群之间的混合竞争，以及本国产业集群与国外产业集群之间的高低生态位竞争，等等。产业集群的竞争，使得价值链获取的空间越来越大，层次越来越高，程度越来越激烈和充分，竞争效率越来越高。中国商品之所以可以在全球竞

---

① 童昕、王缉慈：《全球商品链中的地方产业群——以东莞的“商圈”现象为例》，《地域研究与开发》2003年第2期。

② 黎继子、刘春玲、蔡根女：《全球价值链与中国地方产业集群的供应链式整合——以苏浙粤纺织服装产业集群为例》，《中国工业经济》2005年第2期。

③ 文嫮、曾刚：《嵌入全球价值链的地方产业集群发展——地方建筑陶瓷产业集群研究》，《中国工业经济》2004年第6期。

争中攻城略地、所向披靡，形成所谓“中国价格”的旋风，与这种产业集群的竞争形态和竞争方式有直接、密切的关系。

纵观中国对外开放的历程，早期主要是向东开放，内外联动机制表现为企业主动嵌入由发达国家跨国公司主导的 GVCs。在这种单一的嵌入模式下，本土企业通过承接跨国公司发出的制造订单，融入国际代工体系。学理上将这种原材料和市场两头在外的全球化模式，称为嵌入 GVCs 的出口导向型发展模式①。

不过，在早期这种单一的东向开放的 GVCs 嵌入模式之中，真正居于“链主”地位的是发达国家的跨国公司。本土的一些纺织服装、皮革、玩具、五金、小家电、汽配产品、塑料制品、化学原料等中低端产业集群，一直处于 GVCs 中的被动和从属地位，暴露出越来越大俘获和低端锁定的风险。因此，改革开放初期所设想的“以市场换技术”的初衷，并没有得到很好的实现。同时，当初设计的引进、消化、吸收国外先进技术的出口导向战略，带来的直接经济后果是，高端装备的动态重复引进、制造业产能的严重过剩等。

2013 年中国率先提出“一带一路”倡议，此后又提出《中国制造 2025》产业战略规划，提出要在制造业十大重点领域，着力聚焦制造业创新中心(工业技术研究基地)建设工程、智能制造工程、工业强基工程、绿色制造工程、高端装备创新工程等五大工程建设。这些倡议和建设工程提出的目的，就是要借鉴当年西方发达国家构建 GVCs 的方法，将中国当初的单一的东向开放战略，逐渐拓展到双向开放和全方位开放，塑造中国在“一带一路”倡议中 GVCs 的链主地位。与改革开放初期单一的“出口导向发展模式”相比，本文将“一带一路”倡议旨在塑造以我为主的 GVCs 链主的模式称之为“平台技术集成模式”。从价值链形态对比来看，前者主要是生产者驱动，抑或消费者拉动的 U 型单一模式，后者主要是以平台技术、集成技术为主的 W 型价值链的复合模式。

在以塑造 W 型价值链为主的“一带一路”倡议和制造业五大建设工程中，以新一

---

① 刘志彪：《经济国际化的模式与中国企业国际化的战略选择》，《经济理论与经济管理》2004 年第 8 期。

代信息技术为主线的智能制造工程，是制造强国战略的突破口和关键点。最重要的形式和手段是以核心基础零部件(元器件)、先进基础工艺、关键基础材料和产业技术基础的“四基”工程建设为抓手，打造各类技术平台和先进制造业集群。在各类制造业集群当中，由于有各类主体的广泛参与，包括无数中小企业加入，形成产业集群的生态化、国际化、智能化和品牌化的系统，形成包容性全球价值链(Inclusive Global Value Chains)①。“一带一路”倡议有助于中国企业以集群方式抱团嵌入GVCs，主动参与新的国际分工和产业重构，培育新的比较优势，重塑产业发展的新动力，实现两个方面的战略转换。一是依托传统制造业的转型升级和高技术产业的发展，推进以现代服务业开放化发展为核心的第二波经济全球化；二是在 GVCs 基础上，通过扩大内需战略的实施，逐步转向嵌入由发达国家主导 GICs，实现由要素驱动和投资驱动，全面转向创新驱动的发展轨道。

在“一带一路”倡议中，制造业集群成员抱团嵌入 GVCs，不仅揭示了产业演化过程中技术生命周期演进的轨迹，也是集群内各主体协同创新的反映。在集群形成的初期，技术落后，市场化程度普遍较低，伴随着各类产业园区的规划和建设，产业集群内部企业之间的聚合度不断增强。随着本土研发、设计、营销等各类专业机构的陆续进驻，产业集群的规模经济效应开始逐渐显现。伴随着大型中介机构的持续入驻，社会化服务网络逐渐形成，生产性服务业功能开始不断完善，集群的生态化、国际化、智能化和品牌化程度不断提高。而伴随着海外先进企业和专业机构相继进驻，知识溢出效应和技术扩散效应开始增强，集群的创新能力和竞争能力增强，集群包容性嵌入 GVCs 的深度不断加强，在“一带一路”中的 W 型价值链的地位日益牢固，进而带动集群技术的整体升级。

(二) 嵌入路径：单体企业的双重嵌入

在“一带一路”建设中，中国企业以单体企业形式嵌入 GVCs 的路径有多种。一是进入资源品初级加工和深度加工行业，基于东道国收入较低、内需较小的国内市

① Ana Paula Cusolito, Raed Safadi, and Daria Taglioni: “Inclusive Global Value Chains, Policy Options for Small and Medium Enterprises and Low-Income Countries,” World Bank, WTO, OECD, 2016, pp. 29 - 34.

场,参与企业直接把支撑东道国经济增长和发展的拉动力转向依靠西方发达国家的国际市场,代表性的例子有一些中资企业进入中亚和非洲的资源品市场,先从事简单的资源品开采和加工,再将加工产品销往发达国家。二是进入纺织服装等劳动密集型行业,利用当地具有比较优势的生产要素,尤其是物美价廉的劳动要素,再结合所掌握的代工技术进行产品加工和贴牌生产,代表性的例子有,一些中资企业为了应对国内日益上涨的原材料和要素成本的压力,将一些代工厂转移到越南、埃塞俄比亚、波兰等国家,进行贴牌生产和转口贸易。三是参与当地基础建设,即沿着“一带一路”走出去的一些中资企业,利用东道国的引资优势,营造优惠政策的“洼地”效应,形成局部优化的投资环境,通过与当地政府共建各类经济开发区和工业园区,再参与当地政府招商并从事加工贸易业务。

目前,国际生产体系依然由跨国公司主导,但中国企业通过参与“一带一路”建设嵌入 GVCs,能够为各方带来巨大的贸易和投资红利。一是为参与 GVCs 的企业发展提供利基丰厚的外需市场,同时为当地大量的过剩劳动力提供比较利益显著的就业岗位。二是有助于国内市场的出清,化解丰富的、具有强大竞争力的富余产能。三是中国企业在单一东向的国际代工中,虽然长期处于 GVCs 中的“被俘获”地位,但通过融入“一带一路”重塑以我为主的 GVCs,有助于逐步实现产品升级、工艺(流程)升级,甚至一定程度的功能升级。四是中资企业通过参与“一带一路”建设,能够通过走出去的路径嵌入发达国家主导的 GICs。

正如 2013 年《世界投资报告》中指出的,如今 GVCs 已成为全球经济的一大典型特征。其中,中间品贸易和服务贸易已表现为高度片段化和国际化的分散趋势。值得注意的是,目前 GVCs 仍然主要以跨国公司为主导,所输入和输出的跨境贸易,主要发生在与子公司的网络、合同伙伴,以及与地理位置接近的供应商之间,其中跨国公司主导的 GVCs 就占到了全球贸易的 80%①。伴随着“一带一路”参与主体的持续跟进,中国企业嵌入 GVCs 的步伐将会不断加快。2017 年全球价值链发展报告就指

---

① World Investment Report Global Value Chains: “Investment and Trade for Development,” Laboratory Animal Science, 2013, pp. 2 - 7.

出，在元器件贸易方面，目前中国已经与美国、德国共同成为了全球三大生产中心①。

不过，在"一带一路"GVCs中，中国制造面临的宏观经济环境、发展机制和基本路径，与以往的国际代工有着本质上的不同。其一，当前的主要任务是解决人民日益增长的美好生活需要和不平衡不充分的发展之间的矛盾。短缺经济时代主要是提高生产能力，而现在是过剩经济时代，在提升居民收入水平、消费水平和福利水平的同时，实现消费的基本现代化，是用内需支持现代经济增长的最坚实的基础和条件。其二，在依托不断壮大的巨大的内需市场的基础上，大力推进资本市场中的兼并收购和资产重组活动，以此组建中国的巨型跨国企业，成为以我为主的GVCs中的"链主"。一些具有国际市场知识以及资金优势的企业，还可以通过到国际资本市场中去并购外国企业，把收购后的企业的人力和技术转为为国内市场开拓和竞争服务，主动融入GICs。其三，以"一带一路"战略为依托，通过对"一带一路"沿线国内一些重要的节点性城市的建设，建立总部生产基地，占据GVCs的"链主"地位。同时，通过对在"一带一路"沿线国外主要节点城市的建设，包容性的输出中国具有竞争力的丰富产能和特色产能，把一些发展中国家纳入以我国为主导的价值链体系。其四，除了发展消费者驱动的GVCs外，通过加入全球创新分工体系，依托全球创新链，发展生产者驱动的GICs②。

最后，在"一带一路"建设中，企业依托其在价值链上的地位，不断融入全球化生产网络，竞争形态也由单体企业或工厂之间的链式竞争，逐渐演变成为企业在全球化生产网络之间的平台竞争。企业迫于内外竞争的压力，在努力实现技术升级的同时，企业间的联系被动加强，成就了企业嵌入GVCs模式的变化。与单体企业直接嵌入GVCs时主要是通过大买家的治理机制不同，企业首先加入产业集群，然后产业集群再以平台方式整体嵌入GVCs的治理机制，能同时发挥外部经济优势和网络治理优

---

① The World Bank, WTO, OECD, IDE-JETRO, UIBE: Global Value Chain Development Report 2017: "Measuring and Analyzing the Impact of GVCs on Economic Development," 2017, pp. 7-11.

② 刘志彪：《从全球价值链转向全球创新链——新常态下中国产业发展新动力》，《学术月刊》2015年第2期。

势。首先,最大驱动力在于集群的高度嵌入性,不仅能发挥历史和文化根植性的地方化优势,而且强大的外部优势有利于在全球范围内实现资源重组。其次,企业借助集群的技术经济联系和社会文化联系,并通过各种社会关系资本,将本地和外部网络在不同空间尺度上进行垂直联系。第三,集群内通过柔性制造系统,实现小批量、个性化定制,与集团或集群的标准化、大批量生产动态组合。第四,通过技术溢出效应,实现本土创新性企业、科研机构与跨国公司及全球采购商的战略互动,放大区域价值链的互动效应。

(三) 嵌入路径:产业集群的抱团嵌入

在“一带一路”倡议中,依照不同的类型标准,产业集群内的企业抱团嵌入 GVCs 的路径和机理各不相同。比如,依照创新性标准划分,有创新性集群和生存性集群;依照自主性标准划分,有主动型集群和被俘型集群;依照企业来源标准划分,有内生性集群和移植性集群;依照形成的缘由划分,有自发性集群和规划性集群;依照联系的方式划分,有要素型集群和技术型集群,等等。

产业集群成员抱团嵌入 GVCs 比单体企业直接嵌入 GVCs 具有更多优势。一是集群内大量中小企业的参与,形成发达的生产和技术网络,以及分工精细的供应链体系和生产性服务系统①。二是产业集群抱团式嵌入 GVCs,具有根植性的地方创新系统和地方生产系统的保障。其中,地方创新系统主要是借助产学研网络,通过学科交叉、产业融合和知识溢出,促进技术创新,营造创新环境。地方生产系统主要借助产供销网络,通过地方化经济和城市化经济等外部效应,采取合作行动,形成集体效率,降低生产成本,塑造营商环境。三是产业集群通过抱团式开放、抱团式嵌入 GVCs,不仅能够深化单体企业嵌入 GVCs 的产品升级和工艺升级,产业集群内由于有公共机构提供各种生产性服务和集体行动,能够克服单体企业功能升级面临的种种困难。四是早期中国企业参与跨国公司主导的国际代工嵌入的是被俘获型的 GVCs,而在“一带一路”倡议中,产业集群抱团嵌入 GVCs,一方面可以继续为西方代工,深化

---

① DEBORAH K. Elms and Patrick Low(Edited): “Global value chains in a changing world,” World Trade Organization, 2013, pp. 171 - 183.

GVCs合作；另一方面，通过将总部放在国内，工厂放在当地，以对抗各种不确定的风险，还可以融入发达国家主导的GICs，实现GVCs、NVCs和GICs的战略互动。

从“一带一路”GVCs的层次来看，目前尚处在跨国公司主导的国际生产体系之中，大多数专业化领域仍然是发达国家跨国重组的产物，要受到高度专业化的制造过程的技术和平台的限制。在世界范围内同样是经营同一产业的集群，但构筑跨境产业集群的区域发展产业契约基础不同，因而GVCs层次不同。比如，医疗器械产业集群有德国的图林根和巴基斯坦的希亚尔科特，信息技术产业集群有美国的硅谷和中国的中关村，服装产业集群有意大利的普拉托和中国的温州，珠宝产业集群有比利时的安特卫普和中国的番禺，汽车产业集群有日本的名古屋和中国的广州，鞋业集群有巴西的希诺斯鞋谷和中国的东莞，等等。

为了避免陷入新的低端锁定或落入集群的“专业化陷阱”，中国沿海一些发达省份凭借其优势产业的技术基础，将一些制造业专业化园区沿着“一带一路”提前布局和集聚。一方面可利用当地廉价的劳动力资源，以包容性输出富余产能，另一方面通过抱团式开放，更好地面向世界市场。这样，当本地供应商研发投入和核心能力培育不足时，可以依托外部市场最大限度地避免生产碎片化，避免劳动力的技能水平与产业的技术复杂度的不匹配，避免被锁定在GVCs的低附加值环节，避免被其他低成本供应商所取代。

如果说过去那种基于出口导向战略嵌入GVCs，是中国参与全球分工的第一轮经济全球化的一次成功实践的话，那么以“一带一路”为战略支点，重构以我为主的GVCs的第二轮全球化，就是要以“一带一路”建设为契机和基点，实现GVCs和GICs两个链条的“双重嵌入”。一方面，要在“一带一路”沿线成功构筑起以我为主的包容性GVCs和相应的治理体系；另一方面，要在“一带一路”之外深度融入发达国家主导的GICs体系。通过“双重嵌入”和“抱团嵌入”，促进全球经济的结构性均衡，促进中国经济内生化发展。通过创新驱动战略，加快制造业转型升级，培育新的动态竞争优势①。

值得强调的是，在依托“一带一路”GVCs的集群治理模式中，振兴中国制造业需要一个良好的经济全球化的治理环境。这就要求我们不仅要从贸易方面发力，更要从生产和贸易一体化的角度考虑环境和机制的优化。过去在GVCs底部进行国际代工，使我们成为全球制造大国，现在的任务就是要寻求建设制造强国的环境和机制，需要在全球制造业发展的治理上主动作为，依托“一带一路”的互融共建，塑造以我为主的GVCs和融入发达国家的GICs双管齐下。

在此语境下，“一带一路”倡议不仅是建设更高水平的开放型经济新体系中的一种全新的空间开放观，更是一种开放格局，而不是一个地理规划。而与这种抱团式开放有机配合的，是要有意识地去实现GVCs和GICs战略的动态连接，使不同国家之间、城市与城市之间形成贸易和投资互动。这不仅是全面呼应“一带一路”倡议的微观经济基础，也是国家之间形成各种有机的经济技术联系和经济利益的纽带，更是维系全球价值链和区域价值链互联互通的产业基础。

与以往单一的东向开放战略的空间指向不同，本次西向、南向开放的“一带一路”倡议，一方面是要构建以我为主、包容互惠的GVCs，另一方面是要构建为我所用、互惠共赢的GICs。其一，通过GVCs和GICs互动，鼓励中国企业从事技术研发、产品设计、市场营销、网络品牌、物流金融等高端服务业，加快技术向微笑曲线两端攀升。其二，通过对链主地位的掌控，强化GVCs的微观治理机制，既要引进世界的能源和资源，又要向世界输出中国丰富的、具有竞争力的资本和产能，GVCs和NVCs的战略互动。其三，依托巨大的内需市场，利用中国经济规模不断扩张的优势，形成制度化的“虹吸”效应，同时依托GICs打造全球高级、先进的生产要素的平台，为产业迈向中高端服务打下坚实的基础。一方面，要让走出去的企业收购兼并优质资源和技术，为国内市场竞争服务；另一方面，通过建设世界级城市群，形成强大的虹吸功能，从发达国家引进本国急需的知识资本、技术资本和人力资本。其四，利用逆向发包原

---

① 刘志彪：《基于内需的经济全球化——中国分享第二波全球化红利的战略选择》，《南京大学学报（哲学·人文科学·社会科学版）》，2012年第2期；刘志彪：《战略理念与实现机制——中国的第二波经济全球化》，《学术月刊》2013年第1期。

理和机制①，在向相关方发包过程中，将一些先进的国际知识、技术和人才有针对性地为我所用，让这些先进的生产要素跨越地理障碍，优先进入中国经济运行的技术轨道，为中国发展创新驱动型经济服务。其五，让中国企业在内需的引导下，依托比较优势，逐步把“汗水经济”转化为“智慧经济”，形成新的全球产业分工或产品内分工格局，使中国从 GVCs 的低端成员，升级成为 GICs 中的重要成员。

可以预见，依托中国强大的禀赋要素，“一带一路”这条崭新的“以我为主”的 GVCs 和 GICs，必将成为中国高水平全方位开放的新空间、新纽带、新载体和新起点，是中国经济增长实现中高速、产业发展迈上中高端的基础。沿着“一带一路”倡议形成的 NVCs、GVCs、GICs 的功能互补，会极大地影响中国制造业的振兴和发展进程，助推经济加速进入创新驱动发展的新阶段，给中国制造按上“聪明的脑袋”和“起飞的翅膀”。

三、“一带一路”倡议下全球价值链嵌入的机制

在“一带一路”倡议下的 GVCs 嵌入过程中，依照要素禀赋的国别差异，参与主体可分为两类：一类是欠发达国家，主要分布在“一带一路”沿线；另一类是发达国家，主要分布在“一带一路”沿线之外。

（一）异质性禀赋下的匹配模型

在既定的资源和禀赋约束下，假设经济体的社会生产函数为：

$$Y = \sum Y(i) = \sum V_i Q_i \tag{1}$$

(1)式中，Q_i 为第 i 类产品的产出，V_i 为质量效用和技术复杂度。借鉴 Costinot & Vogel② 的建模方法，设经济系统中存在一定数量的劳动力与产业，劳动力的技能分布是连续的，分布密度为 $V(s)$，分布区间为 $s \in [\underline{s}, \bar{s}]$。不失一般性，假设经济系统中只生产一种最终消费品，劳动收入用于最终消费，生产最终产品需要中间品。设厂商

① 张月友、刘丹鹭：《逆向外包——中国经济全球化的一种新战略》，《中国工业经济》2013 年第 5 期。

② Costinot A, Vogel J, “Matching and Inequality in the World Economy,” *Journal of Political Economy*, 2010, 118(4): 747 - 786.

的生产函数为经典的 D-S 函数：

$$Y=\left\{\int_{i\in I}B(i)[Y(i)]^{(\sigma-1)/\sigma}\mathrm{d}i\right\}^{\sigma/(\sigma-1)} \tag{2}$$

(2)式中，$Y(i)>0$ 为第 i 种中间品投入，$i\in[\underline{i},\bar{i}]$为技术复杂度，$\sigma>1$ 为中间品的替代弹性。$B(i)\geqslant 0$ 为外生技术参数，$B'(i)\geqslant 0$ 表示技术复杂度越高的产业，单位投入越多越能生产出更多最终产品。在质量效用方程中，i 也是描述产业等级的指标，i 越大，对应的产业越“高端”。

进一步地，假设中间品的生产函数为：

$$Y(i)=\int_{\underline{s}}^{\bar{s}}A(s,i)L(s,i)di \tag{3}$$

(3)式中，$L(s,i)\geqslant 0$ 代表生产第 i 等级产品时需要投入技能水平为 s 的劳动力的数量，$A(s,i)$代表劳动力与产业的匹配程度。假设(3)式中的 $A(s,i)$具有对数超模性质，对于任意 $i'>i,s'>s$，均有不等式：

$$A(i',s')\cdot A(i,s)>A(i',s)\cdot A(i,s') \tag{4}$$

(4)式表明，越是等级高的产业，由于劳动技能差异所引起的生产效率的差异越大。在“一带一路”建设过程中，假定劳动力可以通过对外经济联系在各部门之间自由流动，使得劳动力的工资水平保持与技能水平正相关。

在消费者(劳动力)最大化自身效用、企业最大化自身利润、企业自由进入和退出、利润为零的竞争性均衡中，Costinot & Vogel 的模型已经证明，劳动力与产业存在对应的匹配关系 $i=M(s)$，并且对应的边界条件为：

$$\underline{i}=M(\underline{s}),\bar{i}=M(\bar{s}) \tag{5}$$

(5)式中，函数 $M(\cdot)$为劳动力与产业的严格递增的匹配函数。在“一带一路”沿线，假设参与主体可以分为两种类型(国家 1 和国家 2)。两类国家初始的禀赋条件不同，国家 1 比国家 2 拥有更高的技术复杂度和产业基础，即$\bar{i}_1>\bar{i}_2$。由于两国产业结构存在差异，使得与其禀赋相匹配的劳动力技能水平的结构也存在差异，即$\bar{s}_1>\bar{s}_2$，$\underline{s}_1=\underline{s}_2$。

当两国开展贸易时，最终产品可以跨国自由流动。长期来看，当产品自由流动且无贸易成本时，两国的中间品价格会相等①。因而存在一个临界值 s^*，使得当 $s\in[\underline{s}_2, s^*]$时，有 $M_1(s)=M_2(s)$；当 $s\in(s^*, \bar{s}_1]$时，有 $M_1(s)>M_2(s)$。因此当产品自由贸易时，两国低等级产业的产出效率会趋同，但国家 1 拥有较高技能水平的劳动力，生产能力更强，可以匹配更高等级的产业。

在"一带一路"的分工体系中，假定中间品生产工序在空间上是可以分离的，当两国依照劳动技能的差异实行专业化分工时，国家 1 保留了技术复杂度较高的产业，将技术复杂度较低的产业或生产环节转移给国家 2，使得国家 2 的产业上界变为 $\bar{i}_2$，且 $\bar{i}_2^S>\bar{i}_2$。生产率趋同的产业范围会扩大，即 $s^{**}>s^*$，使得当 $s\in[\underline{s}_2, s^{**}]$时，有 $M_1^S(s)=M_2^S(s)$。伴随着分工的进一步细化，对于任意 $s\in[\underline{s}_2, \bar{s}_2]$，均有 $M_2^S(s)\geqslant M_2(s)$，即通过技术的引进、消化和吸收，国家 2 劳动力整体的技能水平会提高，继而匹配更高等级的产业，实现制造业整体水平的提升。

"一带一路"建设中 GVCs 的国家 1，由于外包了部分$[\underline{i}_2, \bar{i}_2^S]$产业，使得$[\bar{i}_2^S, \bar{i}_1]$的产业密度相对提高。为了优化劳动技能和技术岗位的匹配度，国家 1 会进一步强化技能偏向型技术进步(Skill-Biased Technological Progress)的产业。综合(2)式和(4)式可知，对应的技术结构条件 $B_1^S(\cdot)$满足：

$$B_1^S(i')B_1(i)\geqslant B_1^S(i)B_1(i'), \forall i'\geqslant i \tag{6}$$

在(6)式中，对于任意 $s\in[\underline{s}_1, \bar{s}_1]$，均有 $M_1^S(s)\geqslant M_1(s)$，表明"一带一路"参与国的分工能使 GVCs 各参与主体的技能水平和技术复杂度同时提升。可见，"一带一路"参与国的产业分工与合作，在一定条件下能提升合作双方的技能水平和产业结构，前提是合作双方的技能水平与技术复杂度之间具有一定的耦合性和互补性。一方面，条件$\bar{i}_2^S>\bar{i}_2$ 要求 GVCs 上各参与主体之间的技能水平必须具备一定的互补性；另一方面，国际分工合作的效率由 $M_1^{-1}(\bar{i}_2^S)-\bar{s}_2$ 决定，即 GVCs 上的各参与方的劳动力技能落差又不能太大。由此可得：

命题 1：在"一带一路"倡议中，嵌入全球价值链的各个主体的技能水平与其产业

① 彭国华：《技术能力匹配、劳动力流动与中国地区差距》，《经济研究》2015 年第 1 期。

的技术复杂度必须具有一定的耦合度和互补性。当各主体的技能水平落差过大时，"一带一路"各国的产业协调度会因技能水平和技术复杂度的不匹配而下降，使得资源配置的效率大幅下降，合作双方技能水平的提升效应也会减弱。

(二) 全球价值链与中间品细分

异质性禀赋匹配的基准模型揭示：在"一带一路"倡议中，GVCs 上的各参与主体的技能水平应当与其技术结构相匹配。其间，中间品在 GVCs 中的作用至关重要。针对(1)式中的产出 Q_i，可构造不变替代弹性需求方程：

$$Q_i = AP_i^{-1/(1-\rho)} \tag{7}$$

(7)式中，$A>0$ 为外生变量，用来揭示产品的质量差异，$\rho\in(0,1)$为中间品投入相对于最终产品的差异化程度，并且与(2)式中的替代弹性因子 σ 之间的关系为 $\sigma=\frac{1}{1-\rho}$。假定为了生产最终产品 Q_i，需要经过不同的中间工序，借鉴 Antràs & Davin① 的建模方法，设定产出函数为：

$$Q(m) = \theta(\int_0^m \psi(i)x(i)^\alpha I(i)di)^{1/\alpha} \tag{8}$$

(8)式中，$i\in[0,m]$为生产工序，令 m 上限为 1，则 $i\in[0,1]$。i 越大，越接近下游(Downstream)即最终产品。$x(i)$为上游(Upstream)对下游的投入，θ 为生产率参数，$\alpha\in(0,1)$为工序间的对称性替代参数，$\psi(i)\in(0,1)$为上游投入要素对下游工序的边际产出。假定 GVCs 上的生产工序在空间上是可以分离的，那么根据莱布尼茨法则(Leibniz's rule)，(8)式的边际产出为：

$$Q'(m)=\frac{1}{\alpha}\theta^\alpha\psi(m)Q(m)^{1-\alpha}I(m) \tag{9}$$

综合(7)式和(8)式，可得工序 m 片段的中间品的收益为：

$$R(m) = A^{1-\rho}\theta^\rho(\int_0^m (\psi(i)x(i)^\alpha di)^{\rho/\alpha}$$

同理，根据莱布尼茨法则，(9)式的边际收益为：

① Antràs Pol., Davin Chor, "Organizing the Global Value Chain," *Econometrica*, 2013, 81(6): 2127－2204.

$$R'(m)=\frac{\rho}{\alpha}(A^{1-\rho}\theta^{\rho})^{\frac{\alpha}{\rho}}R(m)^{\frac{\rho-\alpha}{\rho}}\psi(m)^{\alpha}x(m)^{\alpha} \tag{10}$$

由(10)式可知,对于“一带一路”参与国而言,处在 GVCs 上不同工序片段的中间品边际收益,不仅与其所处的上下游片段有关,而且根据国际分工贸易的赫克歇尔-俄林(Heckscher-Ohlin)和斯托尔伯-萨缪尔森(Stolper-Samuelson)以及雷布津斯基(Rybczynski)定理,中间品的上游度(Upstreamness)越高,累积增值效应越明显,并且优先扩张到符合自身要素禀赋的部门,对应产出的边际收益越高。

可见,“一带一路”倡议下的 GVCs 中,企业的分工和贸易收益与其所处的上游度的位置有关。事实上,根据投入—产出(Input-Output, I-O)表的构造原理,越是靠近上游的产业,其影响力系数越大。参照 Antràs et. al. [①]的建模方法,可以进一步构造企业所处上游度的理论模型。

联系(1)～(3)式中的总产出价值 Y_i,并假设 Y_i 由最终产品 F_i 和中间投入 M_i 构成。同时,工序间的联系类似于 I-O 理论中的直接消耗系数指标 a_{ij},表示每生产一单位 i 产业的产品,需消耗 j 产业产品的价值 d_{ij}。用公式表示为:

$$Y_i = F_i + Z_i = F_i + \sum_{j=1}^{N} d_{ij} Y_j \tag{11}$$

当工序可进一步细分时,(11)式可进一步细化为:

$$Y_i = F_i + \sum_{j=1}^{N} d_{ij} F_j + \sum_{j=1}^{N}\sum_{k=1}^{N} d_{ik} d_{kj} F_j + \sum_{j=1}^{N}\sum_{k=1}^{N}\sum_{l=1}^{N} d_{il} d_{lk} d_{kj} F_j + \cdots \tag{12}$$

(10)和(12)式表明,中间品工序分得越细,累积效应越明显。由此得:

命题 2:在“一带一路”倡议的 GVCs 中,当工序在空间上可垂直分离时,中间品相对于最终产品的差异要比中间品工序间的对称性替代程度要大($\rho>\alpha$),同时价值链上的工序越是细分,边际收益就越高。进一步地,工序间的对称性替代程度越高(α 越大),GVCs 上的分工越是精细,产出品的质量就会越高。

---

① Antràs P, Chor D, Fally T, Hillberry R, “Measuring the Upstreamness of Production and Trade Flows,” *American Economic Review: Papers & Proceedings*, 2012, 102(3): 412－416; Laura Alfaro, Pol Antràs, Davin Chor, Paola Conconi, Internalizing Global Value Chains: A Firm-Level Analysis September 2015.

(三) 全球价值链上的链主竞争

命题(2)的推演过程揭示出,在"一带一路"倡议的 GVCs 中,企业越是靠近上游工序,其价值增值能力和技术控制能力就越强。这种竞争形态与物种的种群竞争具有很多的相似之处。借鉴生物学中的物种种群竞争 Lotka-Volterra 模型①,可构造 GVCs 上的中间品生产环节竞争的非线性微分方程组:

$$\begin{cases} dN_1(t)/dt = N_1(t)(\varepsilon_1 + \gamma_1 N_2(t)) \\ dN_2(t)/dt = N_2(t)(\varepsilon_2 + \gamma_2 N_1(t)) \end{cases} \tag{13}$$

(13)式中,N_i 为第 i 类价值链(或工序)的数量,ε_i 为出生率或死亡率,γ_i 代表价值链的相互作用。根据 ε_i 和 γ_i 符号的不同,可以将"一带一路"倡议中的 GVCs 竞争形态划分为不同的类型(参见表 1)。

表 1　物种竞争的类型划分、参数条件及基本内涵

物种类型	参数条件	关系及表征
竞争型	$\varepsilon_1>0,\varepsilon_2>0;\gamma_1<0,\gamma_2<0$	两物种交互作用且相互替代,争夺相同的资源
捕获型	$\varepsilon_1>0,\varepsilon_2<0;\gamma_1<0,\gamma_2>0$	捕食者—猎物(predator-prey),寄生—宿主关系
共生型	$\varepsilon_1>0,\varepsilon_2>0;\gamma_1>0,\gamma_2>0$	两物种交互作用且互惠互利,共生共荣的关系
偏害型	$\varepsilon_1>0,\varepsilon_2>0;\gamma_1<0,\gamma_2=0$	两物种交互作用属偏害共栖,资源争夺性不强
共栖型	$\varepsilon_1>0,\varepsilon_2>0;\gamma_1>0,\gamma_2=0$	两物种交互作用属共栖关系,资源争夺性不强

注:根据 Lotka-Volterra 模型进行整理。

针对表 1 中的每一种情形,还可以依照初始条件和时间的动态变化进一步细分类型,并且可以利用相图进行模拟仿真。比如,在由出生率或死亡率 ε_i 和代表价值链相互作用的 γ_i 参数空间中,可以基于捕获型相平面,将价值链的链主竞争在稳态

---

① Lotka A J, Elements of Physical Biology (Baltimore: Williams and Wilkins 1924). Reprinted under the new title: Elements of Mathematical Biology (New York: Dover 1956); Volterra V, Variazioni e fluttuazioni del numero d'individui in specie animali conviventi, *Rendiconti dell'Accademia dei Lincei*, 1926, 6 (2): 31 - 113. An abridged English version has been published in Fluctuations in the Abundance of a Species Considered Mathematically, *Nature*, 1926, 118, 558 - 560.

结构、阈值范围、收敛路径等方面进行动态刻画。

表1中GVCs的竞争形态，还可以利用(2)式中的替代弹性因子σ来解释。分析方法与吴福象和蔡悦[①]基于差异化产品替代弹性对跨国公司研发外包与本土企业最优研发投入的纳什——古诺竞争模型相似。在"一带一路"倡议中，GVCs上的链主竞争，可以依据各工序的替代弹性的不同，将各种类型GVCs的链条竞争，依照替代弹性的大小和正负号，分为平行竞赛、交叉渗透和技术俘获等类型。

在"一带一路"倡议中，如果某国企业处在GVCs的高端链主地位，那么与之配套的企业就会被动地处于GVCs上的从属地位。此时，拥有核心技术的企业，不仅处在GVCs的总部经济地位，而且处于制造业工厂地位的企业，其核心技术将会向处于链主地位的公司总部逆向外溢。为此，位于GVCs上的代工企业，如果要避免核心技术被链主长期封锁，就必须实行动态技术跟进策略，关键是如何针对替代性和互补性的不同特点，动态调整其在GVCs上的差异化定位。

根据Volterra的建模思想，(13)方程体系不仅可以揭示GVCs上的链主竞争问题，还可以揭示GVCs和GICs上各部门产品之间的结构关系。(8)式中的产品形态$Q(m)$，可以是生产资料，也可以是消费资料。同时，$Q(m)$所处的工序阶段m也是一种动态配置过程。根据(8)～(10)式的分析结果，对于处在GVCs工序m阶段的厂商来说，其对一体化或外包$\beta(m)\in\{\beta_V,\beta_O\}$的战略选择，不仅是对该工序的边际收益$R'(m)$和供应商的剩余收益$(1-\beta(m))$进行权衡，也是工序或价值链的链条之间的权衡，同时还是对生产资料与消费资料的替代性或互补性之间的权衡。为此，(10)式的中间品$x(m)$投入的规划方程可改写为：

$$x^*(m)=\arg\max_{x(m)}\left\{(1-\beta(m))\frac{\rho}{\alpha}(A^{1-\rho}\theta^{\rho})^{\frac{\alpha}{\rho}}R(m)^{\frac{\rho-\alpha}{\rho}}\psi(m)^{\alpha}x(m)^{\alpha}-c(m)x(m)\right\} \tag{14}$$

(14)式中，求解一阶条件，并联立(10)式，可得：

---

① 吴福象、蔡悦：《跨国公司研发外包与本土企业的动态策略跟进》，《南大商学评论》2012年第3期。

$$x^*(m) = A\theta^{\frac{\rho}{1-\rho}}\left(\frac{1-\rho}{1-\alpha}\right)^{\frac{\rho-\alpha}{\alpha(1-\rho)}}\rho^{\frac{1}{1-\rho}}\left(\frac{1-\beta(m)}{c(m)}\right)^{\frac{1}{1-\alpha}}\psi(m)^{\frac{\alpha}{1-\alpha}}$$

$$\left[\int_0^m\left(\frac{(1-\beta(i))\psi(i)}{c(i)}\right)^{\frac{\alpha}{1-\alpha}}di\right]^{\frac{\rho-\alpha}{\alpha(1-\rho)}} \tag{15}$$

综合(13)式物种模型和(15)式工序可分离的均衡解，有：

命题 3：在“一带一路”倡议中，当工序在空间上可垂直分离时，GVCs 的链主竞争的均衡解是不确定的。当上下游工序为替代($\rho>\alpha$)关系时，上游工序很少会选择外包，而下游工序则大多选择一体化；相反，当上下游工序为互补($\rho<\alpha$)关系时，较多的上游工序会选择一体化，较少的下游工序会选择外包。

四、“一带一路”下的中间品贸易和附加值贸易

对“一带一路”GVCs 的量化分析，主要包括上游度核算、中间品贸易和增加值贸易。核算方法与垂直专业化指数相似，核算原理与影响力系数相似①。

（一）全球价值链与上游度核算

在“一带一路”建设中，GVCs 可以依照工序分割为创新、研发、设计、关键零部件、制造、装配、物流、营销及品牌建设等环节，每个环节都在全球范围内配置资源，形成全球性生产网络。

从行业角度讲，GVCs 的上游度是与 GVCs 的定位是一致的。Koopman 等②最早构建了全球价值链定位(GVCs_Position)指标，并从增加值的视角来衡量一个国家或地区在 GVCs 中的分工地位。在 GVCs 上游度方面，Antràs 等③利用生产链条中离完工产品的平均距离来衡量。其中，d_{ij} 为 GVCs 各道工序到最终产品平均距离的

---

① 首先将投入产出表中的消耗系数矩阵按照地区间流入流出和国际间流入流出比例进行分解，然后计算前向关联效应，计算结果与影响力系数核算比较吻合。

② Robert Koopman, William Powers, Zhi Wang, Shang-Jin Wei, “Give Credit Where Credit Is Due: Tracing Value Added in Global Production Chains,” 2010, September.

③ Antràs P, Chor D, Fally T, Hillberry R, “Measuring the Upstreamness of Production and Trade Flows,” *American Economic Review: Papers & Proceedings*, 2012, 102(3): 412 - 416; Pol Antràs, Davin Chor, Thibault Fally, Russell Hillberry, “Measuring the Upstreamness of Production and Trade Flows” February 2012 *NBER*.

权重因子。Antràs 等首先以封闭经济为基准，然后从开放经济的角度进行了调整，基本思想与投入产出表中的前向关联效应一致。该文研究美国的数据实证发现：美国行业的技术密集度与上游度之间具有显著的负相关关系。

比较(11)式和(12)式，并将(12)式两边同时除以产出 Y_i，整理得：

$$U_{1i}=1\cdot\frac{F_i}{Y_i}+2\cdot\frac{\sum_{j=1}^{N}d_{ij}F_j}{Y_i}+3\cdot\frac{\sum_{j=1}^{N}\sum_{k=1}^{N}d_{ik}d_{kj}F_j}{Y_i}+4\cdot\frac{\sum_{j=1}^{N}\sum_{k=1}^{N}\sum_{l=1}^{N}d_{il}d_{lk}d_{kj}F_j}{Y_i}+\cdots \quad (16)$$

(16)式中 $U_{1i}\geqslant 1$，且 U_{1i} 值越大上游度越高。为了简化(16)式运算，借鉴 Fally① 构造的上游度测度方法，(16)式可简化为：

$$U_{2i}=1+\sum_{j=1}^{N}\frac{d_{ij}Y_j}{Y_i}U_{2j} \quad (17)$$

(17)式中 $U_{2i}\geqslant 1$，$d_{ij}Y_j/Y_i$ 为 i 部门产出被 j 部门购买的比例，$U_{1i}=U_{2i}=U_i$，即上游度 U_i 与 i 部门总产出 Y_i、上游度平均距离 d_{ij} 以及增加值 V_{ij} 等变量之间存在关系式 $U_i=\frac{1}{Y_i}\sum_{j=1}^{N}\frac{\partial Y_i}{\partial d_{ij}}$，$U_i=\sum_{j=1}^{N}\frac{\partial Y_i}{\partial V_i}$。

进一步地，在 GVCs 中贸易核算还包括进出口项，故(11)式可改写为：

$$Y_i=F_i+\sum_{j=1}^{N}d_{ij}Y_j+X_i-M_i \quad (18)$$

相应地，贸易比例系数可记为 $\delta_{ij}=\frac{d_{ij}Y_j+X_{ij}-M_{ij}}{Y_i}$，且 $\delta_{ij}=\frac{X_{ij}}{X_i}=\frac{M_{ij}}{M_i}$。进一步综合(16)～(18)式可得：

$$\hat{d}_{ij}=d_{ij}\frac{Y_i}{Y_i-X_i+M_i} \quad (19)$$

值得一提的是，一国的出口产品总量可以分解为国内生产的附加值和包含在出口商品与服务中的进口品的附加值。此外，出口产品可以进入国外市场用以最终消

① Fally Thibault, "On the Fragmentation of Production in the U. S. ," 2011, Unpublished; Fally Thibault, Hillberry Russell, "A Coasian Model of International Production Chains", 2015, *NBER*, September.

费,也作为中间品再次出口到第三国,甚至会销回原地。因此,在对“一带一路”中GVCs的附加值分析时,既要考虑到价值链上游,即出口产品的国外附加值,还要考虑到价值链下游,即包含在第三国出口产业中的附加值。

(19)式所揭示的是GVCs中的国内附加值比例部分。事实上,无论是上游度核算,还是附加值核算,本质上都是I-O理论中投入—产出关联分析的前向推动效应。与影响力系数的核算原理基本相似,即越是靠近产业链的源头和上游,影响力系数越大,本国贸易附加值比例也就越高。不过,在全球总的贸易数据核算中,可能会出现重复计算的情况,尤其是随着大多数国家越来越多地参与到GVCs当中,这一数值还将会被不断地放大。

(二) 全球价值链与中间品贸易

在“一带一路”的GVCs上,中间品作为生产要素的重要组成部分,其贸易类型的多样性,不仅为生产主体优化生产决策,而且为管理者实施宏观发展战略提供了更多的选择方案。中间品进口贸易要受到中间品属性的制约,影响机制也不尽相同。对中间品进口贸易类型进行细分,有助于揭示中间品贸易的微观机制。

从学理上讲,与中间品贸易相关的理论主要包括Ethier假说、要素禀赋理论和Amington条件等。为此,对中间品贸易的核算与上游度贸易、附加值贸易等基本相似,主要是基于投入—产出表,针对直接消耗系数、间接消耗系数、完全消耗系数,以及列昂惕夫逆矩阵等进行运算①。

虽然测量中间品贸易是早期GVCs量化的一种方法,但利用贸易数据对中间品贸易规模的测度,能够衡量一国参与“一带一路”建设的整体情况。第一种核算方法是利用海关的加工贸易数据,作为中间品的狭义测度②。

---

① Robert C. Johnson, “Measuring Global Value Chains”, November 2017, *NBER* 24027. Zhi Wang, Shang-Jin Wei, Xinding Yu, Kunfu Zhu. “Characterizing Global Value Chains: Production Length and Upstreamness,” March 2017; Zhi Wang, Shang-Jin Wei, Xinding Yu, Kunfu Zhu. “Measures of Participation in Global Value Chains and Global Business Cycles” March 2017.

② Amador J. and Cabral S, “Vertical specialization across the world: A relative measure”, *The North American Journal of Economics and Finance*, 2009, 20(3), 267 - 280; Amador J and Cabral S. “Global Value Chains: Surveying Drivers, Measures and Impacts,” January 2014, Working Papers.

第二种核算方法是通过核算零部件贸易在贸易中所占的份额，将其作为中间品贸易的重要衡量指标。由于数据的易得性和国家间的可比性，该方法成为了核算中间品贸易指标的最常用方法。

第三种核算方法是基于联合国的《广义经济类别分类》(Broad Economic Categories, BEC)基础分类，将进口品区分为初级产品、半成品、零部件和资本品四类，进而将贸易数据与国民经济核算体系联系起来(参见表2)。

表2 联合国 BEC 对中间品的分类

分类依据	基本类型		
贸易品	中间品	资本品	消费品
中间品进出口	工业型中间品 Ⅰ(21,22)	资源型中间品 Ⅱ(31,32)	精细型中间品 Ⅲ(42,53)
进口	半成品和资本品零部件	资本品零部件	半成品、燃料和润滑剂初级品

注：根据 UNCOMTRADE 数据库整理，https://comtrade.un.org/db/default.aspx。

中国与"一带一路"沿线国家间的区域跨度较大，并且资源禀赋差异显著，为清晰展示中国与"一带一路"沿线国家进口贸易的区域差异和结构特征，本文先将"一带一路"沿线的65个国家按照地理分布，划分为北亚、东南亚、南亚、西亚、独联体、东欧和中欧7个大区域。首先，依照联合国 BEC 分类法，国际贸易商品可分为中间产品、资本品和消费品三类。其中，111和121为工业用食品及饮料初级品和半成品，21和22为工业用初级品和加工品，31和32为燃料与润滑剂初级品和半成品，42和53为非运输设备和运输设备的资本品零部件。

其次，基于 UNCOMTRADE 数据库的 BEC 分类代码，再结合进口主要构成将"一带一路"沿线国家的中间品进出口类型分为三类：第Ⅰ类是以代码21和22为主的工业型中间品；第Ⅱ类是以代码31和32为主的资源型中间品；第Ⅲ类是以代码42和53为主的精细型中间品。通过类型细分，不仅有助于辨识"一带一路"参与国的中间品进口贸易的属性，还可以刻画"一带一路"沿线各国中间品进口贸易的变化趋势，进而揭示中间品进口贸易在"一带一路"GVCs 中的作用机制。

在"一带一路"倡议的GVCs的三种中间品贸易中,资源型中间品具有战略性、稀缺性、短期替代弹性低、受政府严格管制等特点。基于命题1所揭示的嵌入GVCs各个主体的技能水平与其产业的技术复杂度必须具有一定的耦合度和互补性的要求,中国与"一带一路"沿线贸易伙伴之间的资源型中间品必须保持稳定的经贸关系,这是地区产业平稳发展的重要保障。包括越南、阿联酋、埃及、沙特、阿曼、科威特、伊拉克、伊朗、卡塔尔、俄罗斯、阿塞拜疆等。

工业型中间品的技术水平相似,但具有非同质性和不完全替代性,这些中间品选择的多样性,不仅促进了产业内贸易,更能通过横向扩张生产和消费市场,提高全社会的福利。包括蒙古、印度尼西亚、印度、巴基斯坦、孟加拉国、希腊、土耳其、约旦、波兰、罗马尼亚、保加利亚、阿尔巴尼亚、乌克兰、亚美尼亚、白俄罗斯、哈萨克斯坦等。

精细型中间品由于具备适度技术势能,对"一带一路"沿线国家产业链的下游会产生前向技术溢出效应,有利于发挥中间品进口的引致出口质量效应、价值增值效应和产业升级功能。主要包括新加坡、泰国、马来西亚、菲律宾、以色列、捷克、斯洛伐克、匈牙利、爱沙尼亚、斯洛文尼亚等。

以上分类表明,从整体上讲,中国与西亚多数国家和俄罗斯等来源地中间品贸易大多属于资源型中间品贸易,与南亚、西亚少数国家、东欧主要国家和独联体其他地区的中间品贸易大多属于工业型中间品,而与东南亚、中欧大部和东欧少数地区的中间品贸易则大多属于精细型中间品。上述分类不仅佐证了命题1的结论,而且强化了"一带一路"中的各国在参与GVCs过程中产业协调度对技能水平和技术复杂度的匹配度的最低要求。

对七大区域各个来源地的进口中间品构成进一步剖析显示,中国与"一带一路"沿线的东南亚国家的中间品贸易类型又分为三类:第一类是以新加坡和泰国为代表的工业半成品和资本品零部件贸易,第二类是以马来西亚和菲律宾为代表的资本品零部件贸易为主,第三类是以印度尼西亚为代表的工业半成品、燃料和润滑剂初级品等共同构成的混合型。

中国与南亚地区中间品贸易类型比较一致,印度、巴基斯坦和孟加拉国均以工业半成品为主。中国与西亚地区受资源禀赋和工业化进程的影响,中间品进口类型大致分为三类：第一类是以希腊、土耳其、约旦等为代表的工业初级品和半成品进口型，第二类是以阿曼、科威特、伊拉克和卡塔尔为代表的燃料和润滑剂初级品的单一进口型，第三类是以阿联酋、埃及、沙特阿拉伯和伊朗为代表的工业品、燃料和润滑剂的混合进口型。

在独联体区域中，中国与乌克兰、亚美尼亚、白俄罗斯和哈萨克斯坦的工业初级品和半成品贸易所占的份额较高，与俄罗斯和阿塞拜疆主要在燃料和润滑剂初级品贸易方面具有市场优势。中国与东欧地区的阿尔巴尼亚、保加利亚和罗马尼亚中间品贸易中，进口中间品主要集中在工业初级品和半成品，而爱沙尼亚和斯洛文尼亚在工业品和资本品零部件贸易种类方面均有涉及。最后，中国与中欧地区的捷克、斯洛伐克和匈牙利，不仅在工业半成品和资本品零部件贸易方面具有市场优势，而且与中国的运输设备零部件出口同样有着较好的匹配关系。

中国与七大区域的中间品贸易，支持了本文命题 2 和命题 3 的基本判断。在“一带一路”倡议的 GVCs 中，当工序在空间上可垂直分离时，围绕 GVCs 开展的中间品贸易和竞争领域正在不断细分。

（三）全球价值链与增加值贸易

根据联合国贸易和发展组织的统计①，全球贸易总量中超过 80％是通过跨国公司实现的，通过企业内部、NEM 和公平交易等形式形成附加值贸易模式。不过，中国商务部、海关部署、国家统计局、国家外汇管理局联合主持的《全球价值链与中国贸易增加值核算研究报告》则表明，目前中国产品出口的增加值含量仍然较低，每单位的出口价值仅为中国带来大约 60％的贸易增加值。其中，加工贸易出口对增加值的拉动作用更弱，不到一般贸易出口的一半。

从理论上讲，影响国内出口附加值的因素主要有经济规模、出口组成和在 GVCs 中的地位，以及经济结构和出口模式。最近几年，中国 GVCs 对外贸易的单位出口价值所带来的附加值上升非常缓慢，甚至在很多年份还有所下降。三次产业结构方面，农

---

① World Investment Report, “Global value chains: investment and trade for development,” 2013, pp. 139; Pol Antràs, Alonso de Gortari. “On the geography of global value chains,” May 2017.

产品单位出口的国内增加值含量最高,其次是服务业,制造业产品出口的国内增加值含量最低。究其原因,一方面是农业和服务业本身的中间消耗就少,具有较高的出口增加值率,另一方面则可能与农业和服务业出口产品中很少有加工贸易出口有关。

在工业行业内部,传统的劳动力密集型和资源密集型产业的单位出口具有相对较高的国内增加值,而技术密集型产业单位出口的国内增加值含量较低。采矿业出口的国内增加值含量大多高于 80%,纺织业、纺织服装鞋帽皮革羽绒及其制造业、木材加工及家具制造业等传统劳动力密集型产业,以及非金属矿物制品业的出口国内增加值率大多在 70～80%之间,而作为高科技产业代表的交通运输设备制造业、电气机械及器材制造业、通信设备、计算机及其他电子设备制造业、仪器仪表及文化办公用机械制造业的增加值含量较低,大多在 40～60%之间。这些高科技产品出口在总货物出口中的比重接近 40%,因而对中国产品总出口的增加值含量影响较大(参见表 3)。

表 3　中国对主要贸易对象国货物出口的国内增加值

	出口增加值总量(亿美元)				每 1 000 美元货物出口的国内增加值							
	出口总值		出口增加值		总出口		加工出口		非加工出口		加工出口比重	
	基期	均值	基期	均值	基期	均值	基期	均值	基期	均值	基期	均值
美国	2 833	3 039	1 595	1 729	563	569	398	397	785	784	57.4	55.8
欧盟	3 112	3 336	2 026	2 181	651	654	392	391	774	774	32.2	31.3
东盟	1 381	1 540	840	952	608	617	351	353	756	755	36.7	34.5
日本	1 210	1 347	684	768	565	570	378	377	786	783	54.1	52.5
韩国	688	759	384	425	558	560	394	391	728	724	50.7	49.2
印度	409	457	267	300	652	655	371	371	725	726	20.4	19.9

注:根据商务部、海关部署、国家统计局、国家外汇管理局联合主持的《全球价值链与中国贸易增加值核算研究报告》的整理和计算,基准年份是 2010 年。

在 GVCs 的架构中,美国、欧盟、东盟、日本、韩国和印度是中国的主要贸易伙伴,中国对这些地区的货物的进出口贸易约占中国每年货物进出口贸易的 60%。不过,由于中国对各主要贸易伙伴的出口结构各异,因而对国内增加值的影响也各不相同。

其中,中国对印度的单位货物出口带来的增加值最高,其次是欧盟、东盟、日本和美国,对韩国单位货物出口所带来的国内增加值最低。

不过,在双边贸易中,单位加工贸易出口所带来的国内增加值仍然比一般贸易出口要低,并且无论是在出口总值还是在出口增加值的核算中,中国对六大贸易伙伴所占的比例均没有发生变化,唯一改变的是所占的比重。

从细分行业来看,中国对各贸易伙伴单位的出口中,纺织服装、家具制造等传统工业和农业类产品的单位出口增加值含量较高,而化工产品、机械制造类产品和单位出口增加值含量较低。

从中国进口给主要贸易对象国带来的增加值看,美国最高,欧盟、日本和印度次之,东盟和韩国较低(参见表 4)。结构方面,中国从日本和欧盟进口的产品中,有60%以上都是机电产品,包括计算机及其他电子、电气机械、交通运输设备、通用专用机械等。中国从美国进口的机电产品虽然只占 40%,但给美国机电产品带来的增加值率(40%)却远高于日本(33%)和欧盟(27%)。其中,计算机及其他电子产品给美国带来的增加值率接近 70%,欧盟约为 30%。

表 4　中国从主要贸易对象国货物进口的国外增加值　(单位:亿美元)

	进口总值		进口增加值		总值差额		增加值差额		差额变动率		增加值比例	
	基期	均值	基期	均值	基期	均值	基期	均值	基期	均值	基期	均值
美国	1 021	1 121	801	868	1 812	1 918	794	861	−56%	−55%	86.0%	85.0%
欧盟	1 684	1 898	1 220	1 376	1 428	1 438	806	805	−44%	−45%	80.7%	80.8%
东盟	1 547	1 739	820	941	−166	−199	20	11	−112%	−107%	54.9%	55.9%
日本	1 767	1 857	1 372	1 441	−557	−510	−688	−673	24%	33%	80.5%	80.5%
韩国	1 383	1 505	679	779	−696	−747	−295	−355	−58%	−53%	49.1%	51.6%
印度	208	221	163	171	201	236	104	129	−48%	−46%	80.7%	80.0%

注:资料来源同表 3。

中国从印度进口的产品大多为资源类产品,因而增加值率较高,从韩国进口的产品主要集中在机电产品和化工产品上,不仅比例在逐年下降,且增加值率较低。随着

“一带一路”建设的整体推进，未来中国对外投资和贸易的战略重点会逐渐过渡到能源品和资源品领域，因而中国与印度在GVCs中的战略合作愈加重要。

五、结论与政策建议

本文基于历史和逻辑二维视角，对“一带一路”语境下全球价值链的嵌入模式、路径与机制进行了理论分析。针对改革开放初期中国主要以单体企业形式双重嵌入GVCs，近期更多的则是企业首先加入产业集群，然后产业集群再抱团嵌入GVCs这一特征事实，通过引入异质性禀赋技能水平和产业技术复杂度的匹配模型，对单体企业和产业集群嵌入GVCs的模式和路径进行了理论演绎，并通过构建质量效用方程，借鉴生物学的物种竞争的建模思想，对中国企业嵌入GVCs的中间品贸易、上游度核算、附加值核算等进行了理论分析。

本文的主要结论有：第一，在“一带一路”倡议中，当GVCs上各参与主体的技能水平落差过大时，各参与方的产业分工协作会因技能水平和技术复杂度的匹配度下降而下降，导致社会资源错配，进而引发生产效率大幅下降，双方技能水平的提升效应也会降低。第二，在工序空间可垂直分离的GVCs中，当中间品相对于最终产品的差异比工序间的对称性替代程度更大时，价值链上的工序越是细分，其边际收益会越高。同时，工序间的对称性替代程度越高，GVCs的分工越是精细，产出品的质量越高。第三，在工序空间可分离的GVCs链主竞争模型中，当工序为替代关系时，较少的上游工序会选择外包，较多的下游工序则会选择纵向一体化；相反，当工序为互补关系时，较多的上游工序会选择纵向一体化，较少的下游工序会选择外包。

本文研究的主要政策建议有：首先，在“一带一路”倡议的GVCs中，大多数发展中国家对GVCs参与的热情日益提高，但大多数国家目前尚处在GVCs发展的初级阶段。中国可以利用自身的制造业产能优势，细分北亚、东南亚、南亚、西亚、独联体、东欧和中欧等区域市场，依照联合国有关中间品、资本品和消费品的BEC分类法，分别从初级产品、半成品、零部件和资本品细分维度，制定差异化和有针对性的贸易和投资促进政策，帮助中资企业与“一带一路”沿线的合作对象国通过技术、资本、基金、项目、园区等灵活形式进行深度对接。

其次，中国在与主要贸易伙伴对象国，尤其是美国、欧盟、东盟、日本、韩国和印度等国之间，在继续强化和拓展双边贸易投资领域的同时，还要结合各对象国在工业型中间品、资源型中间品、精细型中间品等方面的制造业技术优势，并结合各产业的技术生命周期的轨迹，分别从使命导向和扩散导向的战略高度，强化顶层设计，实现价值链、技术链、创新链、人才链、就业链等的共生共荣。要倡导思想市场的重要作用，做到技术深化和技术扩散并重，在关键性的制造技术领域需要有运用大科学应对大问题的大局思维，通过一揽子技术方案，以及整成技术和集成技术，打造各类创新平台，塑造 W 型价值链和创新链。

再次，应全面评估并权衡 GVCs 发展的政策框架，包括实现全球多边与发展战略一体化，构建国内生产能力和制造业技术人才体系，提供稳定的环境和社会治理框架，协同各类人才和创新体制机制。要大张旗鼓地表彰中国制造业中为国争光的各类品牌企业、优秀企业家，要对在国际竞争中胜出的企业设立“中国工匠”的表彰制度，倡导学徒制度、产业标准化制度及创新网络体系。同时，要加强综合性职业教育、产品标准化和协同创新究的体系塑造，加大人力资源和金融资本的流动性，大幅提高职业技术教育的社会地位和经济地位。

内需不足、制度障碍与中国本土企业 NVC 构建缺失①

任保全② 刘志彪③

一、引 言

20 世纪末兴起的第二次经济全球化浪潮的显著特征是:世界范围内的套利行为越来越多地表现在价值链增值过程中的中间产品和中间环节上,而不是在最终产品上,由此带来国际垂直专业化分工和"外包(outsourcing)"贸易的盛行(Kohler, 2001)。在贸易一体化和生产非一体化(Feenstra, 1998)的新型国际贸易模式和全球利益分配格局下,中国依赖其低级要素的低成本比较优势,参与国际价值链体系的分工,从而在第二次经济全球化浪潮中,成为最大的外包接收国。而以低成本为核心的外向型经济发展模式促使我国经济长期高速发展,造就了世人瞩目的"中国奇迹"(江静和刘志彪,2006)。

然而中国在过去 30 多年的外向型经济发展过程中,融入的是被"俘获"型的 GVC(Global Value Chains,全球价值链)治理结构。来自发达国家大买家订单的变化,像一个中枢神经指挥系统一样牢牢地控制着中国制造的命运,不仅是中国经济发展方式高粗放型的主要原因之一,而且在很大程度上弱化了中国经济独立自主发展的主动性(刘志彪,2011),导致中国本土代工出口企业无法实现转型升级和向高端价

---

① 原文载于《世界经济与政治论坛》2016 年第 5 期。

② 常州大学经济学院金融系副主任,副教授。

③ 教育部首批文科长江学者特聘教授,南京大学经济学院教授,博导,国家高端智库建设培育单位,长江产业经济研究院院长。

值链的攀升。在这种背景下,政府大力扶植的战略性新兴产业也未能幸免,任保全和王亮亮(2014)的实证研究表明,以出口为导向的战略性新兴产业发展,呈现出“轻技术创新,重规模扩张”的产业低端化发展趋势。那么,随着新劳动法的颁布,最低工资标准的提高,工人对劳动补贴的更高要求,惠农政策带来的农村人口向城市流动规模的减少、以及人民币升值引起的按美元计价的用工成本上升,都导致劳动成本的长期持续攀升,这些都使得中国逐渐偏离原有的比较优势,令人羡慕的“世界工厂”地位面临被撼动的风险。

因此,需要在 GVC 和内需基础上,加快构建相对独立的 NVC 网络体系和治理结构。要基于内需重新整合中国企业赖以生存和发展的产业关联和循环体系,重新塑造国家价值链治理结构,重新调整位于不同区域的中国产业之间的关系结构,为中国制造业升级和经济可持续发展打造坚实的发展平台(刘志彪,2011),并且发展基于内需的全球化经济,启动中国第二波加入或参与经济全球化的发展战略(刘志彪,2012)。从而逐步实现由 GVC 低端——RVC(Regional Value Chains, 区域价值链)高端——NVC(National Value Chains,国内价值链)高端——GVC 高端的路径攀升。使得波特所说的高级要素和专业化要素,在构建 NVC 的过程中,逐步实现其嵌入机制。这将是中国本土企业向 GVC 高端攀升,实现转型与升级的有效途径。

令人遗憾的是,中国 NVC 构建由于先天不足,造成处于被“俘获”型 GVC 治理结构中的中国本土企业难以向 GVC 高端攀升,经济面临转型与升级的道路将更不平坦。Krugman(1980)指出,一国倾向于出口其已获得较大国内市场需求的产品,即所谓的“母国市场效应”(Home Market Effects)理论,反应出母国市场对贸易模式的影响。Melitz(2003)的动态产业模型是对 Krugman 贸易模型的扩展,其基于 DS 垄断竞争框架,以及企业在进入国内或国外市场所支付固定成本的条件下,阐明了企业生产率的异质性决定其经营模式的不同。Helpman et al. (2004)在 Melitz(2003)研究基础上引入水平型投资,对 Melitz 的研究进一步拓展。总之,以企业异质性为微观分析基础的“新新国际贸易理论”(new new trade theory)反映出行业内企业异质性在解释国际贸易与投资模式中扮演着重要角色,其原因在于异质性也是企业比较优势来源,微观企业通过依靠国内市场获得其内在优势(规模经济、管理水平、创新能力等),从而能够承担因出口贸易和水平型投资所产生的额外成本(固定资产投入、销售渠道设立、品牌树立、交易风险等),使企业能够获取出口或水平型投资的竞争优势。

然而,改革开放以来,为何大量本土企业不是首先选择依靠国内市场构建 NVC 获取竞争优势,而是直接进入国际市场从事出口贸易?为何中国本土企业大多处于全球价值链的低端?为何难以实现向高端价值链的攀登?虽然,由较低劳动力工资、土地价格等因素构成的低要素成本比较优势,可以解释本土企业的国际贸易比较优势来源,但却无法解释中国本土企业 NVC 构建缺失以及难以实现转型升级的内在根源。显然中国本土企业 NVC 构建缺失现象的背后一定蕴含着深层次的理论逻辑。而内需和制度因素对企业生产经营行为的影响,应引起我们足够的重视。

Levchenko(2004)指出,制度因素也是贸易比较优势的来源,且贸易和制度之间关系密切。通过对不完全契约与制度因素之间互动关系的研究,他发现一国制度质量的改善可以促进技术密集型产品(即契约密集型产品)的出口。Nunn(2007)为了检验制度比较优势,采用了产业层面制度密度的新测量方法,通过测度各国合约执行效率和各产业特定关系型投资的重要程度发现,一个国家的合约执行效率是贸易比较优势的重要决定因素。虽然 Levchenko 和 Nunn 的研究为分析中国出口扩张和以非契约密集型产业(即劳动密集型产业)作为国际贸易比较优势提供了制度因素层面的解释,但是却仍然无法解释中国本土企业 NVC 构建缺失现象。

而朱希伟等(2005)通过将国内市场分割,边际成本与固定成本之间的反向关系引入 Melitz(2003)模型,构建了离散化、静态化的开放经济模型,证明了国内市场分割造成企业无法依托国内需求形成规模经济优势,导致其被迫采取出口策略。而张杰等(2008)发现朱希伟等人的研究,虽然在一定程度上解释了中国本土企业的出口扩张行为,但是近年来中国出口贸易扩张速度和大量民营中小企业参与出口的现象,在中国市场一体化进程和市场分割现象逐步消除(白重恩等,2004;李善同等,2004;陈敏等,2007)的背景下,反而呈现加速趋势。因此,张杰等人通过构建转型背景下发展中国家的开放经济模型,证明了中国社会信用体系缺失和知识产权保护制度缺位将导致技术能力较低(规模较小)企业偏好于代工或贴牌方式的出口加工贸易。说明转型背景下某些“特殊”制度层面因素是导致中国本土企业出口扩张的重要内生激励因素之一。

总之，虽然以上研究可从不同侧面说明中国本土企业出口扩张的原因，但遗憾的是，现有文献并未剖析改革开放以来，在出口导向政策的激励下，中国本土企业仍处于全球价值链的低端、无法实现向价值链高端环节攀升的深层原因。同时，既有文献大多缺乏一个将制度障碍因素和内需不足因素同时纳入进来，并深入其微观基础的直接的理论分析；更重要的是，以往研究缺乏从理论模型方面揭示中国本土企业NVC构建缺失的内在发生机制，更没涉及内需不足和制度障碍等因素对GVC和NVC的动态影响机制。因此，本文从对中国经验事实的观察出发，构建包含国内外市场分割生产投资和水平型生产投资的发展中国家开放经济模型，通过将中国本土企业NVC构建行为模型化，并将内需不足和制度障碍因素纳入模型，揭示中国本土企业NVC构建缺失的内在发生机制，以及外资企业或跨国公司对中国NVC空间的抢占。这将为如何推动中国本土企业转型升级提供理论支撑，并在一定程度上揭示中央提出的“内需拉动经济主引擎”和“改革释放制度红利”的微观机理和作用途径，为进一步深化改革和扩大内需，提供理论依据。这正是本文的主要创新点和贡献。

本文以下的安排是：第二部分是基本模型，分析国内外市场可分割生产情况下，企业生产经营模式抉择；第三部分是将内需不足和制度障碍因素引入基本模型，揭示中国本土企业NVC构建缺失的内在发生机制；最后是结论和政策建议。

二、国内外市场可分割生产情况下企业的抉择

本文借鉴Helpman et al.(2004)、高越和李荣林(2008)的思路。高越和李荣林(2008)在Helpman et al.(2004)的基础上，将分割生产投资纳入模型，是对新新国际贸易理论的进一步扩展。然而，Helpman et al.(2004)、高越和李荣林(2008)模型的基本假设来源于欧美发达国家的经验观察，对发达市场经济国家更具解释力，是更具一般性的理论模型。显然，它无法直接用来分析中国这样一个处于经济转型期，市场一体化程度不高，并且存在严重内需不足和制度障碍约束的发展中国家。为了使模型符合中国现状以及便于本土企业NVC构建的分析，将基本模型设定为：

（一）消费者行为

考虑有 N 个国家，$i=1,2,\cdots,N$ 分别表示第 i 个国家。每个国家都生产并消费

一系列产品。国家 i 的劳动力禀赋为 L^i，工资率为 w^i，且仅使用劳动这一种生产要素生产 $H+1$ 个行业的产品。在 $H+1$ 个行业中，只有一个行业生产同质性产品，其他 H 个行业生产差异化产品。每个国家将收入中的 β_h 比例花费在差异化产品行业 h 上，剩余部分，即 $1-\sum_{h=1}^{H}\beta_h$，用于消费同质性产品。

在差异化产品部门，消费者效用函数具有 CES 形式，消费者对行业 h 的差异化产品组合的消费为 $[\int_{v\in V}(x_v^h)^\alpha d_v]^{1/\alpha}$，$0<\alpha<1$，其中 x_v^h 为消费者在行业 h 中第 v 种产品上的消费数量，V 为消费者能够获得该行业产品的种类数。①

消费者效用最大化问题为：$Max \quad U=Z^{1-\sum_{h=1}^{H}\beta_h}\prod_{h=1}^{H}Q_h^{\beta_h}$

$$S.T. \quad P_Z\cdot Z+\sum_{h=1}^{H}\left(\int_{v\in V}p_v^h x_v^h d_v\right)\leqslant E$$

其中，$Q=[\int_{v\in V}(x_v^h)^\alpha d_v]^{1-\alpha}$

采用 Helpman 等人(2004)的做法，为了简化，省略下标 h，可理解为所有行业变量都指的是行业 h。因此，上式简化为：

$$Max \quad U=Z^{1-\beta}Q^\beta$$

$$S.T. \quad P_Z\cdot Z+\int_{v\in V}p_v x_v d_v\leqslant E$$

其中，$Q=[\int_{v\in V}(x_v)^\alpha d_v]^{1-\alpha}$

解方程组，对于不同产品 v 和 m 有：$\dfrac{\partial Q/\partial x_v}{\partial Q/x_m}=\dfrac{x_v^{\alpha-1}}{x_m^{\alpha-1}}=\dfrac{p_v}{p_m}$

那么，
$$x_m=(p_v/p_m)^{\frac{1}{1-\alpha}}\cdot x_v \tag{1}$$

又因为
$$\beta E=\int_{m\in V}p_m x_m d_m \tag{2}$$

① α 表示多样性偏好系数，α 越小，多样化偏好程度越大，产品间替代弹性为 $\varepsilon=1(1-\alpha)>1$。

由(1)、(2)式得：$x_v^* = \dfrac{\beta E}{p_v^{\frac{1}{1-\alpha}} \int_{m \in V} p_m^{\frac{-\alpha}{1-\alpha}} d_m}$；即 $x_v^* = \dfrac{\beta E}{p_v^{\frac{1}{1-\alpha}} \int_{v \in V} p_v^{\frac{-\alpha}{1-\alpha}} d_v}$ (3)

可证得，产品 v 和 m 的替代弹性为：$\varepsilon = \dfrac{\partial(x_v/x_m)/(x_v/x_m)}{\partial(p_m/p_v)/(p_m/p_v)} = 1/(1-\alpha) > 1$；

同样可证得，产品 v 需求价格弹性为：$\dfrac{dx_v/x_v}{dp_v/p_v} = -\dfrac{1}{1-\alpha}$；

由 $\varepsilon = 1/(1-\alpha) > 1$，令 $A \equiv \dfrac{\beta E}{\int_{v \in V} p_v^{1-\varepsilon} d_v}$，则(3)式转换为：$x_v^* = A \cdot p_v^{-\varepsilon}$；

如果将 Q 看成一种组合产品，令 P 为产品 Q 的价格指数，则产品 Q 综合价格指数为：

$$P = \left(\int_{v \in V} p_v^{\frac{\alpha}{\alpha-1}} d_v\right)^{\frac{\alpha-1}{\alpha}} \tag{4}$$

（二）企业行为

下面考察国家 i 某一特定差异化产品行业 h。企业为了进入国家 i 的差异化产品行业 h，首先必须承担固定成本 F_E，然后从分布函数 $G(a)$ 中抽取其每单位产出的劳动投入系数 a。当企业观察到 a 之后，开始选择退出该行业或者进入该行业。当企业选择进入该行业时，假设所有类型的企业都必须承担固定成本 F_D 和制度障碍成本 F_g^i。①

假设：每种差异化产品的生产都由众多均匀分布在区间[0,1]上的生产环节组成。$z \in (0,1)$ 表示企业以 z 作为分割点，生产环节 $[0,z]$ 本国外地生产，生产环节 $(z,1]$ 本国本地生产，然后将本国外地生产的中间产品运输到本国本地进行组装加工，供应国内市场；$s \in (0,1)$ 表示企业仅生产 $[0,s]$ 环节的中间产品，并向国外出口；② $\delta \in (0,1)$ 表示企业以 δ 作为分割点，生产环节 $[0,\delta]$ 国外生产，生产环节 $(\delta,1]$ 国内生产，然后将本国生产的中间产品运输到国外进行组装加工，供应国外市场。

---

① F_D 包括建立工厂、销售和服务网络构建等成本；F_g^i 是指产品在国家 i 市场销售时，由"三角债"、知识产权保护制度或执行机制缺位等制度障碍因素造成的成本。

② 中间产品不向本公司的子公司出口，而是出口到其他公司，因为类型 6 已包括前者。

表 1　企业生产经营模式和固定成本

类型($z/s/\delta$)		供应市场类型	固定成本
1	$z=0$	本国本地生产 在国内销售	$F_D+F_g^i$
2	$z\in(0,1)$	本国本外地分割生产投资 在国内销售	$F_D+f(z)F_H+F_g^i$
3	$z=1$	本国外地水平型生产投资 在国内销售	$F_D+F_H+F_g^i$
4	$s\in(0,1)$	向国外出口中间产品	$F_D+f(s)F_X+F_g^j$
5	$s=1$	向国外出口最终产品	$F_D+F_X+F_g^j$
6	$\delta\in(0,1)$	国外分割生产投资 供应国外市场	$F_D+f(\delta)F_I+F_g^j$
7	$\delta=1$	国外水平型生产投资 供应国外市场	$F_D+F_I+F_g^j$

如表 1 所示，企业生产经营模式存在 7 类：类型 1 模式($z=0$)在本国本地生产，产品在国内销售，需承担固定成本 F_D 和 F_g^i；类型 2 模式($z\in(0,1)$)在本国本外地进行分割生产投资，最终产品于国内市场销售，需额外承担由国内分割生产投资带来的固定成本 $f(z)F_H$；类型 3 模式($z=1$)在本国外地进行水平型生产投资，产品在国内销售，需额外承担由国内水平型投资带来的固定成本 F_H；类型 4 模式($s\in(0,1)$)仅向国外出口中间产品，需额外承担固定成本 $f(s)F_X$；类型 5 模式($s=1$)仅向国外出口最终产品，需额外承担固定成本 F_X；类型 6 模式($\delta\in(0,1)$)向国外进行分割生产投资，最终产品销售于国外市场，需额外承担国外分割生产投资的固定成本 $f(\delta)F_I$；类型 7 模式($\delta=1$)向国外进行水平型生产投资，也就是 Markusen(1984)和 Brainard(1993)所定义的水平型投资，产品在国外市场销售，需额外承担国外水平型投资的固定成本 F_I。[①] 并且满足如下条件：$0<f(z)<1$；$f'(z)>0$；当 $z=0$ 时，$f(z)=0$；当

① F_H 包括本国外地建厂、建立配送和服务渠道等成本；F_X 包括在国外新建销售和服务网络、按国外标准和法规重新设计和生产产品等成本；F_I 包括在国外新建附属公司、建立销售渠道和服务网络等成本。

$z=1$时，$f(z)=1$。$0<f(s)<1$；$f'(s)>0$；当$s\to 0$时，$f(s)\to 0$；当$s=1$时，$f(s)=1$。$0<f(\delta)<1$；$f'(\delta)>0$；当$\delta\to 0$时，$f(\delta)\to 0$；当$\delta=1$时，$f(\delta)=1$。其中分割点$z/s/\delta$越接近1，其分配的生产环节越多，那么承担固定成本$F_H/F_X/F_I$的比例$f(z)/f(s)/f(\delta)$也越高。

（三）非内需不足和制度障碍约束下企业生产经营模式选择[①]

1. 不可分割生产时企业的选择

考虑国家i工资为w^i，国家j工资为w^j；中间产品和最终产品出口存在冰山贸易成本[②]。类型1模式供应本国市场的边际成本为w^ia；类型3模式供应国外市场的边际成本为w^ia/γ；类型5模式供应国外市场的边际成本为$\tau_x w^ia$；类型7模式供应国外市场的边际成本为w^ja；其中$\gamma>1$，$\tau_x>1$。那么类型1模式在国内定价为w^ia/α；类型3模式在国F_I内定价为$w^ia/\gamma\alpha$；类型5模式在国外定价为$\tau_x w^ia/\alpha$；类型7模式在国外定价为w^ja/α。[③] 其中，类型3模式更接近目标市场和利用当地优势资源，因此降低了边际成本，用$1/\gamma$表示，$\gamma>1$，那么供应国外市场的边际成本为w^ja/γ。由于存在冰山贸易成本，即运送τ_x单位产品才能使1单位产品到达国外，因此类型5模式供应国外市场的边际成本为$\tau_x w^ia$。

假设：$F_g^i=F_g^j\neq 0$或$F_g^i=F_g^j=0$，并且为了简化分析，采用$F_g^i=F_g^j=0$。该假设表明，国家i和国家j在“三角债”、知识产权保护制度或执行机制缺位等制度障碍方面不存在明显的成本差异，即$F_g^i=F_g^j\neq 0$；而在发达市场经济国家，这些制度障碍因素很少存在，即$F_g^i=F_g^j=0$。而模型中采用$F_g^i=F_g^j=0$是为了简化分析，不影响本文分析结果。

---

① “非内需不足和制度障碍约束”并不是说不存在内需不足和制度障碍方面的问题，而是这些因素并未严重干扰企业的生产经营模式抉择，如假设$B^i=B^j$，$F_g^i-F_g^j\neq 0$或$F_g^i=F_g^j=0$。一般来说，国家都或多或少存在内需和制度方面的问题。

② “冰山成本”一词由Samuelson(1954)创造，指货物在运输途中“融化”一些，最终只有一部分到达目的地，损失的部分便是运输成本。

③ 由CES效用函数假设，行业h中的企业采取边际成本加成定价，加成系数为$\varepsilon/(\varepsilon-1)=1/\alpha$。

表 2　不可分割生产时企业生产经营模式

类型($z/s/\delta$)	固定成本	供应市场类型	边际成本
1　$z=0$	F_D	本国本地生产 在国内销售	$w^i a$
3　$z=1$	F_D+F_H	本国外地水平型生产投资 在国内销售	$w^i a/\gamma$
5　$s=1$	F_D+F_X	向国外出口最终产品	$\tau_x w^j a$
7　$\delta=1$	F_D+F_I	国外水平型生产投资 供应国外市场	$w^j a$

类型 1 模式的企业在观察到劳动投入系数 a 后，选择进入行业 h，它从本国市场获得的利润为：$\pi_D^i=R_D-C_D-F_D$；其中 $R_D=p_D\cdot x_v$；$x_v=A^i\cdot p_v^{-\varepsilon}$；$p_D=p_v=w^i a/\alpha$；$C_D=w^i a\cdot x_v=\alpha R=\alpha A^i(w^i a/\alpha)^{1-\varepsilon}$。

综上得，类型 1 模式利润为：

$$\pi_D^i=(w^i a_D)^{1-\varepsilon}B^i-F_D \tag{5}$$

其中，$B^i=(1-\alpha)A^i/\alpha^{1-\varepsilon}$；$A^i=\beta E^i\Big/\left[\int_{v\in V}(p_v^i)^{1-\varepsilon}d_v\right]$；$A^i$ 表示某行业中，企业所面临的国家 i 的国内总需求，对单个企业来说，A^i 是外生的。其中，Helpman et al. (2004)定义了 A^i 表达式，E^i 为国家总支出水平，V 为国家 i 消费者能够消费的差异化产品种类数，p_v^i 是第 v 种差异化产品的价格。

同理，在目标市场的利润分别为：

类型 3 模式利润：
$$\pi_H^i=(w^i a_H/\gamma)^{1-\varepsilon}B^i-F_H \tag{6}$$

类型 5 模式利润：
$$\pi_X^{ij}=(w^j\tau_x a_X)^{1-\varepsilon}B^j-F_X \tag{7}$$

类型 7 模式利润：
$$\pi_I^{ij}=(w^j a_I)^{1-\varepsilon}B^j-F_I \tag{8}$$

根据四类模式企业的利润函数，本文采用 Helpman et al. (2004)类似假定：$w^i=w^j=1$，$B^i=B^j$，$F_D<\gamma^{1-\varepsilon}F_H<\tau_x^{\varepsilon-1}F_X<F_I$。①

① 该假设条件作为对利润函数的约束，可适当放松，如 $W^j<w^i$、$F_H>F_X$，也不影响本文分析结果，$w^i=w^j=1$ 只是为了简化分析。

根据四类模式企业利润函数和假设条件，可得命题 1 和图 1。

命题 1：在不可分割生产的情况下，生产率较低的企业将选择在本国本地生产；生产率中等的企业将选择本国外地水平型生产投资；生产率较高的企业将向国外出口最终产品；生产率最高的企业将向国外水平型生产投资。①

图 1 中，纵轴为国内或国外获得的利润，横轴为 $a^{1-\varepsilon}$，$a^{1-\varepsilon}$越大，生产率越高。②四种利润 π_D^i、π_H^i、π_X^{ij} 和 π_I^{ij} 都是 $a^{1-\varepsilon}$ 的增函数，π_D^i 和 π_X^{ij} 分别与横轴相交于 $a_D^{1-\varepsilon}$ 和 $a_X^{1-\varepsilon}$，π_D^i 和 π_H^i 交点横坐标为 $a_H^{1-\varepsilon}$，π_X^{ij} 和 π_I^{ij} 交点横坐标为 $a_I^{1-\varepsilon}$。因为利润线 π_D^i 和 π_I^{ij} 斜率相等，相互平行，所以内需型经营模式（类型 1 和类型 3）与外向型经营模式（类型 5 和类型 7）不相交。

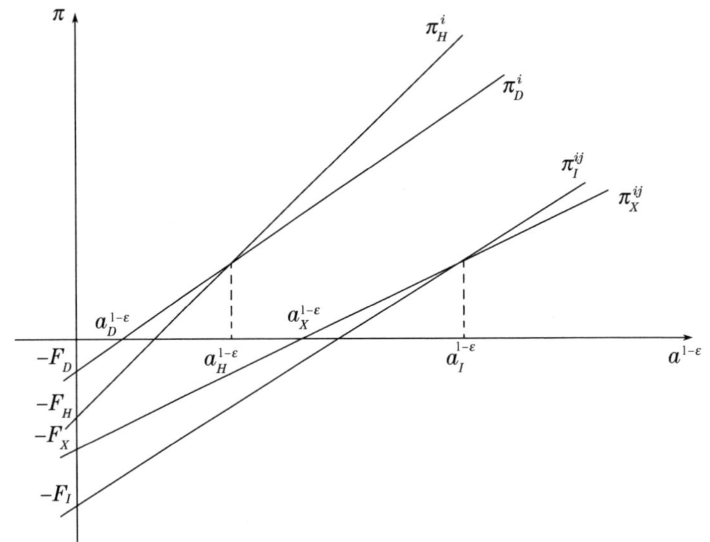

图 1 不可分割生产时企业生产经营模式选择

① Helpman 等人(2004)利用美国经济分析局(BEA)编制的跨国公司 1994 年的相关数据，通过理论模型和实证分析对其进行了部分论证。

② 因每单位产出的劳动投入系数为 a，所以异质性企业的生产率可以用 $a^{1-\varepsilon}$来表示，$\varepsilon=1(1-\alpha)>1$。

企业按照利润最大化的原则进行抉择:(1) 生产率低于 $a_D^{1-\epsilon}$ 的企业利润为负,退出该行业;(2) 生产率位于$(a_D^{1-\epsilon},a_H^{1-\epsilon}]$区间内的企业选择本国本地生产;(3) 生产率位于$(a_H^{1-\epsilon},a_X^{1-\epsilon}]$区间时,$\pi_H^i>\pi_D^i$,企业选择在本国外地水平型生产投资;(4) 生产率位于$(a_X^{1-\epsilon},a_I^{1-\epsilon}]$区间时,$\pi_X^{ij}>0,\pi_X^{ij}>\pi_I^{ij}$,企业除了在国内销售产品外,还选择向国外出口最终产品;(5) 生产率大于 $a_I^{1-\epsilon}$ 时,$\pi_I^{ij}>\pi_X^{ij}$,企业除了在国内销售产品外,还选择向国外水平型生产投资。

从动态角度看,实力较弱(生产率处于$(a_D^{1-\epsilon},a_X^{1-\epsilon}]$区间内)的本土企业以内需市场为依托,充分利用和发挥"母市场效应"来培育企业竞争优势,并以类型 1 和类型 3 为构建 NVC 的载体模式,逐步构建起以本土企业为主导的 NVC;而随着企业竞争优势的提升(生产率大于 $a_X^{1-\epsilon}$),企业将以类型 5 和类型 7 模式扩展其海外业务,增强企业在 NVC 和 GVC 构建中的话语权。

2. **分割生产时企业的选择**

下面考察国内外只存在一种分割生产的可能性时,企业生产经营模式选择。结合图 1 中的假设,分割生产时企业生产经营模式详见表 3。其中 τ_d 为本国国内运输成本,τ_x 为产品出口的冰山贸易成本,$\tau_x>\tau_d>1$;企业向国外出口中间产品时,在国外市场上搜寻买家并与其签订合约的成本,用 ea 表示,$e>0$。

表 3 分割生产时企业生产经营模式

类型($z/s/\delta$)	固定成本	供应市场类型	边际成本
1 $z=0$	F_D	本国本地生产在国内销售	a
2 $z\in(0,1)$	$F_D+f(z)F_H$	本国本外地分割生产投资在国内销售	$(\tau_d z-z+1)a/\gamma$
3 $z=1$	F_D+F_H	本国外地水平型生产投资在国内销售	a/γ
4 $s\in(0,1)$	$F_D+f(s)F_X$	向国外出口中间产品	$(\tau_x+e)a$
5 $s=1$	F_D+F_x	向国外出口最终产品	$\tau_x a$
6 $\delta\in(0,1)$	$F_D+f(\delta)F_1$	国外分割生产投资供应国外市场	$(\tau_x-\tau_x\delta+\delta)a$
7 $\delta=1$	F_D+F_1	国外水平型生产投资供应国外市场	a

类型 1、3、5、7 模式的企业利润已在图 1 的分析中详述。类型 2 模式的企业在本国本外地分割生产投资，$MC=[\tau_d za+(1-z)a]/\gamma=(\tau_d z-z+1)a/\gamma$；类型 4 模式企业向国外出口中间产品，$MC=(\tau_x+e)a$；类型 6 模式企业向国外分割生产投资，$MC=\delta a+\tau_x(1-\delta)a=(\tau_x-\tau_x\delta+\delta)a$，显然 $MC<\tau_x a$。

按照成本加成定价，在目标市场的利润分别为：

类型 2 模式利润：$\pi_z^i=[(\tau_d z-z+1)a_z/\gamma]^{1-\varepsilon}B^i-f(z)F_H$ (9)

类型 4 模式利润：$\pi_s^{ij}=[(\tau_x+e)a_s]^{1-\varepsilon}B^j-f(s)F_X$ (10)

类型 6 模式利润：$\pi_s^{ij}=[(\tau_x-\tau_x\delta+\delta)a_\delta]^{1-\varepsilon}B^j-f(\delta)F_I$ (11)

采用 Helpman et al. (2004)类似假定：$w^i=w^j=1, B^i=B^j, F_D\gamma^{\varepsilon-1}<f(z)F_H(\tau_d z-z+1)^{\varepsilon-1}<F_H, F_H\gamma^{\varepsilon-1}<f(s)F_X(\tau_x+e)^{\varepsilon-1}<F_X\tau_x^{\varepsilon-1}<f(\delta)F_1(\tau_x-\tau_x\delta+\delta)^{\varepsilon-1}<F_1$。①

根据 7 类模式的企业利润函数和假设条件，可以得到图 2 和命题 2。

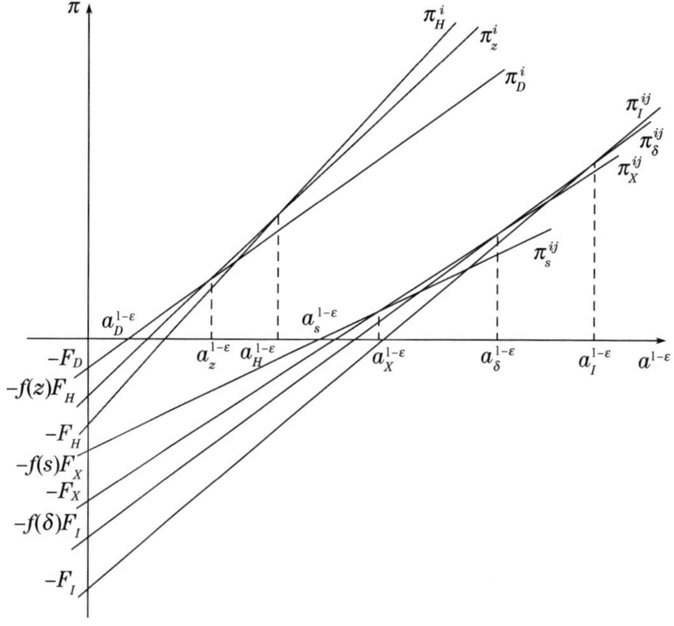

图 2 可分割生产时企业生产经营模式选择

① 该假设条件作为对利润函数的约束，可适当放松，如 $w^j<w^i$、$F_H>f(s)F_X$，不影响本文分析结果。

命题 2:可分割生产的情况下,随着生产率水平的提高,企业依次选择本国本地生产、本国本外地分割生产投资、本国外地水平型生产投资、国外出口中间产品、国外出口最终产品、国外分割生产投资、国外水平型生产投资等模式从事生产经营活动。① 企业通过最大化利润选择经营模式,主动在国内外配置生产环节,从而逐步构建起本土企业主导的 NVC。

图 2 中,企业按照利润最大化原则进行抉择:(1) 生产率低于 $a_D^{1-\epsilon}$ 的企业利润为负,退出该行业;(2) 生产率位于$(a_D^{1-\epsilon}, a_z^{1-\epsilon}]$区间的企业选择本国本地生产;(3) 生产率位于$(a_z^{1-\epsilon}, a_H^{1-\epsilon}]$区间时,$\pi_z^i > \pi_D^i$,企业选择本国本外地分割生产投资;(4) 生产率位于$(a_H^{1-\epsilon}, a_s^{1-\epsilon}]$区间时,$\pi_H^i > \pi_z^i$,企业选择本国外地水平型生产投资;(5) 生产率位于$(a_s^{1-\epsilon}, a_X^{1-\epsilon}]$区间时,企业除了在国内销售产品外,还可以选择向国外出口中间产品;(6) 生产率位于$(a_X^{1-\epsilon}, a_\delta^{1-\epsilon}]$区间时,$\pi_X^{ij} > \pi_s^{ij}$,企业除了在国内销售产品外,还选择向国外出口最终产品;(7) 生产率位于$(a_\delta^{1-\epsilon}, a_I^{1-\epsilon}]$区间时,$\pi_\delta^{ij} > \pi_X^{ij}$,企业除了在国内销售产品外,还选择国外分割生产投资;(8) 生产率大于 $a_I^{1-\epsilon}$ 时,$\pi_I^{ij} > \pi_\delta^{ij}$,企业除了在国内销售产品外,还选择向国外水平型生产投资。因为利润线 π_D^i 和 π_I^{ij} 相互平行,所以内需型经营模式(类型 1、2 和 3)与外向型经营模式(类型 4、5、6 和 7)不相交。

从动态角度看,生产率处于$(a_D^{1-\epsilon}, a_s^{1-\epsilon}]$区间内的本土企业以内需市场为依托,以类型 1、2 和 3 为载体模式,充分利用和发挥"母市场效应",从而构建起本土企业主导的 NVC,逐步培育企业竞争优势;而随着企业竞争优势的提升(生产率大于 $a_s^{1-\epsilon}$),企业逐步以类型 5、6 和 7 模式扩展国外业务,促进 NVC 和 GVC 的构建。

三、内需不足和制度障碍约束下中国本土企业的抉择

(一) 内需不足与制度障碍

改革开放以来,中国作为发展中国家和转型国家,其在内需和制度安排方面的不足已严重影响到本土企业的生产经营模式选择,成为中国本土企业 NVC 构建缺失

① 高越和李荣林(2008)利用美国经济分析局(BEA)2004 年编制的跨国公司活动的相关数据,通过理论模型和实证分析对其进行了部分论证。

的重要原因。

1. 内需不足

扩大内需已成为拉动我国经济增长的重要助推器，是产业转型与升级的重要推动力，也是中国本土企业构建 NVC 的重要基础要素，而中国却长期受到内需不足的困扰。江林等(2009)计算了改革开放 30 年来(1977 年—2007 年)，世界平均及不同收入水平国家年均最终消费率(详见表 4)。①

表 4　世界平均及不同收入水平国家年均最终消费率(%)

年份	世界	高收入国家	中等收入国家	中低收入国家	低收入国家	中国
1997—1983	75.9	76	74.1	75.1	80.5	65.4
1984—1990	76.3	76.7	73.3	74.4	80.1	63.5
1991—1997	76.9	77.6	73.7	74.5	79	57.9
1998—2007	78.2	78.6	74.9	74.9	79.9	56.9

资料来源：根据世界银行世界发展指标数据库最终消费率数据整理

表 4 反映了中国改革开放 30 年来，在世界平均及不同收入水平国家年均最终消费率都保持较高和稳定增长态势的情况下，我国平均最终消费率明显低于世界平均水平，甚至远远低于低收入国家的平均值。

而造成内需不足的原因，可能有以下几个方面：

(1) 收入分配失衡。国家、企业、个人三者之间在国民收入分配方面形成不合理的分配关系，据中国社科院 2008 年发布的社会蓝皮书显示，我国劳动报酬占国民收入的比重，在 2003 年以前都维持在 50%以上，2004 年下降到 49.6%，2005 年降至 41.4%，2006 年仅为 40.6%，呈现逐年下降的趋势，劳动所得在初次分配中趋于下降；垄断行业和部门独享高工资和高福利；企业和单位随意压低、克扣和拖欠工人工资；在嵌入 GVC 治理模式下的中国企业员工受到国际大买家的盘剥；城乡间和地区

① “最终消费率”是指一个国家最终消费占其国内生产总值的比例，用来衡量国家内需水平的指标之一。

间收入差距逐步扩大等因素造成收入分配失衡问题日趋严重，已成为我国持续扩大的收入不平等和“哑铃型”需求结构的重要诱因，造成居民过低的消费率，导致内需不足。

(2) 中等收入阶层不够庞大。Kharas(2009)指出：2009 年，全球中产阶层人口总数为 18.45 亿，按购买力平价计算的总消费额为 212 780 亿美元；中国中产阶层人数为 1.81 亿，占世界的 8.6%，总消费额为 8 590 亿美元，却仅占世界总消费额的 4%。显然，中国不但中产阶层人数占世界中产阶层人数的比例不高，而且其购买力也不是很强。

表 5　2009 年中产阶层所占比重及人均收入水平国家间比较

国别	中产阶层比重(%)	人均 GDP(购买力平价，美元)
中国	12	5 991
巴西	37	9 283
俄罗斯	69	13 846
墨西哥	65	12 577
波兰	85	16 230
乌克兰	37	6 357
南非	36	9 247
泰国	32	7 544
土耳其	45	7 694

资料来源：Kharas, Homi and Fellow, Senior “CHINA'S TRANSITION TO A HIGH INCOME ECONOMY: Escaping the Middle Income Trap” *Wolfensohn Center for Development*, *The Brookings Institution*, November 2009.

从中等收入阶层的国际比较来看，表 5 中，中国的中产阶层所占比重最低，不但明显低于“金砖四国”中的巴西和俄罗斯，而且低于经济转型国家波兰和乌克兰。

自改革开放以来，中国没有培育起庞大的中产阶层，从国际经验来看，这就难以为本土企业的发展和经济转型提供内需市场空间的有力支撑，从而被迫转向海外市场。

(3) 消费性投资不足。王国刚(2010)通过将城乡居民消费从内容上分为"吃、穿、用"和"住、行、学"①等两大类六个部分之后发现，消费率占 GDP 的比重呈下降趋势的真正原因是居民消费中用于"住、行、学"方面的支出增长过慢。在"住、行、学"方面依然处于严重供不应求的卖方市场格局下，中国经济运行中存在的恰恰是"住、行、学"等方面的有效消费供给严重不足，即消费性投资不足，这会造成内需不足。

(4) 缺乏对民族文化的认同和自信心。中国本土企业自创品牌时，遇到的障碍主要来源于中国当代人特别是年轻人对西方流行文化的过度崇拜，来源于自鸦片战争以来中国人对自己文化传统信心的丧失(刘志彪等，2006)。缺乏民族文化认同和自信心会使得中国消费者对国外品牌过度迷恋，从而优先选择购买国外著名品牌。由此造成的国内消费需求和中国本土企业供给之间的内需错配现象，必然会使原本属于中国本土企业品牌产品的国内市场空间被外资企业或跨国公司的高质量、高性能品牌产品所挤占，导致国内市场需求不足。

此外，自改革开放以来，行政性分权和财政包干制情况下的中国现有政绩考核机制和政治晋升制度，会驱使地方政府普遍采取竞争性行为，导致中国省份地区间存在着"以邻为壑"的"囚徒困境"式的市场分割现象。② 由此造成国内市场需求分割，国内消费者被无情地分割开，导致企业实际上面对的国内有效市场需求空间远远小于全国总的市场需求空间。

总之，由以上因素造成的内需不足会导致中国本土企业实际面对的国内有效市场需求缩水严重，即 A/λ，$\lambda>1$。

2. 制度障碍

影响到中国本土企业生产经营模式抉择的制度障碍可能有以下几个方面：

---

① 王国刚(2010)指出：在城乡居民消费中，"住"指的是住房以及与居住相关的各种消费，"行"指的是医疗保健、道路和通讯等方面的消费，"学"指的是各类教育、文化、体育和娱乐等方面的消费。

② Young(2000)通过三方面经验证据，阐述了中国严重的市场分割问题。朱希伟等(2005)和张杰等(2010)分别通过构建开放经济模型和实证研究，证明国内市场分割对中国企业经营模式抉择和出口行为的影响。

(1) 拖欠货款、"三角债"。在国内市场,中国本土企业普遍面临被"恶意"拖欠货款的情况,使得企业被迫卷入企业间"三角债"式的怪圈。国内拖欠货款、"三角债"式社会信用体系的缺失(张杰等,2008),严重干扰企业的现金流、融资能力和正常的组织生产,导致生产性投入和销售收入的资金在短时间内无法全部回笼,甚至会有一部分沦为"沉没成本",无法收回,增加了企业固定成本。

(2) 地方政府声誉问题。当中国本土企业选择在国内进行水平型或垂直型投资时,除了考虑当地基础设施投资状况和税收优惠政策等因素外,还要考虑地方政府的声誉问题。Thomas & Worrall(1994)的模型已证明:地方政府的税收优惠往往会导致地方财力不支,当理性企业预期到在未来地方政府有激励不信守承诺而对企业提高征税率时,企业便会减少在当地的投资。此外,地方政府对中国本土企业征收名目繁多的非合理性收费,以及本土企业被迫采取的各种政府寻租行为都会在无形中增加企业在该地区的投资成本。并且,随着 NVC 构建和发达省份和地区为了给服务业和先进制造业提供充足的发展空间,必然面临产业区域转移的问题,而地方政府声誉问题会导致企业搬迁成本高昂,阻碍资本跨地区流动,造成企业固定成本增加。

(3) 知识产权保护制度或执行机制缺位。张杰等(2008)指出在国内知识产权保护制度或执行机制缺位情况下,中国本土微观企业之间普遍呈现"技术模仿——套利——低成本竞争"的行为特征。大量后发企业或跟随企业采用挖先入企业的关键技术人员或者产品介质的"反向工程"来获取先入企业的技术知识和产品工艺流程。而跟随企业所获取的低风险或者无风险的套利机会,导致先入企业在技术开发、生产设备采购、企业组织管理和产品市场开发等方面都面临巨大风险,产生"沉没成本",无法通过产品销售而收回,导致固定成本的增加。

总之,由以上因素造成的制度障碍会导致中国本土企业的固定成本大幅增加,即 $F_g^c \gg 0$,上标 c 表示中国。

然而,严重内需不足和制度障碍的外在约束导致高昂的国内贸易成本①,严重干

① Poncet(2002)研究中国 1987、1992、1997 年的数据后发现,中国省际之间的贸易成本与美国与加拿大之间或欧盟国家之间的贸易成本大致相当,远远高于一些国家(如加拿大和美国)内部各地区间的贸易成本。

扰中国本土企业的生产经营模式抉择，使其被迫选择国际代工，嵌入国外跨国公司所掌控的 GVC 俘获型治理结构中，导致中国本土企业主导的 NVC 构建缺失。

（二）中国本土企业 NVC 构建缺失

1. 中国本土异质性企业的抉择

对中国本土企业而言，类型 1 模式($z=0$)的边际成本为：$w^c a$。类型 2 模式($z\in(0,1)$)的边际成本为，$MC=[(\tau_d^c z-z+1)w^c a]/\gamma$。类型 3 模式($z=1$)的边际成本，$MC=w^c a/\gamma$。对于类型 4 模式($s\in(0,1)$)和类型 5 模式($s=1$)而言，不同于发达国家的异质性企业，中国本土企业大多采取贴牌代工 OEM 的方式承接国际外包从事出口，由于没有品牌，因此不存在构建自有品牌的投入；①产品按照合同直接由国际大买家采购，节省了国外营销成本；②此外，由于产品销往国外市场，几乎不受内需不足和制度障碍的外在约束；而中国的出口导向政策，使得中国本土出口企业享有中央和地方政府给予的各种"隐形"补贴；显然这些因素足以使企业边际成本和固定成本大幅度下降，用 ρ_1 和 ρ_2 分别表示，类型 4 和 5 模式的边际成本分别为 $MC_s=(\tau_x^{cj}+e)a/\rho_1$、$MC_X=w^c t_x^{cj} a/\rho_1$，固定成本分别为 $f(s)F_X/\rho_2$、F_X/ρ_2。类型 6($\delta\in(0,1)$)和类型 7($\delta=1$)模式都是面向国外市场，几乎不受内需不足和制度障碍的外在约束，其边际成本分别为，$MC_\delta=(\tau_x^{cj}-\tau_x^{cj}\delta+\delta)\alpha$，$MC_1=w_j a$，。

假设：$\lambda>1$，$\tau_d^c>1$，$\tau_x^{cj}>1$，$\rho_1>1$，$\rho_2>1$；$F_g^c\gg 0$，$F_g^j=0$。③

那么对于类型 1 模式($z=0$)利润为：$\pi_D^c=R_D-C_D-F_D-f_g^c$，其中 $R_D=p_D\cdot x_v$，$x_v=(A^c/\lambda)\cdot p_v^{-\varepsilon}$，$p_D=p_v=w^c a/\alpha$，$C_D=w^c a\cdot x_v=\alpha R=\alpha(A^c/\lambda)(w^c a/\alpha)^{1-\varepsilon}$。

综上得：
$$\pi_D^c=(w^c a_D)^{1-\varepsilon}\cdot B^c-F_D-F_g^c \tag{12}$$

---

① OEM(original equipment manufacturer)，简单来说就是委托加工，即品牌拥有者将生产制造业务外包给其他厂商的业务模式。

② Gill 等(2007)指出对于发展中国家出口企业来说，OEM 容易实现生产的规模经济效应，相对于企业独自闯入全球市场来说，风险更少、成本更低，并且发包方提供的技术转移、服务和培训，将有助于发展中国家出口企业获取新的技术。

③ 改革开放以来，中国在"三角债"、知识产权保护等方面有严重的制度障碍，发达市场经济国家却很少存在，因此假设 $F_g^c\gg 0$、$F_g^j=0$。

其中，$B^c=\dfrac{(1-\alpha)A^c}{\lambda\cdot a^{1-\varepsilon}}$，$A^c=\beta E^c/\left[\int_{v\in V}(p_v^c)^{1-\varepsilon}d_v\right]$；$B^j=(1-\alpha)A^j/\alpha^{1-\varepsilon}$，$A^j=\beta E^j/\left[\int_{v\in V}(p_v^j)^{1-\varepsilon}d_v\right]$。①

同理，按照成本加成定价，其他类型模式在目标市场的利润：

类型 2 模式利润，

$$\pi_z^c=[(\tau_d^c z-z+1)w^c a_z/\gamma]^{1-\varepsilon}B^c-f(z)F_H-F_g^c \tag{13}$$

类型 3 模式利润，

$$\pi_H^c=(w^c a_H/\gamma)^{1-\varepsilon}\cdot B^c-F_H-F_g^c \tag{14}$$

类型 4 模式利润，

$$\pi_s^{cj}=[(\tau_x^{cj}+e)a_s/\rho_1]^{1-\varepsilon}B^j-f(s)F_X/\rho_2 \tag{15}$$

类型 5 模式利润，

$$\pi_X^{cj}=(w^c\tau_x^{cj}a_x/\rho_1)^{1-\varepsilon}B^j-F_X/\rho_2 \tag{16}$$

类型 6 模式利润，

$$\pi_\delta^{cj}=[(\tau_x^{cj}-\tau_x^{cj}\delta+\delta)a_\delta]^{1-\varepsilon}B^j-f(\delta)F_I \tag{17}$$

类型 7 模式利润，

$$\pi_I^{cj}=(w^j a_I)^{1-\varepsilon}B_j-F_I \tag{18}$$

本文采用 Helpman et al. (2004)类似假定：

$w^c=w^j=1, B^c<\left(\dfrac{(\tau_x^{cj}+e)\gamma}{\rho_1}\right)^{1-\varepsilon}B_j, \gamma^{\varepsilon-1}(F_D+F_g^c)<(\tau_d^c z-z+1)^{\varepsilon-1}(f(z)F_H+F_g^c)<F_H+F_g^c<\dfrac{\gamma^{1-\varepsilon}B^j(F_H+F_g^c)}{\rho_1^{1-\varepsilon}B^c}<(\tau_x^{cj}+e)^{\varepsilon-1}(f(s)F_X/\rho_2)<(\tau_x^{cj})^{\varepsilon-1}(F_X/\rho_2)$。②

根据 7 类模式的利润函数和假设条件，从分析目的出发，为了使图更清楚，我们略去类型 6 和类型 7 的利润线 π_δ^{cj} 和 π_I^{cj}，可以得到图 3 和以下命题。

---

① A^c 表示某个行业中，企业所面临的中国国内总需求，对单个企业来说，A^c 是外生的，上标 c 代表中国；A^j 表示在某个行业中，企业所面临的国家 j 的国内总需求，对于单个企业来说，A^j 是外生的。

② 该假设作为对利润函数的约束，可放松，例如 $w^j\neq w^c$，$f(z)F_H+F_g^c<F_D+F_g^c$，也不影响本文的分析结果。

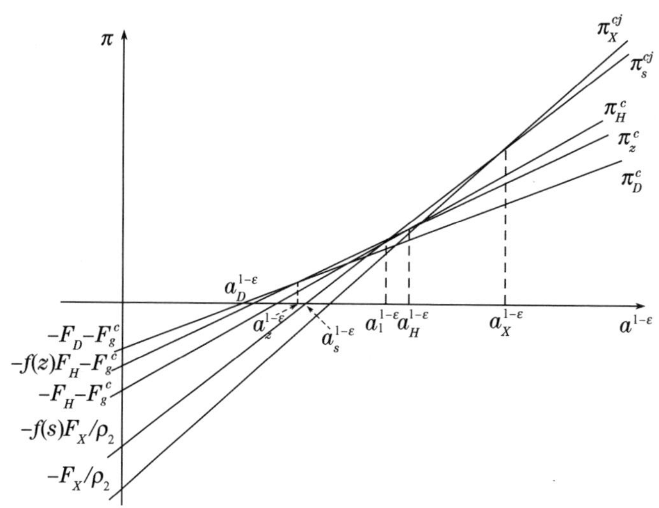

图 3　内需不足和制度障碍约束下中国本土企业的抉择之一

通过图 3 与图 2 的对比发现，在内需不足和制度障碍的外在约束下，中国本土企业从事内需型经营模式的 3 条利润线 π_D^c、π_z^c 和 π_H^c 斜率变小，纵轴截距绝对值变大，向右下方移动。而中国出口导向政策和贴牌代工等因素使得从事国际代工的 2 条利润线 π_s^{cj} 和 π_X^{cj} 斜率变大，纵轴截距绝对值变小，向左上方移。并且，与图 2 不同的是，图 3 中内需型经营模式利润线与外向型经营模式利润线相交。

命题 3：给定某行业中企业生产率 $a^{1-\varepsilon}$ 的分布，内需不足和制度障碍的外在约束降低了中国本土企业选择内需型经营模式的利润水平，挫伤企业构建 NVC 的积极性；而中国出口导向政策和贴牌代工等因素使中国本土企业偏好国际代工的外向型经营模式。

以类型 2 模式（本国本外地分割生产投资）为例，图 2 中 $\pi_z^i=[(\tau_d z-z+1)a_z/\gamma]^{1-\varepsilon}B^i-f(z)F_H$，图 3 中 $\pi_z^c=[(\tau_d^c z-z+1)a_z/\gamma]^{1-\varepsilon}B^c-f(z)F_H-F_g^c$，在给定某行业中企业生产率 $a^{1-\varepsilon}$ 分布的情况下，对于同一企业（生产率相同），由于 $B^c=B^i/\lambda$，$f(z)F_H<f(z)F_H+F_g^c$，因此 $\pi_z^c<\pi_z^i$。同理，$\pi_D^c<\pi_D^i$、$\pi_H^c<\pi_H^i$，因此内需型经营模式利润的大幅缩水将挫伤企业构建 NVC 的积极性。

而以国际代工的外向型经营模式的类型 4 为例，图 2 中 $\pi_s^{ij}=[(\tau_x+e)a_s]^{1-\epsilon}B^j-f(s)F_X$，图 3 中 $\pi_s^{cj}=[(\tau_x^{cj}+e)a_s/\rho_1]^{1-\epsilon}B_j-f(s)F_X/\rho_2$，在给定某行业中企业生产率 $a^{1-\epsilon}$分布的情况下，对于同一企业（生产率相同），由于$(\tau_x+e)^{1-\epsilon}<[(\tau_x^{cj}+e)/\rho_1]^{1-\epsilon}$，$f(x)F_X>f(s)F_x/\rho_2$，因此 $\pi_s^{cj}>\pi_s^{ij}$，同理，$\pi_X^{cj}>\pi_X^{ij}$。此外，图 3 中点 $a_1^{1-\epsilon}$ 之后，外向型经营模式的利润开始高于内需型经营模式，显然，中国本土企业将逐步偏好国际代工的外向型经营模式，这将抑制国内贸易的发展，促进外贸出口的增长。Poncet(2002)测度出中国省际间的平均贸易量在 1987 年、1992 年和 1997 年分别占各省总贸易量的 88%、80%和 66%。① 世界银行研究报告也指出：中国在 1985—1992 年，外贸出口的平均年增长率为 17%，而国内省际之间贸易额的平均年增长率仅为 4.8%。由此可见，改革开放以来，国内贸易强度的减弱。

命题 4：给定某行业中企业生产率 $a^{1-\epsilon}$的分布，内需不足和制度障碍的外在约束提高了中国本土企业从事内需型经营模式的门槛，而中国出口导向政策和贴牌代工等因素降低了从事国际代工的外向型经营模式的门槛，减少了从事 NVC 构建的企业数，阻碍了 NVC 构建。

对于命题 4，给定某行业中企业生产率 $a^{1-\epsilon}$的分布，并假设企业在生产率集上是均匀分布的。② 因为，$F_g^c\gg 0$，$B^c=B^i/\lambda$，所以图 3 中 $a_D^{1-\epsilon}=(F_D+F_g^c)/B^c$ 大于图 2 中 $a_s^{1-\epsilon}=F_D/B^i$；由于 $\rho_1>1$，$\rho_2>1$，所以图 3 中 $a_s^{1-\epsilon}=\dfrac{f(s)F_X/\rho_2}{[(\tau_x^{cj}+e)/\rho_1]^{1-\epsilon}B^j}$小于图 2 中 $a_s^{1-\epsilon}=\dfrac{f(s)F_X}{(\tau_x+e)^{1-\epsilon}B_j}$。因此，内需不足和制度障碍的外在约束提高了从事内需型经营模式的门槛（如：固定成本、生产率 $a^{1-\epsilon}$），降低了从事外向型经营模式的门槛。而内需型经营模式门槛的提高，将排挤出 $a^{1-\epsilon}\in[F_D/B^i,(F_D+F_g^c)/B^c)$区间内的原本可以从事内需型经营模式的中国本土企业，抑制了“母市场效应”的发挥，阻碍了 NVC 构建。

① 因为省际间贸易数据难以获取，Poncet 利用中国各省的投入产出表，采用变通的方法得到了 1987 年 27 个省、1992 年 25 个省和 1997 年 23 个省的国内贸易流数据。

② “企业在生产率集上是均匀分布的”含义是指在相同长度的生产率区间内，企业数目相等。

尤其在中国改革开放的初期，企业在生产率集上是非均等分布的情况下，内需不足和制度障碍的外在约束所造成的内需型经营模式门槛的提高，将使更多的中国本土企业被阻挡在市场之外，从事 NVC 构建的企业数量将锐减。①

此外，随着内需不足和制度障碍的外在约束程度的不断加重，中国本土企业 NVC 构建缺失的现象将愈发严重。

假设：$\lambda>1, \tau_d^c>1, \tau_x^{cj}>1, \rho_1>1, \rho_2>1; F_g^c\gg 0, F_g^j=0$。本文采用 Helpman et al.(2004)类似假定：$w^c=w^j=1, B^c<\left(\frac{(\tau_x^{cj}+e)\gamma}{\rho_1}\right)^{1-\varepsilon}B_j, (\tau_x^{cj}+e)^{\varepsilon-1}(f(s)F_X/\rho_2)<(\tau_x^{cj})^{\varepsilon-1}(F_X/\rho_2)<\rho_1^{\varepsilon-1}(B^j/B^c)(F_D+F_g^c), \gamma^{\varepsilon-1}(F_D+F_g^c)<(\tau_d^c z-z+1)^{\varepsilon-1}(f(z)F_H+F_g^c)<F_H+F_g^c$。②

根据式(12)～(16)利润函数和假设条件，得出图 4 和以下命题。

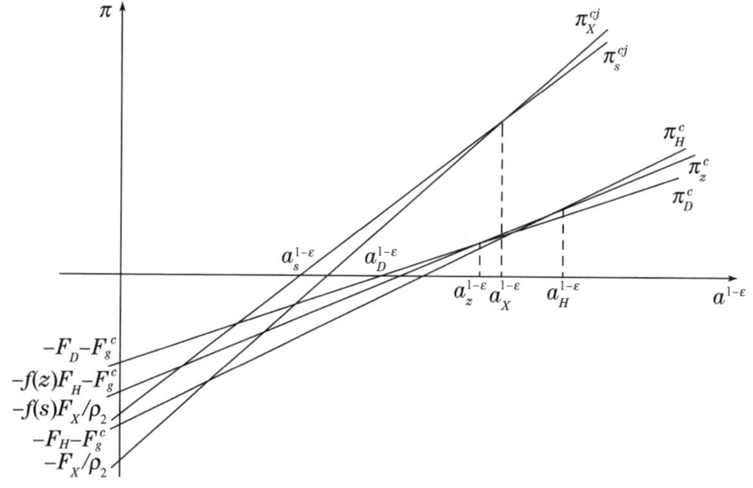

图 4 内需不足和制度障碍约束下中国本土企业的抉择之二

① 尤其在改革开放初期，中国本土企业生产率水平普遍较低，那么企业将扎堆在较低的生产率区间内，企业在生产率集上非均等分布的现象将使相同长度的生产率区间内的企业数目随着生产率水平提高而减少。

② 该假设作为对利润函数的约束，可放松，例如 $w^j\neq w^c, F_X/\rho_2<F_H+F_g^c$，也不影响本文分析结果。

命题 5：给定某行业中企业生产率 $a^{1-\epsilon}$ 的分布，严重的内需不足和制度障碍将导致中国本土企业更偏好国际代工的外向型经营模式，打压了内需型经营模式的发展空间，阻碍 NVC 构建。

对于命题 5，图 4 与图 3 相比，严重的内需不足和制度障碍影响了中国本土企业对生产经营模式的抉择，使内需型经营模式的利润线 π_D^c、π_z^c 和 π_H^c 斜率变得更小，纵截距绝对值变得更大。此外，由于利润线 π_D^c 与横轴交点 $a_D^{1-\epsilon}$ $\left(\text{即}\dfrac{F_D+F_g^c}{B^c}\right)$ 大于利润线 π_X^{cj} 与横轴交点（即 $\dfrac{F_x/\rho_2}{(\tau_x^{cj}/\rho_1)^{1-\epsilon}B_j}$），并且 π_D^c、π_z^c 和 π_H^c 的斜率小于 π_s^{cj} 和 π_X^{cj} 斜率，所以内需型经营模式的 3 条利润线处于外向型经营模式的 2 条利润线的右下方，并且不与其相交。这将导致内需型经营模式的利润严重缩水，企业将更偏好国际代工的外向型发展模式，而内需型经营模式的发展空间将受挫，严重阻碍中国本土企业的“母市场效应”发挥和 NVC 构建。

命题 6：给定某行业中企业生产率 $a^{1-\epsilon}$ 的分布，严重的内需不足和制度障碍将阻碍“母市场效应”的发挥，使企业在承接全球价值链分工时，被迫嵌入国外跨国公司所主导的 GVC 俘获型治理结构中，被锁定于 GVC 低端，从事国际代工，无法实现中国本土企业主导的 NVC 构建。

对于命题 6，严重的内需不足和制度障碍会进一步提高中国本土企业从事内需型经营模式的门槛（即 $\dfrac{F_D+F_g^c}{B^c}$）要求，造成图 4 中生产率处于 $[a_s^{1-\epsilon}, a_D^{1-\epsilon})$ 区间的中国本土企业的内需型经营模式利润为负，其被迫选择国际代工的外向型经营模式。此外，与图 2 和图 3 的不同之处还在于，内需型经营模式利润线与外向型经营模式利润线不相交，而且前者的利润始终小于后者，并且两者间差距逐步扩大。这些都使得中国本土企业不愿意甚至逐步放弃从事内需型经营模式，而恰恰就是这种理性抉择使得中国本土企业构建 NVC 的生产方式被贴牌代工的出口方式逐步替代，无法发挥和利用“母市场效应”，大量的中国本土企业被国外跨国公司所主导的 GVC 治理结构所俘获，并被锁定在低端，导致中国本土企业所主导的 NVC 构建缺失，难以实现转型与升级。

尤其在中国改革开放的初期，企业在生产率集上非均等分布的情况下，比如主要集中在$(a_s^{1-\epsilon}, a_D^{1-\epsilon}]$时，大多数中国本土企业将被迫选择国际代工的外向型发展模式，NVC 构建缺失现象将更为严重。

表 6　1997 年、2002 年江苏省 GVC 和 NVC 所有行业均值和部分行业列举

行业＼指数	1997 年		2002 年	
	GVC	NVC	GVC	NVC
食品加工和制造业	0.023 4	0.134 8	0.024 6	0.042 6
纺织业	0.070 0	0.230 2	0.048 3	0.034 8
皮革毛皮羽绒及其制品业	0.061 3	0.957 0	0.074 2	0.089 3
印刷业、记录媒介的复制业	0.010 5	0.030 2	0.147 6	0.016 2
医药制造业	0.005 0	0.132 2	0.036 2	0.057 4
塑料制品业	0.017 8	0.332 5	0.246 5	0.039 9
电气机械及器材制造业	0.079 9	0.133 2	0.216 0	0.045 4
电子及通信设备制造业	0.081 9	0.403 8	0.411 7	0.213 0
工艺美术品制造业	0.004 0	0.295 3	0.031 0	0.073 5
所有行业均值	0.056 8	0.237 2	0.074 1	0.092 2

资料来源：根据“张少军(2009)：《全球价值链与国内价值链——基于投入产出表的新方法》《国际贸易问题》第 4 期。”整理。

张少军(2009)利用地区投入产出表，采用新的方法，测度了广东省和江苏省 GVC 和 NVC 水平，发现两省切入 GVC 的倾向逐步高于切入 NVC 的倾向，并且江苏省切入 NVC 的程度在不断弱化(详见表 6)。① 显然，改革开放以来，江苏省的经济发展方式正从内需型逐步转变为外向型，该研究反映了中国 NVC 构建逐步缺失的

① 由于 1997 年广东省 NVC 测度缺失，无法比较广东省两年间 NVC 的变化，因此在表 6 中没有列出。

现状，而这与企业生产经营模式抉择的变化是分不开的。①

总之，中国自改革开放以来，众多本土企业为了避免由需求不足和制度障碍的外在约束所带来的巨大风险和负面效应，逐步选择以 OEM 方式嵌入 GVC 从事国际代工就成为普遍的理性行为。

2. 外资企业或跨国公司抢占中国 NVC 空间

在中国内需不足和制度障碍约束下以及出口导向政策激励下，中国本土企业的理性抉择反而挤压了其构建 NVC 的激励空间，这无疑为外资企业或跨国公司抢占中国 NVC 空间提供了机会。此外，地方政府从政绩晋升考量的角度，不惜一切代价，甚至违背国家有关规定来吸引外资，在用地、税收、用工、采购、品牌推广、产品营销等方面给予一条龙服务和优惠待遇，造成外资企业或跨国公司在边际成本和固定成本上明显低于中国本土企业，再加上外企先进的管理水平和高效的资本运作能力使其能够进一步降低经营成本，并且利用其品牌的国际影响力和国人对国外品牌的追捧，使其几乎不受内需不足和制度障碍的制约。

因此，国外公司选择类型 6($\delta\in(0,1)$)和类型 7($\delta=1$)模式，在中国国内进行生产投资时，考虑存在两种分割生产可能性情况，即选择在 $\delta=\delta_1$ 或 $\delta=\delta_2$(满足 $\delta_1<\delta_2$)处进行分割生产投资，其利润函数分别为：

$$\pi_{\delta_1}^{jc}=[(\tau_x-\tau_x\delta_1+\delta_1)wa_{\delta_1}/\mu_1]^{1-\varepsilon}B^c-f(\delta)F_1/\mu_2 \tag{19}$$

$$\pi_{\delta_2 3}^{jc}=[(\tau_x-\tau_x\delta_2+\delta_2)wa_{\delta_2}/\mu_1]^{1-\varepsilon}B^c-f(\delta_2)F_1/\mu_2 \tag{20}$$

$$\pi_I^{jc}=(w^c a_I/\mu_1)^{1-\varepsilon}B^c-F_I/\mu_2 \tag{21}$$

其中，$B^c=(1-\alpha)A^c/\alpha^{1-\varepsilon}$；$A^c=\beta E^c/\left[\int_{v\in V}(p_v^c)^{1-\varepsilon}d_v\right]$。②

① 受到全国投入产出表和地区投入产出表中已有数据的限制，张少军(2009)的研究仅计算了江苏省两年的 NVC，无法进行全国 NVC 的测度，更无法将中国本土企业主导的 NVC 与外资企业或国外跨国公司主导的 NVC 区分开，所以无法从全国层面准确衡量出中国本土企业 NVC 的变化趋势。由于外资企业在中国具有较强市场势力，所以中国本土企业 NVC 的构建缺失现象可能会更为严重。

② A^c 表示在某行业中，国外公司所面对的中国国内总需求，对单个企业来说，A^c 是外生的。

假设：$\lambda>1, \tau_d^c>1, \tau_x^{cj}>1, \rho_1>1, \rho_2>1, F_g^c\gg 0, F_g^j=0, 0<\delta_1<\delta_2<1, \mu_1\gg 1, \mu_2\gg 1$。①

采用与图 4 相同假设，并且 $\frac{f(\delta_1)F_I/\mu_2}{(\tau_x-\tau_x\delta_1+\delta_1)^{1-\varepsilon}}<\frac{f(\delta_2)F_I/\mu_2}{(\tau_x-\tau_x\delta_2+\delta_2)^{1-\varepsilon}}<F_I/\mu_2<\frac{(f(s)F_X/\rho_2)\rho_1^{1-\varepsilon}B^c}{\mu_1^{1-\varepsilon}(\tau_x^{cj}+e)^{1-\varepsilon}B^j}$。②

根据国外公司和中国本土企业的利润函数以及假设条件，为使图意更清晰，略去中国本土企业类型 6 和类型 7 模式利润线 π_δ^{cj} 和 π_I^{cj}，可得到图 5 和命题 7。

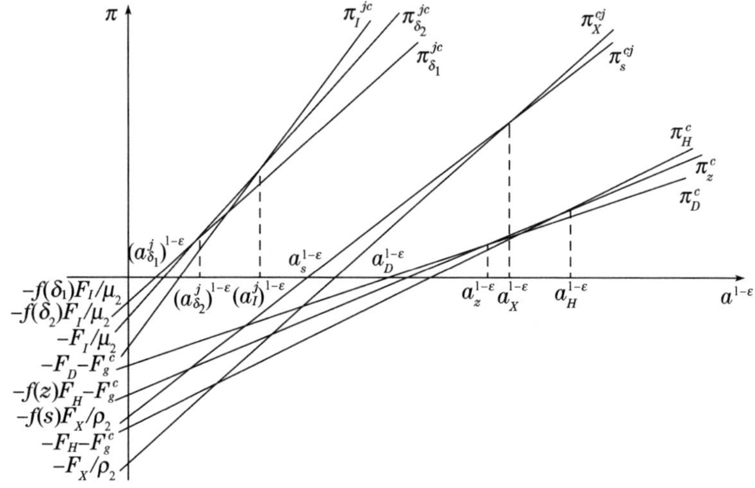

图 5　外资企业或跨国公司抢占中国 NVC 空间

图 5 中，外资企业或跨国公司的利润线 $\pi_{\delta_2}^{jc}$ 的斜率位于利润线 $\pi_{\delta_1}^{jc}$ 和 π_I^{jc} 的斜率之间，利润线 $\pi_{\delta_2}^{jc}$ 的纵轴截距 $-f(\delta_2)F_I/\mu_2$ 位于利润线 $\pi_{\delta_1}^{jc}$ 和 π_I^{jc} 的纵轴截距之间，利润线 $\pi_{\delta_2}^{jc}$ 与利润线 $\pi_{\delta_1}^{jc}$ 和 π_I^{jc} 交点横坐标分别为 $(a_{\delta_2}^j)^{1-\varepsilon}$ 和 $(a_I^j)^{1-\varepsilon}$。

命题 7：内需不足和制度障碍的外在约束对中国本土企业 NVC 构建空间的挤压

① μ_1 和 μ_2 分别表示由以上各种因素所引起的国外公司边际成本和固定成本的大幅度下降，利润线斜率变大，纵轴截距绝对值变小，向左上方移动。

② 该假设作为对利润函数的约束，可放松，例如 $w^j\neq w^i$，$F_I/\mu_2>f(s)F_X/\rho_2$，也不影响本文分析结果。

和给予国外公司在华投资的各种优待,使得外资企业或跨国公司逐步抢占中国的NVC 空间。

对于命题 7,从图 5 中可发现,国外公司在中国的超国民待遇和外企在品牌、营销和管理等方面的优势,以及内需不足和制度障碍约束和出口导向政策激励对中国本土企业构建 NVC 空间的挤压,降低了国外公司进入国内市场的门槛,即降低了进入壁垒。当国外公司生产率达到 $(a_{\delta_1}^j)^{1-\epsilon}$ 时,进入国内市场,生产率位于 $[(a_{\delta_1}^j)^{1-\epsilon},(a_{\delta_2}^j)^{1-\epsilon})$ 的国外公司以 δ_1 为分割点从事分割生产投资,生产率位于 $[(a_{\delta_2}^j)^{1-\epsilon},(a_I^j)^{1-\epsilon})$ 的国外公司以 δ_2 为分割点,而生产率高于 $(a_I^j)^{1-\epsilon}$ 的外资企业从事水平型生产投资,产品供应中国国内市场。

显然,每增加一个分割可能性都会扩大从事分割生产投资的国外公司范围,当扩展到多个分割可能性时,将导致原本属于中国本土企业的处于 $[(a_{\delta_1}^j)^{1-\epsilon},a_D^{1-\epsilon})$ 的 NVC 空间被国外公司所抢占。

目前,中国许多行业的领导型企业和重要零部件企业已被外资掌控,行业的 NVC 大多被外资控制。国外跨国公司通过分割生产投资,形成全球分工体系,从而构建起国外跨国公司主导的 GVC 俘获型治理结构。而通过逐步抢占中国 NVC 空间而俘获更多中国本土企业为其贴牌代工,从而构建起以国外公司为主导的中国 NVC,而这种 NVC 将内嵌到国外跨国公司所掌控的 GVC 治理结构中,中国本土企业将难以实现向价值链高端攀升,转型与升级愈发困难。①

更为重要的是,在开放经济条件下,中国本土企业及其产品被全球化布局的外资企业或跨国公司及其高质量、高性能品牌产品所替代。在这种情况下,中国本土企业就会丧失依托本国市场来培养 NVC 中的领导型企业的空间,从而使得中国本土企业构建完整 NVC 的内在动力缺失,转而选择低成本竞争的出口战略就成为其最优理性行为(刘志彪,2011)。

---

① 中国的 NVC 存在两种形式:一是中国本土企业主导型 NVC;另一种是外资企业或国外跨国公司主导型 NVC。而构建中国本土企业主导型 NVC 对于中国经济转型与升级而言至关重要。

四、结论及政策建议

本文通过构建模型，解释了自改革开放以来，内需不足和制度障碍的外在约束，是导致中国本土企业 NVC 构建缺失的主要原因。可概括为以下两个方面：

第一，以往的研究已经发现缺乏自有品牌和创新能力的中国本土企业常受到具有 GVC 链主地位的跨国公司和国际大买家的“横向挤压”和“纵向压榨”，而被迫“锁定”GVC 低端，难以实现转型升级，并将原因主要归结为中国本土企业在自有品牌、管理水平、技术及创新能力等方面与外资企业或者跨国公司的差距太大和 GVC 治理模式方面。而通过对内需不足和制度障碍的分析，不难发现阻碍中国本土企业实现转型与升级，妨碍中国本土企业充分利用和发挥“母市场效应”的内在原因在于我们自身。

内需不足和制度障碍的外在约束，以及中央和地方政府对中国本土企业出口实施的各种“隐形”补贴，扭曲了企业生产经营成本，导致理性的企业经营行为必然是用贴牌代工的出口方式替代 NVC 构建的生产方式，这就挤压了中国本土企业构建 NVC 的激励空间。

第二，内需不足和制度障碍约束和出口导向的政策激励对中国本土企业构建 NVC 空间的挤压以及中国地方政府在吸引外资方面给予的超国民待遇，无疑为外资企业或跨国公司抢占中国 NVC 空间提供了机会，而中国本土企业构建 NVC 空间受到严重挤占。

这也是中国高粗放型经济发展方式和经济独立自主发展的主动性被弱化的主要原因，并在一定程度上从企业微观视角，揭示了中央提出的“内需拉动经济主引擎”和“改革释放制度红利”的微观机理和作用途径，为通过消除内需不足和制度障碍，来推动中国企业转型升级和中国经济增长方式转变提供了理论依据。

在政策建议方面：

第一，在矫正内需不足方面，要重视开发国内市场，通过大力培育中等收入阶层，增加国民收入初次分配和再分配中劳动报酬分配所占比重，消除造成收入不平等的各种因素，增加国内消费者补贴和政府采购等措施，终结中国“哑铃型”需求结构，使内需结构趋于合理，并且增加消费性投资，培养民族文化认同和民族品牌自信心，从而培育出巨大的内需市场。使得中国本土企业在强大内需的支撑下，依托内需的"母市场效应"(Krugman，1980)和内需促进创新的内在机制(Daron and Linn，2004；Desmet and Parente，2010)，逐步消除"两头在外"的发展窘境，加快构建以中国本土企业为核心的 NVC 治理体系，增强中国本土企业的国际竞争力，推动转型升级以及向高端价值链的攀升，从而实现中央提出的"内需拉动经济主引擎作用"的历史使命。

第二，在消除制度障碍方面，通过改革现有政绩考核机制和政治晋升制度来逐步铲除市场分割的社会根基；加强政府、企业和社会的诚信教育，根除拖欠货款、"三角债"等社会顽疾，并建立和完善知识产权保护制度及其执行机制，营造良好的信用环境；进一步推进财税、土地、收入分配、金融、国有企业等深水区的改革。以上制度改革的推进，将有效消除制度障碍对中国本土企业发展和转型升级所产生的阻碍，促使中国本土企业的 NVC 构建搭上制度改革的顺风车，推动中央提出的"改革释放制度红利"的实现。

另外，充分利用各地区间的区域比较优势和合作互补空间，鼓励企业进行国内分割生产投资和水平型生产投资，在涉及产业区域转移时，地方政府应对流动性不同的企业执行差别化的税率优惠，降低企业面临的高昂搬迁成本，激励资本的跨地区流动，推动区域间区位优势的重构，实现东中西部地区的产业协同发展，为中国本土企业构建 NVC 提供良好的区域合作环境。

总之，通过逐步消除内需不足和制度障碍的外在约束，大量通过 OEM 国际代工方式从事出口的中国本土企业将逐步由国外市场转向国内市场，在 NVC 的构建过程中，中国本土企业将依托 Krugman(1980)的"母市场效应"，即依靠中国巨大的国内市场需求来培育其竞争优势，尽快从陷入"NVC 空间被挤占"和"被 GVC 治理结构所俘获"的困境中走出来，踏上由 GVC 低端——RVC(Regional Value Chains，区域价值链)高端——NVC(National Value Chains，国内价值链)高端——GVC 高端攀升的征途。从而为中央提出以"内需拉动经济主引擎"和"改革释放制度红利"推动中国经济转型升级和经济持续稳定增长目标的实现，提供内生动力的支撑。

此外，我们并不否定以 OEM 方式从事出口加工贸易对于中国本土企业的重要性，实际上较为稳定的批量出口还会帮助企业尽快实现规模经济竞争优势，从而为企业确立其在国内市场的低成本竞争优势和构建 NVC 给予进一步的支持。

参考文献

[1] 白重恩，杜颖娟，陶志刚，等. 地方保护主义及产业地区集中度的决定因素和变动趋势[J]. 经济研究，2004，4(11)：29－40.

[2] 陈敏，桂琦寒，陆铭，等. 经济开放与国内市场一体化进程——来自中国经济转型的证据[J]. 2004 年中国经济学年会论文，2005.

[3] 高越，李荣林. 异质性，分割生产与国际贸易[J]. 经济学，2009，1：10.

[4] 江静，刘志彪. 商务成本：长三角产业分布新格局的决定因素考察[J]. 上海经济研究，2006(11)：87－96.

[5] 江林，马椿荣，康俊. 我国与世界各国最终消费率的比较分析[J]. 消费经济，2009，25(1)：35－38.

[6] 李善同，侯永志，刘云中，等. 中国国内地方保护问题的调查与分析[J]. 经济研究，2004(11)：78－84.

[7] 刘志彪. 长三角托起的中国制造[M]. 北京：中国人民大学出版社，2006.

[8] 刘志彪，张少军. 中国地区差距及其纠偏：全球价值链和国内价值链的视角[J]. 学术月刊，2008(5)：49－55.

[9] 刘志彪. 重构国家价值链：转变中国制造业发展方式的思考[J]. 世界经济与政治论坛，2011(4)：1－14.

[10] 刘志彪. 基于内需的经济全球化：中国分享第二波全球化红利的战略选择[J]. 南京大学学报：哲学. 人文科学. 社会科学，2012，49(2)：51－59.

[11] Poncet S. 中国市场正在走向"非一体化"？——中国国内和国际市场一体化程度的比较分析[J]. 世界经济文汇，2002，1(5)：3－17.

[12] 任保全，王亮亮. 战略性新兴产业高端化了吗？[J]. 数量经济技术经济研究，2014，31(3)：38－55.

[13] 王国刚. 城镇化：中国经济发展方式转变的重心所在[J]. 中国特色社会主义研究，2011(S2)：43－59.

[14] 张杰,刘志彪,张少军.制度扭曲与中国本土企业的出口扩张[J].世界经济,2008,10:3-11.

[15] 张杰,张培丽,黄泰岩.市场分割推动了中国企业出口吗?[J].经济研究,2010,8:29-41.

[16] 张少军.全球价值链与国内价值链——基于投入产出表的新方法[J].国际贸易问题,2009(4):108-113.

[17] 朱希伟,金祥荣,罗德明.国内市场分割与中国的出口贸易扩张[J].经济研究,2005,12(1).

[18] BRAINARD S L. A simple theory of multinational corporations and trade with a trade-off between proximity and concentration [R]. National bureau of economic research, 1993.

[19] ACEMOGLU D, LINN J. Market size in innovation: theory and evidence from the pharmaceutical industry[J]. The quarterly journal of economics, 2004, 119(3): 1049-1090.

[20] DESMET K, PARENTE S L. Bigger is better: market size, demand elasticity, and innovation[J]. International economic review, 2010, 51(2): 319-333.

[21] FEENSTRA R C. Integration of trade and disintegration of production in the global economy[J]. Journal of economic perspectives, 1998, 12(4): 31-50.

[22] An east asian renaissance: ideas for economic growth[M]. The world bank, 2007.

[23] HELPMAN E, MELITZ M J, YEAPLE S R. Export versus FDI with heterogeneous firms[J]. American economic review, 2004, 94(1): 300-316.

[24] KHARAS H. China's transition to ahigh income economy: escaping the middle income trap[J]. The medium and long term development and transformation of the Chinese economy: an international perspective, CITIC publishing house, Beijing, 2011: 470-501.

[25] KOHLER W. A specific-factors view on outsourcing[J]. The north American journal of economics and finance, 2001, 12(1): 31-53.

[26] KRUGMAN P. Scale economies, product differentiation, and the pattern of trade[J]. The American economic review, 1980, 70(5): 950-959.

[27] LEVCHENKO A A. Institutional quality and international trade[J]. The review of economic studies, 2007, 74(3): 791 - 819.

[28] MELITZ M J. The impact of trade on intra-industry reallocations and aggregate industry productivity[J]. Econometrica, 2003, 71(6): 1695 - 1725.

[29] MARKUSEN J R. Multinationals, multi-plant economies, and the gains from trade [J]. Journal of international economics, 1984, 16(3 - 4): 205 - 226.

[30] NUNN N. Relationship-specificity, incomplete contracts, and the pattern of trade[J]. The quarterly journal of economics, 2007, 122(2): 569 - 600.

[31] SAMUELSON P A. The transfer problem and transport costs, II: analysis of effects of trade impediments[J]. The economic journal, 1954, 64(254): 264 - 289.

[32] THOMAS J, WORRALL T. Foreign direct investment and the risk of expropriation [J]. The review of economic studies, 1994, 61(1): 81 - 108.

[33] YOUNG A. The razor's edge: distortions and incremental reform in the People's Republic of China [J]. The quarterly journal of economics, 2000, 115 (4): 1091 - 1135.

第三部分

产业升级与政策

中国转型时期产业政策与产能过剩[①]

——基于制造业面板数据的实证研究

程俊杰[②]

一、问题的提出

2008 年国际金融危机爆发之后我国开始进入新一轮产能过剩高峰,除了周期性、结构性因素的影响,体制性因素也不容忽视,甚至应该是转型时期我国产能过剩愈演愈烈、久治不愈最重要的原因。例如各地在发展过程中往往用指向性或偏好性过强,很具体的产业规划,产业政策指导或指令企业对产业的投资行为,使得对少数产业的集中大量涌入,势必造成产能过剩,而退出时期的政府"父爱主义"又会进一步加剧过剩程度,并使过剩产能难以消化。虽然理论界对于产业政策的有效性长期存在争议,但一直为世界各国广泛采用,我国也利用产业政策实施了第一轮赶超。但随着我国经济社会的发展,产业政策的实施也逐渐暴露出越来越多的问题,首要问题的就是日益严重的产能过剩,因为无法克服政府失灵。其内在机理是:一方面通过向企业传递信号,改变投资预期收益等方式造成"投资潮涌"(林毅夫等,2010);另一方面在企业的退出阶段,反向激励效应使得企业陷入"越过剩越投资"的怪圈。

然而,遗憾的是,国内学者对产能过剩的研究很少有从产业政策的角度切入的,

---

① 原文载于《财经研究》2015 年第 8 期。

② 江苏省社会科学院区域现代化研究院副研究员。

不同政策工具对产能过剩的影响更是鲜有涉及，大多数文献仅仅是笼统地指出了转型体制下政府干预对产能过剩的重要影响。比如，王立国和鞠蕾(2012)认为地方政府干预使得企业内部成本外部化，可以引发企业过度投资，进而造成产能过剩。江飞涛等(2012)指出在体制扭曲的背景下，地区对于投资的补贴性竞争是导致产能过剩最为重要的原因。

国外学者主要从贸易政策角度对产能过剩展开研究。代表性的文献有：Steel(1972)研究发现，在进口替代战略背景下，供应商信用以及资本品的低关税刺激了制造业产能的迅速扩张，同时外汇管制以及市场规模较小又影响了原材料的进口，从而导致产能过剩。Sahay(1990)持有类似的观点，他认为发展中国家的投入品进口配额造成了制造业的产能过剩，而用关税去替代进口配额可以提高产能利用率。Blonigen 和 Wilson(2010)则分析了贸易政策对别国的影响，研究表明发展中国家的出口补贴并不是造成美国钢铁企业过去几十年衰退的显著因素。

综上，虽然已经针对现有成果进行了大量深入的讨论，但大多是对产能过剩或产业政策的独立分析，很少将两者结合起来研究。本文主要研究产业政策与产能过剩之间的关系，并尝试利用理论推演和计量检验的方法重点回答三个问题：(1) 产业政策对我国产能过剩的形成是否存在影响；(2) 不同政策工具对我国产能过剩的影响是否存在差别；(3) 产业政策对产能过剩的影响在企业规模、产权性质、技术特征等方面是否存在异质性。本文余下部分的结构安排如下：第二部分从理论上分析产业政策导致产能过剩产生的内在因素，并提出了供实证检验的理论假说；第三部分利用协整方法对制造业二位码行业的产能过剩程度进行测度；第四部分根据理论假说建立计量模型，确定核心变量的测算方法、控制变量的指标选择以及数据来源；第五部分对计量模型进行实证回归并验证理论假说；第六部分从企业规模、产权以及技术特征三个角度研究了产业政策对产能过剩影响的异质性；第七部分是研究结论与政策启示。

二、产业政策造成产能过剩的内在因素分析

我国是运用产业政策较多的国家，随着经济发展进入“新常态”，一些原先被高增

长光环所掩盖的问题日益凸显。本部分将对产业政策造成产能过剩的内在因素提供一个简单的分析框架，并在此基础上提出一些有待检验的理论假说。

第一，非均衡的发展思维。我国产业政策从本质上看体现的是非均衡的发展思维，其政策背景主要是针对相对落后的产业结构，迅速实现结构升级和经济赶超。在非均衡的发展思维下，产能过剩形成的具体机制是：(1) 由于我国具有强政府特征，中央政府利用产业政策选择重点发展的产业，并通过各种政策工具主要对供给端进行刺激，导致大量要素和资源对这类产业的集中投入，形成了巨大的超出一定范围的生产能力，从而导致出现产能过剩的可能。(2) 在现有的政治集权、经济分权的制度安排下，各地方政府基于追求政治晋升和经济利益的动机往往忽视本地比较优势，片面照搬中央的产业政策，实施地方版的非均衡发展，出现了大量重复建设、过度竞争的现象，进一步加大了重点发展产业发生产能过剩的概率。(3) 空间上的非均衡布局，加上长期存在的地方保护、市场分割等因素，使得某些地区相对于其他地区更加容易出现过度投资的情况，进而引发产能过剩。

第二，影响企业决策的市场机制尚未完善。在市场发育程度较低的背景下，产业政策通过其自身的信号传递极有可能造成产能过剩。当前，我国市场化程度不高主要表现在两个方面：一是市场信号失真，二是市场信息严重不对称。也就是说，企业一般很难通过正常、公开的渠道以较低的成本获得未被扭曲的市场信息，而政府由于掌握了大量的关键要素和资源因此通常比企业更容易获得更多、更真实的市场信息。基于这样的背景，我国企业的决策行为往往更多地依赖于产业政策。在进入决策时，产业政策会向率先行动的企业传递信号，诱使其进入具有政府强烈偏好的产业。对于随后行动的企业，产业政策会继续向它们传递同样的信号，而率先行动的企业的进入行为又进一步加强了这种信号效应，刺激企业序贯进入。即使后行动的企业掌握了先行动企业进入薄利或亏损的信息，两种信号的叠加效应和不对称信息下的羊群效应仍然可能促进企业"前赴后继"，从而导致这类产业出现产能过剩的情况。由此也可以推论，地区间市场发育程度的差异将使得市场化程度较低的地区相对更易爆发产能过剩危机。在退出决策时，一方面产业政策很少包含退出信息和指导，另一方面由于政府官员自身的认知限制，负面清单的制订并不科学且相对滞后，比如规模门槛的使用很可能产生反向刺激信号，从而加剧了产能过剩。

第三，企业的预算软约束。作为"双轨制"的产物，我国企业的预算软约束呈现出新的特征，即政府由"博爱"逐渐转向"专宠"，一些重点部门、企业的预算软约束程度非但没有下降反而由于政府干预手段和控制关键资源的增多而得到加强，这极有可能造成以上产业的产能过剩。具体来说，其一，地方竞争使得各地为招商引资竞相采用投资补贴措施，并开展补贴竞争，如低价出让土地、财税优惠、降低环保标准、帮助企业获取金融支持等，造成了要素价格的扭曲以及企业投资成本的下降，引发企业集中进入某些产业，造成产能过剩。其二，当企业亏损面临退出时，地方政府又会通过补贴、信贷等"父爱"方式将其维持在市场之中。这一行为实际上是各地政府主导的消耗战博弈的纳什均衡，而且如果设置退出壁垒能够给地方政府带来更高的净收益或者可以实现成本转嫁，那么退出壁垒持续的时间将更长(刘小鲁，2005)。其三，国有比重较高的鼓励发展产业，由于企业预算约束相对较弱，所以更容易出现产能过剩。

第四，产业政策执行的不对称。我国转型时期实施的产业政策本质上是政府选择赢家，因而政策内容主要是指出鼓励发展的产业及支持措施。虽然随着经济现实和政府认知的发展，我国产业政策逐渐开始关注包含限制类以及淘汰类产业目录，并制定了相应的实施举措，但作为落实产业政策主体的地方政府对鼓励、限制、淘汰三类产业政策的不同执行态度和力度是导致我国部分产业出现产能过剩的重要原因。之所以会出现这一现象，主要是在现行的财政分权和以 GDP 为核心的政绩考核体制下，地方和中央在实施鼓励型产业政策方面是激励相容的，而在实施限制型或淘汰型产业政策方面则是激励不相容的。对于鼓励型产业，地方政府会坚决执行中央政策，甚至不惜通过扭曲要素价格、开展恶性竞争来吸引相关企业投资入驻，增大了产能过剩的发生概率。比如中央提出要加快战略性新兴产业的布局与发展后，不少地区纷纷陷入"拼地价、给补贴、降门槛"的传统发展模式，即所谓"朝阳产业的夕阳式发展"。而对于限制类和淘汰类产业，地方政府往往会与企业串谋，阳奉阴违，打政策的"擦边球"，甚至欺上瞒下，设置各种退出壁垒，从而使过剩或落后产能难以退出，导致产能过剩"久治不愈"。

第五,产业升级的困境。根据经济学理论,产品多样化、质量提升以及产业升级是破解产能过剩危局的重要途径之一。但我国的产业政策却在一定程度上影响了产业升级的顺利实现,进而导致产能过剩且难以化解。其内在机制主要包括四个方面:一是鼓励以国际代工方式加入 GVC,发展出口导向型经济的产业政策虽然可以在短期内使众多国内企业完成较低级的工艺和产品升级,但是由于链主及环节限制等因素却长期被锁定于“微笑曲线”的低端,开展同质化竞争。二是回顾我国产业政策的演变历史,一直以来为实现经济的迅速赶超,产业政策的主要目的是追求部分产业以速度和数量为核心的快速增长,直到“十一五”时期才正式将增强自主创新能力、提升产业竞争力引入产业政策并突出其重要性,而这一改变很难在短期内对我国产业升级困境产生明显的积极影响。三是产业政策及其支持方式、工具等的不完善使产业升级难以实现。产业升级的本质是创新和技术进步,目前产业政策中知识产权保护内容的缺失或执行不力导致研究部门溢出收益的迅速下降,削弱了其创新动力。另外,鼓励创新的产业政策其干预水平主要集中在企业层面,而对跨产业及宏观层面的基础理论研究的支持力度不够,从而使企业研发生产率难以提高。四是中央和地方产业政策的不协调也对产业升级造成了一定的不利影响。比如,自主创新与腾笼换鸟之争,Chen 等(2014)研究发现像自主创新这类顶层设计政策很可能会破坏地方政府采取腾笼换鸟这种渐进方式进行产业升级的努力。以上四方面由产业政策所造成的产业升级困境会促使国内企业“潮涌”进入某些产业后,发生产能过剩并将长期存在。

综上所述,本文提出理论假说:我国转型时期实行的产业政策会增大产能过剩发生的可能性并使其持续存在。

三、产能过剩测度:基于制造业二位码行业的估计

产能利用率是国际通用的衡量产能过剩的核心指标,其估算的难点在于对产能产出的预测。国外不少学者对此进行了反复探讨,目前,估计产能产出的方法除了直接调查法之外,还有峰值法、生产函数法、成本函数法、协整方法、结构向量自回归(SVAR)法以及数据包络(DEA)和随机前沿(SPF)分析法等。以上方法各有优劣,

这里选择使用 Shaikh 和 Moudud(2004)首次提出的协整方法对我国制造业各行业的产能产出进行估算,该方法的好处在于不需要对函数形式进行设定,回避了主观误差。

(一) 模型、变量说明及数据来源

Shaikh 和 Moudud(2004)认为,长期以来产能产出与资本存量存在着稳定关系,并经过推导得出回归模型:

$$\log Y(t)=a_0+a_1\cdot t+a_2\cdot \log K(t)+e(t) \qquad (*)$$

该模型的被解释变量为产能产出,解释变量为资本存量以及代表技术进步的时间趋势项。这里用工业总产值来衡量产能产出,并用各行业工业品出厂价格指数进行平减以得到实际工业总产值;用固定资产净值来代表资本存量,固定资产净值由固定资产原值与累计折旧作差得出,再利用固定资产投资价格指数剔除价格因素影响。样本为除工艺品及其他制造业、废弃资源和废旧材料回收加工业以外的 28 个制造业行业,区间选择在 1999—2011 年,工业总产值、固定资产原值与累计折旧数据来自于历年《中国工业经济统计年鉴》,其中,2004 年的数据来自于《中国经济普查年鉴(2004)》;工业品出厂价格指数以及固定资产投资价格指数来自于历年《中国统计年鉴》。实际工业总产值与实际固定资产净值取对数后分别得到回归模型的因变量和自变量。

(二) 产能利用率计算结果

首先,样本数据的面板单位根检验结果显示,所有序列均是一阶单整;协整检验表明固定资产净值与工业总产值之间存在稳定关系。考虑到行业异质性,分别采用固定效应模型、随机效应模型以及变系数模型进行回归,经检验本文最终采用变系数模型的回归结果估算产能产出,进而得到各行业时序变化的产能利用率。评判产能过剩的标准是国际上广泛使用的 79%～83%区间,即产能利用率低于 79%则表明产能过剩。根据计算结果,以 2011 年的产能利用率为主要参考值甄别出目前可能存在产能过剩问题的行业有 12 个,占所有行业数量的比例接近 50%。

除石油加工、炼焦及核燃料加工业,化学纤维制造业,非金属矿物制品业以及有色金属冶炼及压延加工业的产能利用率基本保持在一个稳定水平外,其余过剩产业

的产能利用率均呈现下降趋势。与沈坤荣等(2012)在产能利用率低于79%的前提下借助产销率差值来判断过剩强度的方法不同,本文的判断分为两个步骤:首先是从产能过剩的行业中选出产能利用率相对较低的行业,同样以2011年的产能利用率为参考值,以70%为评价标准;其次,辅助指标企业亏损面、库存变动率以及产品价格变动情况中至少有2个指标反映出过剩倾向的,将其判断为强过剩,其余则为弱过剩。① 此外,根据不少学者的观点,我国目前为止经历过三轮产能过剩,故将1999—2011年划分为三个阶段,分别是1999—2002年为第一阶段,2003—2007年为第二阶段,2008—2011年为第三阶段。

表1 产能过剩行业产能利用率的变化趋势及过剩强度

行业	CU变化趋势	CU均值			过剩强度	
		Ⅰ	Ⅱ	Ⅲ	强	弱
纺织服装、鞋、帽制造业	↓	0.95	0.86	0.77		√
家具制造业	↓	0.93	0.91	0.82		√
石油加工、炼焦及核燃料加工业	→	0.55	0.58	0.51	√	
化学原料及化学制品制造业	↓	0.68	0.60	0.48	√	
化学纤维制造业	→	0.51	0.57	0.50	√	
橡胶制品业	↓	0.92	0.89	0.80		√
非金属矿物制品业	→	0.70	0.70	0.70		√
黑色金属冶炼及压延加工业	↓	0.66	0.74	0.49	√	
有色金属冶炼及压延加工业	→	0.71	0.88	0.71	√	
通用设备制造业	↓	0.93	0.99	0.87		√
交通运输设备制造业	↓	0.95	0.91	0.81		√
通信设备、计算机及其他电子设备制造业	↓	0.87	0.83	0.57	√	

注:根据计算结果整理得出,其中,↓表示下降趋势,→表示基本保持不变趋势;Ⅰ,Ⅱ,Ⅲ分别代表1999—2002年,2003—2007年,2008—2011年三个阶段。

① 由于篇幅所限,这里略去产能利用率、企业亏损面、库存变动率以及产品价格变动的计算结果。

表 2　分阶段产能过剩行业变动情况

序号	阶段	过剩产业数量	过剩产业占比
1	1999—2002	6	21.43%
2	2003—2007	5	17.86%
3	2008—2011	8	28.57%

注:根据三个阶段各产业产能利用率的均值与79%的阀值比较后判断得出。

以上结果表明:我国制造业产业中产能过剩的范围正在逐渐扩大,以三阶段各产业产能利用率的均值为参考值进行比较后发现,本轮产能过剩的过剩产业相对于前两轮过剩有一定幅度的增加;如果以2011年的产能利用率为参考值,那么过剩产业的数量将更大。12个可能存在产能过剩的产业中,重工业产业占了将近85%,其中有6个产业被判定为强过剩,分别是石油加工、炼焦及核燃料加工业,化学原料及化学制品制造业,化学纤维制造业,黑色金属冶炼及压延加工业,有色金属冶炼及压延加工业以及通信设备、计算机及其他电子设备制造业,且所有被判断为强过剩的产业其产能利用率要么保持不变,要么呈下降趋势,说明过剩情况很难改善,甚至会进一步恶化。其余被判定为弱过剩的产业,除非金属矿物制品业的产能利用率基本稳定外,剩下的均表现出持续下降的态势,也就是说如果不能得到有效化解,现在弱过剩的产业很有可能变成强过剩产业。

令人欣慰的是,本文测算得出的产能过剩产业也正是国家相关文件以及工信部向社会公布淘汰落后产能目标的行业中多次提到的过剩产业,并且与韩国高等(2011)以及沈坤荣等(2012)得出的产能过剩产业基本一致。

四、研究设计

为了对上第二部分提出的理论假说进行验证,这里引入以下计量经济模型来分析产业政策与产能过剩之间的关系。

(一)计量模型设定

我国产能过剩的成因除了政府干预,还有需求冲击导致的被动过剩以及企业为

了应对不确定性、追逐市场份额和利润等造成的主动过剩。因此,构建如下计量模型:

$$cu_{it}=\alpha_0+\alpha_1 poli_{it}+\alpha_2 grow_{it}+\alpha_3 dema_{it}+\alpha_4 prof_{it}+\alpha_5 struc_{it}+\alpha_6 forei_{it}+\alpha_7 indus_i+\mu_i+\varepsilon_{it} \quad (1)$$

其中,i 表示行业,t 表示时间;cu 是被解释变量,表示产能过剩程度;$poli$、$grow$、$dema$ 以及 $prof$ 为解释变量,分别表示产业政策、产业的内生增长趋势、外部需求冲击和产业的盈利情况。此外,不少文献还论证了市场结构、国际贸易、行业特征等对产能过剩的影响,因此,为了更好地分析产能过剩的影响因素,这里加入一些控制变量,比如 $struc$ 代表市场结构、$forei$ 表示产业的对外开放度、$indus$ 描述产业的轻、重特征。μ_i 表示不可观测的个体固定效应,ε_{it} 是随机误差项。

(二) 变量说明和数据来源

1. 被解释变量

产能过剩程度(cu)。产能过剩的测度采用第三部分的计算结果。

2. 核心解释变量

产业政策($poli$)。产业政策的内涵非常丰富,实证研究对其的处理一般有三种思路:一是通过比较不同产业政策实施阶段被解释变量的变化来说明产业政策的影响。这种处理方法有效回避了产业政策的定量描述,但是存在一个严重的逻辑缺陷,即产业政策只是所有变化的充分不必要条件。二是将产业政策看成一个整体,从行业或时间维度引入哑变量。三是将产业政策中的不同工具区分开来,再分别选取指标对政策工具进行刻画。由于采用虚拟变量来度量产业政策,背后的经济含义比较有限,本文主要采用第三种处理办法。我国产业政策中使用较多的政策工具包括财税优惠、行政审批、价格管制、金融支持以及贸易保护等。考虑到各种政策工具的使用频率、范围以及地位,这里主要选择税收优惠(tax)、贸易保护($trad$)以及创新补贴($subs$)三种政策工具进行分析。tax 选择真实销售税负指标,$trad$ 采用指标为出口退税占工业增加值比重,$subs$ 用政府资金占规模以上工业企业 R&D 经费内部支出之比来表示。

产业内生增长趋势($grow$)。Jun Ishii(2011)指出，如果企业发现市场在增长，但是不确定增长幅度和能够获得的市场份额，那么当保持过剩产能的成本低于期望收益时，企业就会保持产能过剩。因此，产业内生增长趋势是企业产能决策的重要影响因素。对其的测量，比较粗糙的方法是直接测算工业总产值增长率，这里采用 HP 滤波法对各行业规模以上工业企业的实际工业总产值增长率进行分解，平滑参数取值100，得出的趋势部分就是产业内生增长趋势。

外部需求冲击($dema$)。与企业主动选择过剩不同，外部需求冲击会导致被动过剩的发生。从本质上讲，周期性产能过剩和结构性产能过剩分别是被动过剩在宏观和中观层面的典型表现。比如，孙巍(2008)观察到由生产要素投入到形成生产能力具有一定的滞后性，宏观经济的波动与冲击会导致产能过剩的形成。付启敏等(2011)提出了一种结构性过剩的情形，即产业纵向组织不协调使上下游供需关系不对称导致产能过剩。对外部需求冲击的衡量选择实际可支配收入增长率指标。

产业盈利($prof$)。追逐利润是企业保持产能过剩的另一动机。其内在机制有二：一是构建进入壁垒。先进入的企业可以通过保持过剩产能形成降价和增产两大可置信威胁以阻止进入；二是降低成本。Schwartz(1984)认为维持产能过剩有利于形成规模经济效应，因而具有一定的经济理性。测度产业盈利程度的指标较多，这里选用工业成本费用利润率指标，因为该指标在某种程度上反映了产业的成本控制和投入—产出效率。

3. 控制变量

此外，根据产业组织理论以及参照相关实证研究文献，再加入一些控制变量：市场结构($struc$)。Mann 等(1979)认为高集中度行业的产能调整比竞争行业更快，因而很难发生产能过剩。市场结构反映了市场竞争和垄断的情况，可以通过市场集中度指标进行测度。由于赫芬达尔指数需要微观层面的数据支持，因此这里采用 PCM 指数来代表市场结构变量。具体计算公式如下：

$$PCM_{it}=\frac{VA_{it}-W_{it}}{F_{it}}$$

其中，VA 表示工业增加值，W 表示劳动力成本，F 为工业总产值，i 为行业，t 为时间。

产业对外开放度(*forei*)。大量的研究表明,对外贸易也会对产能过剩产生重要影响。对我国来说,吸收 FDI、加入 GVC、开展加工贸易的发展模式对产能过剩的影响主要表现在两个方面:一是在承接国外产业转移的背景下,FDI 可能会导致众多国内的上下游企业集中进入,产生过度投资;二是与 FDI 的竞争会使得一批国内同类企业破产、倒闭,虽然在短期内可能会减少过剩产能规模,但长期来看,将会诱发处于寡头垄断地位的在位企业主动过剩。产业对外开放度用规模以上工业企业出口交货值与销售产值之比来表示。

产业特征(*indus*)。从理论上讲,由于资本密集型的属性,重工业相对于轻工业而言产能形成的时间更长,资产专用性更强,规模门槛和产能调整的成本也更高。此外,与轻工业偏完全竞争的市场结构不同,我国重工业大多数产业属于非完全竞争行业。因此,重工业应更易出现产能过剩的情况。韩国高等(2011)的研究也证实我国产能过剩行业大多数属于重工业。故在计量模型中引入产业特征哑变量,令重工业各产业为 1,轻工业各产业为 0。

4. *样本和数据来源*

本文的研究样本为 1999—2011 年制造业 28 个行业(不包括工艺品及其他制造业、废弃资源和废旧材料回收加工业)的面板数据。变量数据来自于历年《中国统计年鉴》《中国工业经济统计年鉴》《中国经济普查年鉴 2004》《中国劳动统计年鉴》《中国财政年鉴》以及《中国科技统计年鉴》。

五、模型检验与实证分析

(一) 税收优惠

为了克服静态面板模型被解释变量的内生性问题,这里采用标准误差更小的动态面板系统 GMM 进行估计。对计量模型(1)的回归结果显示,整体方程和变量系数均具有稳健性;在 5%的显著水平上,所有方程误差项都不存在二阶序列相关,且不存在过度识别问题,工具变量选择有效。

表 3　计量模型(1)的回归结果

方法	动态面板系统 GMM		
变量	方程 1 cu	方程 2 cu	方程 3 cu
L1. cu	0. 838 7 *** (0. 032 0)	0. 794 9 *** (0. 028 0)	0. 948 5 *** (0. 029 9)
L2. cu			−0. 135 6 *** (0. 138 8)
tax	0. 099 3 *** (0. 015 4)		
trad		0. 406 4 *** (0. 035 9)	
subs			−0. 406 1 ** (0. 191 3)
grow	0. 252 5 *** (0. 064 6)	0. 278 4 *** (0. 032 0)	−0. 351 8 ** (0. 159 6)
dema	0. 208 0 *** (0. 040 4)	0. 232 4 *** (0. 040 0)	0. 205 1 *** (0. 047 8)
prof	0. 169 1 *** (0. 019 2)	0. 082 6 *** (0. 017 8)	0. 159 0 *** (0. 033 8)
struc	0. 097 6 (0. 071 0)	0. 172 6 *** (0. 050 4)	0. 132 8 ** (0. 065 8)
indus	0. 034 1 *** (0. 008 1)	0. 044 1 *** (0. 008 5)	0. 081 5 *** (0. 025 2)
forei	0. 303 0 *** (0. 029 3)	0. 145 6 *** (0. 031 9)	0. 239 3 *** (0. 034 2)
_cons	−0. 103 9 *** (0. 011 9)	−0. 071 5 *** (0. 016 9)	0. 021 9 (0. 034 0)
Wald 检验	22 619. 72 [0. 000 0]	49 195. 09 [0. 000 0]	6 339. 53 [0. 000 0]

(续表)

方法	动态面板系统 GMM		
变量	方程 1 cu	方程 2 cu	方程 3 cu
AR(2)检验	−1.198 8 [0.230 6]	−1.486 [0.137 3]	0.238 6 [0.811 4]
Sargan 检验	22.708 3 [0.303 3]	23.877 1 [0.247 8]	23.866 6 [0.688 6]
行业固定效应	Y	Y	Y
观测值	336	336	308
行业数目	28	28	28

注:实证结果均由 stata12 计算并整理得出:(1) ***,**,* 分别表示 1%,5%和 10%水平上的显著性;(2) 圆括号内的数字是标准差;(3) 方括号内的数字是 p 值;(4) Wald 检验的原假设是变量是外生的,Sargan 检验的原假设为所有工具变量均有效。

产业真实销售税负与产能利用率之间存在着显著的正相关关系,也就是说采用税收优惠的政策工具会导致产能过剩。其内在机制主要有二:(1) 在进入决策阶段,税收优惠发挥信号传递作用,吸引企业对某些产业的集中进入。在投资决策阶段,企业投资遵循边际收益等于边际成本的原则,而税收优惠降低了投资的边际成本,刺激投资规模扩大。Goolsbee(1998)指出税收优惠刺激的主要是针对资本品的投资需求,即产能的扩张。在退出决策阶段,税收优惠实际上构成了企业的预算软约束,成为退出壁垒,从而使过剩产能无法正常退出。而政府是否对企业进行保护的关键取决于对边际社会收益与损失的确定和比较。(2) 从税收竞争的角度来看,Janeba(2000)认为产能过剩是企业理性选择的结果,他构建了一个跨国公司——东道国的基本模型,并证明东道国之间的税收竞争会使得跨国公司投资过剩产能作为威胁以获取更优惠的税率。事实上,这一解释同样适用于国内公司和地区间的税收竞争。

(二) 贸易保护

根据方程 2,贸易保护与产能利用率之间的关系为正相关,且通过了 1%的显著性水平检验。说明贸易保护越强，产能利用率越高，反之则反是。这一结论与 Sahay (1990)的研究一致。他指出，不论是完全竞争市场还是不完全竞争市场，关税保护都会导致完全的产能利用率。考察 2006—2011 年期间我国制造业各行业的出口退税占工业增加值之比指标，可以发现 28 个行业中有 24 个行业的贸易保护出现不同程度的下降，占行业总数的 85.7%，与我国制造业普遍存在产能过剩的特征大体一致，且这 24 个行业与前文测算产能利用率得出的可能存在产能过剩风险的行业也基本重合。

其实，从理论上分析，贸易保护与产能利用率之间的关系可能并不是简单的单调关系。梳理改革开放以来我国涉及对外贸易方面的产业政策，可以将贸易保护的目标概括为“鼓励出口，管制进口”。短期来看，通过增加出口退税、实行进口配额等方式加强贸易保护可以至少产生以下结果：一是导致出口型企业因成本优势而增加产出，二是使得进口替代型企业因竞争不足以及超额利润的存在产生增加产出的冲动，三是促使混合型企业在国内外差异价格的刺激下增加产出，因为国内过剩的产出完全可以在国际市场上以出清的价格进行消化(Staige 等，1992)。这些结果都会使国内企业产能利用率得到提高。

从长远来看，加强贸易保护，一方面资本的逐利性会导致大量的国内企业向出口行业集中涌入，形成产能的过度扩张；另一方面从产业组织的角度来说，进口管制会使得进口替代型产业与其上下游产业的不协调发展，从而可能造成产业链某一环节的过剩。也就是说，长期加强贸易保护反而会降低产能利用率。由此可见，贸易保护与产能利用率之间应该存在着一种类似于“倒 U 型”的关系，具体的确定还需要进一步地深入研究。但是从目前来看，鼓励出口、管制进口的开放保护政策对我国产能过剩的影响还处于“短期效应”阶段，一个显而易见的建议就是，未来化解产能过剩矛盾应削弱贸易保护，加强国内企业的国际竞争。

（三）创新补贴

由于误差项二阶序列相关的原因，方程 3 引入被解释变量的二阶滞后，虽然损失了一些观测值和样本信息，但是重新回归后的结果显示，方程和变量估计整体稳健，方程误差项在 5%的显著性水平上不存在二阶序列相关，过度识别检验表明工具变量的选择也有效。

由于 2007 年我国实行政府收支分类改革以及考虑到公共财政的发展趋势，出于对数据的可得性、口径的一致性以及政策措施的现实地位考虑，这里选择财政补贴中长期稳定存在的一个重要部分——创新补贴进行分析。然而，令人遗憾的是，我国创新补贴与产能利用率之间的关系显著为负，这表明我国的政府补贴对创新效率具有负作用，但许多国外学者的研究却给出了截然相反的结论。而国内学者对我国的实证研究大多支持了我们的结论(冯宗宪等，2011)。其内在机制可以归纳为以下四点：一是补贴方式，目前我国对企业的创新补贴主要采取创新投入补贴的形式，而研究发现创新产品补贴的方式比创新投入补贴更为有效(生延超，2008)。二是补贴项目，近几年国家或地方创新基金的补助项目，很大比例都是应用研究，这一方面会导致基础研究的不足和创新吸收能力的弱化，另一方面也可能造成对企业 R&D 投入的挤出。三是补贴分配，从主观角度来看，创新补贴的分配者可能会出于寻租等个人利益因素的影响而导致资金错配；而从客观角度来看，受个体认知的局限性和信息不对称的影响，创新补贴可能会因违背市场规律而降低其配置效率。四是补贴管理，即对补贴资金缺乏严格的监督管理，容易出现企业改变资金用途等不良现象。

六、产业政策影响过剩的异质性：企业规模、产权与技术特征

本部分将进一步对产业政策影响产能过剩的异质性进行分析。此处将分别构造产业政策与企业规模、产权性质和产业技术特征的交互项，并将计量模型(1)拓展如下：

$$cu_{it}=\alpha_0+\alpha_1 X_{it}+\alpha_2 grow_{it}+\alpha_3 dema_{it}+\alpha_4 prof_{it}+\alpha_5 struc_{it}+\alpha_6 forei_{it}+\alpha_7 indus_i+\mu_i+\varepsilon_{it} \tag{2}$$

其中，X 分别表示：产业政策与企业规模的交互项 $poli \cdot larg$、$poli \cdot smal$；产业政策与企业产权性质的交互项 $poli \cdot nati$、$poli \cdot join$；产业政策与产业技术特征的交互项 $poli \cdot high$、$poli \cdot low$。这里对产业政策的度量采用引入虚拟变量的办法。变量具体定义及数据来源如下：

表 4　企业规模、产权性质与产业技术特征变量定义和数据来源

企业规模	*larg*	大中型企业占比，指按行业分大中型企业工业总产值占规模以上企业工业总产值比重	《中国工业经济统计年鉴》《中国经济普查年鉴 2004》、中经网、资讯行数据库
	saml	小型企业占比，即按行业分小型企业工业总产值占规模以上企业工业总产值比重	
产权性质	*nati*	国有及国有控股企业占比，指按行业分国有及国有控股企业工业总产值占规模以上企业工业总产值比重	《中国工业经济统计年鉴》《中国经济普查年鉴 2004》、中经网、资讯行数据库
	join	外商投资和港澳台投资企业占比，指按行业分外商投资和港澳台投资企业工业总产值占规模以上企业工业总产值比重	
产业技术特征	*high*	行业中高技术比重，指按行业分新产品产值占规模以上企业工业总产值比重	《中国工业经济统计年鉴》《中国科技统计年鉴》、资讯行数据库
	low	行业中低技术比重，指按行业分一般产品产值占规模以上企业工业总产值比重	

（一）企业规模

表 5 的结果显示，方程 1—6 的回归效果良好，估计方程的误差项不存在二阶序列相关，工具变量选择有效，整体方程也通过稳健性检验。逐步加入解释变量的结果是各变量的系数符号均保持不变，与计量模型(1)的回归结果相比，也基本一致，这说明了实证结果的可靠与稳健。

表 5　计量模型(2)的回归结果

估计方法	动态面板系统 GMM					
变量	方程 1 cu	方程 2 cu	方程 3 cu	方程 4 cu	方程 5 cu	方程 6 cu
L1. cu	0. 867 2*** (0. 063 5)	0. 904 0*** (0. 039 1)	0. 868 3*** (0. 065 4)	0. 861 3*** (0. 068 8)	0. 837 4*** (0. 051 1)	0. 661 4*** (0. 087 7)
L2. cu	−0. 141 3*** (0. 023 8)	−0. 168 6*** (0. 010 6)	−0. 123 0*** (0. 035 7)	−0. 103 5*** (0. 029 0)	−0. 158 1*** (0. 014 8)	−0. 151 9*** (0. 032 4)
poli * nati	−0. 070 3*** (0. 026 0)					

（续表）

估计方法	动态面板系统 GMM					
变量	方程 1 cu	方程 2 cu	方程 3 cu	方程 4 cu	方程 5 cu	方程 6 cu
poli * join		0.144 2** (0.070 0)				
poli * larg			−0.070 6*** (0.022 2)			
poli * smal				−0.225 3*** (0.057 8)		
poli * high					0.246 5*** (0.067 4)	
poli * low						−0.384 8*** (0.053 2)
grow	−0.140 8 (0.996 9)	−0.217 8** (0.099 3)	−0.074 9 (0.170 6)	0.013 4 (0.190 7)	−0.112 5 (0.087 0)	−0.017 9 (0.189 8)
dema	0.230 9*** (0.040 4)	0.207 9*** (0.052 3)	0.240 6*** (0.047 5)	0.180 8*** (0.046 6)	0.244 2*** (0.044 5)	0.304 2*** (0.051 5)
prof	0.092 6*** (0.032 2)	0.117 6*** (0.022 0)	0.129 2*** (0.022 0)	0.102 9*** (0.025 1)	0.128 4*** (0.036 2)	0.094 5** (0.049 1)
struc	0.058 7 (0.051 1)	0.042 7 (0.049 9)	0.048 8 (0.051 1)	0.111 1** (0.054 2)	0.070 5 (0.061 2)	0.218 8 (0.188 7)
indus	0.106 6*** (0.016 2)	0.042 2 (0.028 0)	0.119 0*** (0.018 0)	0.107 4*** (0.020 4)	0.055 6*** (0.014 3)	0.427 2*** (0.051 8)
forei	0.292 1*** (0.043 1)	0.204 3*** (0.042 0)	0.276 5*** (0.035 5)	0.190 6*** (0.045 3)	0.300 4*** (0.063 2)	0.284 1*** (0.051 8)
_cons	0.042 7 (0.035 2)	0.064 6** (0.031 9)	0.024 3 (0.039 9)	0.042 1 (0.038 0)	0.053 6 (0.037 8)	0.138 0** (0.063 8)
Wald 检验	7 202.71 [0.000 0]	26 073.23 [0.000 0]	6 304.34 [0.000 0]	9 770.76 [0.000 0]	18 889.47 [0.000 0]	2 263.32 [0.000 0]
AR(2) 检验	0.136 6 [0.891 3]	0.266 8 [0.789 6]	0.082 1 [0.934 6]	0.177 8 [0.858 9]	0.313 1 [0.754 2]	0.395 3 [0.692 6]
Sargan 检验	24.112 5 [0.675 6]	24.722 6 [0.642 9]	22.243 6 [0.769 9]	22.942 1 [0.735 9]	23.762 7 [0.694 0]	19.347 0 [0.887 1]
行业固定效应	Y	Y	Y	Y	Y	Y

（续表）

估计方法	动态面板系统 GMM					
变量	方程 1 cu	方程 2 cu	方程 3 cu	方程 4 cu	方程 5 cu	方程 6 cu
观测值	308	308	308	308	308	308
行业数目	28	28	28	28	28	28

注：实证结果均由 stata12 计算并整理得出，(1) ***，**，* 分别表示 1%，5%和 10%水平上的显著性；(2) 圆括号内的数字是标准差；(3) 方括号内的数字是 p 值；(4) Wald 检验的原假设是变量是外生的，Sargan 检验的原假设为所有工具变量均有效。

产业政策与企业规模交互项的系数均为负，且都通过了 1%的显著性水平检验，说明产业政策会通过不同规模的企业降低产能利用率，从而导致产能过剩。从系数大小来看，产业政策对小企业的影响要明显大于对大中型企业的影响，因此，可以得出结论：从企业规模来看，我国产业政策可能主要通过小企业来引发产能过剩；经济体中小企业所占比重越大，产业政策造成产能过剩的概率就越大。

事实上，从企业规模角度研究政策效果的非对称性很早就为国外学者所关注，但是主要的研究焦点集中在货币政策方面。产业政策的本质是政府对某些产业提供包括资金、土地等各类要素在内的生产性补贴，小企业往往会对产业政策更加敏感。产业政策的实施会诱发小企业对某些产业的集中进入，形成所谓“投资潮涌”，从而使得这些产业更容易出现产能过剩的情况。可见，经济中小企业数量越多，所占比重越高，产业政策越容易导致产能过剩。

（二）产权性质

产业政策与国有企业占比的交叉项系数为负，并通过了 1%的显著性水平检验；而产业政策与外资企业占比的交叉项系数为正，并在 5%的水平上显著。说明从企业产权角度来看，产业政策主要是通过国有企业造成产能过剩的，而产业政策对外资企业的影响可能会提高产能利用率。由此可以得出结论，产业中国有企业所占比重越高，实施产业政策越有可能出现产能过剩，反之则反是。

之所以出现这一结果，与国有企业的政策工具属性密切相关。由于政策执行成本的优势，国有企业作为一种强制性的政策工具而存在，其主要职能在于实现宏观调控、产业发展、社会福利最大化以及保障国家安全等。产业政策选择了战略发展性产业后，将会产生两种效应：第一，国有企业作为内生性政府规制必然率先进入，产生示范效应，吸引民营企业集中进入，在实现产业规模迅速发展的同时，也带来了重复建设和过度投资的问题；第二，产品过剩逐渐演变为产能过剩之后，出于地方博弈和社会稳定等动机，各地政府往往通过"预算软约束"构筑起企业的退出壁垒以阻止过剩产能退出，首当其冲的是国有企业，而其目标的多元性使得干预更容易实现。由此导致了产能过剩的出现以及长期存在。而外资企业以利润最大化作为最终目标，且决策自主性较强，产业政策的信号传递会诱使其增加产出并强化 R&D，反而会提升产能利用率。

（三）产业技术特征

产业政策与行业中高技术占比交互项的系数为正，而产业政策与行业中低技术占比交互项的系数为负，两者均通过了 1%的显著性水平检验。说明从产业技术特征的角度来看，产业政策主要是通过行业中低技术的部分引发产能过剩的，所以，行业中低技术所占比重越大，产业政策越容易导致产能过剩的现象。也就是我们经常观察到的"低端产能过剩、高端产能不足"的典型现象，以钢铁业为例，作为世界上最大的钢铁生产国，我国每年仍需进口超过 1 000 万吨的高端钢材，而低端产能过剩又使得国内钢铁行业整体利润率严重偏低。这也从另一方面佐证了研究结论的正确性。

事实上，从指标选择来看，行业中高技术占比以及低技术占比实际上反映了产业的创新程度，而创新是防止和化解产能过剩的重要机制。现行的产业政策在一定程度上制约了创新活动的发生，至少表现在以下几个方面：(1) 产业政策中对知识产权保护内容的缺失和执行不力削弱了企业的创新意愿；(2) 创新鼓励举措的错配降低了创新效率；(3) 对基础研究的忽视限制了创新能力的提高；(4) 出口导向的产业政策使得大量国内企业以廉价要素的比较优势加入全球价值链(GVC)，从事低技术含量的生产制造环节，这种发展模式导致国内企业热衷于技术引进、学习模仿，并逐渐陷入路径依赖。而不创新则意味着过剩，一方面需求的演变、升级会导致供给出现结构性过剩；另一方面复制模仿的增多也会导致产能过剩。

七、政策建议

为了深入分析产业政策与产能过剩之间的关系，挖掘其传导机制，本文提出了一个关于产业政策与产能过剩关系的分析框架和理论假说，并利用中国1999—2011年28个制造业行业的面板数据进行了实证检验。基于回归结果，本文认为我国的产业政策以及发展战略都亟需作出相应的调整，才能更有效地防止和化解产能过剩，为转型期的经济增长和产业升级创造更稳定的生存环境。目前，实施政策的着力点主要包括：

第一，加快过剩企业"走出去"。目前，中央从宏观上提出"一带一路"的重大战略，微观上牵头设立金砖银行、亚洲基础设施开发银行、丝路基金等举措，主要目的都是支持国内传统优势行业，特别是过剩行业的企业"走出去"，以化解国内产能过剩。需要注意的是，针对不同类型的产业应采取不同的"走出去"方式，具体包括投资区位的选择、新建还是并购等方面。

第二，鼓励企业兼并重组。企业规模过小、数量过多是发生产能过剩的重要诱因。兼并重组则是提高市场集中度、化解产能过剩的低成本的高效清洁剂。迄今为止发达国家，已经至少出现过六次以上较大规模的收购兼并浪潮，而我国工业化到现在已经进入了中后期，却没有出现过一次像样的兼并收购高潮，严重制约了产能过剩的纠偏。比较可行的办法是振兴多层次资本市场。

第三，提升企业创新效率。一方面完善创新补贴方式，对于一些类型的创新活动变事前的供给端补贴为事后的供给端补贴或需求端补贴，规范补贴资金的分配和管理监督，从而提高补贴效率。另一方面营造创新氛围，通过大力发展非银行金融机构总部经济，营造风险投资和股权投资的良好氛围，建立动态的垄断制度来鼓励创新经济发展。

第四，实施负面清单管理。负面清单管理可能是治理我国产能过剩，特别是体制性过剩的有效路径(程俊杰，2014)。长期以来，国内各级政府的很多经济政策主要都是基于"正面清单"的管理模式制订的，权力对市场经济运行介入过多导致了产能过剩的发生和加剧，负面清单管理虽然是源于国际贸易领域的模式，但也可以作为产业政策转型的借鉴，具体来说就是要制订出禁止或限制投资的产业清单、政府的权力清单以及水平型产业政策或竞争性政策清单。

参考文献

[1] 程俊杰. 负面清单管理与转轨时期中国体制性产能过剩治理[J]. 学习与实践，2014(12)：11－20.

[2] 冯宗宪，王青，侯晓辉. 政府投入，市场化程度与中国工业企业的技术创新效率[J]. 数量经济技术经济研究，2011，28(4)：3－17.

[3] 付启敏，刘伟. 不确定性条件下产能过剩的纵向一体化模型[J]. 系统管理学报，2011，20(2)：188－195.

[4] 韩国高，高铁梅，王立国，等. 中国制造业产能过剩的测度、波动及成因研究[J]. 经济研究，2011，(12)：18－31.

[5] 江飞涛，耿强，吕大国，等. 地区竞争、体制扭曲与产能过剩的形成机理[J]. 中国工业经济，2012(6)：44－56.

[6] 林毅夫，巫和懋，邢亦青. "潮涌现象"与产能过剩的形成机制[J]. 经济研究，2010，(10)：4－19.

[7] 刘小鲁. 地方政府主导型消耗战与制度性退出壁垒[J]. 世界经济，2005，28(9)：33－41.

[8] 沈坤荣，钦晓双，孙成浩. 中国产能过剩的成因与测度[J]. 产业经济评论，2012(4)：1－26.

[9] 生延超. 创新投入补贴还是创新产品补贴：技术联盟的政府策略选择[J]. 中国管理科学，2008，16(6)：184－192.

[10] 孙巍，何彬，武治国. 现阶段工业产能过剩"窖藏效应"的数理分析及其实证检验[J]. 吉林大学社会科学学报，2008，1.

[11] 王立国，鞠蕾. 地方政府干预、企业过度投资与产能过剩：26 个行业样本[J]. 改革，2012(12)：52－62.

[12] SHAIKH A M, MOUDUD J K. Measuring capacity utilization in OECD countries: A cointegration method[R]. Working papers//The Levy Economics Institute, 2004.

[13] BLONIGEN B A, WILSON W W. Foreign subsidization and excess capacity[J]. Journal of international economics, 2010, 80(2): 200-211.

[14] JANEBA E. Tax competition when governments lack commitment: excess capacity as a countervailing threat[J]. American economic review, 2000, 90(5): 1508-1519.

[15] SCHWARTZ E. "Excess Capacity" in utility industries: an inventory theoretic approach[J]. Land economics, 1984, 60(1): 40-48.

[16] GOOLSBEE A. Does government R&D policy mainly benefit scientists andengineers? [R]. National bureau of economic research, 1998.

[17] MANN H M, MEEHAN J W, RAMSAY G A. Market structure and excess capacity: a look at theory and some evidence[J]. The review of economics and statistics, 1979: 156-159.

[18] GOOLSBEE A. Does government R&D policy mainly benefit scientists andengineers? [R]. National bureau of economic research, 1998.

[19] ISHII J. Useful excess capacity? An empirical study of US oil & Gas drilling[R]. Amherst college working paper, 2011.

[20] SAHAY R. Trade policy and excess capacity in developing countries[J]. Staff papers, 1990, 37(3): 486-508.

[21] STAIGER R W, WOLAK F A. The effect of domestic antidumping law in the presence of foreign monopoly[J]. Journal of international economics, 1992, 32(3-4): 265-287.

[22] CHEN T J, KU Y H. Indigenous innovation vs. Teng-long Huan-niao: policy conflicts in the development of China's flat panel industry[J]. Industrial and corporate change, 2014, 23(6): 1445-1467.

[23] STEEL W F. Import substitution and excess capacity in ghana[J]. Oxford economic papers, 1972, 24(2): 212-240.

我国培育世界级先进制造业集群的战略路径与政策选择[①]

杜宇玮[②]

一、引　言

产业集群(industrial cluster)作为工业化过程中的一种普遍经济现象,是一个国家或区域产业竞争力培育的重要载体和主要源泉(Porter, 1998)。最早关于产业集群的研究可以追溯到19世纪末英国新古典经济学家马歇尔(Marshall, 1890)提出的企业集群理论,其认为外部规模经济是“产业区”即产业集群的主要动因。此后,经典区域经济理论如“工业区位论”(Weber, 1909)、“市场区位论”(Losch, 1940)、“循环累积因果论”(Myrdal, 1957)、“增长极理论”(Boudeville, 1966)以及“新产业区理论”(Bagnasco, 1977; Piore & Sabel, 1984)、“新经济地理学理论”(Krugman, 1991; Markusen & Venables, 2000)等,也分别从生产成本、市场需求、要素禀赋、规模经济和集聚经济、交易成本和专业化分工等角度阐释了工业制造业集群形成与发展的动因。从欧洲、亚洲和非洲等多地经验来看,产业集群的产生、发展和衰落遵循一定的演化规律(Ahokangas, 1999),一般会经历以斯密式增长为主的数量扩张期和以熊彼特式增长为主的质量提升期两个阶段(Otsuka & Sonobe, 2011)。

在全球价值链(GVC)分工背景下,地方产业集群已成为发展中国家获取国际分

---

① 原文(非全文)载于《国家治理》,2018年7月第1期。

② 江苏省社会科学院区域现代化研究院副研究员,区域现代化创新驱动研究中心副主任。

工贸易利益和拉动经济增长的重要载体。改革开放以来，中国东部地区依托廉价劳动力的比较优势吸引制造业 FDI 和开展加工贸易，再加上地方政府竞争下的市场分割(范剑勇，2004)，形成了大量以国际代工制造为主的出口导向型或外向型产业集群(王缉慈，2010; Long & Zhang; 2012；黄永春等，2012)。不少文献探讨了 GVC 视角下发展中国家地方产业集群的嵌入模式、升级机理、升级路径及其影响因素(Gereffi, 1999; Kaplinsky & Morris, 2001; Schmitz, 2004；文嫮和曾刚，2004; Giuliani et al., 2005；张辉，2005；刘志彪和张杰，2009；阮建青等，2014; Liu, 2017)。不同于上述传统产业集群升级文献，有些研究则着眼于先进制造业，分析了先进制造业基地的内涵特征(朱海就，2006；陆立军和于斌斌，2011)、发展模式(张保胜，2009)、环境条件(郑吉昌和夏晴，2004；陈瑛等，2005；宣烨和李锋，2007)，并结合浙江、福建、长沙、武汉等地实际情况提出了具体思路和对策(王立军和周姬梅，2005；蔡秀玲，2009；李红和苏昌贵，2009；胥朝阳等，2013)。近年来，少数研究还定性阐述了长江经济带世界级产业集群的内涵特征、产业选择和发展路径(成长春和王曼，2016；盛毅等，2016；康萌越等，2017)。

上述文献对制造业产业集群的形成动因、发展模式和升级路径的不同解读，为我国传统产业集群升级和先进制造业集群的培育提供了很好的借鉴思路。然而，其可能还有几个方面的不足：一是在研究对象上，现有研究侧重于一般意义上的制造业产业集群，主要聚焦 GVC 下传统制造业集群升级问题。虽然有些研究关注了先进制造业基地建设，但是还缺乏从培育世界级产业集群的战略高度来探讨先进制造业发展的研究。二是在研究视角上，相关文献主要是沿着产业选择和产业集聚思路来探讨先进制造业基地建设的，却忽视了要素集聚特别是创新要素集聚对先进制造业集群培育的关键作用，从而未能从本质上把握先进制造业集群的形成机制和培育路径。三是在研究内容上，已有文献大多是孤立地关注特定地区先进制造业的基地建设，却并未将其纳入到“一带一路”“长江经济带战略”这样的国家战略体系中来综合考察区域产业集群培育的路径和政策问题。

党的十九大报告指出：促进我国产业迈向全球价值链中高端，培育若干世界级先进制造业集群。我国作为制造大国，加快发展先进制造业，培育世界级先进制造业集群,不仅对缓解要素成本上升压力,破解产业结构矛盾和提升制造业国际竞争力具有直接的积极作用,而且对塑造经济增长新动能、缓解资源环境约束和促进区域协调发展也具有重要意义。在新时代、新形势下,需要在明确先进制造业集群的内涵、特征和标准基础上,根据我国国情,及时调整和创新培育世界级先进制造业集群的战略思路、路径及政策,助力我国现代化经济体系建设,推动经济实现高质量发展。

二、世界级先进制造业集群的内涵及识别标准

先进制造业集群是一个产业空间地理的概念,其建设的载体是产业带、产业区或产业集群。从本质上看,世界级先进制造业集群的内涵至少包括三个方面:一是强调"先进性",即产业内容是先进制造业,而非传统制造业;二是强调"集群性",即先进制造业在特定区域的地理集中和空间集聚发展;三是强调"世界性",即该特定区域的产业集群在全球分工和世界经济格局中具有重要地位。结合经典区域经济理论,可以概括出世界级先进制造业集群的定义:以世界先进发展理念为导向,以世界先进技术手段为支撑,以先进制造业为主体,以集群网络分工为手段,在全世界范围内具有较强国际竞争力和重要影响力的产业高地。从本质内涵和演变趋势来看,一个具有国际竞争力的世界级先进制造业集群至少应达到以下四个标准。

(一) 行业、技术、产品与组织的"先进性"

首先是行业的先进性,主要是指具备较高附加值和技术含量的高新技术行业、高端设备制造业和一些战略性新兴产业。其次是技术的先进性,主要是指具有较强的自主创新能力,掌握一批具有自主知识产权的前沿技术和关键核心技术。再次是产品的先进性,是指产品性能好,质量和工艺水平较高,具有较强的国际竞争力,能引领世界潮流并在世界市场中占有相当的份额。另外,还包括生产组织的先进性、经营理念的先进性、管理服务的先进性等。

(二) 拥有完整产业链和价值链的"系统性"

主要强调产业链和价值链的概念,囊括从原材料到终端生产制造的产业链的上下游环节,拥有较为完整的产业链、供应链和服务链。不仅包括加工生产制造环节,而且还包括价值链上下游的生产性服务环节。因此,先进制造业集群不再是传统意

义上的某些特定产品“生产加工基地”，而是具有自主核心技术、自主知识产权和自主品牌的“服务型制造基地”。

（三）兼具规模效应、辐射效应和品牌效应的“集群性”

先进制造业集群的空间形态是一大批产业链上相关企业在特定空间的集聚。在产业层面，体现为产业规模大，具有较高的行业集中度和空间集中度；在产品层面，体现为具有较高的市场集中度，其产品具有较大的市场规模，在国际市场上具有较高的市场占有率；在区域层面，该产业集群的溢出效应显著，对本地产业发展乃至相邻区域的经济社会发展都具有较大的带动和辐射作用。从动态角度来看，产业集群的形成与发展一般要经历关联企业集聚，到个性品牌成长再到集群品牌三个阶段。其中，集群品牌是产业集群发展的高级阶段。集群品牌把产业集群整体作为一个品牌来运营，可以充分整合共享集群内资源要素、发挥企业分工协作功能和展现地域特色，具有单个品牌无法比拟的巨大品牌效应和难以模仿的竞争优势，从而更有利于产业集群竞争力的提升和整个区域经济的发展。现有的世界级先进制造业集群，如美国硅谷的电子信息产业集群、德国斯图加特的汽车产业集群等，都是广为人知的集群品牌。因此，集群品牌化也是识别世界级先进制造业集群的一个重要标志。

（四）深度融入并主导全球价值链分工的“世界性”

在开放经济环境下，产业集群国际化是企业国际化的重要路径，而世界级产业集群则是产业集群国际化的重要目标与结果。首先是产业集群“世界化”即“开放性”。世界级先进制造业集群中的产业要积极加入到经济全球化和国际产业分工体系中，所生产的制造业产品能够深度嵌入全球价值链和供应链，能够充分组织、配置和应用全球范围内的生产要素生产出适应全球市场需求的产品。集群的产品和要素市场均自由开放，要素充分自由流动，基础设施完善，公共服务优良，市场化程度较高，各种交易成本较低。其次是“世界级”。产业集群品牌是世界知名的和公认的，产业集群作为一个整体，在全球价值链和创新链中占据主导地位，在产业价值分配中具有较大的话语权，产品具有较高的附加值，在国际市场上具有较高的市场占有率和较强的市场势力。

三、世界级先进制造业集群发展困境及其突破战略

(一) 我国先进制造业集群发展困境

根据以上世界级先进制造业集群的内涵与标准,从我国现实来看,大多数现有产业集群无论是从产业内容的“先进性”、产业链条的“完整性”、产业集群的“集群性”还是产业水平的“世界性”方面,都远未达到世界级先进制造业集群的标准。主要表现为:

1. 先进制造业产业“聚而不群”,产业集群化程度还有待提高。近些年来,我国先进制造业发展迅速,产生了一批电子信息、智能制造、生物医药、新材料、新能源等高新技术产业集群。但是,这些产业集群基本上仍然沿袭了传统制造业集群的粗放型发展模式,即更多地体现为先进制造业的“生产加工基地”,集群内企业主要是从事单一的加工、组装和改装,服务型制造比例较低,产业链较短。大部分还处于产业集聚的初级阶段,表现为诸多中小企业扎堆的“聚而不群”特征。首先,集群内企业产品单一,企业之间缺乏显著的协作配套,知识和技术溢出效应无法得到有效释放,产业链协同优势无法被充分发挥和利用。其次,产业集群中旗舰型先进制造企业偏少,产业集中度不高,企业普遍存在“小、散、低”的问题,产业联动性弱。再次,产业集群对周边地区的辐射带动能力不强,而且缺少规模化的创新集群,难以形成拉动区域创新发展的增长极。

2. 先进制造业集群的产业结构低端和组织松散,集群品牌化水平还有待提高。首先,目前我国先进制造业集群大多数仍然是以低成本为基础的代工型产业集群,集群内企业缺乏自主创新能力和动力。一方面,集群整合内外部创新资源能力不足,关键核心技术受制于人,自主技术装备落后,技术研发设计主要是以模仿创新为主,在高端技术、工业软件和产品标准领域都缺乏足够的话语权。另一方面,在外需市场受限、内需市场尚未有效激发的情况下,市场销售渠道不够畅通,难以支撑自主品牌的创建与发展。企业层面的自主品牌缺乏,导致难以形成强势企业品牌对集群品牌的辐射效应和溢出效应。其次,在国家和地区层面大力发展先进制造业和战略性新兴产业的政策鼓励下,各地纷纷另起炉灶、圈地造园,热衷于建设一些见效快的新兴产

业集群，却忽略了自身的资源禀赋和发展特色。而且在地区本位导向下，各地的产业集群偏安一隅、各自为政、倾向于“单打独斗”，缺乏产业联动、资源共享和协同创新，导致资源浪费和重复建设现象突出，难以形成集群品牌建设的合力。

3. 先进制造业集群的世界影响力不足，集群企业的国际化水平还有待提高。“十一五”以来，我国开始注重外贸和外资结构优化，大部分先进制造企业和外资高新技术企业向区市县的开发区和工业园区集中，形成了一批先进制造业集群。然而，具有国际竞争力的先进制造业集群实际上并不多。而且，受制于企业技术水平和海外经营能力，集群的国际化方式主要以“引进来”为主，产品销售也主要面向国外甚至省内市场，“走出去”进行海外投资的意愿和实力较弱。少数“走出去”企业也只是以市场、资源导向的绿地投资为主，技术和品牌导向的跨国并购和研发投资较少。另外，由于缺少一批创新能力强、拥有核心关键技术、具有国际竞争力的“世界级”大型跨国企业、行业领军企业和特色“单打冠军”企业以及世界知名品牌企业，在全球先进制造业分工体系中仍处于中低端地位，导致产业集群品牌的国际影响力和控制力有限。因此，我国先进制造业集群充其量只是“世界化”而未达到“世界级”。

（二）我国培育世界级先进制造业集群的战略机制

我国先进制造业集群发展困境的突破，需要从培育战略、培育机制、培育内容和培育主体等多方面入手以及转变产业集群发展的战略思路。

1. 在培育战略上，需要从单纯依赖外需市场的外向型集群发展战略，转变为基于内需市场的开放型集群发展战略。在全球化背景下，以开发区为主的产业集群是集聚全球要素促进经济增长的重要载体和强大引擎。在第一轮出口导向型战略下，以国际代工制造为特征的产业集群成为我国特别是东部地区制造业集群的主要形式。这类产业集群主要来源于发达国家中低端制造业的产业转移，产业链较短，创新水平较低，本地嵌入性较差，溢出效应较弱。随着近年来国内劳动力、土地、环境等要素成本的不断攀升，再加上欧美日发达国家“再工业化战略”的实施，外需市场的不确定性增强，这种外向型产业集群遭遇发展瓶颈，迫切需要转型升级。基本思路是摆脱以往单纯依赖外需市场、专注国际代工的外向型集群发展战略，转向立足内需、面向世界的开放型集群战略，充分利用国内外市场，集聚和配置全球智慧和资源，发展基于内需的全球化经济和本土创新型产业集群。

2. 在培育机制上,需要从吸引国际产业转移和集聚,转变为强调虹吸全球创新要素集聚。传统开发区的产业集聚,主要是依托各种低端要素红利、政策红利来吸引和承接国际制造业产业转移。但是在西方国家制造业复兴战略的影响下,国内要素成本比较优势日渐弱化,信息产业和战略性新兴产业等先进制造业出现向发达国家“回流”的趋势,而中低端制造业则开始向东南亚和我国中西部地区转移。因此,以往通过依赖外需市场“吸引”国际产业转移和集聚的发展思路已行不通,需要转换为基于内需的经济全球化思路(刘志彪,2012),依靠内需市场“虹吸”全球创新要素集聚。具体来说,就是要立足本土市场的需求规模和结构优势,通过国内营商环境优化和创新创业平台建设,吸引全球人力资本、技术资本和知识资本在产业集群内“落地生根”。将全球创新人才、技术知识和智力成果为我所用,促进本土产业技术水平的提升和生产效率的提高。

3. 在培育内容上,需要从偏向先进制造业的“单一化发展”,转变为注重先进制造业与现代服务业的“融合化发展”。世界级先进制造业集群不是单一的生产制造基地,还需要产业链上下游环节的协同集聚,特别是需要与以生产性服务业为主的现代服务业融合发展。因此,我国产业集群的建设,除了完善生产制造功能外,还需要聚焦工业设计、电子商务、现代物流、金融服务、检验检测认证等领域,通过“外引内育”打造生产性服务业中心。一方面,鼓励和支持外资企业在华设立研发、设计、销售中心等,吸引跨国公司把技术含量高的生产制造环节、研发中心和营销服务中心转移过来。另一方面,引导制造业企业沿着价值链从概念设计、原型开发到资源管理、订单管理、生产制造,再到物流管理和营销售后,按照产品附加值的新型创造方式进行整合,推动“制造+服务”融合,拓展制造企业盈利的新空间,形成产业竞争新优势。

4. 在培育主体上,需要从单个区域或某座城市的“孤军奋战”,转变为区域间和城市间的“协同作战”。传统产业集群作为区域城市经济发展的重要引擎和载体,不仅在空间属性上归于某个区域或城市,而且在行政属性和经济属性上也归于该区域或城市,在权利和效益上都具有较大的排他性。这种“孤军奋战”的产业集群发展模式往往会导致区域或城市之间的产业同构,从而引发激烈的引资“争夺战”,并且在有限的市场需求下引发产能过剩。比如，近些年在国家政策的号召下，全国各省、市、区纷纷出台战略性新兴产业发展规划，提出要大力发展重合性极高的“十大战略性新兴产业”，但是收效并不显著，而前些年的明星产业——光伏产业也遭到重创。随着产业分工日益细化，培育世界级先进制造业集群需要打破行政地域空间的限制，而置于一个更大的空间视野进行资源整合和统筹协调。《长江经济带创新驱动产业转型升级方案》指出：长江经济带要以沿江国家级、省级开发区为载体，在五大重点领域和十大新兴产业领域打造和培育世界级产业集群。从现有基础来看，长江经济带应当是我国培育世界级先进制造业集群的重要区域，也可为其他地区作出先行和示范作用。对于其沿线的各个区域和城市的开发区而言，应当根据自身特色和优势，相互之间合理分工，统筹规划，实现要素资源共享和市场一体化发展，“协同作战”建设世界级先进制造业集群。

四、我国培育世界级先进制造业集群的路径创新

根据世界级先进制造业集群的内涵特征，培育世界级先进制造业集群的关键在于创新要素集聚和配置。在大国背景下，发挥内需市场规模和梯度的“虹吸效应”是集聚全球创新要素的必要条件。长江经济带依托长江黄金水道，贯穿我国沿海和内陆，拥有我国最广阔的腹地和发展空间，建设长江经济带是扩大内需的有力之举。因此，当前我国应积极推进长江经济带战略的实施，通过完善基础设施、促进产业协同发展、城市群融合发展以及市场一体化等路径来培育世界级先进制造业集群。

（一）前提条件：完善基础设施网络建设

发达的基础设施网络是任何一个经济圈、经济带形成的基础条件。世界级先进制造业集群的培育首先需要建立“虚实结合”的基础设施网络体系。其中，“实”网络包括便捷高效的公路、铁路、航空等城际交通网络体系以及油气管道网络体系；“虚”网络则主要是指互联网、物联网和市场网等信息通讯网络。我国应当充分发挥“一带一路”的陆路交通和长江经济带的水路交通优势，通过水陆通道无缝对接，实现水陆联运、海陆互动，打造海、陆、空“三位一体”的跨国立体综合交通网络和跨境交通运输体系。此外，还要加强机场、高铁、高速公路、电网、信息通讯、能源供给、环境治理等

综合性基础设施的互联互通，构建和扩张各区域和城市之间的基建网络，打破地理边界，发展枢纽经济。

（二）主要手段：加强产业链分工协作

世界级产业集群是先进产业和创新要素集聚、分工有序、融合而成的链式共生平台。必须构建基于产业链分工的价值网络，打破产业边界，避免区域产业同质化，加强区域产业互补合作，合力打造世界级产业集群。各地区应立足自身的资源禀赋和产业基础，发展具有比较优势的产业和产业链环节，推动产业梯度转移，培育特色产业集群，促进产业跨区域联动发展。首先，要明确各自在区域发展新格局中的功能定位，在主导产业的选择上要各具特色，避免重复建设和恶性竞争，防止产业同构。其次，各地特色产业集群不是孤立的"铺摊子"的产业园，而是相互之间要有明确合理的梯度分工，形成一系列比较完整的产业链。再次，产业发展要以区域生态环境承载力为准绳，合理布局，促进经济和自然环境协调发展。我国可以发挥在制造业产业基础、人才储备和应用性技术上的优势，提高产业生产率，延伸产业链；然后借助"一带一路"和长江经济带的资源和市场优势，降低生产成本，转移过剩产能，虹吸创新要素。

（三）重要支撑：促进城市群融合发展

城市群作为城市化最显著的标志，是产业集群的主要空间载体。世界级产业集群培育离不开世界级城市群的形成与建设，关键在于城市之间以及城市群之间的融合发展。城市群的融合协调发展，不仅是地理空间意义上的交通连接畅通，还包括要素资源的充分自由流动，产业的合理分工以及公共服务的合作共享。对于大多数"一带一路"沿线和长江沿岸的中小型城市来说，其本身并不具备像重庆、武汉、上海等中心城市所具有经济规模和地理优势以及巨大的辐射效应，因而必须"抱团"发展，合力构建特色城市群，以特色城市群与其他城市圈形成交汇点甚至是交汇面，以城市群形态融入区域和城市分工中。除了要积极推动新城市群（如东部地区的苏通、宁镇扬、锡常泰、徐连淮等，中西部地区的成渝西昆、北部湾、呼包鄂榆、天山北坡等）建设，还需要加强不同城市（群）之间的产业关联度和统筹协调。

（四）必要保障：推动区域市场一体化

世界级先进制造业集群的形成，需要现代化、国际化、规范化、高端化的专业大市场的支撑。十八届三中全会决议提出"要建设统一开放、竞争有序的市场体系"，这就要求促成国内区域市场一体化。为此，需要通过构建更加有效的区域协调发展制度网络，打破行政边界，消除地方市场分割，使商品和人才、资金、技术、旅游等要素在区域内无障碍流动，以及教育、医疗、就业和社会保障等方面的公共服务一体化，使得资源要素得以有效配置，形成完善统一的开放市场。具体来说，应当加快各地区专业市场体系的整合与提升，形成国内统一的大市场。同时，各地区之间互相协调，共同清理阻碍产品和要素合理流动的地方性政策法规，打破区域性市场壁垒，建立统一的市场准入制度和标准。另外，还要加强区域间市场服务功能的完善与合作，以及产业园区的共建共享。

五、我国培育世界级先进制造业集群的政策转型

传统的选择性产业政策侧重于产业的数量培育、规模扩张与空间布局，却忽视了产业附加值、创新能力和产出效率，从而可能导致产业结构"颜值"高端而"内涵"低端。在打造世界级先进制造业集群的目标下，应当将传统产业政策向创新政策转型，优化制度供给。创新政策聚焦于科技成果的研发、转化与应用，其目标在于通过科技政策、研发政策、基础设施政策、人力资源政策和金融政策等，充分调动科技创新主体和创新要素的积极性，获得科技创新成果和绩效，实现产业技术变革和区域创新能力的提升。如果说传统产业政策是一种基于产业链的，以传统（生产）要素的外生配置来实现经济"跟随"和"赶超"的政策，那么创新政策则是一种基于创新链的、以高级（创新）要素的内生创造来实现经济"领跑"的政策。创新政策的形成和实施，要求政府从政策理念、政策目标、政策手段、政策效果等方面进行转型。

（一）政策理念：从地区本位的恶性竞争发展思维向合作互惠的协同发展思维转型

与传统制造业集群不同，先进制造业集群依靠的是先进技术和高端装备的竞争

优势，其来源不在于产业规模和企业数量，而在于技术含量、附加值和产业控制力的高低。因此，要摒弃以邻为壑、各自为政的地区本位和地方政府竞争思维，转向互惠互利、分工合作的协同发展思维。一方面，要改变传统制造业发展过程中以规模取胜的，具有较强指向性和偏向性的选择性产业政策理念，转向以质量取胜和以创新导向的，中性的功能性产业政策理念；另一方面，构建一套合理完备的区域利益共享、协调促进和风险共担的产业集群建设机制。既可以通过政府推动机制，设立区域或城市群的政府间合作与发展联席会议制度，鼓励和加强区域间在资源、要素和产业等方面的共享、共建与合作，统一成立专门的集群培育机构；也可以通过市场调节机制，引导行业协会与企业之间加强对话交流，推动各地的先进制造业集群深化交流合作，实现互利共赢、联动发展。

（二）政策目标：从注重物质资本集聚引进向注重人力资本创新集聚转型

先进制造业集聚的重点不在于项目的集聚，而在于知识、技术和人才的集聚。与物质资本集聚强调低生产成本不同，人力资本集聚注重低交易成本，其关键在于是否拥有一个优良的营商环境。也就是说，要积极营造有利于企业创新的制度和文化环境。一是注重引进和建设一批对产业链延伸具有引导带动作用的龙头型、旗舰型项目，加大对创新资源的吸引力；二是简政放权，减少，甚至免去项目审批环节，加强事后监管，提高企业投资效率；三是切实减轻企业负担，从商务咨询、财政、税收、融资等方面加大对科技创新企业的扶持力度；四是通过社会信用信息共享平台建设、强化守信激励和失信惩戒机制等，提高社会的诚信度。

（三）政策手段：从注重出口导向的开发区建设向注重创新导向的科技创新创业平台建设转型

可出台以科技创新服务平台体系、科技创业孵化平台体系和研发创新合作平台体系这“三个平台体系”建设为重点的产业集群升级指导意见，以市场需求为导向，采用开放式创新模式，促成以开发区建设为主的传统产业集群向以科技创新创业平台为主的创新集群转型升级。同时，根据不同地区的经济水平和产业特色，因地制宜地选择政府推进型、科研机构推动型、龙头企业带动型、金融机构拉动型等不同的创新集群建设模式，不断完善创新创业功能。另外，注重服务引导，通过提供人才服务、技术服务、金融服务、商务服务、法律服务等生产性服务引导企业创新，并通过加强市场监管和知识产权保护力度等公共性服务减少创新风险、提升创新收益，从横向上营造一种公平竞争、激励创新的政策环境。

(四) 政策效果：从注重制造企业"扎堆"向注重创新要素"扎根"转型

空间集聚的意义在于要素集聚，这是一座城市、一片地区乃至一个国家经济增长的源泉所在，创新型经济发展的关键则在于创新要素的集聚。实践证明，一项旨在促进创新的科学有效的区域产业政策，其效果不能以"高端型"或"先进性"产业企业在较小空间(某个产业园)内的"扎堆"建厂来衡量，而要看各类创新主体和创新要素是否在整个区域内有效集聚并"扎根"，要看该区域内的企业拥有多少种核心技术、多少个知名品牌以及多少项行业标准。因此，要从价值链的角度来制定并实施相关政策，以协同创新发展政策引导、激励"高技术"研发，以商标品牌发展政策引导支持"名品牌"推广，以智能制造与装备升级标准化发展政策引导推动"强标准"制定。创新政策的合意结果应当是提升企业创新绩效和附加值，促进创新优势领域和地区脱颖而出，占据国际产业制高点，引领先进制造业高端化发展。

参考文献

[1] 成长春，王曼. 长江经济带世界级产业集群遴选研究[J]. 南通大学学报：社会科学版，2016，32(5)：1－8.

[2] 范剑勇. 市场一体化，地区专业化与产业集聚趋势——兼谈对地区差距的影响[J]. 中国社会科学，2004(6)：39－51.

[3] 康萌越，侯雪，程楠，等. 世界级产业集群的发展路径研究[J]. 工业经济论坛，2017，4(2)：10－15.

[4] 刘志彪. 基于内需的经济全球化：中国分享第二波全球化红利的战略选择[J]. 南京大学学报：哲学. 人文科学. 社会科学，2012，49(2)：51－59.

[5] 刘志彪，张杰. 从融入全球价值链到构建国家价值链：中国产业升级的战略思考[J]. 学术月刊，2009(9)：59－68.

[6] 龙小宁，张晶，张晓波. 产业集群对企业履约和融资环境的影响[J]. 经济学(季刊)，

2015,(4):1563 - 1590.

[7] 陆立军,于斌斌. 基于共享性资源的专业市场与集群企业竞争力:网络,信息与制度[J]. 经济地理,2011,31(2):259 - 265.

[8] 阮建青,石琦,张晓波. 产业集群动态演化规律与地方政府政策[J]. 管理世界,2014(12):79 - 91.

[9] 盛毅,王玉林,樊利. 长江经济带世界级产业集群选择与评估[J]. 区域经济评论,2016(4):39 - 45.

[10] 王缉慈等. 超越集群——中国产业集群的理论探索[M]. 北京:科学出版社,2018:80 - 80.

[11] 文嫮,曾刚. 嵌入全球价值链的地方产业集群发展——地方建筑陶瓷产业集群研究[J]. 中国工业经济,2004(6):36 - 42.

[12] 胥朝阳,唐寅,刘睿智. 武汉打造全国重要的先进制造业中心战略研究[J]. 区域经济评论,2013(2):73 - 78.

[13] 张辉. 全球价值链下地方产业集群升级模式研究[J]. 中国工业经济,2005(9):11 - 18.

[14] GEREFFI G. International trade and industrial upgrading in the apparel commodity chain[J]. Journal of international economics, 1999, 48(1): 37 - 70.

[15] KAPLINSKY R, MORRIS M. A handbook for value chain research[M]. University of sussex, institute of development studies, 2000.

[16] KRUGMAN P, Increasing returns and economic geography[J]. Journal of political economy, 1991, 99(3): 483 - 499.

[17] LIU Y. The dynamics of local upgrading in globalizing latecomer regions: a geographical analysis[J]. Regional studies, 2017, 51(6): 880 - 893.

[18] LONG C, ZHANG X. Patterns of China's industrialization: concentration, specialization, and clustering[J]. China economic review, 2012, 23(3): 593 - 612.

[19] MARKUSEN J R, VENABLES A J. The theory of endowment, intra-industry and Multi-national trade[J]. Journal of international economics, 2000, 52(2): 209 - 234.

[20] OTSUKA K, SONOBE T. A cluster-based industrial development policy for low-income countries[M]. The World Bank, 2011.

[21] GIULIANI E, PIETROBELLI C, RABELLOTTI R. Upgrading in global value chains: lessons from latin American clusters[J]. World development, 2005, 33(4): 549-573.

[22] PORTER M E. Clusters and the new economics of competition[M]. Boston: harvard business review, 1998.

[23] SCHMITZ H. Local upgrading in global chains: recent findings [C]. Elsinore: DRUID summer conference, 2004.

基于制度约束视角的产业结构升级研究①

查婷俊②

一、引　言

自改革开放以来，我国以“三驾马车”构成的以总需求来拉动经济增长，通过刺激消费、增加投资、鼓励出口的方式，短期内为经济带来了强劲动力，但随着我国经济逐渐进入“新常态”，面临着增长速度换档期、结构调整阵痛期和前期刺激政策消化期的“三期叠加”矛盾，过去粗放的增长模式已经不能作为经济增长的长期引擎，这更加激发了学者们对于中国经济增长动力机制的讨论，古典经济增长理论已经难以解释中国现实，于是经济学家们开始探讨其他的经济因素(郑若谷等，2010)。

结构主义学派认为保障经济持续增长的因素是部门间生产率和生产率增长率的差别，而发展中国家与发达国家相比，根本的区别就在于产业结构的不同，进而导致投入要素在部门间的流动产生差异，因而产生了不同的“结构红利”(Peneder, 2002)。与此同时制度经济学派认为制度才是经济增长的动力和源泉，只有实施有效的制度、实现执政者约束，才能保证经济的可持续性增长(North, 1994)。对于像中国这样的发展中大国来说，宏观市场机制和微观经济机制都正处于不断建立和完善的过程当中，制度的不健全往往对于整个国家的转型升级都有着不利的影响。如今，产能过剩、创新不足、环境污染、产业结构愈加扭曲等粗放式发展的后遗症逐渐显现，产业结

---

① 原文载于《武汉大学学报(哲学社会科学版)》2016 年第 5 期。

② 广东外语外贸大学，广东国际战略研究院专职研究员。

构升级成为经济社会发展的迫切需求，只有依靠不断推动产业结构的优化升级，才能确保经济的持续平稳增长。一个国家的转型升级取决于其产业结构是否能够不断升级以适应发展，产业结构优化升级的过程是否顺利又取决于是否拥有健全的社会经济制度，基于以上考虑，本文拟从制度约束的视角出发，分别采用固定效应模型和动态面板系统GMM模型，引入影响产业结构升级的制度因素作为主要的解释变量，以2001—2013年长三角16市的面板数据为样本，研究产业结构升级中面临的制度层面问题，深化对产业结构升级的认识，并通过分析结果提出解决问题的对策。

二、文献综述

在现有的文献中，学者们对影响产业结构升级的因素有了较多的研究，这为本文的研究提供了很多有益参考，主要的视角集中在以下三个方面：

第一，单纯研究某一因素对产业结构升级的影响机制。例如：Porter和Linde(1995)、Lanjouw和Mody(1996)、Brunner和Cohen(2003)、Domazlicky和Weber(2004)认为环境规制在合理的水平下，有助于平衡污染，激发企业创新，增强竞争优势，使得产业结构通过增强纵向关联度实现优化；污染避难所假说(Copeland和Taylor, 1994; Chichilnisky, 1994)认为，若其他条件相同，不同国家之间存在的环境标准差异将驱使污染企业在环境标准相对较低的国家从事生产；Alfaro et al. (2004)研究发现，在环境污染事故多发和污染治理愈发受到重视的今天，FDI的技术溢出效应会受到东道国环境管制水平的影响；Hunya(2002)、江小涓(2002)、宋京(2005)认为FDI是产业结构升级过程中重要的物质资本来源，它通过影响市场结构、对外贸易格局、资本流向，进而影响产业结构调整；Akbar and McBride(2004)、徐晓虹(2006)、刘宇(2007)、陈继勇和盛杨怿(2009)的研究则表明FDI会在一定程度上加剧地区间发展的不均衡，对产业结构升级的作用是短暂的；Clark(1940)研究发现产业结构优化的本质是物质资源、劳动力和人力资本等生产要素重新配置的动态过程；张国强等(2011)以中国1978—2008年的省域动态面板数据为基础考察了人力资本及其结构对产业结构升级的影响，结论表明人力资本水平提升及结构优化将会加速我国产业结构转型与升级；邝小文(2007)通过分析人力资本在产业结构升级中的重要作用，认为人力资本作为科技创新的重要载体,是促进产业结构升级的重要动因。

第二,从不同区域产业结构升级的异质性角度进行研究。例如:武晓霞(2014)在检验了产业结构升级的空间相关性之后,利用省域数据,对产业结构的影响因素进行了空间计量回归,发现技术水平和外商直接投资对产业结构升级也具有较大的正向影响;张国强等(2011)利用省域数据研究了东部地区与中西部地区人力资本对产业结构升级的影响,发现东部地区人力资本对产业结构升级有显著影响,但中西部地区则不显著;胡飞(2011)运用1999—2009年的省际面板数据分别分析了我国东、中部地区产业结构升级、对外贸易与环境污染之间的关系,研究发现:当前产业结构升级对减少我国东、中部地区的环境污染作用均十分有限,出口规模的扩大加剧了我国东部和中部地区的环境污染;于文超(2015)首次使用城市面板数据,分区域研究了FDI与环境管制对产业升级的交互影响,研究发现:FDI与环境管制对产业结构升级存在互补的正向效应,并且与内陆地区相比,沿海地区的FDI对产业结构升级有更为显著的影响;李宗植和吕立志(2004)、董宪军(2005)等重点研究了长三角地区的产业结构升级,发现长三角地区的经济快速增长源于生态环境的透支,在可持续发展理念不断深入人心的当代社会,环境污染严重和资本供给失衡已经成为两大最主要的障碍。

第三,从不同行业的产业结构升级的异质性角度进行研究。例如:Feestra和Hanson(1999)发现发达国家与发展中国家各自占据了生产价值链中的不同部分,发达国家多数掌控着技术含量高的环节,而将低技术含量的环节外包给发展中国家,这种分工加大了承接国内熟练劳动力与非熟练劳动力的相对工资差距,同时起到了促进双边国家产业结构升级的作用;方慧、吕静和段国蕊(2012)通过分析承接服务业国际转移对产业结构升级的影响,发现其通过物质资本供给、技术供给、需求以及制度四个方面促进了产业结构的升级优化;杜运苏(2014)利用26个制造业行业2004—2010年的数据检验环境规制对我国制造业的升级影响,发现环境规制对我国制造业竞争力的影响呈"U"型,而现阶段的"波特效应"还不显著,随着我国制造业的发展,环境规制将于制造业转型形成良性循环;许烜和兰勇(2015)利用湖南省2001—2013年农业经济面板数据研究了资源、经济、技术和环境四个要素对六个主要农业产业集群升级的影响程度，发现农产品加工企业数量和技术进步是促进当地农业产业升级的最重要因素。

上述文献不乏真知灼见，可为本文写作提供重要启发，在梳理了前人的研究之后发现，对处于转型时期的中国来说，学者们关注的影响产业结构升级的最重要因素主要包括进出口规模、居民消费、人力资本、科技进步水平、外商直接投资、环境规制水平、企业规模结构、劳动力成本、交易成本等(武晓霞,2014;于文超,2015;原小能和唐成伟,2015)，其中与制度约束有关的因素主要有环境规制制度、外资引进制度和人才制度这三个方面。但纵览其研究成果可以发现:鲜有研究能够立足于制度约束层面，综合制度因素的各个方面考虑其对产业结构升级的共同影响。本文的主要创新之处在于:较为全面地考虑了制度约束视角下影响产业结构升级的因素，包括环境规制制度、外资引进制度、人才教育制度和知识产权制度，虽然这些因素均为制度运行的结果，但由于制度因素本身较难衡量，更难以度量哪一部分的制度因素会影响产业结构升级，因此找到直接衡量制度的变量尤其是对产业结构升级产生影响的制度变量就显得尤为困难，且本文认为制度是通过产生相应的制度运行结果，进而对产业结构升级产生影响的，因此本文从制度运行产生的多角度结果入手，寻找制度约束的量化指标，立足“综合制度观”研究产业结构升级中面临的问题，深化对产业结构升级的认识，以期为转型中的社会经济发展提供现实参考。

三、模型构建与指标选取

(一) 模型构建

基于以上的分析，为了更好的从定量角度研究长三角地区制度约束对产业结构升级的影响，本文利用长三角 16 个城市 2001—2013 年的数据①，借鉴郑若谷等

① 本文的“长三角地区”采用《长江三角洲地区区域规划》中的狭义长三角地区定义，主要是指江苏省南部、上海市、浙江省东北部的相关区域，区域面积 21.07 万平方公里，由上海、南京、无锡、常州、苏州、南通、扬州、镇江、泰州、杭州、宁波、嘉兴、湖州、绍兴、舟山、台州这 16 个城市组成，由于狭义长三角地区的城市经济更为发达，城市特征更具代表性，是整个长三角城市群的核心并能够辐射整个“泛长三角地区”，因此本文实证部分主要以狭义定义下的长三角地区城市为主。

(2010)、聂爱云和陆长平(2012)、于文超(2015)、原小能和唐成伟(2015)等学者对产业结构升级的研究成果，分别采用固定效应和动态面板系统 GMM 方法，构建如式(1)(2)所示的回归方程进行实证分析：

$$Y_{it}=\beta_0+\beta_1\ IR_{it}+\beta_2X_{it}+\mu_i+\varepsilon_{it} \tag{1}$$

$$Y_{it}=\beta_0+\beta_1\ IR_{it}+\beta_2X_{it}+\beta_3Y_{it-1}+\mu_i+\varepsilon_{it} \tag{2}$$

(二) 指标选取与变量说明

在(1)(2)式中，i 和 t 分别表示地区和年份，被解释变量 Y_{it} 代表 i 地区 t 年的产业结构升级水平，Y_{it-1} 代表 i 地区 $t-1$ 年的产业结构升级水平，以往学者多采用将某个产业的增加值占 GDP 的比重作为衡量产业结构升级或调整的指标，这种指标选取的方式虽然能够在一定程度上反映某一产业的占比变动，但不能体现出产业的整体结构性变化，本文在选择产业结构升级指标时借鉴汤婧和于立新(2012)所设计的产业结构升级指标(如表 1 所示)：

表 1　产业结构升级的指标度量

<table>
<tr><th>目标层</th><th>领域层</th><th>指标层</th></tr>
<tr><td rowspan="9">产业结构升级指数</td><td rowspan="3">三次产业变动情况(0.25)</td><td>第一产业增长率(0.25)</td></tr>
<tr><td>第二产业增长率(0.35)</td></tr>
<tr><td>第三产业增长率(0.40)</td></tr>
<tr><td rowspan="3">劳动力分布结构(0.30)</td><td>第一产业就业人口占总就业人口比例(0.20)</td></tr>
<tr><td>第二产业就业人口占总就业人口比例(0.30)</td></tr>
<tr><td>第三产业就业人口占总就业人口比例(0.50)</td></tr>
<tr><td rowspan="3">产业部门贡献率(0.45)</td><td>第一产业产值增量占 GDP 增量的比重(0.20)</td></tr>
<tr><td>第二产业产值增量占 GDP 增量的比重(0.30)</td></tr>
<tr><td>第三产业产值增量占 GDP 增量的比重(0.50)</td></tr>
</table>

注：括号中数字表示各指标所占权重。

虽然汤婧和于立新(2012)所设立的指标是立足于行业层面的，但地区产业结构升级仍然主要体现为三次产业增长率、劳动力结构分布和产业部门贡献率这三个方面的变动，因此本文借鉴该指标有一定的依据，且该指标的设计优点在于：同时采用了三次产业变动情况、劳动力分布情况以及贡献率综合复权得到产业结构升级指数较为全面，根据权重设计规则，该指数值越大说明产业结构优化程度越高。

IR_{it}代表i地区t年的制度约束指标，本文选择了环境规制制度、外资引进制度、人才教育制度和知识产权制度四个指标。这些指标较为全面地覆盖了经济社会发展中起到重要作用的因素。其中对于环境规制指标，现有文献大多采用了工业环境治理投资额或污染物排放量作为环境规制衡量指标，但由于本文选取的研究对象为地市级，环境治理投资额从2012年起才有较全面的数据，而污染物排放量的多少并不能充分体现一个地区的环境治理状况，一些以工业发展为主的地区排放量必然会高于以服务业发展为主的地区，基数大小可能会对结果产生重大影响，因而本文环境规制指标选取了工业废弃物综合利用率指标，对于部分缺失该指标的地区，本文使用式(3)计算所得：

$$\text{工业废弃物综合利用率}=\frac{\text{工业废弃物综合利用量}}{\text{工业废弃物排放量}} \tag{3}$$

该指标能够较好地体现一个地区对于环境污染的重视程度以及治理力度，该指标值越大说明环境规制力度越大。外资引进制度的指标选取中，现有文献大部分使用外商直接投资中的实际使用外资金额来衡量，但对于经济发展处于不同水平的地区来说，其引进外资的能力也是有较大差异的，在符合各地经济水平和发展能力的情况下其引进外资的程度才能够更好地刻画外资引进制度在不同地区的重要程度。因此本文选取外商直接投资过程中的实际使用外资金额占地区生产总值的比重指标，来衡量一个地区对外资的依赖程度，该指标值越大表示对外资的依赖程度越高；在人才教育制度指标的选取上，前人多采用高校学生数占人口比重或在校生(专任教师)人数的绝对数指标，但本文认为单纯从高校人数占比多少来衡量教育制度过于片面，如果一个地区的高校在校生数量虽然很多，但教师资源和硬件设施无法满足高质量教学的需求，则该地区的教育制度仍然是不完善的。单纯看在校生人数或专任教师人数的绝对数，并不能准确衡量一个地区的教育水平，对教育质量的评估也是人才教育制度的一个重要方面。基于此，本文选取了各市高等学校专任教师负担学生数指标，该指标通过式(4)计算所得：

$$专任教师负担学生数=\frac{普通高等学校在校学生数}{普通高等学校专任教师数} \tag{4}$$

该指标值越大说明每一个专任教师负担的学生数越多，越不利于教师关注每一个学生的个体发展，甚至可能会阻碍该地区教育质量的提升；知识产权制度可以衡量一个地区对于科技创新的鼓励程度以及对研发成果的保护力度，本文选取专利授权数作为知识产权制度指标，该指标值越大一方面说明地区科技创新成果越多，另一方面也能说明该地区对研发成果的保护力度越大。

X_{it} 代表 i 地区 t 年的控制变量，本文选取的主要控制变量有经济发展水平、人口城市化发展水平、第三产业就业水平以及技术进步水平，其中经济发展水平采用人均地区生产总值 GRP 来衡量；人口城市化发展水平的指标选取在以往的文献中通常采用的非农人口占比来衡量，本文考虑到我国户籍制度流动性较弱的现状，非农人口在每年的统计中几乎没有变化，而长三角地区存在的普遍情况是农业人口离开土地，不再参与农业生产而是加入到第二、第三产业中，因此本文使用城市人口占总人口的比重来表示人口城市化的变化情况；第三产业就业水平采用第三产业从业人员占三次产业从业人员总数的比重来表示；技术进步水平在以往的文献中通常使用研发投入来表示。但本文考虑到一方面地区研发投入数据样本严重缺失，且研发投入指标并不能完全代表一个地区的全行业技术进步潜能与技术进步水平，因此，本文选取科学研究与综合技术服务人数在总人数中占比作为指标数据。u_i 表示个体差异，本文考虑到虽然同处于长三角地区，但每个城市的产业发展进程仍有所不同，因此加入个体差异变量，方便在随后的实证模型中采用固定效应模型对长三角各个城市之间的个体差异状况进行验证。ε_{it} 为标准误差项。具体指标及其含义如表 2 所示：

表 2　变量的解释与说明

变量名称	变量符号	度量指标	单位
产业结构升级	Y	根据表 1 权重计算所得	
环境规制制度	ER	工业废弃物综合利用率	%

（续表）

变量名称	变量符号	度量指标	单位
外资引进制度	FDI	外商直接投资中的实际使用外资金额占GRP的比重	%
人才教育制度	Educ	高等学校专任教师负担学生数	人
知识产权制度	IPI	专利授权数	件
经济发展水平	GRP	人均地区生产总值	元/人
人口城市化水平	Urbanization	城市人口占总人口的比重	%
第三产业就业水平	Service	第三产业从业人员比重	%
技术进步	Tech	科学研究与综合技术服务人数占总人口比重	%

本文的数据主要来源于2002—2014年的《中国城市统计年鉴》《江苏统计年鉴》《浙江统计年鉴》《浙江自然资源与环境统计年鉴》《浙江60年统计资料汇编1949—2009》《上海统计年鉴》以及长三角地区16个城市的地区统计年鉴。为了与之后的回归模型相衔接，本文在对知识产权制度和经济发展水平指标进行描述性统计时，对其进行了对数化处理，同时由于FDI指标在年鉴中采用美元计价，而GRP采用人民币计价，为了统一单位，本文通过对每年的数据进行汇率调整，将FDI数据转化为以人民币计价的单位，并且考虑到通货膨胀等因素的影响，本文还对FDI和GRP数据以2001年为基年进行了平减处理，初步处理后的数据描述性统计如表3所示：

表3　变量的描述性统计

变量名称	变量符号	观测值	均值	标准差	最小值	最大值
产业结构升级	Y	208	14.96	0.97	12.51	18.32
环境规制制度	ER	173	94.15	6.69	64.51	99.99
外资引进制度	FDI	208	5.14	2.98	0.34	20.11
人才教育制度	Educ	180	20.79	19.24	0.85	136.48
知识产权制度	IPI	195	8.19	1.62	3.83	11.50
经济发展水平	GRP	208	10.59	0.60	9.10	11.89

（续表）

变量名称	变量符号	观测值	均值	标准差	最小值	最大值
人口城市化水平	Urbanization	208	44.58	24.36	10.17	100.00
第三产业就业水平	Service	208	44.94	11.02	17.67	65.79
技术进步	Tech	208	0.27	0.31	0.04	1.65

四、基于制度约束视角的产业结构升级的实证研究

基于前述分析，本文将环境规制制度、外资引进制度、人才教育制度和知识产权制度作为核心的解释变量，同时将经济发展水平、人口城市化发展水平、第三产业就业水平和技术进步作为控制变量纳入模型，考虑到知识产权制度指标和经济发展水平指标数值较大，为了避免异方差和多重共线性，故对其进行对数化处理，具体的模型如式(5)、(6)所示。

$$Y_{it}=\gamma_0+\gamma_1 ER_{it}+\gamma_2 FDI_{it}+\gamma_3 Educ_{it}+\gamma_4 LnIPI_{it}+\gamma_5 LnGRP_{it}+\gamma_6 Urbanization_{it}+\gamma_7 Service_{it}+\gamma_8 Tech_{it}+\mu_i+\varepsilon_{it} \quad (5)$$

$$Y_{it}=\gamma_0+\gamma_1 ER_{it}+\gamma_2 FDI_{it}+\gamma_3 Educ_{it}+\gamma_4 LnIPI_{it}+\gamma_5 LnGRP_{it}+\gamma_6 Urbanization_{it}+\gamma_7 Service_{it}+\gamma_8 Tech_{it}+\gamma_8 Y_{it-1}+\mu_i+\varepsilon_{it} \quad (6)$$

本文基于面板数据的回归分析法进行计量分析，分别选择式(5)固定效应模型和式(6)动态面板系统 GMM 估计方法进行回归。模型(1)使用固定效应模型对核心解释变量进行回归，考察其对产业结构升级的影响是否显著；模型(2)使用固定效应模型对核心解释变量和控制变量进行回归，综合衡量产业结构升级的影响因素。同时，因为考虑到模型内生性问题，模型(3)使用动态面板系统 GMM 估计方法对核心解释变量进行回归，考察其对产业结构升级的影响是否显著；模型(4)使用动态面板系统 GMM 估计方法对核心解释变量和控制变量进行回归，综合衡量产业结构升级的影响因素。最终得到如表 4 所示的回归结果：

表 4　制度约束视角下产业结构升级的实证结果

	模型(1)	模型(2)	模型(3)	模型(4)
Y(−1)			0.46*	0.34**
			(1.92)	(2.08)
ER_{it}	3.79**	2.62***	2.80**	2.20***
	(2.07)	(2.73)	(2.08)	(3.74)
FDI_{it}	−0.28***	−0.39***	−0.37**	−0.37***
	(−3.29)	(−5.14)	(−2.10)	(−4.21)
$Educ_{it}$	−0.20*	−0.29**	−0.31**	−0.28***
	(−1.81)	(−2.11)	(−2.17)	(−3.27)
$LnIPI_t$	0.90*	0.53	0.60*	0.35*
	(1.73)	(1.69)	(1.99)	(1.93)
$lnGRP_{it}$		4.12***		2.87***
		(6.02)		(5.13)
$Urbanization_{it}$		0.30*		0.21**
		(1.90)		(4.02)
$Service_{it}$		0.09*		0.05
		(2.04)		(1.08)
$Tech_{it}$		0.91***		0.72***
		(3.41)		(5.20)
Constant	16.17***	10.19**	19.32**	13.51***
	(6.27)	(−2.03)	(2.17)	(3.14)
R^2	0.34	0.42	0.40	0.49
AR(1)(P 值)	—	—	0.03	0.02
AR(2)(P 值)	—	—	0.83	0.79
Hausman Test(P 值)	0.00	0.00	—	—
Sargan Test(P 值)	—	—	0.12	0.18

注:表中括号中的值为对应变量的 t 值，***、**、* 分别表示系数在 1%、5%和 10%水平上显著。

从上述的回归结果可以看出:模型(1)和模型(2)的 Hausman 检验均拒绝原假设,说明可以使用固定效应模型进行回归,回归结果表明环境规制制度和知识产权制度对产业结构升级有正向影响,外资引进制度和人才教育制度对产业结构升级有负向影响,且环境规制制度和外资引进制度的影响较为显著,知识产权制度的影响最微弱,模型(1)的拟合优度 R^2 仅为 0.34,拟合度不高可能是由于存在遗漏较为重要的控制变量,模型(2)加入了控制变量回归时发现经济发展水平和技术进步均在 1%的水平下显著,而人口城市化水平和第三产业就业水平的显著性不高,仅在 10%的显著性水平下显著。考虑到内生性问题,模型(3)和模型(4)选择了动态面板系统 GMM 估计方法分别对核心解释变量和所有自变量进行回归,从 Sargan 检验可以看出,两个模型均在 1%的显著性水平上接受"所有工具变量都有效"的原假设,可以进行动态面板系统 GMM 估计,且 AR(1)和 AR(2)的检验结果表明可以接受"扰动项不存在自相关"的原假设,从拟合优度看,动态面板系统 GMM 比固定效应模型更好,从解释变量回归系数的符号看,与固定效应模型具有较高的一致性,且所有核心解释变量均显著,在模型(4)中,仅有第三产业就业水平对产业结构升级的影响不够显著,综合而言,模型(4)的回归效果最好。从模型(2)和模型(4)的结果均可以看出,控制变量对于产业结构升级均存在不同程度的正向影响。

五、结论与对策

本文在控制了经济发展水平、人口城市化发展水平、第三产业就业水平、技术进步等因素的基础上,分析由环境规制制度、外资引进制度、人才教育制度和知识产权制度四个方面构成的制度约束对产业结构升级的影响方向与影响程度,利用 2001—2013 年长三角地区 16 个城市的面板数据,通过固定效应模型和动态面板 GMM 估计方法分别进行实证研究,得到了如下结论:

第一,环境规制制度对产业结构升级具有较显著的正向影响。工业废弃物综合利用率越高,说明地方政府对环境的管制越严格,污染排放率也就越低,因此城市的环境状况就会越好,良好的城市环境提高了城市的吸引力和竞争力,更有利于其产业结构升级。

第二，外资引进制度对产业结构升级有较显著的负向影响。本文在外资引进制度选取的过程中采用外商直接投资中的实际利用外资额占地区生产总值比重来衡量，发现随着FDI的占比提高，经济对外资的依赖性也就越强，由于外资对东道国可能同时存在技术的"溢出效应"和"挤出效应"，因而在经济发展转型对本地创新能力提出较高要求的情况下，对外资的过度依赖反而加剧了外资的"挤出效应"(查婷俊和杨锐，2015)，在一定程度上制约了长期的产业结构升级。

第三，人才教育制度对产业结构升级有着较为显著的负向影响。一个地区中高等教育师资资源的质量决定了该地区高等教育的质量，一个地区的专任教师负担的学生数越多，越不容易关注到每个学生的个人成长状况，因而我们采用的指标数值越大说明人才教育制度越不完善，高等教育质量越低。而现阶段的产业结构升级过程中所需要的人力资本更多的是由接受过高等教育的人才组成，如果人才培养制度质量低下，必然会阻碍产业结构升级。

第四，知识产权制度对产业结构升级有较为显著的正向影响。当一个地区的专利授权数越高时，一方面说明该地区的科技成果越丰富，另一方面也说明了该地区的知识产权保护意识越强，因而一方面有利于产生创新网络效应，另一方面有利于通过知识产权制度的完善激励创新，进而出现创新带动产业结构升级的良性循环。

最后，本文根据文章结论对应地提出了如下四点对策建议：

第一，加强环境规制力度，让企业更多地承担由自身污染排放带来的负外部性，鼓励利用新技术、新设备、新能源减少污染的创新行为。同时，在对科技创新成果的考核评价中，可以适度加大对环境后果评价的比重，环境友好、资源节约型标准应当成为科技创新成果认定条件的重要内容，进而促进中国的环境保护从外延型转变为内涵型，从根本上降低环境成本，减少由环境问题引发的负外部性。

第二，减少对外资的盲目依赖，提高引进外资的质量。降低制度门槛，鼓励一切外资进入市场的行为是不理性的，从长远来看也是不利于产业结构升级的。目前长三角很多外资企业尤其是制造业外资企业的核心技术部门往往不设在东道国，而只是将污染严重的环节放在东道国，这种情况下的外资引进不但不能发挥出外资的技术"溢出效应"，外资产生的"挤出效应"反而使得本地企业失去了自主创新的动力，因此,在引进外资的过程中,必须强调外资引进数量和结构的合理性,提高外资的"溢出效应"。

第三,降低专任教师负担学生数,完善教育制度,为产业结构升级提供人力资本支持。在国际竞争日趋激烈的"后危机时代",人力资本的作用正在日益彰显,高质量的高等学校毕业人才更是人力资本的主要来源,长三角地区虽然是全国的教育示范地区,但高等教育过程中仍然存在着盲目扩招导致的班级规模过大、师资资源有限、教育质量不高等问题。降低专任教师负担学生数一方面要增加专任教师的数量,另一方面要提高专任教师的教学质量,通过完善高等教育制度,为产业结构升级提供源源不断的人力资本。

第四,完善知识产权制度,通过形成创新网络效应促进产业结构升级。知识产权制度越完善,该地区的知识产权保护意识越强,越有利于激励创新,进而产生创新网络效应,促进创新网络的形成,可以更好地促进技术创新的本地化,减少对外资的依赖,并带动产业结构升级。

参考文献

[1] 陈继勇,盛杨怿. 外国直接投资与我国产业结构调整的实证研究[J]. 国际贸易问题, 2009,(1).

[2] 董宪军. 长江三角洲地区资源开发与环境保护一体化构想与对策[J]. 华东理工大学学报(社会科学版),2005,20(1):94-99.

[3] 杜运苏. 环境规制影响我国制造业竞争力的实证研究[J]. 世界经济研究,2014(12): 71-76.

[4] 方慧,吕静,段国蕊. 中国承接服务业国际转移产业结构升级效应的实证研究[J]. 世界经济研究,2012(6):58-63.

[5] 胡飞. 产业结构升级,对外贸易与环境污染的关系研究——以我国东部和中部地区为例[J]. 经济问题探索,2011(7):113-118.

[6] 江小涓. 跨国投资,市场结构与外商投资企业的竞争行为[J]. 经济研究,2002,(9): 31-38.

[7] 邝小文. 中国产业结构升级中的人力资本研究[D]. 北京:中共中央党校,2007.

[8] 李宗植,吕立志. 资源环境对长三角地区社会经济发展的约束[J]. 经济经纬,2004(4):59-62.

[9] 刘宇. 外商直接投资对我国产业结构影响的实证分析——基于面板数据模型的研究[J]. 南开经济研究,2007(1):125-134.

[10] 聂爱云,陆长平. 制度约束,外商投资与产业结构升级调整——基于省际面板数据的实证研究[J]. 国际贸易问题,2012(2):136-145.

[11] 宋京. 外国直接投资对我国产业结构升级的影响——对外贸易视角的分析[J]. 国际贸易问题,2005(4):82-86.

[12] 汤婧,于立新. 我国对外直接投资与产业结构调整的关联分析[J]. 国际贸易问题,2012(11):42-49.

[13] 武晓霞. 省际产业结构升级的异质性及影响因素——基于1998年—2010年28个省区的空间面板计量分析[J]. 经济经纬,2014,31(1):90-95.

[14] 许烜,兰勇. 农业产业集群升级的影响因素研究——以湖南省6个主要农业产业集群为例[J]. 经济经纬,2015(6):35-40.

[15] 徐晓虹. 外国直接投资与中国区域经济发展的实证分析[J]. 国际贸易问题,2006(9):67-73.

[16] 于文超. FDI,环境管制与产业结构升级——基于城市面板数据的实证研究[J]. 产业经济评论,2015(1):39-47.

[17] 原小能,唐成伟. 劳动力成本、交易成本与产业结构升级[J]. 浙江大学学报(人文社会科学版),2015,1(5):123-133.

[18] 查婷俊,杨锐. 技术创新本地化壁垒与突破路径研究[J]. 科技进步与对策,2015(23):1-8.

[19] 张国强,温军,汤向俊. 中国人力资本,人力资本结构与产业结构升级[J]. 中国人口资源与环境,2011,21(10):138-146.

[20] 郑若谷,于春晖,余典范. 转型期中国经济增长的产业结构和制度效应——基于一个随机前沿模型的研究[J]. 中国工业经济,2010(2):58-67.

[21] AKBAR Y H, MCBRIDE J B. Multinational enterprise strategy, foreign direct

investment and economic development: the case of the hungarian banking industry[J]. Journal of world business, 2004, 39(1): 89-105.

[22] BRUNNERMEIER S B, COHEN M A. Determinants of environmental innovation in US manufacturing industries [J]. Journal of environmental economics and management, 2003,45(2): 278-293.

[23] COLIN (Wirtschaftswissenschaftler) clark. The conditions of economic progress[M]. Macmillan, 1957.

[24] COPELAND B R, TAYLOR M S. North-south trade and the environment[J]. The quarterly journal of economics, 1994, 109(3): 755-787.

[25] CHICHILNISKY G. North-south trade and the global environment[J]. The American economic review, 1994: 851-874.

[26] DOMAZLICKY B R, Weber W L. Does environmental protection lead to slower productivity growth in the chemicalindustry? [J]. Environmental and resource economics, 2004, 28(3): 301-324.

[27] HUNYA G. Restructuring through FDI in Romanian manufacturing[J]. Economic systems, 2002, 26(4): 387-394.

[28] LANJOUW J O, MODY A. Innovation and the international diffusion of environmentally responsive technology[J]. Research policy, 1996, 25(4): 549-571.

[29] NORTH D C. Economic performance through time[J]. The American economic review, 1994, 84(3): 359-368.

[30] PENEDER M. Structural change and aggregate growth[J]. Structural change and economic dynamics, 2002, 14: 427-448.

[31] PORTER M E, Van der Linde C. Toward a new conception of the environment competitiveness relationship[J]. Journal of economic perspectives, 1995, 9(4): 97-118.

西部地区高碳产业与低碳产业关系的考察

张小兰[①]

我国西部地区地域辽阔，资源丰富，开发潜力巨大，但是由于地理历史的特性，西部地区经济与东部地区经济差距加大，经济相对落后，属于我国经济欠发达地区。长期以来，西部地区走的是一条以资源开发为主的道路，经济发展靠的是高投入、高消耗、高污染的粗放型发展之路。由于西部地区生态环境脆弱，这种粗放型发展之路已经难以为继，必须要从以高碳产业为主的产业结构转变为以低碳产业为主的产业结构。

一、低碳产业与高碳产业的划分

高碳产业和低碳产业都是相对概念。目前还没有具体指标来划分高碳产业、低碳产业。我国工业按照能源消费量和碳排放量的大小，可以分成高碳产业和低碳产业。高碳产业是指高能耗、高污染、高排放产业，根据2016年我国统计年鉴资料显示：2015年我国能源消费总量295 686.44万吨标准煤，制造业能源消费总量是245 051.39万吨标准煤，占了82.88%，而其中能源消费量超过1亿吨标准煤有黑色金属冶炼及压延加工业，化学原料及化学制品制造业，非金属矿物制品业，石油加工炼焦及核燃料加工业，有色金属冶炼及压延加工业，电力、热力的生产和供应业等六大产业[②]。根据中华人民共和国环境保护部2014年环境统计年报显示：在调查统计的41个工业行业中，废水排放量位于前4位的行业依次为造纸和纸制品业、化学原料及化学制品制造业、纺织业、煤炭开采和洗选业；石油类排放量位于前4位的行业依次是黑色金属

① 西南民族大学经济学院教授。

② 中华人民共和国国家统计局：《中国统计年鉴》，中国统计出版社，2016.

冶炼和压延加工业，化学原料和化学制品制造业，煤炭开采和洗选业，石油加工、炼焦和核燃料加工业，皮、羽毛及其制品和制鞋业，有色金属矿采选业。① 可见高碳产业主要指火电、冶金、石化、交通、建筑、化工等传统高能耗、高污染产业，能源消费量和排放量都位居前列，应该属于高碳产业。

低碳产业代表着未来经济发展的新模式，由于人类生产活动对生态环境的影响，全球气候变暖和生态环境恶化已经成为影响人类社会生存和发展最大的威胁，发展低碳产业是保障社会可持续发展的必然选择，低碳产业成为各国政府和学者关注和研究的热点。一般认为低碳产业是指以低能耗、低排放、高产出为主要特征的产业，低碳产业大多是知识密集型、技术密集型等新兴产业。低碳产业涉及的产业广泛，按照其特征可以划分为三大产业：利用太阳能、风能、地热等可再生能源替代传统化石能源的新能源产业；利用碳捕捉、清洁燃煤工艺等降低传统化石能源的碳排放的新工艺产业；通过节能、减排、废物回收重复利用直接降低能源消耗的节能环保产业。所以低碳产业可以归纳为：火电减排、新能源汽车、建筑节能、工业节能与减排、循环经济、资源回收、环保设备、节能材料等战略新兴产业。

二、一定时期内高碳产业仍然是西部地区的重要产业

我国西部地区产业结构层次低，工业化进程相对落后。第二产业中重工业的比重相对较高，大多数西部地区的第二产业是以矿业和初加工工业为主的低附加值产业。长期以来，西部地区的经济增长依赖投入大量资源与能源的高碳产业。随着我国资源的日益短缺和环境的日益恶化，西部地区的高碳产业发展受到了制约。但是目前高碳产业仍然是我国西部地区较长一段时期的支柱产业，西部地区在未来很长的一段时期内仍然不能完全放弃高碳产业，否则西部地区的经济将会受到巨大的影响。这是由于：

1. 高碳产业发展具有惯性和路径依赖

产业发展惯性是指一个国家或地区产业发展具有沿着原有轨迹的倾向，即调整

---

① 中华人民共和国环境保护部：《中国环境统计年报 2014》，中国环境出版社，2015.

产业发展轨迹具有迟缓性。长期以来，我国少数西部地区形成了以化石能源为主的能源结构，高耗能、高排放的高碳产业在工业产业结构中占很大比例，一直以来高度依赖能源资源的投入。由于缺乏有效的调整机制，生产技术相对落后，以及牵涉各方面利益等，我国西部地区以高碳产业为主的产业结构在今后相当长的一段时间内都难以改变，高碳产业将在较长的一段时间内依然是西部地区的支柱产业、重点产业。高碳产业所占比重会进一步增加，能源需求也有可能继续增长。

2. 西部地区工业化进程和城市化进程的要求

作为最大的发展中国家，中国正处在工业化、城市化快速发展的关键阶段。随着整个社会人民生活水平的提高，对房地产、汽车等产业有着刚性需求，对重化工业仍然有强烈的需求。随着西部大开发等政策的推进，西部地区的工业化进程加快，正处于从工业化中前期向工业化中后期过渡的阶段，另外西部地区还处于高速城市化阶段，西部地区经济发展与工业化阶段特征，决定了高碳产业仍然是西部地区工业化和经济发展的重要推动力量。

3. 传统能源为主的能源结构一时难以改变

由于新能源十分昂贵，而传统能源价格相对低廉，所以新能源现在无法替代石油、煤、天然气等传统的化石能源。传统能源仍将在我国西部地区能源结构中居主导地位。目前新能源还只是作为化石能源的替补而存在，传统能源仍然将会在较长的时期内是西部地区主要的能源，所以西部地区以传统能源为主的能源结构在今后相当长的一段时期内都不会改变。能源结构决定了西部地区高碳产业将长期存在。

4. 国际上对高碳产业的产品依然有旺盛的需求

在相当长的一段时间内，世界仍然需要资源型高碳产业的产品，仍然对钢铁、水泥、化工等高碳产品有着旺盛的需求。而在目前的国际产业分工中，我国尚处于国际分工的低端，西部地区又处于国内分工的低端，大量高耗能的高碳产业在向中国西部地区转移，这是全球化进程的必然结果。在这种世界分工中，西部地区作为高碳产品的生产地，替发达国家和我国发达地区进行大量高碳产品的生产制造，替发达国家和发达地区承担着高碳排放的工作。

三、低碳产业是西部地区发展的方向

低碳经济是以低能耗、低污染、低排放为基础的经济发展模式，低碳经济的核心就是发展以低碳产业为主导的新兴产业，实现社会的可持续发展。西部地区高碳产业的发展模式，使西部地区经济发展与资源生态之间的矛盾的日渐深化，发展低碳产业是西部地区应对气候变化，促进社会可持续发展的必然措施；是西部地区应对全球气候危机，实现可持续发展的重要途径。

1. 国内外环境压力的要求

全球气候变暖，世界范围内资源的供给紧张，化石燃料的不可再生和引发不断恶化的环境污染，以及全球为应对气候变化而对温室气体排放所做的限制，使我国越来越重视生态环境保护，越来越关注生态脆弱的西部地区工业发展，我国不仅加强了能源领域的科技创新，而且加大了对低碳产业的投入，这些为西部地区低碳产业发展提供了良好的条件，铺就了宽广的道路。

2. 低碳产业是未来的发展方向

低碳产业隐藏着巨大的增长潜力，是未来经济发展的先导产业和支柱产业。我国西部地区在经济发展的过程中，面临着发展经济和控制污染，减缓温室气体排放等多重压力，节约资源、减少碳排放的要求十分迫切。能源资源约束已经成为制约西部地区经济发展的重要因素。发展低碳产业已经成为西部地区加快转变经济发展方式、加快产业结构调整，突破能源资源瓶颈制约的迫切要求。

3. 低碳产业是有强大竞争力的产业

从国际上看，随着全球气候问题凸显，人们越来越注重生态安全，越来越注重产品的碳含量、碳足迹，看重生产企业的环保意识。因此低碳产业将成为未来产业的发展方向，低碳经济成为未来巨大的竞争焦点，谁最先在低碳产业领域获得成功，谁就有可能成为未来经济的领头人。因此发达国家和我国都在进行可再生能源、新工艺等低碳产业的研发，抢占未来经济竞争制高点，西部地区如果不重视发展低碳产业，就会在新的竞争中越来越被动。

4. 西部地区自身发展的要求

西部地区生态环境脆弱，对人类生产活动的承载能力低，破坏后很难修复。随着西部地区高碳产业的发展，西部地区加大了对资源的开采力度，使得西部地区三废排放量增加，生态污染加剧，西部地区的生态、环境容量已经到达极限，如果依然走传统的高碳产业发展道路，一些西部地区若干年后可能会出现资源枯竭，生态环境被破坏的现象，甚至会影响到全国的生态安全，因此发展低碳产业是大势所趋。

四、西部地区发展中要处理好高碳产业与低碳产业的关系

可见，西部地区具有发展低碳产业的必要性和迫切性，也有发展低碳产业的可能性，但在发展低碳产业时，要注意低碳产业和高碳产业二者之间的关系。

1. 高碳产业与低碳产业共存是未来很长一段时间的发展方向

高碳产业与低碳产业并不是一个取代和被取代的关系。我们不应将二者对立起来，高碳产业是低碳产业发展的基础，低碳产业会带动高碳产业转型发展。另外无论是高碳产业还是低碳产业，都不可能单独满足人类的全部需求。况且完全发展低碳产业，目前西部地区根本不可能达到，而在实现之前，西部地区高碳产业与低碳产业必然共同存在、共同发展，所以我们应该在二者之间找到最佳的平衡点。目前西部地区高碳产业所占比重超过低碳产业，随着经济和技术的发展，高碳产业所占比重将逐渐下降，可能在未来某一个时间点，低碳产业所占的比重将超过高碳产业。所以现在西部地区的首要任务是逐渐降低和改造高碳产业，逐渐减少对传统能源的依赖，而非彻底停止所有的高碳产业。

2. 高碳产业进行低碳化改造

西部地区的高碳产业发展之路就是走高碳产业低碳化、减碳化的改造之路，使它更有效地利用资源和降低碳排放量，通过更清洁，更可持续，更高效的方式进行生产。因此，面对生态保护提出的要求，通过制度创新和技术创新，提高高碳产业中的能源利用效率，降低高碳产业的污染排放量，是西部地区发展低碳产业的重要手段之一。此外，从投资效果看，目前进行高碳产业低碳化改造所获得的效益比发展低碳产业的效益更高，成本更低廉，所以对高碳产业低碳化改造，使西部地区高碳产业的生产和

消费更加高效、清洁，是西部地区产业和技术未来的发展方向。

3. 低碳产业的发展需要紧密结合中国的国情

应对气候变化，是全世界的责任，但在发展低碳产业、减少碳排放时，还应该结合我国是发展中国家的国情，不能不顾国情、不顾经济发展地保护环境。中国要走符合国情的低碳道路，西部地区同样要走符合西部地区实际情况的低碳道路。所以一方面我国要积极参加国际气候谈判，为我国工业发展争取更大的发展空间；另一方面从长远看，低碳经济是未来的发展方向，我们要尽最大可能地发展低碳经济与低碳产业，不断提高低碳产业在国民经济中所占的比重。并且注意不能用一个低碳指标来评判各地的低碳，如东部与西部自然条件不同，工业化发展阶段不同，对东部与西部就不能用一套完全一模一样低碳指标来衡量。一个地区的指标，应该让这个地区的企业向着碳排放量越来越低的方向发展，并且还能带动当地经济的发展。

五、西部地区未来产业发展之路

西部地区是我国的生态安全屏障，西部地区高碳产业与低碳产业的发展方向，不仅影响着西部地区的发展，而且对全国的生态安全和可持续发展都会产生重大影响。

1. 政府宣传和政府激励机制相结合

政府要积极宣传和倡导低碳经济，但这远远不够，必须要有相应的激励机制，包括财政、税收、法律等各种激励机制。在大力促进低碳产业发展的同时，不仅对于恶意破坏环境，偷排废水、废气企业进行处罚，而且要对做得好的企业进行奖励，在社会上树立保护生态光荣的思想。并且西部地区在承接东部地区和国际产业转移时，要提高转移的"门槛"，限制高碳产业的承接，否则一旦转移进来，就很难再转移出去。

2. 政策与技术相结合

要通过产业政策调整，在大力发展低碳产业的同时，鼓励高碳产业提高技术创新能力，对高碳产业通过技术改造的方式，减少污染排放，以技术进步带动整个产业升级；并且鼓励企业引进国内外先进的节能减排技术，增强对清洁能源的开发和利用；另外通过完善相关政策，强制淘汰落后的高碳产业，促进各种先进节能环保技术的应用，提高技术改造和技术创新的力度，降低能源消耗、减少污染排放，提升行业发展水平，通过高碳产业的低碳化技术，促进产业升级。

3. 发展第三产业与打造产业链相结合

加快新兴低碳产业的发展。从三次产业的角度来看，要加快金融、保险、旅游、文化等现代服务业的发展，逐步降低第二产业在国民经济中所占的比重。在第二产业中，要加快太阳能、风能、核电、电子信息、新能源汽车、生物产业等新兴低碳产业的发展。并且在推进战略性新兴产业发展、逐渐淘汰高能耗产业时，注意低碳产业的协同作用，建立起协同循环的低碳产业链，对链条上的每个企业来说，从原材料采购、生产、物流、销售等各个环节都低碳环保。并且链条上下游的企业间在相互满足供求关系的同时，选择那些对环境损害最小、资源浪费最少的合作方式，从而实现可持续发展。

4. 探索高碳产业发展之路与低碳经济相结合起来

处理好低碳产业与高碳产业之间的关系，就是在大力发展低碳产业的同时，合理地发展高碳产业。探索石化、煤炭、钢铁、水泥、冶金等高碳产业的低碳化发展路径，逐步实现高碳产业的低碳化发展。发展低碳经济实质上就是对现代经济发展模式进行一场深刻的能源革命，构建一种温室气体排放量最低限度的新能源经济发展模式。要注意，产业结构的调整是一个渐次推进的过程，高碳产业的转型升级需要循序渐进，低碳产业的体系建立需要较长的时间和配套的条件才能实现。

基于主导产业转型升级视角的江苏军民融合创新示范区创建探讨[①]

周彩霞[②]

一、军民融合创新示范区创建与主导产业转型升级的内在协调性

（一）军民融合创新示范区创建的提出

进入21世纪后，在科技和军事双重革命的驱动下，世界军事领域的传统机械化战争将逐步被信息化、智能化的陆海空一体化作战取代。军事工业和民用工业的界限日趋模糊，军民融合成为世界各国国防科技工业发展的共同趋势。

党的十八大以来，以习近平总书记为核心的领导集体着眼于实现强军梦、中国梦，提出了军民深度融合的时代命题，并将之上升为国家战略，开创了军民融合发展新局面。作为贯彻落实军民融合战略的重要载体，军民融合创新示范区建设随之被提上重要议事日程。十八届五中全会明确提出军民融合创新示范区建设。《国民经济和社会发展“十三五”规划纲要》指出：要推动经济建设和国防建设融合发展，形成全要素、多领域、高效益的军民深度融合发展格局，要打造一批军民融合创新示范区。2016年7月，中共中央、国务院、中央军委印发的《关于经济建设和国防建设融合发展的意见》提出要打造一批军民融合创新示范区，形成可推广、可复制、可持续的新路径新模式，促进国防经济和地方经济深度融合。

---

① 本文部分内容以《江苏创建国家军民融合创新示范区的思考》为题发表在《中国国情国力》，2019年第1期。

② 南京理工大学经济管理学院副教授。

作为一项新生事物,军民融合创新示范区在国外并无太多成熟的直接经验可咨借鉴,美国硅谷、日本筑波科学城等世界知名高科技产业园的经验教训具有一定的启示意义。我国各地军民融合示范区建设的目标定位、区划规格、规划布局、管理机制、遴选考核等均处于摸索状态。2016 年初,国家发改委起草了《国家军民融合创新示范区建设总体方案(送审稿)》,提出在全国范围内,以地(市)级及以上人民政府为主体,先行开展 10 个左右国家级"军民融合创新示范区"建设。此后,四川、山东、陕西、江苏、湖北等 20 多个省(区、市)相继提出创建申请,对军民融合创新示范区建设的目标定位、发展模式、配套措施等进行了有益探索。同时也暴露出诸如认识高度不够、规划定位不清、法律规章缺位、机制运行不畅、资源融合不足等问题。张高丽同志在《人民日报》撰文强调要坚持"成熟一个、推进一个"的原则,积极稳妥地开展国家军民融合创新示范区建设,重点抓制度创新,着力形成可复制可推广可持续的新路径新模式。支持各地区、各领域、各行业因地制宜地开展各具特色的军民融合创新实践,鼓励跨地区、跨领域、跨行业协同创新,促进军民融合有力有序有效发展。

2018 年 3 月 2 日,十九届中央军民融合发展委员会第一次全体会议审议通过了《军民融合发展战略纲要》《国家军民融合创新示范区建设实施方案》及第一批创新示范区建设名单,有望在全国掀起新一轮军民融合创新示范区培育建设高潮。

(二) 主导产业转型升级是军民融合创新示范区创建发展的基础保障

主导产业,从量的方面看是在国民生产总值中占有较大比重的产业;从质的方面看是效率高、增长快,前后向产业关联度强,对其他产业及整个区域经济发展有较强带动作用的产业。特定国家或区域在特定时期的主导产业是内外部环境、要素禀赋等共同作用的结果。当今世界正在经历一场新的技术革命,新一代信息技术与制造业深度融合催生出新的生产方式、产业形态、商业模式和经济增长点。各国纷纷加大科技创新力度,推动移动互联网、云计算、人工智能、大数据、生物工程、新能源、新材料等领域取得新突破。欧美等发达国家的主导产业也随之演进,不断转型升级。

作为世界第二大经济体,在国际政治经济形势日益复杂的当下,中国迫切需要强大的国防力量保护国家及国民利益。党的十九大作出了中国特色社会主义进入新时代的重大判断,中国经济已由高速增长阶段转向高质量发展阶段。十九大报告还提出到2035年基本实现国防和军队现代化,到本世纪中叶全面建成世界一流的人民军队,强调要"形成军民融合深度发展格局,构建一体化的国家战略体系和能力"。习近平总书记多次强调"坚持向科技创新要战斗力,下更大气力推动科技兴军"。军民融合战略的实施就是要抓住世界新一轮科技革命和新军事革命的机遇与挑战契机,面向海洋、太空、网络空间、生物、新能源、人工智能等军民共用性强的重点和新兴领域,军地深度协作,研发能大幅提升军事能力和产业优势的战略性高新技术,抢占未来军事和产业竞争的战略制高点,推动高精尖技术建功经济建设和国防建设两个战场,实现社会生产力和军队战斗力的同步提升。

军民融合要求紧密结合国防和民用科技工业基础,形成一个统一强大的国家科技工业基础。围绕军民融合支撑国防军队建设、推动科学技术进步和服务经济社会发展三项职责,军民融合创新示范区的职能主要体现在以下三个方面:一是贯彻落实军民融合发展战略,实现国防军事空间布局与区域经济发展布局完善有机结合的重要载体;二是统筹国防建设和经济建设,实现军事创新体系与国家创新体系相互兼容、同步发展的创新源头;三是推动区域产业结构调整和经济发展方式转变,拓展军民融合发展新空间新路径,发挥示范基地的辐射引领作用。

军民融合创新示范区建设应以构建真正军民两用的基础支撑性产业体系作为关键任务,力求实现新兴领域的超前布局和跨越式发展。因此,示范区建设必须立足区域要素禀赋条件及产业优势,引导示范区内的产学研主体投身军民共用性强的重点和新兴领域,尽快改变我国国防科技核心技术自主化程度较低,关键原材料、关键元器件、动力技术等关键技术受制于人的不利局面;还要打通军工科技与经济的融合,推动科技成果产业化,将技术创新落实到产业发展和价值链攀升上来。

由此可见,主导产业的转型升级是军民融合创新示范区创建及发展的基础保障,二者相辅相成,具有内在协调性,应该实现良性互动。

二、江苏创建国家级军民融合创新示范区的基础及目标定位

(一)江苏省主导产业演进及军民融合概况

江苏地处"一带一路"及长江经济带的重要结点,区位优势明显,是经济大省、产

业大省、科教大省、开放大省。江苏省工业总产值长期稳居全国首位，主导产业经历了不断的演进。江苏省国民经济和社会发展"十五"规划提出要把省内具有主导优势的电子信息产业、医药制造业、交通运输制造业、电气机械及器材制造业、仪器仪表及文化设备制造业列为主导高新技术产业。"十二五"规划则明确提出推动电子信息、装备制造、石油化工等主导产业向高端发展；以各级各类开发园区为载体，加快建设电子信息、集成电路、新能源、智能电网、生物技术和新医药、新材料、光电、船舶制造、海洋工程、航天航空设备、新能源汽车、工程机械、轨道交通、节能环保、软件、服务外包和物联网等一批特色产业基地。2017 年江苏地区生产总值达到 8.59 万亿元，高新技术产业、战略性新兴产业产值占比分别达到 42.6％和 31％。

江苏地处东南沿海重要军事战略方位，省会南京是东部战区司令部驻地，全省驻军单位多，军工资源多。江苏省充分发挥制造业基础雄厚、科教资源丰富、军工企业及研究院所众多的优势，把军民融合发展纳入"两个率先"总体布局和"八项工程"具体实践，稳步推进相关改革。省委、省政府、省军区相继出台《关于加快推进军民融合式发展的意见》《军民融合式发展三年实施计划(2014—2016)》《江苏省省级军民融合发展引导资金管理办法(试行)》《关于推进企业军民融合科技创新发展的意见》等一系列政策文件，率先设立军民融合引导资金、率先建成军民融合发展信息平台、率先拟制军民融合年度工作报告。《江苏省军民融合发展"十三五"规划》提出，力争到 2020 年，江苏军民融合发展居全国领先地位，全面建成经济建设贯彻国防要求、军队服务经济社会发展、地方生产力与部队战斗力同步提高"三个示范区"，基本形成全要素、多领域、高效益的军民融合深度发展格局。

(二) 江苏省军民融合产业基地或园区建设概况

江苏省雄厚的产业基础与制造业实力为军民融合创造了条件。700 多家企业取得保密资格认证，进入总后物资采购供应商目录 760 多家，数量均为全国第一。大型军工企业和科研院所"军转民"格局加速形成，民用产品所占比重逐年提升。经过强力推动，江苏省各地把发展与军队武器装备和后勤保障有关的产业作为经济结构调整的重要内容，相继投入引导资金近百亿元，重点扶持军民两用技术(产品)项目 200 多项，支持军用通信卫星等新型国防核心装备研发，推动一批相关企业发展成为高新技术企业。航空航天、新材料、船舶与海洋工程、特种汽车及其零部件、新一代信息技术等产业已成长为江苏军民融合的主导产业，在沿江地区打造出一批军民兼容、项目集聚的产业园。

为实现军民融合产业规模化、集聚化发展，工业和信息化部依托国家新型工业化产业示范基地创建工作，从 2009 年开始开展国家级军民融合产业基地的培育和认定。认定的军民结合产业包括：民用核能、民用航天、民用航空、民用船舶、电子信息和民爆器材等产业；利用国防科技优势发展的、与军工技术同源或工艺相近的节能环保新材料、新能源、高端装备制造、安防产品等新兴产业和高技术产业；以及民用企事业单位发展军民两用产品而形成的产业。工信部先后分 7 批在 22 个省(区、市)认定挂牌了 32 个国家级军民结合产业示范基地，江苏省丹阳市于 2014 年获得第 5 批次认定。截至 2017 年底，江苏省共有 1 个国家级、8 个省级军民结合产业示范基地成功创建，为后期的国家级军民融合创新示范区的创建工作打下了坚实基础。综合新闻媒体的公开报道信息，江苏省部分代表性的军民结合产业示范基地或园区概况如表 1 所示。

表 1　江苏省代表性军民结合产业示范基地或园区概况

	重点军民结合产业或集群	获批基地称号及拥有的平台
丹阳军民融合产业基地	围绕航空航天产业需求，形成高性能金属材料、高端纤维材料、高分子复合材料等综合性新材料产业体系，目标为千亿级产业群	空装-丹阳军民融合式发展示范区(2011)、江苏省军民结合产业示范基地(2013)、国家新型工业化产业示范基地(军民结合)(2014)
南京白下高新技术产业园区	围绕智能交通、云计算、电子商务、文化创意与设计服务等，形成以“互联网信息技术＋智慧”为内核的“2＋2＋X”新兴产业集群	“江苏省军民结合产业示范基地”(2013)；江苏省军民融合科技创新示范园(2017)，拥有江苏军民融合创新服务中心
镇江新区军民结合产业示范基地	航空航天、新材料、车船配套和电子信息等军民融合特色产业集群	江苏省军民结合产业示范基地，江苏省军工学会协同创新服务示范基地(2013)，拥有全省唯一的航空产业产学研联合创新平台

（续表）

	重点军民结合产业或集群	获批基地称号及拥有的平台
苏州高新区军民融合产业示范基地	全领域航空航天、新能源、高端装备和安全高端服务器等四大特色军民结合产业集群	江苏省军民结合产业示范基地(2013)
张家港保税区军民结合产业示范基地	海洋工程与船舶制造、核电装备、锂电新能源、电子通信等军民结合新兴产业	江苏省军民结合(海工船舶与高端装备)产业示范基地(2015)
泰兴市军民结合产业示范基地	海洋装备、舰船配套设备、光电子信息、航天航空电器、军用漆包线、汽车零部件、医疗设备、环保设备等	拥有“中国航天技术转移应用(泰兴)中心”

（三）江苏创建国家级军民融合创新示范区的空间布局及目标定位

从空间布局上看，江苏省的国家级军民融合创新示范区建设应依托苏南自主创新示范区建设、沿海开发与苏北振兴一体化发展，整合已有的各类工业产业园区及示范基地、军民结合产业基地，以南京为核心，以扬子江城市群及苏北沿海港口节点城市为单元，对标世界军事经济一流国家，突出体制机制、政策制度、组织管理、运行模式的改革创新，通过融合示范核心园区、军民科技自主研发与成果转化体系、军民两用基础支撑性产业体系、军民要素资源共享网络、军民共用重大基础设施体系、军地人才协同培养体系等的建设，为形成全要素、多领域、高效益的军民融合深度发展格局培育新载体。

江苏省创建国家级军民融合创新示范区的目标定位重点如下：(1) 政策机制的试验田。军队和地方应协同开展工作，建立军地联席会议或军民融合发展工作领导小组，与高校及科研院所合作，把军民融合发展纳入经济社会改革和发展总体规划，在政策机制方面先行先试。(2) 科技创新的先行者。依托丰富的科教资源，以科技原始创新为先导，充分发挥高水平大学及科研院所的催化作用，促进军工科技及军民两用科技与经济对接、创新成果与产业对接、创新项目与现实生产力对接，贯通多级创新，形成共振效应，实现向创新要动力、活力及竞争力。(3) 先进产业的孵化器和集聚区。依托雄厚的先进制造业基础和发达的民营经济，立足一体两用，结合互联网、物联网、人工智能、新材料等现代前沿技术，加快航空航天、船舶、汽车、高端装备制造等各产业产品改造升级，同时推动软件和系统设计等高科技服务业的发展，实施重大专项合力攻关，实现军民融合产业向“高精尖”尤其是颠覆性技术拓展，将军民融合创新示范区建成能先进产业孵化器和集聚区，确保示范区的核心竞争力、产品影响力和运行示范效应，为国内其他示范区创建中树立标杆。

三、江苏创建国家级军民融合创新示范区的产业定位

（一）军民融合创新示范区产业定位应与主导产业转型升级方向一致

国家发改委起草的《国家军民融合创新示范区建设总体方案》(2016)发布后，南京、镇江、苏州、无锡等地市先后提交了创建方案。这些方案均是从单个城市的角度出发，较过去的军民结合产业示范基地并无本质上的差异。依托地市级政府规划军民融合示范区建设，其出发点是区域产业经济发展需求，与国家和省级层面的国防、经济社会协调发展的总体规划衔接不够，无法满足国家军民融合发展总体布局与建设要求，容易导致产业布局不科学、定位不合理、地区间产业结构同质化，造成重复建设、资源浪费和产能过剩等后果。

江苏省积极创建国家级军民融合创新示范区，不仅仅是促进“民参军”或“军转民”，应以国家安全和发展需求为导向，立足江苏省在全国的军事战略和经济定位，从省级层面统筹规划，以体制机制改革为动力，以高新技术创新为引领，充分发挥各地市的比较优势，因地制宜地推进各要素资源的军地融合共享，促进区域经济与国防建设的协调兼容发展。

江苏省的国家级军民融合创新示范区建设的产业定位应对标国际先进，顺应国家发展导向。2015 年发布的《中国制造 2025》提出要加快推动新一代信息技术与制造技术融合发展，大力推动新一代信息技术产业、高档数控机床和机器人、航空航天装备、海洋工程装备及高技术船舶、先进轨道交通装备、节能与新能源汽车、电力装备、农机装备、新材料、生物医药及高性能医疗器械等重点领域突破发展。国家层面主导产业转型升级导向对地方政府主导产业的抉择产生了重要影响。江苏省的制造业虽然在国内处于领先地位，但尚未达到全球产业链布局的中高端水平。对照建设

现代化经济体系的要求，江苏已处在一个必须突破的瓶颈期。为了推动高质量发展，必须把实体经济作为现代化经济体系的根基，把江苏加快建设成具有国际竞争力的先进制造业基地。最根本的是推动信息化和工业化深度融合，大规模推动互联网、大数据、人工智能对传统产业的改造提升，不断催生新产业新业态新模式；最核心的是强化创新驱动，把创新的着力点转移到更加注重基础研究、原始创新，更加注重应用研究、集成创新上来，争取形成一批具有前瞻性、原创性、标志性的科技创新成果。加快培育新一代信息技术、新材料、高端装备等一批万亿级产业集群。在这样的背景之下，江苏省创建国家级军民融合创新示范区的产业定位显然应该突显地方优势，与主导产业转型升级的方向一致。

（二）江苏省及主要城市"十三五"主导产业及军民融合重点相关产业

江苏省内各地市军民融合创新示范区以高端化、智能化、绿色化、集群化为发展方向，确定重点发展、力争实现突破的高新尖端技术，有分工，有合作，避免出现产业同构、重复建设、抢资源抢市场的情况。城市之间不是"你死我活"的替代性竞争，而是各具特色，优势互补，协作共赢的关系。江苏省及主要城市"十三五"主导产业及军民融合重点相关产业概况如表 2 所示。

表 2　江苏省及主要城市"十三五"主导产业及军民融合产业概况

	"十三五"重点发展的主导产业	军民融合重点相关技术及产业
江苏	推动机械、石化等传统产业向高端化品牌化发展；重点发展新一代信息技术、高端装备、海洋工程、航空航天、新材料、节能环保、生物医药和新型医疗器械、新能源和智能电网、新能源汽车、数字创意等产业	航空航天、电子信息、船舶及配套、轨道交通、机械设备和特种车辆、新材料、物联网等
南京	明确"4＋4＋1"主导产业体系：新型电子信息、绿色智能汽车、高端智能装备、生物医药与节能环保新材料等四大先进制造业；软件和信息服务、金融和科技服务、文旅健康、现代物流与高端商务商贸等四大服务业主导产业；人工智能、未来网络、增材制造，以及前沿新材料、生命健康等"未来产业"	北斗导航系统，电子信息产业技术，军民两用新材料技术等

(续表)

	“十三五”重点发展的主导产业	军民融合重点相关技术及产业
苏州	以新兴产业引领制造业形成“126”发展新态势:1大超级产业,即电子信息产业;2大技术高地,即纳米和生物制药;6大先进制造业重点发展方向(新一代电子信息产业、高端装备制造产业、新材料产业、软件和集成电路产业、新能源与节能环保产业、医疗器械和生物医药产业)	纳米技术、新一代信息技术、高端装备制造、新材料、新能源与节能环保、生物医药与医疗器械技术等
镇江	推进“3+2+X”产业链:重点培育智能电气、船舶海工、航空航天3条高端装备制造产业链,高性能合金、先进高分子材料2条新材料产业链,集成电路、光伏太阳能、医疗器械等7条特色产业链	核材科技、通用航空、特种船舶与海工关键配套、光电子器件、高性能材料、大数据和云计算关键技术、高端工业与大型管理软件、人工智能技术等
无锡	制定《加快发展以物联网为龙头的新一代信息技术产业三年行动计划》《智能制造三年行动计划》;深入开展“互联网+”行动,推动物联网、大数据、云计算、超级计算、人工智能和实体经济深度融合;聚力打造集成电路、生物医药、新能源及新能源汽车等重点产业集群	大数据应用、军工智能制造4.0网络、智能可穿戴设备、基于AI的无人机集群系统、基于物联网的智慧军营、MEMS(微机电系统)项目等

资料来源:江苏省及相关各市《国民经济与社会发展“十三五”规划》,2018年政府工作报告,综合新闻报道。

四、同步推进军民融合创新示范区创建与主导产业转型升级的保障

(一) 禀赋优势驱动

军民融合创新示范区创建工作一定要建立在充分认识区域优势的前提下,江苏省以南京市为核心的扬子江城市群及苏北沿海港口节点城市具有的共性优势包括:(1) 区位条件优越,水陆交通便利,具有优质发展潜力;(2) 军工传统优良,创新要素丰富,具备示范引领的基础;(3) 制造业基础雄厚,特色产业发达,具有广阔的军民两用前景;(4) 工商业基因深厚,工匠精神充裕,有利于体制机制创新。各地市又有各自独特的优势,如:南京是中国高等教育资源最集中的五大城市之一,截至2017年底,有12所高校入选教育部“双一流”大学,国家重点实验室31个,国防

重点实验室 4 个，高新技术企业 1 000 多家，具有产学研联动实现尖端技术突破及成果转化的独特优势；苏州和镇江在民参军方面优势显著，苏州拥有 5 家国家级军工集团企业的下属单位，纳入管理的民参军企业超过 150 家，获得军工保密资格认定的企业超过 90 家，四证齐全的企业 30 多家；镇江拥有各类军工和民口配套单位近 200 家，取得保密资格认证的单位达 50 余家，其中 90%是民营企业；无锡是全国首个物联网全域覆盖的地级市，拥有物联网企业 2 000 多家，收入达 2 000 多亿元，已基本形成涵盖信息感知、网络通信、处理应用、关键共性、基础支撑的物联网产业链，物联网军事创新应用成为无锡军民融合发展的突出亮点。通过军民融合创新示范区的建设，有望能进一步对军产学研各方的创新要素形成“虹吸效应”，加深要素多维集成融合，在研发创新及产业发展方面发挥引领和辐射带动作用，产生更大效能。

（二）科技高端定位

习近平总书记曾多次强调，核心技术是我们最大的命门，核心技术受制于人是我们最大的隐患。核心技术，尤其是国防科技技术是花钱买不来的。要紧紧牵住核心技术自主创新这个“牛鼻子”，只有把核心技术掌握在自己手中，才能真正掌握竞争和发展的主动权，才能从根本上保障国家经济安全、国防安全和其他方面的安全。2017 年江苏全社会研发投入占比达 2.7%左右，万人发明专利拥有量达 22.4 件，高新技术企业超过 1.3 万家，科技进步贡献率达 62%，区域创新能力连续多年保持在全国前列。其中扬子江城市群更是具有全国领先的创新能力，专利授权量占全国的 13.4%，拥有普通高等院校 110 余所，国家重点实验室 26 家、国家级工程技术研究中心 15 家、国家级创新型城市 8 个。如表 2 所示，各地市军民融创新示范区分别确定了将重点发展、力争实现突破的高新尖端技术，这些技术的研发将紧跟世界潮流，专注于相关产业价值链上的技术知识密集环节，积极争取这些产业的核心技术、关键部件和特殊材料的发展主动权，抢占新一轮科技革命的主导权，助力构建自主可控现代产业体系，推动我国产业迈向全球价值链中高端。

（三）产业特色突出

江苏省的国家级军民融合创新示范区的产业建设工作着眼于构建军民一体化国

家战略体系和能力区域，全局着眼、高端布局，为区域经济转型与创新发展提供新动力。江苏各地市紧扣在高新技术不同领域的优势，积极推动军民两用高端技术快速发展，打造了一批优质产品和知名品牌，打造具有江苏特色的，有广阔发展前景的军民融合区域创新产业体系。目前已初步形成了以通用航天和无人机为特色的航空航天产业链；以碳纤维、高温合金材料及部件为特色的新材料产业链；以特种船舶为特色的船舶与海洋工程产业链；以特种电子元器件和自动控制系统为特色的新一代信息技术产业链；以特种车辆制造为特色的特种汽车及其零部件产业链等军民融合主导产业链。

各地市依据自身优势确立着力打造的军民融合产业集群，如：南京的全链条服务北斗卫星应用产业集群、自主可控电子信息产业集群、军民两用新材料产业集群；苏州的全领域航空航天产业集群、军民两用高端装备产业集群、自主可控电子信息产业集群、新材料产业集群、试验测试产业集群；镇江的航空航天信息产业集群、特种船舶及海洋工程产业集群、新材料产业集群、电力电气产业集群、高端装备制造产业集群等；无锡的军工物联网产业集群、海洋装备产业集群、智能制造与先进材料产业集群、后勤保障产业集群、军工文化创意产业集群等。建设过程应避免产业趋同，实现分工合作，错位发展。

五、结论

当下正处于世界新一轮科技革命和产业变革同我国转变发展方式的历史交汇期，面对复杂多变的内外部环境，只有通过军民融合发展来凝聚全社会力量，筑牢国防安全和经济发展的基石；只有实现由大向强发展，才能立于不败之地。作为贯彻落实军民融合发展战略的载体，推动军民融合深度发展的“试验田”，军民融合示范区建设的可行做法是以试点的方式，因地制宜地探索实践，形成特色鲜明的不同创建模式，获得可复制的发展经验，再在更大范围内进行推广。科技创新和制度创新好比车之两轮，“双轮驱动”才能行稳致远。江苏作为中国最大的制造业基地，应将主导产业转型升级与国家级军民融合创新示范区的创建紧密结合，以政策机制建设促进国防需求与地方资源要素深度融合；以特色产业集群建设实现军民融合产业集聚及高质量发展；努力打造综合平台互联协同、军工物联创新应用、军民产业双向融合的国内领先型国家级军民融合创新示范区，并使其成为新旧动能转换，实现创新驱动、高质量发展的重要抓手。

参考文献

[1] 阿伦·拉奥，皮埃罗·斯加鲁菲. 硅谷百年史：伟大的科技创新与创业历程[M]. 闫景立，侯爱华，译. 北京：人民邮电出版社 2014.

[2] 王子晖. 建设世界科技强国，看习近平十大关键词[EB/OL]. (2018－05－31). http://politics.people.com.cn/n1/2018/0531/c1001－30024636.html.

[3] 李毛毛，谭劲，王轶，等. 国家军民融合创新示范区建设有关问题研究[J]. 中国军转民，2017，(1)：23－25.

[4] 李强，余吉安. 军民融合创新示范区建设与示范效应研究[J]. 科学管理研究，2017，35(2)：10－13.

[5] 侯光明等. 国防科技工业军民融合发展研究[M]. 北京：科学出版社，2009.

[6] 黄朝峰. 战略性新兴产业军民融合式发展研究[M]. 北京：国防工业出版社，2014.

[7] 王经国，梅常伟，柳刚，等. 科技创新，迈向世界一流军队的强大引擎——以习近平同志为核心的党中央领导和推进强军兴军纪实之四[N]. 人民日报，2017－9－15.

[8] 艾伯特·赫希曼. 经济发展战略[M]. 曹征海，潘照东，译. 北京：经济科学出版社，1991.

[9] 于刃刚. 主导产业论[M]. 北京：人民出版社，2003.

[10] 郦斌，孟永军，吕联渠. 融合拓展强军路——江苏省深入推进军民融合式发展的实践与探索[J]. 国防，2014(1)：69－70.

[11] 江苏省发展改革委. 江苏：抢抓战略机遇推动军民融合迈上新台阶[N]. 中国经济导报，2016－6－28.

[12] 黄西川，张天一. 军民融合高技术产业集群创新能力评价——来自江苏省 5 个军民融合产业集群的实证研究[J]. 科技进步与对策，2017，34(14)：147－153.

[13] 张高丽. 深入学习贯彻强化改革创新加快形成军民融合深度发展新格局[N]. 人民日报，2017－10－2.

[14] 陈建萍. 唯有制造强国才能变身世界强国——工业和信息化部部长苗圩全面解读《中

国制造 2025》路线图[N]. 人民政协报,2015-11-17.

[15] 娄勤俭. 紧紧围绕高质量发展加快建设"强富美高"新江苏[J]. 群众,2018(1):4-7.

[16] 娄勤俭. 推动高质量发展走在前列[J]. 求是,2018(7):23-25.

金融市场发育能促进企业进入退出吗[①]

——基于金融市场分类的视角

巫　强[②]　任志成[③]　陈梦莹[④]

一、引言

企业进入和退出行为的决定因素是什么？该问题的理论和现实意义在于，企业进入和退出是优化社会资源配置的重要渠道，通过对其决定因素的分析，可促进企业进入和退出并优化社会资源配置效率（刘志彪等，2015）。早期理论研究（Bresnahan等，1987；Hopenhayn，1992）集中于研究哪些因素阻碍了企业的进入和退出，即进入和退出壁垒。自Orr（1974）以来，国内外文献（Dunne等，1988；吴三忙，2009；杨天宇、张蕾，2009；李世英，2005）大多从产业层面实证研究企业进入和退出的影响因素或壁垒，涉及行业利润、集中度、规模经济、市场需求、产业平均资本规模、亏损率和行政垄断壁垒等。现有文献侧重从产业层面深入分析中国企业进入和退出现象的决定因素，但不可忽视的是，企业的进入和退出还体现在区域层面上。中国区域经济发展差异的一个重要特征就是各省之间企业进入和退出现象的规模差异明显。2013年浙江规模以上工业企业共有39 561家，相较于2012年的36 496家，净进入企业

---

① 原文载于《南京社会科学》2015年第12期，中国人民大学书报资料中心复印报刊资料《金融与保险》2016年第3期全文转载。

② 南京大学经济学院教授。

③ 南京审计大学经贸学院教授。

④ 供职于中国工商银行总行。

3 065 家。而西藏自治区 2013 年规模以上企业有 76 家,相较于 2012 年的 64 家,净进入企业为 12 家。在区域层面上,究竟是什么原因导致各省在企业进入和退出规模上存在如此巨大的差异呢?

从企业进入和退出优化社会资源配置,促进地区经济发展的角度看,研究区域间企业进入和退出差异的原因对于缓解中国区域经济发展不平衡具有重要的政策意义。但目前从区域层面来研究中国企业进入和退出的成果还相对较少,不多的例外包括陈艳莹等(2008)对服务业企业进入退出的研究和刘修岩、张学良(2010)对地级企业的选址,即进入的研究。本文提出中国各省企业进入和退出存在巨大差异的原因是其金融市场发育程度差别很大。企业进入和退出需要借助外部金融市场解决融资约束,金融市场发育成熟的省份内金融市场规模更大,效率更高,当地企业更容易获取融资,融资成本更低,这促进了企业进入和退出。反之,企业则难以进入和退出。与现有文献相比,本文的可能贡献在于三个方面。一是在研究主题上,本文从金融市场发育这一全新视角出发来解释中国企业的现实进入和退出行为,弥补现有研究对区域层面中国企业进入和退出现象关注的不足,对缓解中国区域经济发展不平衡格局提出了新思路,并且有助于深化理解中国当前虚拟经济与实体经济的关联机制。二是在研究方法上,本文利用中国工业企业数据库分别识别出 1999—2008 年间中国 31 个省份的企业进入数量和退出数量,避免了现有文献采用净进入指标来整体衡量企业进入和退出的不足。三是本文将金融市场细分为商业银行市场、证券市场和保险市场,分别估计了各省这三个细分金融市场的发育程度对当地企业进入和退出的影响,发现它们的影响机制各不相同,各省整体金融市场发育对当地企业进入和退出的促进作用主要通过商业银行市场来实现。

二、理论假说与模型设定

金融市场发育滞后是阻止企业进入和退出的现实壁垒。进入和退出是企业的重大战略决策,其实是有赖于足够的资金支持,企业由此产生规模巨大的融资需求。这些融资需求仅靠企业内部的资金积累显然不够,所以外源性融资是企业进入和退出的主要融资方式。而外源性融资必然需要通过外部金融市场来实现,金融市场发育成熟与否显然会直接影响其融资的难易程度和融资成本的多寡。

本文是从资金供求方实现资金转移与配置这一核心功能的角度来界定金融市场发育。金融市场的发育程度不仅要根据该核心功能能否实现来判断，还需要根据其实现的难易程度和付出的社会成本高低来判断。金融市场发育成熟与否，既不是产业内部的结构特征，也不是产业内部企业竞争策略的结果。它属于企业发展的外部环境，其成熟与否取决于其是否能有效配置稀缺的金融资源，即是否保证资金能从供给方，以社会最优成本提供给需求方。具体而言，这首先取决于金融市场内部信息是否能更充分流动，金融资源供给和需求方之间的信息不对称能否得到有效缓解；其次取决于金融机构之间是否存在较为充分的竞争，金融机构能否在竞争压力下对金融资源需求方进行更为准确的预期，其风险管理体系是否更为有效；再次，金融市场发育程度也可从市场规模扩张、资金成本下降等角度加以判断。一国或地区金融市场发育成熟的重要意义在于，缓解当地企业进入和退出的融资约束，降低其融资成本(陈艳莹等，2008)。那么当地企业进入和退出的壁垒就会降低，就更容易实施进入和退出战略。

进一步来看，金融市场发育完善有助于潜在企业家通过创业的方式来成功实现进入。在金融发展与经济贫困关系的研究中，国外学者(Levin, 2008)强调金融市场发育不成熟导致金融资源歧视性配置，即金融机构根据家庭财富背景，而不是根据个人才能来配置金融资源，这意味着金融资源配置偏向于富裕家庭，而出身贫困的潜在企业家难以获得足够的金融资源支持其发挥才能，提升自己在社会中的经济地位，由此社会中持续贫困的现象难以得到改变。换言之，金融市场发育程度更加完善有助于潜在企业家凭借自身才能获得必要的金融资源，降低其通过创业实现进入的难度，降低企业的进入壁垒。成熟的金融市场还通过社会经济资源的优化配置来实现企业的优胜劣汰，便利了低效率企业的退出。例如，在成熟的多层次资本市场上，低效率企业可借助退市和转板机制、企业股权交易、兼并重组等多种方式，通过资产转移过渡而实现退出。高效率企业可以通过成熟的多层次资本市场获得足够的资金支持，跨行业进入兼并低效率企业，这也促进低效率企业退出。由此得到假说一。

假说一：一国或地区金融市场发育越成熟，该地区企业进入和退出现象就越多。

一国或地区金融市场是一个庞大的系统性市场体系，难以用单一变量加以概括。本文将金融市场细分为商业银行市场、证券市场和保险市场，分别研究这三者发育对企业进入和退出的差异影响。商业银行市场在我国金融市场中占据主体地位，目前我国间接融资所占比重达到 80%以上，银行业资产占全部金融资产的比重超过 90%[①]。商业银行市场是实现稀缺金融资源从供给方向需求方转移的主渠道，企业进入和退出都可从该渠道中获取相应的融资。创业者可通过抵押质押贷款获得创业进入的融资来源，大中型企业兼并进入可从商业银行获取过桥贷款，商业银行提供了各种金融产品，完成稀缺金融资源从供给方向需求方的转移。鉴于其主渠道地位，假说一里的金融市场发育成熟度对企业进入退出的正向促进作用应该主要通过商业银行市场来体现，得到假说二。

假说二：在我国以间接金融为主的金融市场中，各省份商业银行市场发育程度提高将正向促进企业的进入和退出。

各省证券市场发育越完善，理论上将更有利于该地区企业的进入和退出。证券市场或更为广义的多层次资本市场，能满足不同类型、不同发展阶段的企业投融资需求，对于试图进入新行业的企业而言，其可能是初创者采取创业股权融资后成功实现进入，也可能是相关或不相关行业中的在位企业获取债券融资支持进入新行业，或者上市公司定向发行等再融资进入新行业。借助更为成熟的证券市场，包括上市公司在内的各类企业更易获得进入所需的融资，其融资成本可能更低。在企业退出行为中，上市公司退出的股权转让也可借助证券市场来实现，证券市场上的兼并收购交易中也包括了大量的企业退出行为。但我国证券市场管制程度高，发展水平相对落后于商业银行市场，尤其人为政策因素对其影响巨大，多层次资本市场体系还未真正形成，这显然不利于企业通过证券市场融资来实现进入或退出。因此本文预测股票交易额的系数正负号可能存在不确定性，即假说三。

假说三：我国各省份证券市场发育对其区域内企业的进入和退出影响存在不确定性。

① 尚福林：《目前我国间接融资比重达到 80%以上》，《人民日报》2014 年 2 月 19 日。

保险市场传统意义上也是金融市场的重要组成部分，其资金来源是保险公司保费收入。出于保值增值需要，保险公司保费收入成为基金、信托等机构投资者的主要资金来源，或者保险公司自身设立直接投资机构。保费收入通过这些机构投资者进入金融市场，在金融市场上寻找合适的投资机会。这些投资机会中也包括企业进入新行业的投资项目和企业退出现有行业的股权转让等，保险市场发育程度提高会增加对企业进入和退出的资金供给，便于企业的进入和退出。当然保险市场对企业进入和退出决策的影响路径更长，其影响力度可能相对薄弱和更为间接，并且保险资金相对更规避高风险的企业进入和退出项目，所以其对企业进入退出的影响也可能不确定，即假说四。

假说四：我国各省份保险市场发育对其区域内企业的进入和退出影响存在不确定性。

根据上述理论机制的阐述，本文设定实证分析模型如式(1)(2)所示，对模型所有变量取自然对数。其中，i 为省份，t 为年份，ε_{it} 和 η_{it} 是随机误差项。$infirms$ 为企业进入变量，$outfirms$ 为企业退出变量。$Bank$ 是商业银行市场发育变量，$Stock$ 是证券市场发育变量，$Insur$ 是保险市场发育变量，Z 为其他影响企业进入退出的控制变量。

$$\ln infirms_{it} = a_0 + a_1 \ln Bank_{it} + a_2 \ln Stock_{it} + a_3 \ln Insur_{it} + \alpha_i \ln Z_{it} + \varepsilon_{it} \quad (1)$$

$$\ln outfirms_{it} = \beta_0 + \beta_1 \ln Bank_{it} + \beta_2 \ln Stock_{it} + \beta_3 \ln Insur_{it} + \beta_i \ln Z_{it} + \eta_{it} \quad (2)$$

进入和退出作为企业的战略决策，还受到当地经济发展状况的影响。为了控制我国各省份的区域经济差异程度，通过文献梳理，本文选取控制变量固定资产投资(tfi)、人均国内生产总值($pgdp$)和地区工资水平($wage$)。固定资产投资是当地当年在固定资产上的投资总额，该地区固定资产投资越旺盛，这反映当地投资环境改善，而投资环境和氛围改善会直接影响企业的进入和退出决策。地区工资水平($wage$)是企业成本的主要部分，企业在特定地区实施进入战略时显然会考虑当地的工资水平。人均国内生产总值反映一个地区经济发展的整体水平和繁荣程度，与该地区居民平均收入密切相关。它用于控制由于各省经济发展水平差异对企业进入和退出的可能影响。地区工资水平直接反映了一个地区的工资成本，并部分间接反映了该地区房价、交通成本和其他生活成本。刘修岩、张学良(2010)在地级层面上研究我国制造业企业进入的区位选择影响时，证实工资水平提高会显著阻碍我国地级区域内制造业企业的进入。由于企业退出更多的是被动决策，且数据中各地区工资水平并未发生跳跃式变化，这与各地频繁的企业退出现象形成反差，所以企业退出模型中选择地方政府财政收入(gtv)作为控制变量，替代地区工资水平控制变量。地方政府财政收入来自其各项税费，它对企业退出行为显然有直接影响。

三、指标选取与数据来源

本文构建了 1999—2008 年间我国 31 个省份的面板数据。因变量即各省每年企业进入数量 $infirms$ 和退出数量 $outfirms$ 的数据来自 1998—2008 年中国工业企业数据库。该数据库涵盖我国采掘业、制造业等行业的全部国有企业和规模以上的非国有企业，每家企业都有名称、代码、地址等基本信息。具体步骤如下：第一步，以特定省份为对象，先根据企业名称来匹配该省第一年和第二年的企业，然后通过企业代码进行第二次匹配，由此得到这两个年份中都存在的企业样本，并记录其数量；第二步，用该省第一年企业数量减去该数量得到该省在第二年退出的企业数量，用该省第二年的企业数量减去该数量得到该省在第二年进入的企业数量；第三步，以此类推计算该省 1999—2008 年每年的进入企业数量和退出企业数量，以类似方法得到其他省级单位同期的企业进入和退出数量。①

核心自变量中，本文选取存贷比($fldr$)来衡量商业银行市场发育变量($Bank$)，存贷比($fldr$)是商业银行市场上金融机构贷款除以存款的比值，数据来自 1999—2013 年《中国金融年鉴》。存贷比越高就代表了商业银行市场的资金转化率较高，资金流动性更强，商业银行市场发育程度越高。这显然有助于企业通过外源性融资来实施其进入和退出决策。本文选取股票交易额(fst)衡量证券市场发育变量($Stock$)。股票交易额是各省股票交易总额，它直接反映了一个地区证券市场的活跃程度和参与度，来自 1999—2013 年《中国证券期货年鉴》。本文选取保险密度($fiid$)衡量保险市场发育

① 由于中国工业企业数据库的本身限制，它并没有覆盖规模以下的非国有企业，所以这种方法得到的进入和退出企业数量可能会低估。同时为了减少这种低估，并充分保留现有数据，本文并没有删除数据库中的企业样本。

变量($Insur$)。保险密度($fiid$)是各省保费收入与该省总人口数的比值，通过 1999—2013 年《中国金融年鉴》和《中国保险年鉴》汇总整理而得。它能反映一个地区保险市场的普及度及参与度，其高低是该地区保险市场发育程度高低的直接反馈，能衡量各地区保险市场发育程度。控制变量各省各年度固定资产投资(tfi)、人均国内生产总值($pgdp$)和地区工资水平($wage$)、地方政府财政收入(gtv)数据来自于相应年份的《中国统计年鉴》、各省统计年鉴和 CCER 数据库中地区经济数据。

四、企业进入和退出模型的静态面板估计

本文先对回归方程(1)和(2)，分别应用静态面板模型的三种经典估计方法，即混合模型、固定效应和随机效应，并分别通过 F 检验和 Hausman 检验来确定最优估计方法，最大限度地提高了回归结果的准确性和有效性。本文的实证步骤分为两个阶段：第一阶段是一次性加入所有核心自变量，然后依次加入控制变量；第二阶段是一次性加入所有控制变量，然后依次加入核心变量。两阶段的多次回归结果能确保估计结果的稳健性，能更清晰地反映金融市场发育对企业进入和退出的影响。企业进入模型，式(1)的估计结果见表 1，F 检验和 Hausman 检验均表明固定效应是最优估计方法，所以表 1 只汇报固定效应估计结果。

表 1　企业进入的静态面板估计(固定效应)

变量	(1) lninfirms	(2) lninfirms	(3) lninfirms	(4) lninfirms	(5) lninfirms	(6) lninfirms
lnfldr	0.877*** (0.316)	1.030*** (0.316)	0.893*** (0.329)	0.890*** (0.327)	0.892*** (0.329)	0.893*** (0.330)
lnfst	0.036 (0.031)	−0.006 (0.033)	0.018 (0.036)		−0.003 (0.0351)	0.017 (0.038)
lnfiid	0.337*** (0.079)	−0.037 0 (0.150)	0.304 (0.201)			0.301 (0.205)
lntfi		0.463*** (0.158)	0.714*** (0.195)	0.706*** (0.235)	0.704*** (0.236)	0.703*** (0.239)

(续表)

变量	(1) lninfirms	(2) lninfirms	(3) lninfirms	(4) lninfirms	(5) lninfirms	(6) lninfirms
lnwage			−0.966**	−0.662*	−0.664*	−0.982**
			(0.391)	(0.391)	(0.392)	(0.444)
lnpgdp				0.175	0.185	0.037
				(0.458)	(0.473)	(0.485)
常数项	5.358***	4.375***	9.729***	7.034***	6.986***	9.636***
	(0.340)	(0.475)	(2.216)	(1.772)	(1.856)	(2.532)
观察值	308	308	297	299	299	297
R^2	0.103	0.130	0.150	0.144	0.144	0.150

注：***、**、* 分别代表在1%、5%、10%水平上显著。模型(1)—(3)(6)是第一阶段依次加入控制变量的估计结果，模型(4)—(6)是第二阶段依次加入核心解释变量的估计结果。

商业银行市场发育始终对我国企业进入存在显著的正向影响，银行业金融机构存贷比 ln *fldr* 估计系数始终为正，并且都通过了1%的显著性水平检验。其他条件不变时，银行业金融机构存贷比每提高1%，企业进入数量将增加0.877%～1.030%。该结果直接验证了假说二，同时也间接支持了假说一，商业银行作为我国金融体系的主体，其发育成熟的确会正向促进我国省级层面上企业的进入。证券市场发育变量 ln *fst* 的系数有正有负，但均不显著，保险市场发育变量 ln *fiid* 的系数大多为正，但系数的显著性不太稳健，唯一通过显著性检验的系数为0.337%，这证实了假说三和四。虽然总体而言我国金融市场发育程度提高有助于省级层面上企业的进入，但是就证券市场和保险市场而言，其对企业进入的促进作用并没有充分体现出来。这主要是由于这两个细分金融市场发育相对滞后，保险市场对企业进入的影响路径又相对较长，它们并没有有效缓解企业进入的融资约束。在控制变量方面，地区固定资产投资的系数均显著为正，证实了投资环境改善对于企业进入的激励作用；地区工资水平的系数均显著为负，说明该地区经营成本上升阻止企业进入；人均国内生产总值的系数为正，但显著性不强。

企业退出模型，式(2)的估计步骤和前面企业进入模型的估计步骤相同，估计结果见表2。式(2)的控制变量中地方政府财政收入 ln *gtv* 代替了地区工资收入 ln *wage*。在应用混合效应、固定效应和随机效应三种估计方法后，F检验和 Hausman 检验结果表明固定效应估计方法最优，所以表2只汇报固定效应估计结果。

表2 企业退出的静态面板估计(固定效应)

变量	(7) Lnoutfirms	(8) lnoutfirms	(9) lnoutfirms	(10) lnoutfirms	(11) lnoutfirms	(12) lnoutfirms
lnfldr	0.847***	0.901***	0.897***	0.806**	0.885***	0.958***
	(0.317)	(0.321)	(0.321)	(0.334)	(0.325)	(0.327)
lnfst	−0.094***	−0.109***	−0.120***		−0.148***	−0.127***
	(0.031)	(0.034)	(0.039)		(0.036)	(0.039)
lnfiid	0.507***	0.377**	0.326*			0.273
	(0.079 2)	(0.152)	(0.174)			(0.182)
lntfi		0.160	0.108	0.106	0.024	−0.043
		(0.161)	(0.183)	(0.238)	(0.232)	(0.236)
lngtv			0.134	−0.158	0.088	−0.009
			(0.221)	(0.256)	(0.256)	(0.263)
lnpgdp				0.546	0.671	0.506
				(0.491)	(0.478)	(0.501)
常数项	5.058***	4.717***	4.724***	2.130	1.306	2.239
	(0.340)	(0.482)	(0.483)	(2.418)	(2.359)	(2.506)
观测值	308	308	308	310	310	308
R^2	0.140	0.143	0.144	0.082	0.136	0.147

注：***、**、*分别代表在1%、5%、10%水平上显著。模型(7)～(9)(12)是第一阶段依次加入控制变量的估计结果，模型(10)～(12)是第二阶段依次加入核心解释变量的估计结果。

表2中，商业银行市场发育变量 ln *fldr* 始终为正，并且通过了1%显著性水平的检验。银行业金融机构存贷比每上升1%，企业退出数量增加0.806%～0.958%，与

企业进入模型中该估计系数的大小相似。这说明商业银行市场发育成熟促进我国省级层面上企业进入和企业退出的作用幅度相近,假说一、二成立。商业银行市场作为金融市场的主体,同样也是便利企业退出的主要细分金融市场。证券市场发育变量 $\ln fst$ 估计系数为负,通过了1%的显著性水平检验,股票交易额每上升1%,企业退出数量下降0.094%—0.148%。保险市场发育变量 $\ln fiid$ 估计系数大多显著为正,保险密度增加1%将便利企业退出0.273%—0.507%。这两个细分金融市场发育变量的系数估计结果和企业进入模型有所差异,这说明了证券市场和保险市场的发育对企业退出行为的影响区别于对企业进入行为的影响。证券市场发育系数显著为负,实际上并没有与假说三相矛盾。理论上证券市场对企业退出的促进作用是通过多层次资本市场的发育完善,创立退市、转板机制和股权转让等方式,为企业退出提供更灵活有效的渠道。但在假说三的逻辑推演中已说明我国证券市场发展的特殊性,到2008年,我国包括主板、创业板、新三板的多层次资本市场体系尚未建立,加之各地政府出于当地经济发展的需要,普遍通过财政补贴等方式扶持经营亏损的上市公司,这导致退市机制的实施效果极为有限,真正退市的企业非常少。保险市场发育变量系数大多显著为正,这说明总体上保险市场发育对企业退出的促进影响可能更加直接,但是由于存在一个不显著系数,所以这种促进作用也不完全稳健。

五、挤出效应、真空效应与企业进入和退出模型估计

大量的理论和实证研究表明,企业进入和退出之间存在一定的互动关系。在位企业退出会腾出一定的市场空间,吸引新企业进入,即产生“真空效应”;类似新企业进入会对在位企业形成“挤出效应”,从而加剧企业退出。我国省级层面上企业进入和退出在变动方向和趋势上也具有一致性,本文先根据式(1)设定式(3),研究考虑“真空效应”下金融市场发育对省级层面企业进入的影响。

$$\ln infirms_{it} = \alpha_0 + \alpha_1 L.\ln outfirms_{it} + \alpha_2 \ln fldr_{it} + \alpha_3 \ln fst_{it} + \alpha_4 \ln fiid_{it} + \alpha_i Z_i + \varepsilon_{it} \tag{3}$$

式(3)在式(1)的核心自变量中添加了企业退出数量的滞后一期项 $L.\ln outfirms_{it}$,其系数 α_1 就代表真空效应。若其系数显著为正,则表明省级层面企业进入显著受到

滞后一期企业退出的正向影响，真空效应就存在。本文同样进行混合效应、固定效应和随机效应估计，通过 F 检验剔除混合效应估计结果，通过 Hausman 检验选择固定效应估计结果作为最优结果，见表 3。

表 3　真空效应与企业进入的静态面板估计（固定效应）

变量	(13) Lninfirms	(14) lninfirms	(15) lninfirms	(16) lninfirms
L. lnoutfirms	0.067 0 (0.071)	0.009 (0.074)	0.021 (0.081)	0.015 (0.084)
lnfldr	1.078*** (0.395)	1.158*** (0.392)	1.039** (0.409)	1.044** (0.410)
lnfst	0.053 (0.035)	0.002 (0.040)	0.028 (0.045)	0.022 (0.049)
lnfiid	0.340*** (0.093)	−0.064 8 (0.186)	0.278 (0.241)	0.258 (0.252)
lntfi		0.476** (0.190)	0.741*** (0.233)	0.699** (0.276)
lnwage			−1.005** (0.457)	−1.070** (0.513)
lnpgdp				0.162 (0.569)
常数项	4.817*** (0.654)	4.362*** (0.672)	9.884*** (2.578)	9.495*** (2.921)
观测值	279	279	268	268
R^2	0.093	0.115	0.132	0.132

注：***、**、* 分别代表在 1%、5%、10% 水平上显著，(13)—(16) 依次加入控制变量。

表 3 说明，即使考虑可能的真空效应，金融市场的三个细分市场发育，商业银行市场、证券市场和保险市场发育对省级层面企业进入的影响机制和表 1 相同，假设一至四依然成立。商业银行市场发育同样会显著促进企业进入，系数均通过了 5%显著

性水平的检验,银行业金融机构存贷比每上升 1%,企业进入数量将上升 1.044%—1.158%。其影响力度比表 1 中的系数有所加强。同样,证券市场和保险市场发育变量的绝大部分系数并不显著,只有保险市场发育变量的一个估计系数显著为正。这两个细分金融市场对企业进入的促进作用均不明显。金融市场发育促进企业进入的整体作用依然体现在商业银行市场上。另外,滞后一期的企业退出数量 $L.\ln outfirms_{it}$ 系数并不显著,即滞后一期的企业退出数量并未对当期企业进入产生显著影响,这表明由于在省级层面上退出企业涵盖了多个行业,所以省级层面的“真空效应”并不明显。控制变量系数的显著性和正负号也基本和理论预期相符。

本文再根据式(2)设定式(4),分析“挤出效应”下金融市场发育对省级层面企业退出的影响。控制变量设定与表 3 相同。在实证处理步骤上,同样先进行混合效应、固定效应和随机效应估计。F 检验结果排除了混合效应,Hausman 检验排除了随机效应,表 4 只汇报对式(4)的固定效应估计结果。

$$\ln outfirms_{it}=\beta_0+\beta_1 L.\ln infirms_{it}+\beta_2\ln fldr_{it}+\beta_3\ln fst_{it}+\beta_4\ln fiid_{it}+\beta_i Z_{it}+\eta_{it} \tag{4}$$

表 4　挤出效应与企业退出的静态面板估计(固定效应)

变量	(17) lnoutfirms	(18) lnoutfirms	(19) lnoutfirms	(20) lnoutfirms
L. lninfirms	0.182***	0.229***	0.236***	0.234***
	(0.068)	(0.071)	(0.073)	(0.073)
lnfldr	0.784**	0.725**	0.715**	0.737**
	(0.360)	(0.359)	(0.361)	(0.364)
lnfst	−0.0978***	−0.0640*	−0.0539	−0.0575
	(0.0300)	(0.0345)	(0.0406)	(0.0413)
lnfiid	0.689***	0.988***	1.035***	1.005***
	(0.0844)	(0.174)	(0.202)	(0.211)
lntfi		−0.345*	−0.307	−0.382
		(0.176)	(0.194)	(0.246)

(续表)

变量	(17) lnoutfirms	(18) lnoutfirms	(19) lnoutfirms	(20) lnoutfirms
lngtv			−0.113 (0.238)	−0.183 (0.277)
lnpgdp				0.254 (0.510)
常数项	2.698*** (0.634)	2.975*** (0.646)	2.934*** (0.653)	1.714 (2.540)
观测值	279	279	279	279
R^2	0.277	0.288	0.289	0.290

注：***、**、* 分别代表在1%、5%、10%水平上显著，模型(17)—(20)依次加入控制变量。

在考虑可能的挤出效应后，表4的估计结果和表2基本一致，商业银行市场和保险市场发育依然显著有助于企业退出，证券市场发育同样不利于企业退出，但其系数显著性程度有所减弱。三个细分金融市场对省级企业退出的影响方向和作用机制非常稳健。与表2相比，商业银行市场系数略有减小，达到0.715%—0.784%，证券市场系数绝对值大幅减小，其显著性有所减弱，而保险市场系数增大，达到0.689%—1.035%。鉴于表4中$L.\ln infirms$的估计系数显著为正，前期进入企业对当期在位企业退出的确存在挤出效应，这可能说明表4的估计系数更接近总体系数的真实水平。

六、企业进入和退出的动态面板估计

为考察上述估计结果的稳健程度，本文还采用动态面板数据的系统GMM估计方法，重新估计式(3)和(4)。由于动态面板模型将被解释变量的滞后一期项作为自变量，所以OLS、静态面板等常用估计方法有偏，而系统GMM估计允许随机误差项存在异方差和自相关，其参数估计值相比其他估计方法更有效。在动态面板处理过程中，本文还通过序列自相关检验和Sargan检验，确定了动态面板系统GMM估计结果的可靠性和稳定性。先估计企业进入模型式(3)，因为表3的估计结果不支持真空效应的存在，所以这里估计企业进入模型时不会将滞后一期的企业退出数作为核心解释变量。为了分别检验细分金融市场对企业进入行为的具体影响，回归步骤是将控制变量先一次性加入，然后依次加入商业银行市场、证券市场、保险市场发育程度变量，观察各次估计结果中三个细分金融市场的系数。估计结果如下表 5 所示。

表 5　企业进入模型(系统 GMM 估计)

变量	(21) lninfirms	(22) lninfirms	(23) lninfirms
L. lninfirms	0.161*** (0.010)	0.124*** (0.018)	0.099*** (0.025)
Lnfldr	2.378*** (0.222)	1.230*** (0.230)	0.898*** (0.255)
Lnfst		0.006 (0.011)	−0.024 (0.030)
Lnfiid			−0.140 (0.255)
Lntfi	0.460*** (0.068)	0.792*** (0.250)	1.021*** (0.265)
Lnwage	−1.278*** (0.089)	−1.746*** (0.225)	−1.533*** (0.490)
Lnpgdp	1.378*** (0.146)	1.082* (0.591)	0.765 (0.506)
常数项	2.780*** (0.550)	7.470*** (1.790)	7.807*** (2.632)
AR(1)	0.009	0.012	0.009
AR(2)	0.495	0.244	0.168
Sargan	0.985	1.000	1.000
观测值	268	268	268

注：***、**、* 分别代表在 1%、5%、10%水平上显著，模型(21)—(23)依次加入核心解释变量；企业进入数量的一阶滞后项、商业银行市场存贷比、地区股票交易额、地区保险密度均为内生变量并采用它们的滞后三阶项作为工具变量。

表 5 中 AR(1)的 P 值均在 0.01 上下浮动，这表明在小于 5%的显著性水平上，(21)—(23)均存在一阶自相关。AR(2)的 P 值分别为 0.495、0.244、0.168，这表明在大于 10%的显著性水平上，(21)—(23)接受了扰动项不存在二阶自相关的原假设。Sargan 检验的 P 值分别为 0.985、1、1，均接近或等于 1。Sargan 检验的结果接受了原假设，即工具变量在选择的过程中满足过度识别的约束条件，即工具变量有效。表 5 的解释变量系数估计结果同样证实了假说一至四，和表 1、3 的估计结果一致。商业银行市场发育变量的系数均显著为正，其影响幅度在 0.898%—2.378%之间；证券市场发育变量的系数有正有负，但均不显著；保险市场发育变量系数也不显著。这说明商业银行市场发育的确会促进我国省级层面上的企业进入，但是证券市场和保险市场发育不会显著促进我国企业进入。加总起来，我国金融市场发育成熟有利于企业的进入。企业进入的滞后一期项系数也显著为正，说明前期进入企业越多，越有助于促进当期的企业进入。控制变量均通过了显著性检验，并且其正负号都和理论预期相符。

在企业退出模型的系统 GMM 估计中，因为表 4 的估计结果证实了挤出效应的存在，即当期省级层面企业退出数量会随着上期企业进入数量的增加而显著增加，因此这部分继续在估计企业退出模型时加入滞后一期的企业进入量作为核心解释变量。企业退出模型的估计结果见表 6。

表 6　企业退出模型(系统 GMM 估计)

变量	(24) lnoutfirms	(25) lnoutfirms	(26) lnoutfirms
L. lnoutfirms	−0.253*** (0.013)	−0.474*** (0.023)	−0.430*** (0.031)
L. lninfirms	0.563*** (0.017)	0.548*** (0.018)	0.634*** (0.025)
Lnfldr	1.181*** (0.126)	0.772*** (0.253)	0.785** (0.348)

（续表）

变量	(24) lnoutfirms	(25) lnoutfirms	(26) lnoutfirms
Lnfst		-0.266^{***} (0.016)	-0.172^{***} (0.022)
Lnfiid			0.743^{***} (0.100)
Lntfi	0.518^{***} (0.095)	0.333^{**} (0.170)	0.442^{***} (0.170)
Lngtv	−0.129 (0.093)	0.822^{***} (0.120)	0.369^{***} (0.113)
Lnpgdp	0.110^{*} (0.061)	−0.227 (0.244)	-0.942^{***} (0.250)
常数项	0.784^{*} (0.443)	3.470^{***} (1.270)	6.173^{***} (1.231)
AR(1)	0.001	0.000	0.000
AR(2)	0.107	0.197	0.273
Sargan	1.000	1.000	1.000
观测值	279	279	279

注：***、**、*分别代表在1%、5%、10%水平上显著，模型(24)—(26)依次加入核心解释变量；企业退出数量的一阶滞后项、企业进入数量的一阶滞后项、商业银行市场存贷比、地区股票交易额、地区保险密度均为内生变量并采用它们的滞后三阶项作为工具变量。

表6中，AR(1)、AR(2)的P值表明(24)—(26)存在一阶自相关，但不存在二阶自相关。Sargan检验的P值均等于1表明选择的工具变量有效。在核心自变量系数显著性和正负号方面，表6企业退出模型的动态面板系统GMM估计结果与表2和表4的静态面板估计结果相同。商业银行市场变量ln*fldr*估计系数为正，并通过了1%显著性水平的检验。当其他条件不变时，商业银行业存贷比每提高1%，企业退出数量将增加0.772%—1.818%，影响力度相对于静态面板估计结果略有增加。证券市场发育变量估计系数为负，并通过了1%的显著性水平检验。保险市场发育

变量估计系数为正,通过1%显著性水平的检验。保险密度每提高1%,企业退出数量就会增加0.743%。企业进入滞后一期项估计系数显著为正,说明省级层面上的挤出效应依然存在;而企业退出滞后一期项估计系数显著为负,这表明前期企业退出有助于减少当期企业退出,这也符合经济理论预测。

七、简要结论与政策启示

本文构建1999—2008年全国31个省份的面板数据,从中国工业企业数据库中挖掘中每年各省份的进入企业数量和退出企业数量作为因变量,将金融市场细分为商业银行市场、证券市场和保险市场,将这三者的发育程度作为自变量,实证研究细分金融市场对我国企业进入和退出的影响。静态面板估计、考虑挤出效应和真空效应的静态面板估计、动态面板估计结果证实了我国在省级层面上,商业银行市场发育会显著促进企业进入和退出。证券市场发育对企业进入的促进作用不显著,但显著阻碍企业退出;保险市场发育会促进企业进入,但显著性不强,但会显著促进企业退出。商业银行市场是我国整体金融市场发育促进企业进入和退出的主要渠道。

本文研究结果的政策意义在于发现我国金融市场整体发育滞后,尤其内部细分市场发展步伐相差很大,这不利于我国企业的进入和退出。这要求我国进一步按照市场化原则,加快推动金融市场发展,其中最为关键的是:加快证券市场建设,尽早真正构建包括准金融机构在内的完善多层次资本市场体系(俞燕,2014)。同时我国经济相对不发达省份的企业进入和退出远远落后于经济发达省份,这巨大差异的重要原因在于前者金融市场发育滞后。这种巨大差异会导致各区域内资源配置效率的巨大差异,区域经济发展不平衡的局面难以被扭转。尽快推出加快各省区域金融市场发育的针对性政策,这将有助于缓解我国省域之间的经济发展水平不均衡现状。

参考文献

[1] BRESNAHAN T F, REISS P C, WILLIG R, et al. Do entry conditions vary acrossmarkets? [J]. Brookings papers on economic activity, 1987(3): 833 - 881.

[2] DUNNE T, ROBERTS M J, SAMUELSON L. Patterns of firm entry and exit in US

manufacturing industries[J]. The RAND journal of economics, 1988: 495 - 515.

[3] HOPENHAYN H A. Entry, exit, and firm dynamics in long run equilibrium[J]. econometrica: journal of the econometric society, 1992: 1127 - 1150.

[4] LEVINE R. Finance and the poor[J]. The manchester school, 2008, 76: 1 - 13.

[5] ORR D. The determinants of entry: a study of the canadian manufacturing industries [J]. The review of economics and statistics, 1974: 58 - 66.

[6] 陈艳莹,原毅军,游闽.中国服务业进入退出的影响因素——地区和行业面板数据的实证研究[J].中国工业经济,2008(10):75 - 84.

[7] 刘志彪等.产业经济学[M].北京:机械工业出版社,2015.

[8] 刘修岩,张学良.集聚经济与企业区位选择——基于中国地级区域企业数据的实证研究[J].财经研究,2010,36(11):83 - 92.

[9] 李世英.市场进入壁垒,进入管制与中国产业的行政垄断[J].财经科学,2005(2):111 - 117.

[10] 吴三忙.中国制造业企业的进入与退出决定因素分析[J].产业经济研究,2009(4):14 -19,60.

[11] 杨天宇,张蕾.中国制造业企业进入和退出行为的影响因素分析[J].管理世界,2009(6):82 - 90.

[12] 俞燕.我国准金融机构监管的实践与反思[J].世界经济与政治论坛,2014(4):140 - 155.

第四部分

区域协调发展

新型城镇化中的制度联动改革及其协调效应

凌永辉[①]

一、问题的提出

改革开放以来，农村经济体制改革释放了我国城镇化的"制度性红利"，城镇化率由原来的不足17.9%上升到了50%以上[②]。短短40年，我国已经完成了西方发达国家上百年的城镇化进程。但是，这种快速发展的城镇化也不可避免地带来了一些棘手的后遗症，比如土地收益分配不公、城乡收入差距扩大、社会冲突加剧等等(北京大学国家发展研究院综合课题组，2010)[1]。在此背景下，"新型城镇化"战略思想应运而生，即坚持走中国特色新型工业化、信息化、城镇化、农业现代化道路，推动信息化与工业化深度融合、工业化与城镇化良性互动、城镇化和农业现代化相互协调，促进工业化、信息化、城镇化、农业现代化同步发展(中国金融40人论坛课题组，2015)[2]。新型城镇化的本质是要实现人的城镇化，由过去那种片面追求城市规模扩张向进城人口的市民化转变。

然而，过去五年来，新型城镇化的推进并不顺利，发展较为缓慢。究其原因，主要还是由于我国日益突出的城乡二元结构矛盾未能从根本上得到解决。在过去很长的一段时期内，政府为了支持重工业优先发展的战略，确立了一套较完善的户籍管理制度，以法律形式严格限制农村户口流入城市(蔡昉等，2001)[3]。但是这一制度也加剧

① 南京大学经济学院博士研究生。

② 数据来源：国家统计局。

城乡二元分割，伴随着城镇化过程产生了严重的经济扭曲，并且具有自我固化的特征(Wen et al.，2014)[4]。特别是在当前人口老龄化导致人口红利税费殆尽，且外部需求环境无明显好转的阶段，城乡分割的户籍管理制度，不仅导致城乡收入差距日益扩大，而且严重阻碍经济新动能的形成。与此同时，在“城市土地国有、农村土地集体所有”的土地制度框架下，农民集体所有的农村土地变为国家所有的城市土地必须经政府统一审批，农村土地自由流转一直严格受限，土地实行行政性供给(周文等，2017)[5]。由此导致了稀缺的土地资源在城镇化加速和经济转型发展过程中的错配(黄忠华和杜雪君，2014)[6]。二元化的户籍和土地制度限制了劳动力在地区间的自由流动，是导致中国城镇化水平远远低于工业化水平的元凶(Lu 等，2014)[7]。然而，我国城镇化的一个更重要的症结在于缺少资本(北京大学国家发展研究院综合课题组，2010)[1]。虽然过去“土地财政”在一定程度上缓解了资本短缺问题，但这一模式却是“竭泽而渔”的短视行为。有研究指出：未来 10 年中国城镇化率年均提高 1.2 个百分点，新增城镇人口将达 4 亿左右，若农民工市民化以人均 10 万元的固定资产投资计算(较低口径)，需要增加 40 万亿元的投资需求(迟福林，2012)[8]。如此庞大的资金需求，断然不是继续依靠“土地财政”的旧模式能够解决的，这不仅是因为现在政府实施强制征地权的经济社会成本(如征地冲突事件、补偿标准上升等)急剧增加，而且从长远来看，后备土地资源的存量在不断减少，总有卖完的一天。

综上，已有研究围绕户籍、土地和财税等制度性因素的某一方面展开了深入分析，各有侧重，但却忽视了三者之间的内在联动性，是以无法形成一个逻辑自洽的可行方案，从根本上解决城乡二元结构矛盾，因此也就不能真正有效地指导新型城镇化实践。譬如，虽然已有研究指出，户籍制度改革必须要与土地制度改革联动，才能促进区域间平衡和城市内部的和谐发展，但他们并未针对城镇化推进过程中涉及资金来源的财税制度改革问题展开分析(陆铭和陈钊，2009)[9]。倘若忽视了财税制度的同步改革，户籍和土地制度改革必将掣肘受限，新型城镇化也会步履维艰。因此，户籍、土地和财税制度改革的内在联动性，是加速推进新型城镇化建设的逻辑起点。有鉴于此，本文从户籍制度、土地制度和财税制度的联动改革视角切入，考察人口、土地和资金间的要素协调为何有利于解决城乡分割难题，进而加速推进新型城镇化。其边际贡献主要在于:将制度联动改革的分析框架从二维度的户籍和土地拓展至三维度的户籍、土地和财税,提出以城市群建设作为突破口来推进改革联动的实现机制,并首次构建面板模型实证检验了制度联动改革对新型城镇化的促进作用。

二、新型城镇化推进缓慢的特征性事实

长三角地区作为中国经济最发达的地区之一,也是人口和城市分布最为密集的地区之一①。早在 20 世纪 70 年代,法国地理学家简·戈特曼就将该地区列为第 6 大世界级城市群,英国城市地理学家彼得·霍尔也认为该地区的强劲发展态势,使之很快可以与美国东北部、北美五大湖、日本太平洋沿岸等城市群相媲美(方创琳等,2011)[10]。然而,长三角地区内部区域发展极不平衡。仅以江苏为例,2015 年,苏南、苏中和苏北地区生产总值之比为 57.5∶19.3∶23.2,巨大的发展差异可见一斑。这种发展的不平衡性,不仅不利于长三角地区经济的健康持续增长,而且也严重拖累了新型城镇化进程。

(一) 户籍人口城镇化率仍大幅低于常住人口城镇化率

通常而言,用城镇化率这一指标来衡量一个地区的城镇化水平,是一种较为普遍的方法。根据国家统计局标准,城镇化率是按常住人口计算的城镇人口比上总人口,反映了一个地区常住人口中有多少人居住在城市。但是,很多城镇常住人口并没有城市户籍,也就不能获得与城市户籍相挂钩的一系列诸如教育、劳动就业创业、社会保险、医疗卫生、社会服务、住房保障、文化体育等公共福利和社会保障。表 1 显示了 2005—2014 年上海、江苏、浙江和安徽的户籍人口城镇化率和常住人口城镇化率。从表 1 中可以发现,上海的城镇化水平要远远高于长三角地区的其他省份。2014 年,上海市户籍和常住人口城镇化率分别达到 90.32%和 89.60%,均位列全国第一。然而,安徽省的城镇化水平却与之形成鲜明对比。2014 年,安徽省户籍和常住人口城镇化率分别仅为 22.69%和 49.15%,远低于全国平均水平。进一步地,除上海之

---

① 由于 2016 年国务院批复同意的《长江三角洲城市群发展规划》,正式将安徽省的八个城市纳入长三角城市群,标志着长三角的范围已经从原来的“两省一市”扩展到目前的“三省一市”。同时,也为了使本文中的研究更具代表性,故而将安徽省也作为长三角研究对象之一。

外，江苏、浙江和安徽三地的户籍人口城镇化水平均远不及常住人口城镇化水平，特别是2011年以来，安徽的常住人口城镇率虽然呈现出快速上升的趋势，但其户籍人口城镇化率却出现了一定程度的下降。因此，从总体上看，长三角地区户籍人口城镇化水平仍然大幅低于常住人口城镇化水平。

表1　2005—2014年长三角地区户籍人口城镇化和常住人口城镇化　单位：%

年份	上海市		江苏省		浙江省		安徽省	
	户籍人口城镇化	常住人口城镇化	户籍人口城镇化	常住人口城镇化	户籍人口城镇化	常住人口城镇化	户籍人口城镇化	常住人口城镇化
2005	84.46	89.09	43.33	50.50	27.53	56.02	20.99	35.50
2006	85.76	88.70	44.43	51.90	28.34	56.50	21.74	37.10
2007	86.81	88.70	45.74	53.20	29.00	57.20	21.98	38.70
2008	87.46	88.60	47.26	54.30	29.77	57.60	22.23	40.50
2009	88.25	88.60	49.94	55.60	30.40	57.90	22.33	42.10
2010	88.86	89.30	50.77	60.58	30.94	61.62	22.71	43.01
2011	89.32	89.30	54.09	61.90	31.41	62.30	22.90	44.80
2012	89.76	89.30	55.99	63.00	31.70	63.20	22.85	46.50
2013	90.03	89.60	57.43	64.11	32.02	64.00	22.92	47.86
2014	90.32	89.60	60.14	65.21	32.52	64.87	22.69	49.15

数据来源：Wind数据库。

（二）土地城镇化仍快于人口城镇化

地方政府是我国城镇化进程的主要推动者，但是在唯GDP论的地方官员政绩考核下，一些城市“摊大饼”式扩张的现象却屡见不鲜，但在城市规模不断扩张的同时，城市人口的集聚程度却不高。图1分别描绘了上海、江苏、浙江和安徽的建成区面积及城市人口密度①。从图1中可以看到，长三角地区各省市的城市建成区面积呈

① 此处城市人口密度用每平方公里建成区面积上的人口数量进行衡量。其中，假设当地农业户籍人口全住在非建成区（农村），常住人口除开当地农业户籍人口全住在建成区，那么建成区人口大致地等于当地常住人口减去当地农业户籍人口。

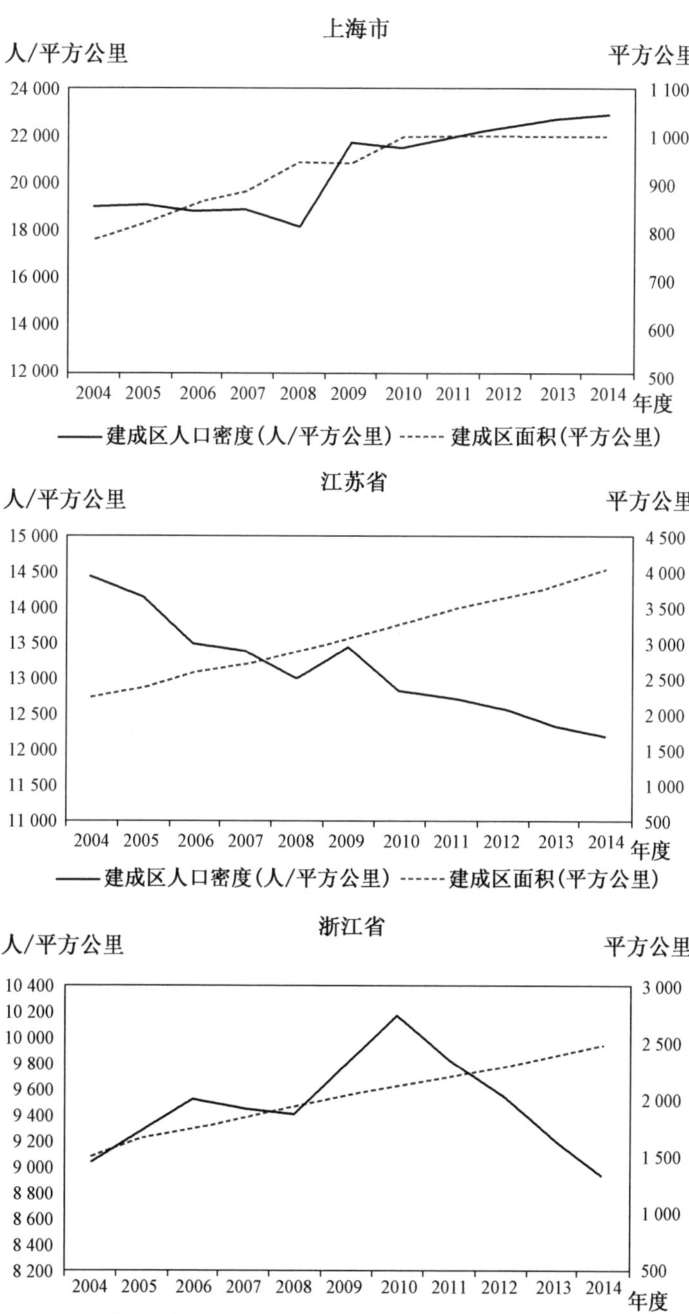
上海市
人/平方公里
平方公里
24 000
22 000
20 000
18 000
16 000
14 000
12 000
1 100
1 000
900
800
700
600
500
2004 2005 2006 2007 2008 2009 2010 2011 2012 2013 2014
年度
——建成区人口密度(人/平方公里) ------建成区面积(平方公里)
江苏省
人/平方公里
平方公里
15 000
14 500
14 000
13 500
13 000
12 500
12 000
11 500
11 000
4 500
4 000
3 500
3 000
2 500
2 000
1 500
1 000
500
2004 2005 2006 2007 2008 2009 2010 2011 2012 2013 2014
年度
——建成区人口密度(人/平方公里) ------建成区面积(平方公里)
浙江省
人/平方公里
平方公里
10 400
10 200
10 000
9 800
9 600
9 400
9 200
9 000
8 800
8 600
8 400
8 200
3 000
2 500
2 000
1 500
1 000
500
2004 2005 2006 2007 2008 2009 2010 2011 2012 2013 2014
年度
——建成区人口密度(人/平方公里) ------建成区面积(平方公里)

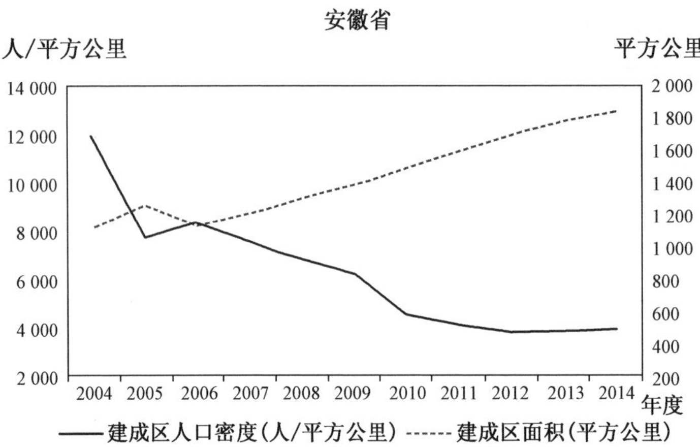

图 1　2004—2014 年长三角地区的城市规模与人口密度

数据来源：国家统计局和 Wind 数据库。

现持续扩大的态势，三省一市的平均值从 2004 年的 1417 平方公里持续增加到 2014 年的 2 336 平方公里，十年间增长了 65%。其中，江苏的城市建成区面积总量和增速都是最大的，浙江、安徽次之，上海最末。然而，长三角地区整体的城市人口密度却呈现出完全相反的趋势。根据图 1，除上海的城市人口密度自 2008 年以来有所上升之外，江苏、浙江和安徽的城市人口密度均出现不同程度的下降。从 2004 年到 2014 年，江苏的城市人口密度从 14 428 人/平方公里下降至 12 182 人/平方公里，浙江从 9 058人/平方公里降至 8 955 人/平方公里，安徽下降得最严重，由 11 951 人/平方公里下降至 3 928 人/平方公里。即使从 2010 算起，江苏、浙江和安徽的城市人口密度降幅也依次达到了 5.0%、12.1%和 14.1%。因此，大量通过“人为造城”来快速推进土地城镇化，却忽视了人口和经济活动的集聚规律，导致城镇化的核心——人口城镇化严重滞后，而且土地城镇化这种粗放而低效的土地利用方式，也造成土地资源的严重浪费。

（三）城镇化容易沦为房地产化

从各地推进城镇化建设的实践来看，行政手段的选择偏好仍然强于市场手段。比如多地进行的行政区划调整，频频通过“并区”“撤县设区”等，进行大规模的征地拆迁、新城开发,利用房地产来维持土地财政。据统计,仅江苏一省,2009年以来就已发生10例“撤县并区”,其省会城市南京已经成为江苏境内首个“全区化”的城市。但问题是,一方面,在目前的土地制度框架下土地行政性供给,资源配置被严重扭曲,城镇化外衣之下的“圈地”助推了房地产泡沫形成;另一方面,在缺乏企业培育和产业支撑的三、四线城市,许多所谓的产业新城看起来是在推进城镇化建设,实质上却是以城镇化为名进行房地产开发,这样的“被城镇化”导致了大量房地产库存积压,造成了经济发展的严重结构性失衡。表2列示了长三角地区三省一市的城镇固定资产投资完成额中房地产开发占比。从表2中可以看到,进入新世纪以来,房地产开发投资占比整体呈现出较大幅度的上升趋势,长三角地区均值接近全部城镇固定资产投资的三分之一。其中,上海的房地产开发投资占比最高,在2015年已经超过50%。值得注意的是,近几年来,长三角地区的房地产开发投资增速有所放缓,背后其实是国家近些年对一、二线城市持续实施的楼市调控政策在房地产开发投资增量上的反映,而房地产开发投资存量依然巨大。如果推进新型城镇化过程中地方政府过于急功近利,但房地产开发过程中巨大的存量投资又调整不到位,那么新型城镇化很可能会演变为房地产化。

表2　长三角地区城镇固定资产投资完成额中房地产开发占比　　单位:%

年份	上海市	江苏省	浙江省	安徽省	长三角地区
2001	31.46	14.68	19.22	12.43	19.45
2002	33.83	15.77	20.96	13.64	21.05
2003	36.06	15.48	20.68	16.96	22.29
2004	38.54	19.37	22.40	18.10	24.60
2005	38.98	24.85	30.44	21.60	28.97
2006	36.47	25.49	29.00	20.90	27.96
2007	32.32	27.46	30.38	20.07	27.56
2008	32.59	28.46	30.88	22.91	28.71
2009	31.65	23.40	30.24	21.02	26.58

（续表）

年份	上海市	江苏省	浙江省	安徽省	长三角地区
2010	42.78	24.69	35.85	21.90	31.30
2011	45.44	21.16	30.31	21.75	29.66
2012	46.56	20.37	30.57	21.09	29.65
2013	49.96	20.12	30.78	21.81	30.67
2014	53.33	19.83	30.83	20.41	31.10
2015	54.63	17.76	26.67	18.59	29.41

数据来源：Wind 数据库。

新型城镇化的战略构想，为何会遭遇如此大的挑战？究其原因，城镇化固然是一项长期且复杂的工程，但在其推进过程中不能仅就城镇化本身，还必须考虑到与之紧密关联的户籍制度、土地制度、财税制度的联动改革，否则，城镇化的推进工作必然步履维艰。实际上，新型城镇化的本质在于人的城镇化，即促进人口集聚，实现农业转移人口市民化。而在这一过程中，农村劳动力能够自由流动是关键，但这一关键性条件却受制于当下的一系列制度安排，难以真正发挥积极作用。为此，本文提出如下核心命题：实现农业转移人口市民化，内在地要求了户籍、土地和财税制度必须进行联动改革，通过发挥人口、土地和资金之间相互协调作用，加快推进新型城镇化。

三、户籍、土地和财税制度联动改革的内在逻辑

（一）人口流动中的户籍限制

自 1958 年政府颁布了《中华人民共和国户口登记条例》以来，一套较完善的户口管理制度就被确立起来，其以法律形式严格限制农民进入城市，限制城市间人口流动（蔡昉等，2001）[3]。直到改革开放之后，这种户籍制度才逐渐进行了多种形式的改革，如 20 世纪 80 年代中期的小城镇自理口粮户口及当地有效城镇户口改革，居民身份证制度试行，20 世纪 90 年代交钱办“农转非”的变相卖户口，以及进入 21 世纪后的户口一元化改革试点等（陆益龙，2008）[11]。随着市场化转型地不断推进，越来越

多的农村及城镇人口开始流向大中型城市，这种非正式的户口迁移方式使得他们能够以临时工、合同工及农民工身份在城市里照常生活，户籍差异似乎变得不那么重要了。

但问题是，没有户籍意味着那些在城市生活的农村转移人口不能拥有与城市居民相同的公共福利和社会保障，其教育、劳动就业创业、社会保险、医疗卫生、社会服务、住房保障、文化体育等各方面都会受到不同程度的社会歧视。比如在就业方面，城镇户籍人口在劳动力市场上具有非常明显的优势，不管是工资还是工作岗位上的差异，均表现出对非城镇户籍人口的歧视(Zhang，2010)[12]。特别是对一些所谓的“体制内”企业而言，农村转移人口要想挤进这些国有企业是非常困难的，相比较而言，他们更多地是流向了“体制外”的企业，一般以小型民营企业居多。又比如在社会保险方面，现有制度普遍的规定是：一个外来劳动力必须在工作地缴费 15 年后方能享受养老保险，如果未满 15 年便离开工作地，只能退保，但退保时职工只能带走个人账户中个人缴纳的累积金额，而企业缴纳的统筹部分则无法带走，这对外来劳动力而言是不小的损失(陆铭，2011)[13]。由此可见，城乡二元分割的户籍管理制度显然是导致新型城镇化推进缓慢的最直接的原因。柏思科等的研究已经证明：放松户口管制所带来的劳动力流动，能够显著提升中国市场的内在需求(Bosker 等，2012)[14]。倘若户籍限制能够被全面打破，不仅能够推动城乡统筹发展，让更多人分享改革开放机遇的成果，而且所带来的增长潜力，也能够为中国经济的持续增长提供重要动力(都阳，2014)[15]。

(二)“钟摆式”迁徙下的土地依赖

尽管 2014 年国务院公布的《关于进一步推进户籍制度改革的意见》，标志着我国二元化户籍制度改革正式拉开帷幕。但截至目前，户籍制度改革推进速度相对缓慢。国务院发展研究中心副主任王一鸣表示，“一方面，相当一部分地区实行城乡统一的户口登记制度，但成为‘市民’的农村居民并没有获得当地相应的最低生活保障，保障性住房等公共服务。另外，一些城市在推进一体化时，仅针对当地农村居民，却不包括外来农村居民。”①实际上，在户籍制度改革推进过程中遇到的这种挑战，是完全可以料想得到的，因为与农民息息相关的土地制度改革仍然很不到位，必然会影响户籍制度改革的进度。

为什么我国农村劳动力的迁移不是永久性的，而是呈现出“钟摆式”的流动？因为在现行土地制度下，农民个体对土地是没有所有权的，只有使用权，这就决定了其无权出售和抵押土地。但随着经济的迅速发展，土地所产生的农业收入在农户家庭收入中所占的比例越来越小，而非农收入，尤其是外出务工收入的比例逐渐上升，从而土地由农民的主要生产要素演变为提供保障和抵御风险的资产（蔡昉，2003）[16]。在这种情况之下，尽管土地对于农民的要素生产功能减弱了，但其社会保障功能的强化使得农民不可能放弃对土地的依赖。另一方面，农村集体所有的土地产权又容易造成土地权属关系不明晰，导致即使有农业转移人口愿意放弃土地，但其应该得以补偿的土地权益却得不到有效保护，这又进一步加大了农村劳动力永久性流入城镇的难度。而且，从宏观层面上看，保护 18 亿亩耕地是我国土地政策的红线，因而对建设用地指标采取严格审批和规划的方式，明确限制土地跨省（市、区）间的占补平衡。这一规定限制了城乡统筹的跨区域土地交易市场的建立，进而导致农村土地不能直接进入城市建设用地市场。但是，城镇化过程中的级差土地收益规律却是客观存在的，政府如果继续以过去那种大规模强制征地的方式来攫取土地收益，必然会引发与民争利的现象。在这种情况下，农民不仅不能分享城市集聚带来的发展成果，而且低价征地还损害了农民的既有利益，新型城镇化必将受阻。

（三）“土地财政”模式不可持续

上述分析表明，城乡二元化的户籍分割制约了农业转移人口的市民化进程，而农民与土地的紧密依赖关系，又进一步加剧了这种制约。但实际上，户籍和土地制度制约只是表面现象，隐藏在这之下的社会公共福利分割才是导致人口城镇化滞后的根本障碍。但是，构建城乡统筹的社会保障体系，实现城乡公共服务均等化，需要有合

① 资料来源：人民网《十三五将加大户籍改革管理目标“一国一制”》，http://finance.people.com.cn/n/2015/1019/c1004-27712022.html。

理和高效的财政体制来支持。在现行的分税制框架下,我国地方政府财力在推进城镇化方面显得捉襟见肘。是以,“土地财政”成了城镇化的主导。虽然土地财政部分缓解了地方政府财力紧张的压力,但这一模式断然不可持续。这一方面是因为当前征地事件累积的矛盾威胁社会稳定,而强化审批管制与提高补偿标准也急剧拉升着征地的成本,政府难以再像过去那样通过实施强征地权来开放各种商业盈利性项目(北京大学国家发展研究院综合课题组,2010)[1]。另一方面,后备土地资源存量是有限的,单靠卖地来驱动城市的平面扩张,不仅会造成土地资源利用的集约化程度低,严重浪费了稀缺的自然资源,而且也导致土地财政的基础愈加单薄。更为严重的问题是,土地财政还酝酿着巨大的债务风险。以土地为杠杆借债融资,以土地为诱饵吸引投资,再通过土地出让获得收入,这一通过“时间换空间”的土地经营城市化方式,可能由于国内外经济形势的变化而面临巨大风险(何杨等,2012)[17]。根据国家审计署的报告,2010 年底,地方政府负有偿还责任的债务余额中,承诺用土地出让收入作为偿债来源的债务余额为 2.5 万亿元,占地方政府负有偿还责任债务余额的比重是 81.2%(国务院发展研究中心课题组,2014)[18]。从某种程度上讲,土地财政加剧了房地产市场的虚假繁荣,一旦泡沫破裂,地方政府庞大的债务必将引爆系统性危机。因此,推进新型城镇化,必须要摆脱土地财政的两难困境。

(四)以城市群建设为突破口实现改革联动

长三角城市群作为实现区域一体化发展的载体,通过各城市之间形成定位准确、分工明确、功能互补的城市群落,有助于推进新型城镇化建设中的劳动力、土地和资金需求的紧密协调。① 我们认为,以全球性城市上海为首,串联起南京、杭州、合肥三个省会城市而形成的长三角城市群,其覆盖面广、纵深度高的梯度格局,为构建现代化产业体系提供了良好的空间支撑,城市群内的要素集聚功能与配置功能的协同将加速新型城镇化。这当中主要涉及两个问题:

---

① 根据 2016 年国家发改委颁布的《长江三角洲城市群发展规划》,长三角城市群包括上海、南京、无锡、常州、苏州、南通、盐城、扬州、镇江、泰州、杭州、宁波、嘉兴、湖州、绍兴、金华、舟山、台州、合肥、芜湖、马鞍山、铜陵、安庆、滁州、池州、宣城等 26 市。参见国家发改委《长江三角洲城市群发展规划》,http://www.ndrc.gov.cn/zcfb/zcfbghwb/201606/t20160603_806390.html。

第一个问题是产业集群带动人口集聚的问题。现代化产业体系下的产业集群，不仅具有更加高级的生产制造工艺，而且在创新设计、品牌营销、流通管理等各个环节中融入消费者的个性偏好，从而产生更多的终端需求；与此同时，农业、工业和服务业之间的良性互动，也将产生大量的中间需求，反过来也促进现代化产业体系的规模扩大和等级提升。但是，如果城乡之间二元化的户籍分割严重，那么无论在生产方面还是在消费方面，仅仅依靠现有的城市人口，不可能支撑现代化产业集群所要求的劳动供给和商品消费。因此，长三角城市群要向世界级城市群迈进，产业集群必须带动人口集聚，即必须有足够多的农村转移人口融合为真正的城市人口。正是基于这种认识，《长江三角洲城市群发展规划》才明确提出：要以产业升级调整人口存量，以功能疏解调控人口增量，引导人口加快向“外围城市”的重点开发区域集聚，推动人口区域平衡发展。第二个问题是要素集聚中的优化配置问题。要素和发展能量向长三角城市群高度集聚，物流、人流、信息流、资金流在该地区交汇，演化为大中小城市和小城镇一体化发展的“长三角模式”。这一模式的最大优点就是内部资源共享和优势互补：一方面，教育、劳动就业创业、社会保险、医疗卫生、社会服务、住房保障、文化体育等能够实现统筹协调和多元共享，其正外部性有利于降低基本公共服务均等化供给成本；另一方面，推进基本公共服务均等化，并非简单的平均化，而是促进机会均等，而城市群多层级、强辐射的地理空间体系，意味着不管是高端人才还是普通农民工，都能在其中发挥比较优势，从而获得安身立命的机会。基础设施共建共享、公共服务统筹协调是长三角城市群发展的内在要求。

要素集聚和配置功能的协同，要求长三角城市群的组织进行重构，即从过去那种行政化、命令性的“垂直式”自上而下的结构，转化为以市场自组织机制协调为主的“扁平化”多中心网络结构(刘志彪，2016)[19]。一般认为，“各自为政”的行政利益边界是阻碍长三角城市群协同发展主要的体制机制问题。这种分割不仅仅存在于相同行政级别的城市之间，而且也常常发生在上下级政府之间。不可否认，过去那种纵向垂直式结构在树立上级政府权威、集中决策权、决策执行力等方面占有独到的优势，但同时也极易导致委托—代理问题，上下级政府之间往往处于一个信息不对称的环境之中，在隐藏行为的情况下，代理人(下级政府)可能从自身的利益出发，实施一些有损委托人(上级政府)利益的行为,引发道德风险(凌永辉等,2017)[20]。这是极其不利于统一市场建设的,更不用说资源要素形成集聚和优化配置。但问题是,行政区划的实体边界是客观存在的,完全取消根本不可能,即使真的能够完全取消,也不是说统一市场就能立刻建立起来了。其中的关键在于政府有没有利用行政边界去干预市场。如果政府是真正的服务型政府、法治型政府,那么即使存在行政区划,也并不会妨碍统一市场的形成。实际上,纵观世界上所有实施市场经济的发达国家,也几乎没有哪个是没有行政区划的。长三角城市群组织架构由“垂直式”向“扁平化”的转变,根本上也是市场经济规律使然。根据世界级城市群演化的一般规律,只有充分发挥市场配置资源的决定性作用,才能促进人口、土地和资金之间的相互协调,从而增强城市群“质量型”发展的内生动力。

四、联动改革促进新型城镇化的实证检验

(一) 变量选取

被解释变量:新型城镇化综合水平。根据《国家新型城镇化规划(2014—2020)》,新型城镇化主要指标涵盖城镇化水平、基本公共服务、基础设施和资源环境四大块。本文首先结合数据可得性,将新型城镇化表征为人口、产业、社会和环境四大基本要素构成的指标体系(见表 3);其次选择熵值法对数据进行无量纲化处理并确定权重①;最后利用耦合协调度模型,对人口、产业、社会和环境四大基本要素的匹配协调度进行测度,并以此作为新型城镇化综合水平的替代指标②。

解释变量:制度联动改革的协调效应。本文将分别反映户籍、土地和财税制度改革的变量进行交乘,使用三者的交乘项来进行表征。其中,反映户籍制度改革的变量以城镇人口与总人口之比来表征,反映土地制度改革的变量以土地协议出让价与“招

① 熵值法是利用信息熵测算各指标之间的关联和变异程度来确定各构成要素的相应权重,从而评价多指标系统的综合发展水平,其具体步骤一般包括构建指标数据的判断矩阵、指标无量纲化、计算指标的熵值、确定权重等等。

② 耦合协调度的概念来自于物理学,通常用来描述系统内子系统或要素间的合作、互补等多种关联,以及催化循环、非线性相互作用等影响程度,反映的是整体“功效”(王伟等,2016)[22]。限于篇幅,本文未报告具体计算过程,感兴趣的读者可向作者索取。

拍挂"价之比来表征，反映财税制度改革的变量以规模以上工业企业固定资产与建成区面积之比来表征。

控制变量：按照文献惯例，将地方保护主义、城市交通水平、城市教育水平和城市医疗水平作为控制变量引入计量模型，分别用政府财政支出占地区生产总值的比重，城市道路人均占有面积、每百人拥有的中学教师数量、每万人拥有的病床数来加以量化（从海彬等，2017）[23]。

表 3　新型城镇化综合指标体系

一级指标	二级指标
A：人口要素	A1：人均住宅投资（元）；A2：城市人口密度（人/平方公里）；A3：年末城镇登记失业人口比重（%）；A4：年末城镇登记失业人口比重（%）；A5：二、三产业从业人员比重（%）
B：产业要素	B1：每单位建成区土地面积产值（万元/平方公里）；B2：规模以上工业总产值（亿元）；B3：二、三产业产值占 GDP 比重（%）
C：社会要素	C1：人均邮政业务量（元）；C2：每万人拥有的病床数（张/万人）；C3：每万人在校大学生数（人/万人）；C4：每百人公共图书馆藏书（册/百人）
D：环境要素	D1：人均绿地面积（平方米）；D2：建成区绿化覆盖率（%）

资料来源：作者整理。

（二）模型设定与数据来源说明

基于一般的面板数据模型的设定原则，本文将基本模型设定如下：

$$\begin{aligned}\ln NU_{it} = & \alpha + \beta_2 \ln LA_{it} + \beta_3 \ln IK_{it} + \beta_1 \ln UR_{it} + \gamma_1 \ln LA_{it} * \ln IK_{it} * \ln UR_{it} \\ & + \gamma_2 \ln LA_{it} * \ln IK_{it} + \gamma_3 \ln LA_{it} * \ln UR_{it} + \gamma_4 \ln IK_{it} * \ln UR_{it} + \lambda \ln X_{it} + \mu_{it}\end{aligned} \tag{1}$$

式(1)中，下标 i 和 t 分别代表各变量的城市及时间维度。$\ln NU$ 表示新型城镇化的综合水平，$\ln LA$、$\ln IK$ 和 $\ln UR$ 分别是独立地反映土地、资金和人口的变量，用以控制这些变量的独立效应。交乘项 $\ln LA * \ln IK * \ln UR$、$\ln LA * \ln IK$、$\ln LA * \ln UR$ 以及 $\ln IK * \ln UR$ 分别反应了土地、资金和人口变量三者以及两两之间的协调效应。通过对这两种效应的对比分析，能够有效揭示出制度联动改革的重要性。此外，$\ln X$

表示控制变量，包括 $\ln LP$、$\ln BF$、$\ln PT$、$\ln PB$，分别反映了地方保护主义、城市交通水平、城市教育水平和城市医疗水平；α 和 μ 则分别代表常数项和随机扰动项。

根据数据的可获得性，本文选取 2003—2014 年长三角城市群的地级市（共 23 个）作为考察样本①，所有数据均来自《中国城市统计年鉴》《中国区域统计年鉴》和《中国国土资源年鉴》，个别缺失数据使用移动平均法补齐。需要说明的是，所有因变量和自变量数据均进行过对数转换处理，用以有效地保证变量的正态分布特征。

（三）回归结果分析

Wald、B-P 以及 Hausman 检验结果表明，固定效应模型是本文的最佳选择。在实际回归中，我们区分了包含交乘项变量和不包含交乘项变量的情形，基于长三角城市群样本的主要回归结果如表 4 所示。其中，模型(1)是既不包含交乘项变量也不包含控制变量的情形，模型(2)是不包含交乘项变量但包含控制变量的情形，模型(3)是包含交乘项变量但不包含控制变量的情形，模型(4)是既包含交乘项变量也包含控制变量的情形。

从表 4 中可以看出，在模型(1)中，解释变量 $\ln LA$、$\ln IK$、$\ln UR$ 的偏回归系数都十分显著（置信水平为 1%），这说明三者在新型城镇化中的独立效应都非常明显。具体而言，$\ln LA$、$\ln IK$、$\ln UR$ 三者每变动 1%，将分别对新型城镇化综合水平造成 −0.017%、0.029% 和 0.961% 的变动效果。其中，虽然 $\ln IK$、$\ln UR$ 的系数符号为正向，是符合预期的，但 $\ln LA$ 的系数符号却是负向的，这反映出在不考虑制度联动改革的协调效应情形下，某项制度改革的独立效应可能会产生阻碍作用。这也提醒我们，在推进新型城镇化过程中，如果单独进行某项制度改革，而不考虑其与其他制度改革间的关联性，很可能会适得其反。进一步在模型(2)中加入一系列控制变量，发现偏回归系数无论是绝对值大小还是符号都未发生根本性变化。

然而，我们却不得不谨慎地对待上述结论，因为在新型城镇化过程中，虽然独立效应可能产生消极影响，但这还不足以说明制度联动改革的协调效应就一定是积极

① 由于长三角城市群的部分城市在核心变量上存在数据缺失问题，本文剔除了铜陵、滁州和池州三地。限于篇幅，本文未报告主要变量的描述性统计，感兴趣的读者可向作者索取。

正向的。因此，我们需要对制度联动改革的协调效应进行深入考察。为此，本文在模型(3)中加入了 ln*LA* * ln*IK* * ln*UR*、ln*LA* * ln*IK*、ln*LA* * ln*UR* 以及 ln*IK* * ln*UR* 等交乘项，进行多元回归①。从模型(3)的回归结果来看，ln*LA*、ln*IK*、ln*UR* 的偏回归系数大小略有变化，但系数符号不变；反映三者协调效应的交乘项 ln*LA* * ln*IK* * ln*UR*的系数值为 0.380，且在 1%的置信水平上显著，表明如果制度联动改革的协调效应每增加 1 个百分点，将促进新型城镇化综合水平提升 0.380 个百分点。此外，即使加入相关控制变量，如模型(4)所示，制度联动改革的协调效应仍达到 0.323(置信水平为 1%)。上述回归结果说明，制度改革必须相互配套进行，充分发挥其间的协调效应，才能加速推进新型城镇化，否则，最终很可能会事与愿违。

为进一步检验实证结果的稳健性，本文将考察样本扩充至全国范围，重新利用上述计量模型估计了制度联动改革的协调效应对新型城镇化的影响。② 检验结果如表 5 所示。从表 5 可以看出，制度联动改革的协调效应(即交乘项系数估计值)虽然有所下降，但符号均显著为正，这说明即使将样本放宽至全国范围，制度联动改革的协调效应对新型城镇化仍具有显著的促进作用。而且，其他变量的系数估计值亦跟前文基本一致。这些结果充分表明上述实证分析是稳健的。

表 4　长三角城市群样本的主要回归结果

解释变量	模型(1)	模型(2)	模型(3)	模型(4)
lnLA	−0.017*** (0.00)	−0.011*** (0.00)	−0.014*** (0.00)	−0.009*** (0.00)
lnIK	0.029*** (0.01)	0.023*** (0.01)	0.069*** (0.01)	0.057*** (0.01)

① 虽然此处的二次项不是本文的关注点，但一般而言，应尽量在模型中保留交互项的低次项，否则很可能产生似是而非的结论(Cleary 等，1982)[24]。

② 由于长三角城市群地处东部沿海发达地区，新型城镇化水平本就比较高，因而表 4 的样本回归可能存在选择性偏误，造成高估的问题。因此，将考察样本扩充至全国范围，有助于降低这种由选择偏误造成高估现象的可能性，从而达到稳健性检验的目的。

(续表)

解释变量	模型(1)	模型(2)	模型(3)	模型(4)
lnUR	0.961*** (0.18)	0.538*** (0.20)	1.113*** (0.20)	0.716*** (0.22)
lnLP		−0.033* (0.02)		−0.037** (0.02)
lnBF		0.070*** (0.02)		0.055** (0.02)
lnPT		0.049 (0.03)		0.045 (0.03)
lnPB		0.267*** (0.03)		0.260*** (0.03)
lnLA * lnIK * lnUR			0.380*** (0.11)	0.323*** (0.11)
lnLA * lnIK			−0.002 (0.01)	−0.005 (0.01)
lnLA * lnUR			−0.154* (0.08)	−0.102 (0.08)
lnIK * lnUR			−0.117 (0.41)	−0.452 (0.38)
常数项	−5.859*** (0.73)	−5.232*** (0.76)	−1.634*** (0.02)	−2.725*** (0.16)
有效样本	381	381	381	381
调整 R^2	0.398	0.502	0.431	0.522
F统计量	76.21	49.22	37.05	33.56

注:根据 stata14 计算得到,其中,***,**,* 分别表示在 1%、5%和 10%置信水平上显著,括号中为系数标准误。

表 5　全国城市样本的主要回归结果

解释变量	模型(5)	模型(6)	模型(7)	模型(8)
lnLA	−0.031*** (0.00)	−0.018*** (0.00)	−0.030*** (0.00)	−0.018*** (0.00)
lnIK	0.028*** (0.00)	0.019*** (0.00)	0.037*** (0.00)	0.026*** (0.00)
lnUR	0.308*** (0.03)	0.149*** (0.03)	0.369*** (0.03)	0.201*** (0.03)
lnLP		−0.002 (0.01)		−0.004 (0.01)
lnBF		0.102*** (0.01)		0.098*** (0.01)
lnPT		0.077*** (0.01)		0.076*** (0.01)
lnPB		0.126*** (0.01)		0.124*** (0.01)
lnLA * *lnIK* * *lnUR*			0.081*** (0.02)	0.058*** (0.02)
lnLA * *lnIK*			0.008*** (0.00)	0.005*** (0.00)
lnLA * *lnUR*			−0.090*** (0.02)	−0.063*** (0.01)
lnIK * *lnUR*			0.085*** (0.03)	0.069*** (0.02)
常数项	−3.261*** (0.13)	−3.156*** (0.11)	−1.696*** (0.01)	−2.312*** (0.03)
有效样本	3003	3002	3003	3002
调整 R^2	0.345	0.507	0.368	0.518
F 统计量	483.5	403.2	228.1	267.3

注：根据 stata14 计算得到，其中，***，**，* 分别表示在 1%、5%和 10%置信水平上显著，括号中为系数标准误。

五、结论与政策建议

本文首先总结了长三角地区新型城镇化的经验事实，并基于这些事实背后的原因进行分析，提出了本文关于户籍、土地和财税制度联动改革的核心命题，进而从理论和实证角度对这一核心命题进行了逻辑论证。主要研究结论是：目前，长三角地区的新型城镇化推进缓慢，表现为户籍人口城镇化程度仍大幅低于常住人口，土地城镇化仍快于人口城镇化，城镇化容易沦为房地产化这三个方面。造成新型城镇化推进缓慢的根本原因还在于体制机制层面，尽管已有不少学者从户籍制度、土地制度、财税制度三个方面分别提出了一些有针对性的建议，但却忽视了三者之间的内在联动性。实际上，实现农业转移人口市民化，内在地要求了户籍、土地和财税制度必须进行联动改革。因此，遵循联动改革的内在逻辑，我们认为可以通过长三角城市群的要素集聚和分配功能的协同，来实现人口、土地和资金之间的相互协调，进而加快推进新型城镇化。本文的实证分析支持了上述结论。具体政策建议如下：

第一，加快建立和完善全民统一的居住证制度，剥离与户籍挂钩的利益分配功能，推进基本公共服务均等化。在以城市群为主体的城镇格局中，户籍制度全面放开和城乡基本公共服务均等化的改革步子可以迈得大一点、步伐快一点。尤其要注重发挥长三角城市群内各大中小城市和小城镇的人口经济集聚能力，让劳动力在地区间流动不再基于教育、医疗卫生、社会保障等公共服务差异，而是基于提升劳动生产率的需求。

第二，全面落实农村土地确权工作，尽快建立农村产权流转交易市场，探索城乡建设用地指标跨区域互换机制。由于历史原因，大量农村土地进行确权的难度非常之大，尤其是城市与城市之间的土地权属问题极为复杂，这就要求各地农发局、林业局、土地局和房产局等多个政府部门进行协调，切实为农民提供确权登记服务。在此基础上，可以通过修改《土地管理法》，从法律上进一步完善“三权”分置制度，促进农村“三块地”(即农用地、农村集体经营性建设用地和宅基地)在以城市群为主体的城镇格局下实现自由流转，并且试点放开城乡建设用地指标互换的跨区域“占补平衡”的限制。

第三，主动改革财税体制机制，考虑在城市群内实施全面的财产税，积极研究针对所有财产及其保有、获得、转让等各个环节应该征收的合适税率，从而拓宽税基、稳定税收。同时，也应该相应地加大中央财政对地方财政的转移支付力度，提高县域增值税分成比例，推行消费税共享政策等。另外，针对城市群内由于行政壁垒可能产生的税收政策边界问题，一方面需要中央政府进一步简政放权，赋予作为新型城镇化建设主体的地方政府足够的制度创新优先权；另一方面，也需要地方政府之间建立常态化的议事协调机制，商议统一的税收管理政策。

第四，改革地方政府官员绩效的考核体制，构建涵盖经济总量增长、人均增长、生态环境保护等多元化的综合考核机制，并且针对不同地区的城市群或者城市群内部不同层级的城市(镇)，对指标考核赋予相应的权重。这样一来，才能保证新型城镇化沿着集约、高效、质量型的方向推进。

第五，坚持市场主导、政府引导的基本原则，处理好政府与市场之间的关系，使市场在资源配置中起决定性作用，更好地发挥政府作用。以城市群为主体构建大中小城市和小城镇协调发展的城镇格局，一方面，必须尊重市场规律，包括城市经济集聚规律、级差土地收益规律，等等，合理地利用这些规律，必然有助于大幅降低城镇化建设成本；另一方面，政府更好发挥作用的标准是不缺位、不越位、不错位，通过建立和完善负面清单制度来“放手”，把工作的“抓手”放到提供优质公共服务和营造良好制度环境上来。

参考文献

[1] 北京大学国家发展研究院综合课题组. 还权赋能——成都土地制度改革探索的调查研究[J]. 国际经济评论，2010(2)：54 - 92，5.

[2] 中国金融四十人论坛课题组. 城镇化转型[M]. 北京：中信出版社，2015：9 - 10.

[3] 蔡昉，都阳，王美艳. 户籍制度与劳动力市场保护[J]. 经济研究，2001(12)：41 - 49，91.

[4] WEN G J, XIONG J. The Hukou and land tenure systems as two middle income traps-the case of modern China[J]. Frontiers of economics in China, 2014(3): 438 - 459.

[5] 周文，赵方，杨飞，等. 土地流转、户籍制度改革与中国城市化：理论与模拟[J]. 经济研

究,2017(6):183－197.

[6] 黄忠华,杜雪君.土地资源错配研究综述[J].中国土地科学,2014(8):80－87.

[7] LU M., WAN G.. Urbanization and urban systems in the People's Republic of China: research findings and policy recommendations[J]. Journal of economic surveys, 2014(4): 671－685.

[8] 迟福林.释放改革的红利[N].学习时报,2012－12－03.

[9] 陆铭,陈钊.为什么土地和户籍制度需要联动改革——基于中国城市和区域发展的理论和实证研究[J].学术月刊,2009(9):78－84.

[10] 方创琳,姚士谋,刘盛和.2010中国城市群发展报告[M].北京:科学出版社,2011:32－33.

[11] 陆益龙.户口还起作用吗——户籍制度与社会分层和流动[J].中国社会科学,2008(1):149－162,207－208.

[12] ZHANG H., The Hukou system's constraints on migrant workers' job mobility in Chinese cities[J]. China economic review, 2010(1): 51－64.

[13] 陆铭.玻璃幕墙下的劳动力流动——制度约束、社会互动与滞后的城市化[J].南方经济,2011(6):23－37.

[14] BOSKER M, BRAKMAN S, H, et al. Relaxing Hukou: increased labor mobility and China's economic geography[J]. Journal of urban economics, 2012(2): 252－266.

[15] 都阳,蔡昉,屈小博,等.延续中国奇迹:从户籍制度改革中收获红利[J].经济研究,2014(8):4－13,78.

[16] 蔡昉.劳动力流动的政治经济学[M].上海:上海三联书店,2003:190－195.

[17] 何杨,满燕云.地方政府债务融资的风险控制——基于土地财政视角的分析[J].财贸经济,2012(5):45－50.

[18] 国务院发展研究中心课题组.中国新型城镇化:道路、模式和政策[M].北京:中国发展出版社,2014:118－120.

[19] 刘志彪.扬子江城市群协同发展的框架与基本战略[J/OL]. https://www.wxzhi.com/archives/059/gga1llcc8koefdmf/,2016－10－31.

[20] 凌永辉,徐从才,李冠艺.大规模定制下流通组织的网络化重构[J].商业经济与管理,

2017(6):5－12.

[21] 王伟,孙雷.区域创新系统与产业转型耦合协调度分析——以铜陵市为例[J].地理科学,2016(2):204－2.

[22] 从海彬,段巍,吴福象.新型城镇化中的产城融合及其福利效应[J].中国工业经济,2017(11):62－80.

[23] CLEARY P D, KESSLER R C, The estimation and interpretation of modifier effects [J]. Journal of health and social behavior, 1982(2):159－169.

建设协同发展的江苏县域产业体系
——来自丹阳县域经济的思考与实践

赵顺群[①]

十九大报告指出:贯彻新发展理念,建设现代化经济体系,是我国经济由高速增长阶段转向高质量发展阶段的必然战略选择,体现了我国在新时代转变发展方式、优化经济结构、转换经济增长动力的迫切要求。而建设现代化经济体系,必须把发展经济的着力点放在实体经济上,加快建设实体经济、科技创新、现代金融、人力资源协同发展的产业体系,筑牢现代化经济体系的坚实基础。

江苏县域经济要落实上述战略转变,建设现代化经济体系,关键在于充分发挥科技创新、现代金融、人力资源等高级生产要素的作用。服务实体经济这一县域经济之本,使科技创新在实体经济发展中的贡献比例不断提高,现代金融服务实体经济的能力不断增强,人力资源支撑实体经济发展的作用不断优化,从而加速促进传统产业转型升级,加快发展先进制造业和现代服务业,稳步迈向全球价值链中高端,最终实现实体经济的高质量发展。同时,协同发展的县域产业体系也要求在实体经济发展壮大后,积极发挥其对科技创新、现代金融和人力资源的吸纳、集聚和拉动作用,最终实现四者之间强大的正反馈效应。

一、实体经济是协同发展产业体系的主体与根本

过去丹阳等县域实体经济的发展主要是在改革开放的大背景下,充分利用经济全球化和我国加入 WTO 的机遇,利用处于沪宁线的优越地理位置,大力发展乡镇企

---

① 供职于丹阳市发改经信委。

业、推动农村工业化，依靠国际国内两个市场，主动承接发达国家跨国公司的制造环节和服务外包，主动对接国内大企业的配套业务，形成了各具特色和具备较强竞争力的产业集群。这种发展模式主要是以规模化大生产为竞争手段，以低端要素为竞争优势，依靠价格低廉的土地和劳动力，优惠的招商引资政策，宽松的环保政策等，形成以低成本为特征的竞争方式。同时，在国内外需求扩张的市场环境下，实体经济企业又通过资产抵押、相互担保、社会融资等方式不断加大投入，甚至进行跨行业的多元化经营，迅速推动实体经济各行业的产能扩张。县级党委政府出于发展地方经济的考虑，也支持企业上项目、扩规模，为其产能扩张提供各类政策支持。

在市场、企业、政府等多方面因素的共同作用下，这种主要依靠投资拉动扩张产业规模的做法，一方面使县域实体经济积累巨大的制造业产能，但主要集中在"微笑曲线"的中间环节，科技含量和产品附加值不高，在全球价值链中获取的价值比例有限，无力促进价值链的攀升；另一方面也使县域实体经济在市场环境变化和金融危机影响下面临三类严重的风险，即产能过剩引起的经营风险、企业互保引起的金融风险和转型升级引起的生存风险。这三类风险是县域实体经济发展道路上的"地雷阵"，如果不能很好地解决它们，不仅严重影响县域实体经济迈向全球价值链中高端的进程，还有可能触发系统性危机。

过去几年，丹阳市委市政府积极采取"控风险、降成本、优服务、促转型"等政策手段处理这三类风险，既为经营正常的企业筑好防火墙，防止企业互保引发系统性风险，也通过降低企业用工、要素、税费、融资等各方面成本，尤其是系统降低制度性交易成本，稳住了实体经济的基本面。实体经济尤其是制造业趋稳向好，政策效果比较明显。2017 年，丹阳全市累计实现工业应税销售额 1 286 亿元，增长 14.1%；累计工业用电 62.13 亿千瓦时，增长 11.61%；累计完成工业固定资产抵扣 5.3 亿元，增长 21.4%；实现进出口总额 27.75 亿美元，增长 9.1%，其中出口 23.79 亿美元，增长 11.2%。丹阳累计工业应税销售、工业用电、工业固定资产抵扣、进出口增幅均保持了一年以上的正增长态势，多项指标创同期历史新高，其中累计工业应税销售和进出口自 2017 年 3 月份以来均维持 10%左右的增长，工业固定资产抵扣自 2017 年以来均维持在 20%左右的增长，累计工业用电已 20 多个月维持在 8%左右的增幅，特别是近半年来保持逐步走高态势。

但要从根本上消除这三类风险，促进江苏县域实体经济迈向全球价值链中高端，需要切实尊重实体经济在历史上形成的产业集群优势，充分认识到当前实体经济的产业优势既是政府引导的结果，也是企业家自主选择的结果，更是市场长期竞争的结果，不要轻易另起炉灶。需要通过吸收科技创新、现代金融、人力资源等高级要素，构造协同发展的产业体系，做强实体经济。首先，充分鼓励实体经济企业吸收科技创新成果，沿着产业链关系进行升级。一是向产业链上游环节发展，强化研发、设计，即进行产品升级。二是向产业链下游环节延伸，发展营销、物流、品牌、融资等业务，即进行组织架构创新和业态改造。三是在产业链中游环节着力，发展加工制造业中增值大的环节，即进行工艺流程创新。四是通过多元同心化拓展，努力拉长产业链，进入关键零部件和关键设备制造的生产领域，即进行产业链升级。五是通过资源使用途径的转变，从一个部门转向另一个部门，即进行产业间的升级改造。其次，需要在实体经济中注入更多的现代金融要素，采取现代金融手段推动企业利用资本市场，通过上市和并购重组来做强优质企业和淘汰僵尸企业，化解过剩产能。第三，需要着力打造两类环境：一是有利于科技创新的完善制度环境，二是有助于吸引各类人才集聚的优美生活环境。两类环境的打造为县域实体经济注入更多的科技创新活力，引入或积累更多的人力资源，通过科技创新、现代金融和人力资源的共同作用，实现实体经济的转型升级。

二、科技创新是协同发展产业体系的持续动力

2017 年 11 月，习近平总书记在出席亚太经合组织的主旨演讲中，三次提及科技革命和科技创新，强调新一轮科技和产业革命将深刻地改变增长动能。建设协同发展的县域产业体系也需要科技创新的新动能和新动力。县域产业体系的新动能和新动力当然需要引入高新技术产业，但更为重要和现实的路径应该是现有企业的技术改造和创新。县域经济受制于人才、技术、资金、信息等要素，发展高新技术产业往往是新瓶装老酒，从事的还是高新技术产业的低端产品和环节。而传统产业是县域经济最重要的组成部分，也是稳定经济增长、改善民生福祉的主体力量。针对县域的实

际情况，转型升级不仅要强调“转行升级”，更应该强调立足于现有产业和传统产业进行转型升级。加快实施制造业重大技术改造升级，引入新技术、新管理、新模式，这种“老瓶装新酒”同样是科技创新的体现，不仅能使县域传统产业焕发出巨大的生机与活力，也能进一步强化现有产业集群的竞争优势。

县域经济的科技创新应当和实体经济紧密结合，这种结合应是以对传统产业的大规模技术改造为起点，以提高生产率和提升产品质量为目标，促进企业在微观层面逐步使自己的价值创造活动迈向中高端，从而获取更高的价值比例。丹阳的实践证明，再传统的产业，只要经过现代技术的改造，积极运用科技创新成果，都可以成为现代产业体系的一部分，焕发出蓬勃朝气，形成强大的市场竞争力。例如，信息化和工业化的融合能够实现产业结构的技术跨越；移动互联网技术融入哪个产业，充分改造哪个产业，哪个产业的水平就会得到显著提升，获得“智能化＋”的升级效应。丹阳飓风公司原先是传统的物流企业。在丹阳市党委、丹阳市人民政府的积极引导和扶持下，目前该企业已成为交通部指定的全国首批无车承运人试点企业。短短 5 年时间里，该企业营业收入增长 50 多倍，利润增长 60 多倍，2017 年纳税 3 600 多万元，成为国家级高新技术企业和新三板挂牌企业。

县域经济的科技创新应当和现代金融紧密结合。企业的科技创新充满机遇和风险，特别是对大多处于价值链中低端的县域企业而言，资本积累并不丰厚，不足以承担企业创新失败的后果，需要政府给予一定的支持和帮助。但鼓励企业创新特别是科技创新，不能成为政府在企业中挑选“赢家”和“输家”的游戏，更不能把财政资金直接分配给企业。政府可以通过对打造企业创新平台、加强产学研合作等方面进行努力，还要依靠市场化的现代金融手段支持企业创新，降低企业创新风险。

县域经济的科技创新应当和人力资源紧密结合。企业的创新不仅是引入高科技人才进行技术创新，还应该体现为引入高级管理人才进行经营管理方面的创新。例如，在管理方式上，从垂直型向扁平化转变；在生产方式上，从生产型制造向服务型制造转变；在技术开发方式上，从传统封闭型向现代开放型转变；在主营业务上，要从多元化走向专业化；在企业竞争力培养上，从竞争型向合作型转变；在治理结构上，要从家族式向公众化转变；在销售上，从单纯线下向线下线上融合转变；在融资方式上，从间接融资向直接融资转变;在品质追求上,要从粗制滥造向精工细作转变。在丹阳市委、市政府的着力引导下,丹阳优质的大型企业如大亚圣象、沃得机械、天工国际、鱼跃医疗等,都秉承“以人为本”理念,将引进人才与培育人才并举,不仅在科技创新方面,更在企业经营管理上进行了大胆创新。仅一联合、天宏机械、迅捷装具、琦瑞机械等丹阳本土企业通过打造高素质的管理团队和技术团队,顺应制造业服务化的趋势,在企业经营模式和科技创新方面不断进步,成长为全省为数不多的省级服务型制造示范企业,非常值得其他企业学习和借鉴。

三、现代金融是协同发展产业体系的“流动血液”

丹阳市委市政府高度重视企业互保引起的金融风险。我们认为这个问题是市场环境、企业发展模式等因素长期累积造成的,不能通过运动式的方法简单解决,需要吸收现代金融理念进行综合治理。从政府来说,要加强信用体系建设,分清互保企业的不同情况,通过产业基金等市场手段努力化解债务风险,救活能够正常经营的企业,坚决打击恶意逃债企业,坚决处置僵尸企业,盘活各种资源。从银行体系来看,要建立主银行制等先进制度,落实好自己应尽的企业调查责任,改变过去那种粗放型的经营模式,更多地通过加强管理取得收益。同时,要从服务实体经济的思路进行金融创新。如对于企业因为互保形成的债务,代偿企业在正常支付利息的情况下,对这部分债务可以通过签订还款协议,采取挂账等特殊政策,拉长债务偿还期限,避免运行正常的企业被互保债务压垮,进而产生连锁性反应,出现系统性的风险。从企业来看,要自觉承担自身的信用责任,并努力通过直接融资的方式吸收各种资金。

防范企业互保引起的金融风险,建立现代产业体系需要现代金融。现代金融并不一定就是虚拟经济,当其和实体经济紧密结合的时候,就是实体经济不可分割的重要部分,就能够成为实体经济吸收科技创新、人力资源等高级要素的重要手段。现代金融也是科技创新的重要支撑,能够有效地降低企业仅仅通过资本积累和银行贷款进行科技创新的风险。现代金融还是吸引人力资源的重要保证,当企业通过股权激励等方式和人力资源紧密合作,企业发展和人力资源个人利益就能较好地相互统一,形成长期稳定的合作关系,铸就企业的核心竞争力。

现代金融主要是指以资本市场为主体的直接融资方式和体系。在实体经济领域引入更多的现代金融因素，并非不需要银行体系的支持，一方面要鼓励银行直接服务于实体经济，继续优化信贷市场融资；另一方面要通过企业上市、产业基金等直接融资机制和政策手段，增加直接融资所占比例，支持企业科技创新，降低实体经济负债和杠杆率，减小企业因转型升级引起的生存风险。2017 年，丹阳市在鼓励现有上市公司围绕主业、不断做强做大的同时，出台了《关于全力打造资本市场"丹阳板块"的若干政策意见》(丹发【2017】70 号)文件。一是加大对上市挂牌企业的培育力度，进一步做好有关政策的兑现落实；二是支持优秀企业利用国家发展多层次资本市场的机遇，尽早挂牌上市或者参与上市企业的并购重组；三是加大对非金融企业发行公司债、企业债的支持力度。

产业基金是发展现代金融的重要手段之一。通过政府投资引导基金的杠杆和引导作用，地方政府与社会资本合作设立子基金，特别是创业投资基金、股权投资基金、并购重组基金等，为初创期和高成长企业、困难企业并购重组等提供有效的融资支持，实现市场化的资本金补充机制，努力淘汰落后产能，吸收更多资本、技术和人才流入实体经济，同时为金融领域供应更多可投资的优质资产。产业基金也可以成为地方政府招商引资的一个重要手段，作为一种市场化的资金配置方式，能够发挥对项目、科技、人才的吸引作用，成为地方发展的新动能和新动力。对于县域经济而言，这是一个新生事物，却是建设协同发展产业体系的重要一环。2017 年，丹阳出台了《丹阳市产业投资引导基金管理暂行办法》(丹政办发【2017】235 号)文件，将通过设立相关产业基金，推动传统产业的转型升级，推动先进制造业和现代服务业的崛起，在实体经济中引入更多的科技创新和人力资源等高级要素。

四、企业家队伍是协同发展产业体系最重要的人力资源

建设协同发展产业体系，人力资源是其中最具活力的高级要素。人力资源涵盖企业家、科技人才、党政干部等。县域经济高端科技人才匮乏，较为现实的做法是"不求为其所有，但求为其所用"。丹阳是最早在江苏省提出并实施新一代企业家培养工程的地方。企业家队伍建设的实践表明，企业家无疑是县域经济最重要的人力资源，

企业家升级是最有意义、最为重要的转型升级活动。县级党委政府只有更加重视企业家队伍建设,才有希望建立实体经济、科技创新、现代金融、人力资源协同发展的产业体系。

要想发挥企业家队伍这一县域经济最重要人力资源的作用,首先就要尊重企业家。企业家是县域实体经济的主要建设者,也是科技创新、现代金融、人力资源等各种高级生产要素的主要组织者,更是建设县域经济协同发展产业体系的主要贡献者。习近平总书记指出:“我们全面深化改革,就要激发市场蕴藏的活力。市场活力来自于人,特别是来自于企业家,来自于企业家精神。”丹阳市委市政府按照《中共中央国务院关于营造企业家健康成长环境弘扬优秀企业家精神更好发挥企业家作用的意见》精神,着力营造依法保护企业家合法权益的法治环境,营造促进企业家公平竞争诚信经营的市场环境,营造尊重和激励企业家干事创业的社会氛围。更为重要的是尊重企业家对于企业发展的决策,不通过有关政策诱导企业盲目扩大规模,甚至进行跨行业的多元化发展。

其次要引导企业家。县域企业家大多出身草根,白手起家,他们对中国社会最了解,发家致富的愿望最强烈,最吃苦耐劳,在改革开放中得到的实惠最多,对改革开放的政策最支持,特别是经受市场经济的洗礼最彻底。要发挥好科技创新、现代金融、人力资源等高级要素的作用,促进实体经济的发展,需要一大批眼界宽、思路宽、胸襟宽的企业家。市场经济是法治经济,丹阳市委市政府注重引导企业家按照合法规范的方式开展企业经营活动,特别是进入新时代中国特色社会主义,要从过去的“野蛮成长”向现在的“健康发展”转变。市场经济是合作经济,企业家更加需要合作共赢,要从过去的资源独占者向资源共享者的角色转变,善待自己的供应商和客户,善待企业的高管和普通员工,保护好他们的合法利益和诉求,营造良好的企业发展生态圈,从个人发家致富向成就人生事业、实现共同致富转变。市场经济更是创新经济,企业家更加需要加强学习,“帝者与师处,王者与友处,霸者与臣处,亡国与役处”,不断学习新思想、新观念、新模式,要从改革开放的“红利型”企业家向新时代的“创新型”企业家转变。

第三要服务企业家。丹阳市委市政府要求党政干部以习总书记提出的“亲”“清”

关系为原则，坦荡真诚地同民营企业接触交往，不能有贪心私心，不能以权谋私，不能搞权钱交易，构建健康的新型政商关系；要以“学习型干部、研究型工作”为目标，不断学习科技创新、现代金融、人力资源等方面的新知识，努力以政府的“有形之手”为实体经济集聚这些高级要素，从行政事务型干部向专业型、服务型干部转变。同时，丹阳市委市政府坚定不移地推动行政制度改革、简化，甚至取消各种不必要的行政审批手续，解决好企业发展中的现实困难，为实体经济减负松绑；还要求各级党政干部努力提高各项政策的前瞻性、预见性，不能有“焦头烂额为上宾”的陶醉和满足感，更要有“曲突徙薪无恩泽”的情怀和担当。

完善地方金融管理体制的对策建议[①]

盛文军[②]　何　帆[③]

党的十八届三中全会《决定》关于金融层面改革方面的字数虽然不多,但含义深刻,距离上一个《关于金融体制改革的决定》的出台(1993 年国务院颁布)已整整 21 年,稍微比较一下就可以发现,两者之间有巨大的区别:此次《决定》昭示未来的改革将是以市场导向、市场建设为根本,以主体多元化的资本结构为核心的多层次资本市场体系建设。而上一个《决定》主要是以机构改革为主线推进金融改革。

特别重要的是,十八届三中全会《决定》中强调,落实金融监管改革措施和稳健标准,完善监管协调机制,界定中央和地方金融监管职责和风险处置责任。这是中央首次以文件的形式明确要求界定在金融监管和风险处置领域中央和地方的职责。可见,完善地方金融改革体制已成为现阶段中国金融改革中不可或缺的内容之一。

一、当前地方金融管理体制的基本情况

随着地方经济的不断发展,地方金融业也随之壮大,地方金融资源已成为支持地方经济发展中非常重要的要素之一,各级地方政府对地方金融业的重视程度和管理积极性进一步提升。自 2002 年上海市金融服务办公室成立以来,全国各省(市)基本上都成立了金融办。

以浙江省为例,2009 年 4 月成立省金融办,随后各市县金融办陆续建立,金融办的功能不断完善。目前金融办的主要职能大致包括:承担着诸如制定和实施地方金

---

① 原文载于《浙商·金融家》2014 年 12 期。

② 供职于中国人民银行杭州中心支行。

③ 北京大学汇丰商学院教授。

融发展总体规划、指导地方性金融机构改革与发展、推进新型农村金融机构和准金融机构发展、配合和协调中央派出监管机构做好地方金融风险防范工作等一系列金融管理职能。

当前我国地方金融管理主要有三种模式①：一是中央政府授权。早在 1996 年，国务院为了推动农村金融体制改革，将化解农村合作基金会债务风险的任务交给了地方政府，虽然农村合作基金会还不是真正的金融机构，但已在“金融管理”范畴之内。2004 年，国务院又将农村信用社管理权下放给省级政府。2006 年以后，国务院两次发文将金融风险处置的工作职责交给地方政府。2009 年，国务院又将地方准金融机构——融资性担保机构的准入及监管权下放给地方政府，实行“谁审批设立、谁负责监管”。

二是中央监管部门委托。在当前“分业监管”模式下，“一行三会”承担着国家金融监管的重要职能。但随着行业分化和业务创新，出于全面监管的需要，金融监管部门开始尝试用委托监管的方式赋予地方政府对特定行业的管理职能。如 2008 年，银监会、人民银行将小额贷款公司的准入和监管交给地方政府。也有少数地方证券监管部门还通过与地方政府签订合作备忘，将部分金融风险管理职责委托地方政府具体组织实施。

三是地方政府创新。为了适应地方经济发展的需要，一些地方政府积极发展地方政府融资平台，改善政府自身融资环境。有的对有一定杠杆、向社会特定对象募集资金的股权投资机构实施准入备案管理，在充分发挥这类机构广泛动员民间资本作用的同时，防范地方金融风险。2014 年 3 月 1 日实施的《浙江省温州市民间融资管理条例实施细则》就是一例证。

二、为什么要完善地方金融管理体制？

从国际视野看，金融监管有中央统一监管和中央与地方分层监管之分，两种监管模式没有优劣之分，关键看是否符合金融改革发展的需要。经过改革开放 30 多年的

① 参见人民银行杭州中心支行课题组《关于地方金融管理体制的调查研究——以浙江为视角》。

发展,我国地方金融已成为整个金融体系中一个非常重要的组成部分,而相应的地方金融管理体系尚未建立和完善,仍然存在一些亟待完善的问题,值得我们高度重视和关注。

(一)中央与地方金融监管权责不分,不利于发挥地方积极性

当前地方金融机构都是由中央来监管的,典型表现为"一行三会"及其派出机构,而地方金融的风险主要由地方政府来承担。这里就存在一个逻辑悖论,既然地方政府无法对地方金融机构经营和运行进行监督和管理,那么如何承担风险的发生和处置责任呢?这就导致,一方面,地方政府想发展地方金融机构;另一方面又害怕无法处置由此引发的风险。从而陷入两难境地。

(二)地方金融监管职能不清,不利于提升金融效率

金融业和其他实体经济行业一样,需要市场竞争。十八大三中全会《决定》最大的亮点之一就是让市场在资源配置中发挥决定性作用。问题是如何形成竞争性市场,如果市场尚未形成,何谈让市场发挥决定性作用?因此必须让地方政府拥有一部分金融监管权力,题中之义就涵盖发展地方金融业。地方金融的发展不仅不会动摇全国性金融的主导地位,恰恰相反,由于竞争的加强,反而有利于形成竞争性金融市场,提升整个金融体系运行的效率。

我们知道,上一轮金融改革的重大成果之一是明晰了国有金融产权,但也造成了以国有银行为代表的市场垄断势力,其一是控制权以及大而不倒的问题,银行由国有独资变成股份制后,控股权让给财政部,与此同时出现了大而不倒的问题。实际上它们享有或明或暗的补贴。[①] 其二是监管保护,要保护它就要限制其他经济主体进入,如民营银行的准入门槛实际上就很高。

(三)统一的金融监管不能适应未来金融改革创新需要

随着世界经济的逐渐复苏,金融业态的发展日新月异,统一的金融监管体制很难适应未来金融改革发展的新需要。以互联网金融发展为例,现代金融业与互联网逐

---

① 明的补贴就是在利率管制的情况下全体公众用非常便宜的资金向这些机构输送金融资源。所谓暗的补贴,就是当它出现一定问题时,通过财政或者是通货膨胀税向它实施补贴。

渐从结合到融合,这是一种不可阻挡的趋势。现实中已经出现一些新的金融组织:一是替代银行的业务,典型代表如 P2P 贷款,基于大数据的贷款如阿里小贷等。二是替代证券的业务,典型代表如众筹融资。三是替代现金的业务,如肯尼亚的 M-Pesa。四是保险业出现了根据汽车使用情况确定费率的车险(usage-based insurance)。此外,证券研究还发现 Twitter 活跃度对股价有预测力,未来大数据与保险精算、证券投资结合,将会促成很多新的金融组织形态,这些形态对传统金融的冲击将是颠覆性的。可以预见:未来随着信息技术和互联网的发展,银行业、保险业和证券业逐渐融合并将成为一种潮流和趋势,至少在技术上提供了可能性。取而代之的很可能是一种与银行间接融资、资本市场直接融资并列的新型金融模式,即互联网金融模式,这种金融模式可以同时覆盖银行、保险和证券等业务,并且交易成本更低,参与人员更加大众化。

(四)地方金融管理对地方金融运行存在一定的隐性干预

众所周知,地方政府历来对金融资源的占有、使用和支配具有强烈动机和动力。政府手上拥有的资源,包括金融资源越多,支持和发展经济的支撑越强,经济和社会发展的持续性越足,不言而喻,政绩也越明显。因此,地方政府总是利用各种方式和手段对地方金融的运行进行干预。典型的干预手段有这样几种:一是每年年初对驻地金融机构,不仅仅是对地方法人金融机构,提出年度金融目标如贷款总量和增速目标、资本市场融资总量、增速和新上市公司家数、保险密度和深度增长目标等,年底对目标任务完成情况进行考核并给予相应的奖励。二是地方政府通过手中的资源,对重大项目、重点工程实施倾斜性政策,如优惠的减免税、贷款贴息等方式,促使驻地金融机构加大对这些政府项目和工程的金融支持力度。三是地方政府通过对地方法人金融机构高管的任免,影响地方金融运行,有研究显示:地方官员出于仕途考虑,在晋升压力较大时,积极利用自身的政治影响力和资源扩张及你经济,而此时银行信贷,尤其是城商行成为地方官员干预经济的一个重要渠道,而这种行政干预可能会导致银行信贷质量下降,风险上升(纪志宏等,2014)。[①]

① 纪志宏等在 2014 年第一期的《金融研究》上发表了《地方官员晋升与银行信贷》一文对此问题进行了实证研究。

三、完善地方金融管理体制的对策建议

完善地方金融管理体制在当前及未来都具有非常重要的现实意义,因为这涉及到中央和地方之间的关系问题。我们认为,在不影响中央统一金融监管的前提下,适度放权,完善地方金融管理体制可作为调整和优化中央和地方关系的一个突破口。金融是一个统一的体系,金融市场也是一个全国统一的市场,在始终坚持中央对整个金融体系的主导权和控制权的前提下,把金融监管权限适度下放,让中央的归中央,地方的归地方,不仅有利于调动地方的积极性,更有利于提升金融系统整体的效率。

毋庸讳言,金融监管的目的和目标无外乎以下三点:一是保护金融消费者、社会公众的利益;二是防范金融风险,维护金融体系的稳定和安全;三是促进公平、有效的竞争,提高金融市场运行的效率,推进行业健康发展。地方金融管理也不例外。

(一) 厘清中央与地方的金融监管边界

主要是划分管理边界,明确中央与地方的金融监管界限。可以参考美国等西方国家的分层监管模式,即地方机构交地方,市场交中央。所有地方法人金融机构均由地方来监管,但金融市场的监管应由中央统一进行,因为金融市场是非割裂的统一市场,而对那些区域性的、与金融相关的各类交易市场交由地方来监管。但需特别强调的是所有机构的市场准入权应交由中央金融监管部门,因为研究表明:金融机构的数量是与当地的经济发展水平相适应的,一定时期的市场容量也是有限的。如果把金融机构的市场准入权下发,很可能造成一哄而上的乱象,从而引发系统性金融风险。

(二) 划分中央与地方的金融风险处置责任

在厘清中央与地方的金融和监管边界的基础上,为体现权责对称原则,中央与地方的金融风险处置责任就呼之欲出了:地方金融机构出现的风险应主要由地方来承担,地方政府为此需建立一套防范地方金融风险的预警评估机制;而整体性、系统性风险则由中央来承担。如由银监会、证监会和保监会分别防范所监管行业的金融风险。由人民银行负责防范和化解系统性整体性金融风险,负责交叉性金融产品、跨市

场金融创新的协调，维护金融稳定（张健华，2014）①。对于地方政府而言，需要为此建立金融稳定基金，专户专用，用于地方金融机构的兼并、重组、救助和退出等金融风险处置，提升金融风险的防范与处置能力，促进地方金融机构稳定发展。

（三）着力提升地方金融管理水平

地方金融的发展水平与地方金融管理水平密切相关，对于地方政府来说，要不断加强地方金融管理体制建设，完善内部治理结构和管理框架，不断提高地方金融自身管理实力。一要理顺管理架构，目前地方金融机构多头管理，如融资性担保公司有经信委监管、典当行由商务厅监管、小贷公司由金融办监管等等。建议由省政府牵头，整合归并政府有关部门的金融管理职能，明确统一的监管部门，加强对这类地方中小金融组织的监管。二要优化管理理念，地方金融管理部门应该站在地方金融改革发展的高度，树立促进地方金融发展与防范金融风险并重的现代管理理念。三要提升专业水平，高度重视地方金融管理主体的专业人才队伍建设，并建立相应的培训制度。

（四）正确处理把握好改革与现行法律冲突问题

无论是厘清中央与地方的金融监管边界，划分中央与地方的金融风险处置，还是建立中央与地方的金融监管协调制度，抑或是统一地方中小型金融组织的监管，无一不涉及到改革与现行法律的冲突问题。经验表明，任何法律均是建立在已有实践的基础之上，并为之服务的。法律为实践服务并保驾护航，当实际情况发生了变化，法律也应做出适当调整和修缮。基于这种认识，当改革与现有法律发生冲突时，要允许边改革边试点突破现有法律框架，为进一步健全更加符合市场经济发展需要的法律制度创造条件，这也体现出改革自上而下和自下而上有机结合的原则。我国现行金融法律制度总体适应现阶段金融发展需要。但进一步深化改革就会遇到更深层次、更加复杂、难以预料的问题，完善地方金融管理体制也是如此。值得提醒和注意的是：中央与地方在金融管理上的适当分权，尽管需要通过改革试点来完善相应的地方金融管理法律制度，但不论何种改革，最终立法权都归中央，不能改变立法权集中在中央这一根本前提。

---

① 张健华：《关于完善地方金融管理体制的若干思考》，《清华金融评论》2014年第4期。

宏观税负与企业税负地区间差异的差异[①]

——基于工业企业数据计量分解的分析

汪德华[②]　李　琼[③]

一、引言

1994年税制改革之后,中国税收收入持续多年高速增长。这使得宏观税负成为学术界高度关注的话题(高培勇,2006;吕冰洋等,2007)。[④] 在整体宏观税负持续攀升之外,宏观税负在不同区域间存在着显著差异,也是中国财政领域的一个典型事实。如图1所示,在1994—2010年,北京市、上海市的宏观税负平均值均超过35%,而河南省仅为7.62%,两者之间相差4.7倍。考虑到北京市、上海市作为直辖市,其宏观税负过高可能由于总部经济较为发达这一特殊因素。但即使将直辖市从样本中排除,我们还可以发现,广东、浙江、贵州在1994—2010年的宏观税负平均值均超过14%,大约是河南省的2倍,是江西、湖南、河北省的1.7倍。显然,在中国税制全国统一的背景下,这种非直辖市地区间宏观税负的较大差异,在理论上是一个值得探讨的重要经济现象。在实践中,财税管理部门也已充分关注到宏观税负区域差异过大的严重性。如近期财政部预算司公布的"地方财政管理绩效综合评价方案"中,就将区域宏观税负是否

---

① 原文载于《财贸经济》2015年第3期。

② 中国社会科学院财经战略研究院研究员。

③ 对外经济贸易大学,财税学院讲师。

④ 所谓宏观税负,一般以经济体的年度全部税收收入占年度国内生产总值的比重来衡量。本文中的各省宏观税负即是按照这一定义计算,各年数据均来自于2010年《全国税务统计》。

偏离均值作为衡量地区财政收入质量的重要指标。①

地区间宏观税负的较大差异，是否意味着地区间的企业税负也存在较大差异？不同省份间宏观税负的差异，与其企业税负的差异有什么关系？考虑到中国税收绝大部分由企业缴纳(高培勇，2014)，这些问题就很值得探究。② 本文使用国家统计局工业企业数据库中2007年的企业数据，以江苏省为基准，在充分控制企业的行业、所有制、规模、年龄等特征变量的基础上，采用计量分解的方法来考察其他省份的企业税负与江苏省是否存在显著差异，并分析企业税负省际差异与宏观税负省际差异之间的关系。我们发现：除山西、河南等少数省份外，其他省份的企业税负都至少在5%的显著性水平上高于或低于江苏省；但各省份与江苏省企业税负的差异程度，与其宏观税负的差异程度并不一致；一些省份与江苏省宏观税负差距较大，但其企业税负差距却较小，相反的情况也存在。更重要的是，一些省份的宏观税负高于(或低于)江苏省，但其企业税负反而低于(或高于)江苏省。这表明：企业税负在不同省份间确实存在显著差异；但这种企业税负的地区间差异与宏观税负的地区间差异并不完全一致。

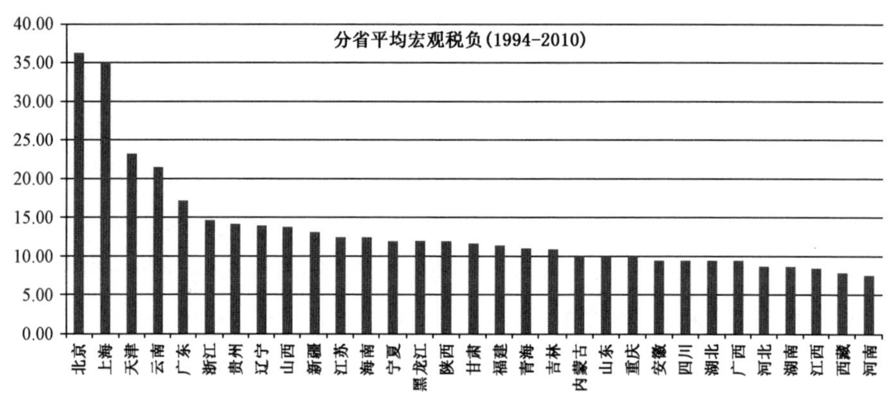

图1　各省份1994—2010年宏观税负(%)

数据来源：2010年《全国税务统计》。

---

① 方案要求，分东、中、西三大区域计算各省的宏观产业税负偏离度，偏离度过大将扣分。财政绩效管理评分满分为100分，宏观税负偏离度分值为3分，偏离度低于5个百分点得满分。参见 http://yss.mof.gov.cn/zhengwuxinxi/zhengceguizhang/201404/t20140414_1067085.html。

② 高培勇指出，2012年企业缴纳税收占全国税收的90%以上。

现有文献中关于中国宏观税负地区间差异的研究主要有两类：一是将宏观税负的地区间差异与区域经济发展不平衡联系起来(潘贤掌,1998;王金秀,2007)。二是将地区间宏观税负以及税收增长的差异与税收征管的努力程度联系起来。自20世纪60年代开始,一些学者提出税收征管的努力程度会影响税收收入的观点,并构造了税收努力指标来进行跨国比较分析(Bahl,1971,1972;Mertens,2003;Pessino & Fenochietto,2010等)。近些年来,国内学者也开始构造分省税收努力指标,用来探讨中国税收的高速增长现象。王剑锋(2008)研究了中央集权下的税收努力,得出税收高增长的一个路径解释。周黎安等(2011)估计了国税和地税机构的税收努力对于税收增长的不同影响。吕冰洋、郭庆旺(2011)基于税收分权的视角,认为税收分权提高了税务部门的税收努力,带来了税收的高速增长。黄夏岚等(2012)通过分离税收能力和税收努力,评估了我国地区间的宏观税负差异和税收努力程度的差异。总体看来,这些基于分省数据的分析均显示:税收努力程度的变化及差异是中国税收增长及地区间存在差异的一个重要原因。反过来说,地区间宏观税负存在巨大差异,可能的原因就在于税收努力的程度不同。正是出于类似的直觉认识,实践中财税部门就高度重视以宏观税负分析为切入点,来找出税收征管存在的漏洞,提高征管水平。例如,2006年前后,湖南省国税总局就在全省开展了“加强宏观税负分析,强化税收征管”的活动。①

本文与现有文献的主要差别在于:我们是基于微观企业数据,采用计量分解的方法识别出企业税负的地区间差异,并将宏观税负的地区间差异与企业税负的地区间差异进行对照分析。本文在识别企业税负地区间差异时,尽可能控制企业的各种特征变量,由此省份虚拟变量的回归系数可以理解为同样的企业在不同地区间税负的差异。②在中国税制基本上由中央制定的制度背景下,如果各地区税收征管水平没有差异的话,同样的企业在不同地区间的税负应不存在显著差异。因此,地区虚拟变量的回归

① 参见 http://www.hntax.gov.cn/article_content.jsp? articleid=20080307013865。

② 当然,中国基本税制在全国范围内高度统一,但税收优惠政策存在地区间差异。这可能导致在同样的税收征管水平下,不同地区间企业的实际税负会存在差异。不过,后文的分析也表明,即使排除掉税收优惠政策的地区间差异,我们发现的企业税负地区差异依然存在。

系数也可以解释为不同地区税收征管水平的差异。① 基于这一点，本文将企业税负的地区差异与宏观税负的地区差异进行对照分析，实质上是讨论现有文献所关注的税收努力与地区间宏观税负之间的关系问题。换句话说，如果说征管能力可能影响宏观税负水平，其直接作用的应是企业税负水平，然后再通过企业税负影响宏观税负。现有研究用来衡量税收努力的指标，如税收努力指数(潘雷驰，2007)、Malmquist 指数(崔兴芳等，2006；吕冰洋等，2007)、税务部门上报的查实率(周黎安等，2011)等，都是在一定假设条件下用区域加总数据进行构造。本文是基于微观数据，采用计量分解的方法计算出能代表各地区税收努力程度的企业税负指标。从本文的研究结果来看，税收努力导致的地区间企业税负的差异，可以在一定程度上解释不同地区间的宏观税负差异，但并不能说是主要因素，其他的诸如经济发展水平、产业结构等因素依然需要关注。

文章第二节介绍识别地区企业税负差异的数据和方法。第三节为主要结果，通过计量分析获取各省与江苏省企业税负的差异，并将其与宏观税负的省际差异进行对照分析。第四节为小结及讨论。

二、数据与方法

为分解出各省企业税负的区域差异，我们选择江苏省作为基准省份，分别将各省的工业企业与江苏省工业企业放到一起，形成回归样本。② 通过设定省份哑变量，对每一个回归样本做计量分析，就可以获得 30 个省与江苏省企业税负的差异。基本的计量模型如下：

$$CT=\alpha+\beta_1 PD+\beta_2 X+\varepsilon \tag{1}$$

(1)式中，CT 为企业税负，为模型的被解释变量；PD 为省份哑变量，为我们关注的主要解释变量；X 为控制变量；α 为常数项，β_1、β_2 为待估参数，ε 为误差项。企业税负 CT 由企业缴纳的所有税收除以企业增加值计算所得。在工业企业数据库中，企

① 税收优惠政策的差异也可能导致不同地区间的企业税负存在差异。后文分析中，我们考虑了这一问题并做了相应处理。

② 之所以选择江苏省为基准省份，主要是考虑江苏省产业结构较为完备，经济体量较大，且宏观税负水平在各省中处于中游。

业缴纳的税收分别记录在主营业务税金及附加,管理费用中的税金,所得税和增值税四个部分,我们将其加总起来获得企业缴纳的所有税收。每一个回归样本都包含了江苏省的样本企业和另外一个省的样本企业,省份哑变量 PD 是将江苏省企业取值为 0,对应省份企业取值为 1 所得。因此,回归系数 β_1 即是对应省份企业税负减去江苏省企业税负之差。

控制变量 X,包括企业规模、企业盈利水平、出口比重、人均资本、企业年龄、所有制属性以及行业属性等一系列可能影响企业税负水平的变量。企业规模,以企业销售收入的自然对数来衡量。企业规模作为企业最基本的特征,理论上关于其对企业税负的影响存在不同的观点。Siegfried(1974)的政治影响假说认为,大公司有更多的资源进行税收筹划与政治游说,因而实际税收负担较轻;而 Zimmerman(1983)的政治成本假说认为,大公司受到的公众关注度越高,实际税收负担也越高。企业盈利水平,以总资产利润率来衡量,即利润总额除以资产总额。一般说来,盈利水平越高的企业,其税负可能更高。出口比重,以出口交货值除以工业增加值来衡量。由于我国出口企业享受的税收优惠比普通企业多,出口占企业增加值的比重也是需要控制的重要变量。人均资本,以固定资产合计额除以全部职工人数,然后取自然对数来表示。考虑到劳动密集型企业和资本密集型企业的税负可能有所不同,增加人均资本变量为控制变量可以控制这方面的影响。企业年龄,是以 2007 减去企业成立年份的数值来表示的。一般说来,企业经营时间越长,其税收征管可能越严格,税负水平可能越高。

除以上变量外,我们还控制了企业的所有制属性和行业属性。在工业企业数据库中,企业的所有制类型包括国有企业、私营企业、港澳台企业、外资企业及其他五类。我们以国有企业为基准,建立企业所有制属性的虚拟变量,由此可以考察不同所有制企业相对于国有企业的税负高低。Derashid 和 Zhang(2003)认为国有股占比越高,意味着公司的游说能力越强,其实际税收负担越轻。在现实中,为了吸引国际资本流入,我国给予港澳台企业和外资企业很多的税收优惠(李宗卉,鲁明泓,2004)。因此,企业的所有制属性可能会影响企业的税收负担,但究竟哪一类所有制企业的税收负担更高,还需要数据的检验。

行业性的税收优惠政策在中国普遍存在,如对高科技行业的税收优惠,对涉农相关产业、民生福利性产业等的税收优惠等，因此企业的行业属性对企业税负的影响可能更大。(1)式计量模型的主要目的是分解出企业税负的地区差异，即识别出同样的企业在不同地区可能存在的税负差异。如在(1)式中不控制企业的行业属性，在不同地区工业企业行业构成存在差异的背景下，则回归系数 β_1 可能包含了由行业性税收优惠导致的地区间税负差异的信息。为此，本文在计量分析中，分别控制两位数代码行业、三位数代码行业和四位数代码行业，以有效排除行业税收优惠政策对企业税负地区差异的影响，并以行业属性控制变量的不断细化作为稳健性检验的一种方式。

表 1　主要变量的描述性统计①

	全国			广东		
变量	观察值	均值	标准差	观察值	均值	标准差
企业税负(%)	317 587	18.21	15	50 289	21.59	13
企业规模(千元)	317 587	115 231.6	1 103 853	39 880	116 288.6	1 294 951
企业年龄(年)	317 587	8.29	9.00	50 289	7.63	6.71
盈利能力(%)	317 563	12	36	50 289	6	10
出口比重	317 587	0.57	1.42	50 289	1.18	1.98
人均资本(千元/人)	317 587	121.01	333.90	50 289	96.04	246.74
	江苏			山东		
变量	观察值	均值	标准差	观察值	均值	标准差
企业税负(%)	40 459	17.21	12	34 136	17.43	15
企业规模(千元)	40 459	121 324.2	1 012 008	34 136	136 797.2	1 071 098
企业年龄(年)	40 459	8.70	8.70	34 136	6.52	8.28
盈利能力(%)	40 459	10	21	34 135	25	46
出口比重	40 459	0.52	1.28	34 136	0.33	0.99
人均资本(千元/人)	40 459	109.03	285.03	34 136	121.35	259.51

资料来源：根据 2007 年工业企业数据整理计算所得。

① 我们剔除了各变量存在极端值的样本。包括：企业税负小于或等于零的样本、企业税负大于或等于 1 的样本、出口占增加值的比重小于零的样本和出口占增加值的比重大于或等于 10 的样本、企业年龄大于 1 000 的样本、企业规模为零的样本和人均资本存量大于 10 000 的样本。

表1分别给出了全部样本企业,基准省份江苏省以及与江苏省发展水平相近的广东省和山东省企业主要变量的描述性统计。从表1可知,江苏省和山东省的企业平均税负与全国水平相当,在18%左右,而广东省的企业税负则比全国平均水平高出3个百分点。三省的企业规模与全国平均水平相近,山东、江苏则略微偏大。广东、山东两省的企业年龄相对于全国水平较小,而江苏省的企业年龄与全国水平相近。广东、江苏省企业的人均资本略低于全国水平。比较突出的是,山东省的企业资产利润率远高于全国水平,广东省的企业资产利润率远低于全国水平;广东省企业的出口比重远高于江苏省、山东省和全国平均水平,广东省企业出口交货值占增加值的比重均值为1.18,而山东省、江苏省和全国平均水平分别为0.31、0.5、0.57。不同省份之间企业特征变量的较大差异,也说明回归分析中控制这些特征变量非常重要。

三、主要结果

我们首先选取六个省市列示按(1)式进行计量分析的结果,重点是观察各省市的企业税负与江苏省是否存在显著差异。表2是北京市、上海市两个直辖市的结果,两者的宏观税负均明显高于江苏省;表3是与江苏省同属发达省份的广东省和山东省的结果,前者宏观税负高于江苏省,后者低于江苏省;表4是经济不发达,且宏观税负均明显低于江苏省、河北省和河南省的结果。在表2、表3和表4的回归分析中,企业规模、年龄、盈利能力、出口比重、人均资本、所有制属性以及行业属性等可能影响企业税负水平的特征变量均被控制,因此“省哑变量”回归系数的经济含义,表示的就是这些特征变量均相同的企业,其企业税负在相应省份与江苏省之间的差异。各表中的回归结果1、2、3,分别表示的是控制两位数行业、三位数行业和四位数行业虚拟变量后的回归结果。

从表2可知,虽然北京市和上海市的宏观税负都远高于江苏省,但与江苏省的企业税负之差却不同。表2的回归结果显示:北京市的企业税负在1%的显著性水平上高于江苏省,而上海市的企业税负却在1%的显著性水平上低于江苏省。控制行业属性的精确程度,对于回归系数的影响较小。以控制四位数行业代码后的结果来看:北京市的企业税负高出江苏省5.35个百分点,不仅在统计上显著,在经济上也显著;上海市的企业税负低于江苏省 0.87 个百分点,回归系数较小表明仅在统计上显著。换句话说,企业规模、年龄、所在行业等特征变量均相同的企业,在北京市缴纳的税负较江苏省要高出 5.35 个百分点,在上海市却较江苏省要低 0.87 个百分点。如表 5 所示,2007 年,北京市的宏观税负较江苏省高 29 个百分点,上海市较江苏省高 36 个百分点,差异均非常明显。与两地宏观税负均远高于江苏省的事实相比较,北京市、上海市与江苏省的企业税负差异较小。尤其是上海市,其企业税负甚至在统计上显著低于江苏省。

表 2　北京市、上海市的回归结果

	北京			上海		
	回归结果 1	回归结果 2	回归结果 3	回归结果 1	回归结果 2	回归结果 3
省哑变量	5.73***	5.41***	5.35***	−0.707***	−0.842***	−0.868***
	(21.80)	(20.39)	(19.75)	(−5.01)	(−5.91)	(−6.00)
企业规模	−0.005 2***	−0.005 1***	−0.005 2***	−0.007 6***	−0.007 5***	−0.007 8***
	(−7.89)	(−7.56)	(−7.89)	(−14.01)	(−13.68)	(−13.97)
企业年龄	0.025 6***	0.024 7***	0.023 9***	0.026 7***	0.026 5***	0.025 4***
	(15.29)	(14.75)	(14.29)	(17.71)	(17.54)	(16.76)
盈利能力	0.024 7**	0.024 3**	0.027 2***	0.044 0***	0.044 5***	0.045 9***
	(2.43)	(2.37)	(2.94)	(8.19)	(8.10)	(8.36)
出口	−0.927***	−0.892***	−0.843***	−0.902***	−0.867***	−0.831***
	(−17.52)	(−16.52)	(−15.35)	(−18.54)	(−17.47)	(−16.47)
人均资本	0.001 26***	0.001 00***	0.001 05***	0.001 11***	0.000 97***	0.000 97***
	(4.44)	(3.77)	(4.12)	(5.05)	(4.56)	(4.77)
私营企业	−0.004 16	−0.004 45	−0.007 26	−0.009 65	−0.009 31	−0.010 2*
	(−0.57)	(−0.62)	(−1.01)	(−1.57)	(−1.52)	(−1.66)
港澳台	−0.026 1***	−0.026 0***	−0.029 8***	−0.033 3***	−0.033 5***	−0.034 6***
	(−3.50)	(−3.50)	(−4.02)	(−5.28)	(−5.31)	(−5.46)

（续表）

	北京			上海		
	回归结果 1	回归结果 2	回归结果 3	回归结果 1	回归结果 2	回归结果 3
外资	−0.031 2***	−0.031 5***	−0.035 3***	−0.034 4***	−0.034 7***	−0.035 8***
	(−4.23)	(−4.29)	(−4.81)	(−5.51)	(−5.56)	(−5.69)
其他	0.016 2**	0.015 4**	0.011 2	0.012 2**	0.011 9*	0.010 2
	(2.22)	(2.12)	(1.55)	(1.97)	(1.92)	(1.64)
R^2	0.098 2	0.114 2	0.130 7	0.080 2	0.093 6	0.107 6
N	46 003	46 003	46 003	53 783	53 783	53 783

注：(1) 回归结果 1、2、3，分别表示控制 2 位数行业虚拟变量、三位数行业虚拟变量和四位数行业虚拟变量后的回归结果。(2) 括号内的数值为用稳健性标准误计算的 t 统计值。(3) ***、**、* 分别表示回归系数在 1%、5%和 10%的显著性水平上，通过了显著性检验。

表 3 呈现的是与江苏省同属发达地区的广东、山东两省的回归结果。在宏观税负水平上，广东省高于江苏省 5.45 个百分点，山东省低于江苏省 4.75 个百分点。从表 3 的结果可以看到，两省企业税负均在 1%的显著性水平上与江苏省有差异，且差异的方向与宏观税负的方向一致，即广东省的企业税负显著高于江苏省，山东省的企业税负显著低于江苏省。与表 2 相同，控制行业属性的精确程度，对于回归系数的影响也较小。以控制四位数行业代码后的结果来看，广东省的企业税负高出江苏省 1.20 个百分点，山东省低于江苏省 0.62 个百分点。总体而言，山东省、广东省与江苏省企业税负的差异均在统计上显著，但由于系数均较小，在经济意义上差距则较为微弱。

表 3　广东省、山东省的回归结果

	广东			山东		
	回归结果 1	回归结果 2	回归结果 3	回归结果 1	回归结果 2	回归结果 3
省哑变量	1.18***	1.17***	1.20***	−0.658***	−0.707***	−0.619***
	(11.66)	(11.19)	(11.14)	(−5.91)	(−6.21)	(−5.35)

(续表)

	广东			山东		
	回归结果 1	回归结果 2	回归结果 3	回归结果 1	回归结果 2	回归结果 3
企业规模	−0.003 2***	−0.003 2***	−0.003 4***	−0.004 6***	−0.004 5***	−0.004 6***
	(−7.17)	(−7.06)	(−7.46)	(−9.95)	(−9.61)	(−9.80)
企业年龄	0.013 8***	0.013 6***	0.012 3***	0.021 5***	0.020 7***	0.019 1***
	(11.17)	(11.00)	(9.94)	(16.39)	(15.75)	(14.51)
盈利能力	0.017 5***	0.017 8***	0.018 7***	0.019 8***	0.020 4***	0.021 2***
	(5.70)	(5.69)	(5.89)	(10.53)	(10.75)	(10.99)
出口	−1.14***	−1.13***	−1.11***	−0.683***	−0.683***	−0.639***
	(−36.15)	(−35.12)	(−34.34)	(−13.84)	(−13.70)	(−12.64)
人均资本	0.000 347	0.000 342	0.000 232	0.001 89***	0.001 81***	0.001 82***
	(1.63)	(1.61)	(1.15)	(7.86)	(7.55)	(7.62)
私营企业	−0.012 2***	−0.005 01	−0.006 19	−0.013 1**	−0.014 8***	−0.014 8***
	(−2.62)	(−1.07)	(−1.33)	(−2.44)	(−2.66)	(−2.66)
港澳台	−0.048 5***	−0.041 3***	−0.042 3***	−0.039 1***	−0.040 7***	−0.041 0***
	(−10.28)	(−8.67)	(−8.93)	(−6.97)	(−7.04)	(−7.05)
外资	−0.038 3***	−0.031 9***	−0.032 6***	−0.042 2***	−0.043 9***	−0.044 1***
	(−7.96)	(−6.56)	(−6.75)	(−7.65)	(−7.71)	(−7.70)
其他	0.008 62*	0.015 4***	0.013 7***	−0.002	−0.004 29	−0.005 38
	(1.84)	(3.27)	(2.91)	(−0.37)	(−0.77)	(−0.96)
R^2	0.090 2	0.100 6	0.113 1	0.057 2	0.067 1	0.082 3
N	80 339	80 339	80 339	74 593	74 593	74 593

注：(1) 回归结果 1、2、3，分别表示控制 2 位数行业虚拟变量、三位数行业虚拟变量和四位数行业虚拟变量后的回归结果。(2) 括号内的数值为用稳健性标准误计算的 t 统计值。(3) ***、**、* 分别表示回归系数在 1%、5%和 10%的显著性水平下，通过了显著性检验。

表 4 列示的是宏观税负低于江苏省的河北、河南两省的回归结果。与表 2、表 3 类似，控制两位数、三位数或四位数行业属性，对于回归系数的影响较小。以控制四位数行业代码后的结果来看，河北省的企业税负低于江苏省 2.78 个百分点，且在 1%的显著性水平上显著；但衡量河南省与江苏省企业税负差异的回归系数的数值较小，且没有通过显著性检验。如表 5 所示，河北省 2007 年宏观税负低于江苏省 6.27 个百分点，河南省低于江苏省 8.18 个百分点。与宏观税负的巨大差异相比较，两省企业税负与江苏省的差异相对较小。尤其是河南省的企业税负，在统计上与江苏省并不存在差异。

表 4　河北省、河南省的回归结果

	河北			河南		
	回归结果 1	回归结果 2	回归结果 3	回归结果 1	回归结果 2	回归结果 3
省哑变量	−2.77***	−2.82***	−2.78***	−0.273	−0.296	−0.256
	(−16.44)	(−16.58)	(−15.87)	(−1.42)	(−1.50)	(−1.29)
企业规模	−0.005 1***	−0.005 1***	−0.005 3***	−0.003 8***	−0.003 6***	−0.003 9***
	(−9.68)	(−9.49)	(−9.86)	(−6.70)	(−6.33)	(−6.87)
企业年龄	0.022 2***	0.021 7***	0.020 8***	0.017 4***	0.017 3***	0.016 2***
	(14.69)	(14.31)	(13.65)	(11.58)	(11.52)	(10.77)
盈利能力	0.006 84***	0.006 73***	0.007 66***	0.043 4***	0.043 1***	0.044 5***
	(4.52)	(4.39)	(4.86)	(11.39)	(11.14)	(11.58)
出口比重	−0.781***	−0.748***	−0.701***	−0.773***	−0.743***	−0.700***
	(−15.26)	(−14.32)	(−13.40)	(−14.51)	(−13.72)	(−12.70)
人均资本	0.001 22***	0.001 06***	0.001 05***	0.001 82***	0.001 53***	0.001 51***
	(4.98)	(4.34)	(4.44)	(6.95)	(5.93)	(6.07)
私营企业	−0.020 3***	−0.018 6***	−0.019 5***	−0.007 13	−0.011 3*	−0.011 2*
	(−3.38)	(−3.02)	(−3.16)	(−1.23)	(−1.88)	(−1.85)

(续表)

	河北			河南		
	回归结果 1	回归结果 2	回归结果 3	回归结果 1	回归结果 2	回归结果 3
港澳台	−0.043 3***	−0.041 5***	−0.042 8***	−0.034 7***	−0.038 6***	−0.038 3***
	(−6.90)	(−6.43)	(−6.63)	(−5.72)	(−6.18)	(−6.08)
外资	−0.047 1***	−0.045 7***	−0.046 7***	−0.039 5***	−0.043 4***	−0.043 2***
	(−7.61)	(−7.18)	(−7.32)	(−6.53)	(−6.98)	(−6.89)
其他	0.001 45	0.002 27	0.000 11	0.006 86	0.002 6	0.001 68
	(0.24)	(0.37)	(0.02)	(1.18)	(0.43)	(0.28)
R^2	0.086 2	0.101 3	0.118 6	0.068 3	0.083 2	0.099 5
N	50 632	50 632	50 632	53 122	53 122	53 122

注:(1) 回归结果 1、2、3,分别表示控制 2 位数行业虚拟变量、三位数行业虚拟变量和四位数行业虚拟变量后的回归结果。(2) 括号内的数值为用稳健性标准误计算的 t 统计值。(3) ***、**、* 分别表示回归系数在 1%、5%和 10%的显著性水平下,通过了显著性检验。

表 2、表 3 和表 4 中各个控制变量的回归结果也富有经济意义。所有样本的回归结果均表明:企业规模越大,企业税负越低;企业年龄越大,税负越高;企业盈利能力越强,税负越高;企业出口越多,税负越低;且回归系数基本上都在 1%的水平上显著。这些结论与前文的理论分析或基于常识的推理相符。例如,企业规模越大税负越低,印证了 Siegfried(1974)的政治影响假说;出口比重高则企业税负低,表明出口企业享受的税收优惠确实比非出口企业多。人均资本变量越高,企业税负越高,表明资本密集型企业较劳动密集型企业的税负更高。除广东—江苏样本之外,这一结论均通过 1%水平上的统计显著性检验。与国有企业相比较,私营企业、外资企业和港澳台企业的企业税负均较低,且后两者的差异更大。这表明:国有企业的企业税负最重,民营企业次之,而外资企业和港澳台企业税负最低。国有企业税负更高这一结论与吴联生(2009)基于上市公司数据的研究结果是一致的。不过,表 2 中私营企业的回归系数未能通过显著性检验。

综合表 2～表 4 中六省市的回归结果,可以发现:除河南省之外,各省市与江苏省的企业税负差异均通过了 1%水平上的统计显著性检验。这表明各地区之间的企业税负确实存在差异。但是,上海、广东、山东与江苏企业税负的差异从数值上看相对较小,也就是说这种差异在经济上并不一定重要。我们对其他省市也做了同样的计量分析,结果见表 5 的第 1 列。从表 5 可知,除山西、黑龙江、河南、西藏四地之外,其他省份与江苏省的企业税负之差基本上在 1%的统计显著性水平上显著。企业税负高于江苏省超过 2 个百分点的有北京、云南、浙江、新疆、海南等省份,企业税负低于江苏省超过 2 个百分点的有陕西、青海、江西、吉林、内蒙古、湖北、四川、重庆、安徽、广西、河北、辽宁等省份。如果单独比较高企业税负省份如北京、浙江等,与低企业税负省份陕西、甘肃等之间的企业税负差距,简单计算可以得出接近 10 个百分点。应当说,只要差异超过 2 个百分点乃至 10 个百分点,在经济意义上就是非常重要的差异。这说明,从全国范围内来看,不同地区间企业税负存在显著差异是较普遍现象。整体比较,陕西、甘肃、青海、湖北、四川等中西部落后地区的企业税负相对较低;北京、浙江、广东、福建等发达地区,云南、贵州等以烟、酒产业占重要地位的特殊省份,其企业税负相对较高。由于计量分析中我们控制了企业规模、年龄、盈利能力、出口比重、人均资本、所有制属性和四位数行业属性等特征变量,因此回归系数表示的是各方面特征均相同的企业,在不同地区缴纳税负的差异。显然,在全国税制基本统一的背景下,这种各方面特征均相同的企业的地区间税负差异,应当代表的是各地税收征管水平的差异。

表 5 的第 2 列、第 3 列,是将所有省份企业放在一起,分别以全部企业税负和扣除所得税之后的企业税负为被解释变量,按(1)式作计量分析所得结果。我们同样控制了企业规模、年龄、盈利能力、出口比重、人均资本、所有制属性和四位数行业属性等特征变量,各个控制变量的计量发现结论与表 2～表 4 基本一致,此处不再详述。[①] 此时省份虚拟变量的回归系数,表示的是该省份相对于全国除自身之外的其他省份(而非仅江苏省)的企业税负之差。从表 5 可知,除山西省之外,其他省份的第 1 列和

① 感兴趣的读者可向作者索取详细结果。

第2列差别不大：回归系数的符号、通过检验的显著性水平基本没有变化，仅是数值大小略有变化。这表明将参照系从江苏省更换为除本省外的其他省份，并不改变地区间企业税负存在显著差异的结果，本文的研究结论是相当稳健的。[①] 表5第3列省份虚拟变量的回归系数，表示的是各省扣除企业所得税之后的企业税负，与除本省之外的其他省份之差。如前文所述，地区性税收优惠政策的差异可能影响不同省份间的企业税负差异，进而影响我们对结果的解释。由于中国区域性税收优惠政策主要集中在企业所得税领域，为此表5第3列以扣除所得税之后的企业税负为被解释变量，以考察排除区域性税收优惠政策影响之后，地区间企业税负是否还存在差异。[②] 比较表5第3列和第2列可以发现，除湖南和西藏之外，各省回归系数的符号、通过检验的显著性水平也基本没有变化，但大部分省份回归系数的数值相对变小，少部分省份回归系数数值相对变大。在扣除企业所得税之后，湖南省和西藏自治区的企业税负，由原来的低于其他省份变为高于其他省份，且湖南省还通过了统计显著性检验，可能由于在于这两个省份的企业所得税相对于其他省份特别低。这些结果表明，扣除掉企业所得税对于原结果影响较小；排除掉区域性税收优惠的影响之后，不同省份间的企业税负差异依然切实存在。

表5　计量分解出的地区间企业税负差异

省份	两省样本	全部样本	全部样本（扣除企业所得税后）	省份	两省样本	全部样本	全部样本（扣除企业所得税后）
北京	5.35***	5.94***	5.17***	西藏	−1.22	−0.39	1
云南	4.82***	3.79***	4.49***	辽宁	−2.73***	−2.37***	−2.17***
浙江	4.61***	4.87***	3.44***	河北	−2.78***	−2.79***	−2.79***
新疆	2.68***	1.46***	1.43***	广西	−3.34***	−3.32***	−1.84***

① 由表1可知，江苏省的企业税负均值与全国均值较为接近。

② 区域性税收优惠政策主要针对经济特区、经济技术开发区、沿海开放城市、内陆开放城市、中西部地区等，以及近些年来各类区域规划中提出的税收优惠政策。查阅这些税收优惠政策文件，可以发现主要集中在企业所得税领域。

(续表)

省份	两省样本	全部样本	全部样本（扣除企业所得税后）	省份	两省样本	全部样本	全部样本（扣除企业所得税后）
海南	2.26**	2.35***	3.22***	安徽	−3.34***	−3.67***	−3.27***
贵州	1.36***	2.11***	2.78***	重庆	−3.43***	−3.61***	−2.64***
广东	1.20***	1.02***	1.15***	宁夏	−3.51***	−4.17***	−2.68***
山西	0.86	2.09***	2.65***	四川	−4.05***	−4.19***	−3.04***
福建	0.63***	1.06***	1.00***	湖北	−4.30***	−4.38***	−3.15***
天津	0.68***	0.99***	0.56***	内蒙古	−4.50***	−4.87***	−3.53***
河南	−0.256	−0.16	−0.54***	江西	−4.81***	−4.13***	−2.49***
黑龙江	−0.47	−0.59*	0.01	吉林	−4.81***	−5.20***	−4.32***
山东	−0.62***	−0.54***	−0.81***	青海	−5.05***	−4.72***	−3.16***
上海	−0.87***	−0.54***	−1.17***	甘肃	−5.20***	−4.75***	−3.63***
湖南	−0.90***	−1.42***	0.38**	陕西	−5.59***	−4.46***	−3.19***

注：(1) 表格中数值为省份虚拟变量的回归系数。第 1 列为相应省份和江苏省企业形成的两省样本进行计量分析的结果；第 2 和第 3 列是所有省份企业形成的全部样本进行回归分析的结果。(2) 所有计量分析均控制了企业规模、年龄、盈利能力、出口比重、人均资本、所有制属性和四位数行业属性等特征变量。(3) ***、**、* 分别表示回归系数在 1%、5% 和 10% 的显著性水平下，通过了显著性检验。

表 2～表 4 还显示：除上海市之外，其他省市与江苏省企业税负差异的方向，与其宏观税负差异的方向一致，但企业税负地区间差异的绝对值均小于宏观税负的地区间差异。表 6 将表 5 第 1 列各省与江苏省的企业税负之差，与各省与江苏省宏观税负之差放到一起进行对比分析，以从全国范围内考察宏观税负地区差异与企业税负地区差异之间的关系。其中各省是按其与江苏省宏观税负之差的大小排序。

为便于分析，我们将 30 个省分为 5 组。第一组是宏观税负高于江苏省 5 个百分点以上的 4 个省市，包括上海、北京、天津和广东。其中三个直辖市的宏观税负均高于江苏省 15 个百分点以上，其中上海更是高达 36 个百分点。但从企业税负之差来看，仅有北京高于江苏 5.35 个百分点，广东和天津略高于江苏，而上海甚至显著低于江苏。第二组是宏观税负高于江苏省 1～5 个百分点的 3 个省市，包括云南、浙江和山西。从表 5 中可知山西省的企业税负与江苏省不存在显著差异，但云南和浙江的企业税负均显著高于江苏省，且企业税负差异的绝对值大于宏观税负差异。第三组是宏观税负与江苏省之差在 1 个百分点之内的 4 个省市，包括贵州、海南、新疆、辽宁。但从企业税负来看，则是海南、新疆均显著高于江苏省 2 个百分点以上，贵州高 1 个百分点以上，辽宁低近 3 个百分点。第四组是宏观税负低于江苏省 1～5 个百分点的 8 个省市，包括陕西、宁夏、甘肃、重庆、青海、内蒙古、黑龙江和山东。从企业税负差异来看，福建省在 1%的显著性水平上反而高于江苏省，黑龙江省与江苏省则无差异，其他省份企业税负均显著低于江苏省。其中陕西、甘肃、青海、内蒙古、宁夏等省份与江苏省的企业税负之差大于宏观税负之差，山东与江苏企业税负之差明显小于宏观税负之差。第五组是宏观税负低于江苏省超过 5 个百分点的 10 个省市，包括安徽、四川、湖北、吉林、河北、广西、江西、湖南、河南和西藏。其中西藏、河南与江苏省宏观税负之差最大，但其企业税负却没有显著差异。其他省份与江苏省企业税负之差，在方向上与宏观税负之差一致，但数值大小排序上并没有一一对应。尤其是湖南省，其宏观税负低于江苏省 6.79 个百分点，但其企业税负仅低 0.9 个百分点，在经济上并不重要。

表 6 各省宏观税负、企业税负与江苏省之差(2007 年)

省份	宏观税负之差	企业税负之差	省份	宏观税负之差	企业税负之差	省份	宏观税负之差	企业税负之差
上海	36.19	−0.87***	辽宁	−0.48	−2.73***	安徽	−5.40	−3.34***
北京	29.32	5.35***	陕西	−1.91	−5.59***	四川	−5.61	−4.05***
天津	15.18	0.68***	福建	−2.51	0.625***	湖北	−5.61	−4.30***
广东	5.45	1.20***	宁夏	−2.96	−3.51***	吉林	−5.69	−4.81***
云南	4.66	4.82***	甘肃	−3.51	−5.20***	河北	−6.25	−2.78***
浙江	3.42	4.61***	重庆	−3.54	−3.43***	广西	−6.48	−3.34***

（续表）

省份	宏观税负之差	企业税负之差	省份	宏观税负之差	企业税负之差	省份	宏观税负之差	企业税负之差
山西	2.29	0.01	青海	−3.61	−5.05***	江西	−6.74	−4.81***
贵州	0.48	1.36***	内蒙古	−3.87	−4.50***	湖南	−6.79	−0.90***
海南	0.22	2.26**	黑龙江	−4.08	−0.468	河南	−8.18	−0.26
新疆	−0.07	2.68***	山东	−4.75	−0.619***	西藏	−10.16	−1.22

资料来源：企业税负之差来自表5第1列；宏观税负之差根据2010年《全国税务统计》提供的各省2007年宏观税负数据整理所得。

综合30个省份的情况来看，各省与江苏省企业税负差异的方向，除个别省份之外，与其宏观税负差异的方向基本一致；在数值大小关系上，以江苏省为参照系企业税负差异的区间范围是−5.2到5.35，远小于宏观税负差异的区间范围−10.16到36.19，而且企业税负差异的大小，与宏观税负差异的大小并不存在对应关系。这总体上表明：中国不同省份间宏观税负存在巨大差异，地区间企业税负的差异以及相对应的税收征管能力的差异有一定的解释力，但其他的因素可能更重要。

四、小结

在中国全国税制统一的制度背景下，不同省份间宏观税负却存在较大差异的现象，是一个值得探讨的重要经济问题。本文利用2007年工业企业数据，采用计量分解的方法识别各省与基准省份江苏省的企业税负之差，并将其与宏观税负之差进行比较。我们发现：中国不同省份间企业税负存在显著差异是普遍现象，除山西、河南等少数省份外，其他省份的企业税负都至少在5%的显著性水平上高于或低于江苏省，最高者甚至接近10个百分点。整体比较，中西部落后地区的企业税负相对较低，发达地区以及云南、贵州等特殊省份的企业税负相对较高。除个别省份之外，地区间企业税负差异的方向与其宏观税负差异的方向基本一致；但在数值上企业税负差异的区间范围远小于宏观税负差异的区间范围，而且企业税负差异的大小，与宏观税负差异的大小并不存在严格的对应关系：一些省份与江苏省宏观税负差距较大，但其企业税负差距却较小，相反的情况也存在。

通过本文的研究发现对于实践中如何利用税负差异分析寻找征管漏洞，如何理解宏观税负的地区差异两个问题有以下启示：

(1) 应探索采用计量分解方法识别出企业税负的地区间差异，用于分析税收征管漏洞问题。在大数据时代，利用宏观或微观税收数据分析查找税收征管漏洞，是非常有前景的研究方向，也正日益为税务部门所重视。目前，中国税务部门更多的是通过比较分析不同地区的宏观税负差异，来找出可能存在的税收征管漏洞。其基本思路是：地区的税收与地区增加值等指标应是稳定一致的关系；如某些地区的宏观税负显著低于其他地区，则表明其存在应收税收未能收上来等征管漏洞，为此可以对这些地区的税收征管问题进行重点检查。但从逻辑上看，税收征管能力只能直接影响相同企业在不同地区的企业税负水平，其即使影响到宏观税负也只能是通过企业税负这一渠道。换个角度看，由于不同产业的税负有差异，企业的一些特征也可能影响其税负，如本文第三节所发现的企业规模、年龄、盈利能力、产业特性、出口比重等都对企业税负有影响，则不同地区的宏观税负差异，完全可能来自于其产业结构、企业特征结构等方面的差异，而非来自于税收征管能力的差异。

本文所发展出的采用计量分解的方法识别出企业税负的地区间差异，更适宜于分析不同地区的税收征管漏洞。本文在识别企业税负地区间差异时，尽可能控制了企业的各种特征变量，由此省份虚拟变量的回归系数可以理解为同样的企业在不同地区间税负的差异。在中国税制基本上由中央制定的制度背景下，如果各地区税收征管水平没有差异的话，同样的企业在不同地区间的税负应不存在显著差异。因此，地区虚拟变量的回归系数实质上衡量的是不同地区税收征管水平的差异。与以宏观税负分析查找税收征管漏洞的做法相比较，在控制各种特征变量的基础上进行的企业税负比较，避免了产业结构、企业特征结构对结果的影响，因此更为合理。

为此，我们建议各级税务部门应大力推广以微观数据为基础的企业税负分析，进而找出税收征管体系漏洞的方法。本文比较的是不同省份企业的税负以及税收征管能力的差异，但单个省份、地级市等也可以用这种思路分析下属地区的税收征管漏洞。具体而言,首先应成立一个专家组,选择合适的控制变量并建立适宜本地的计量模型;其次是利用金税工程或者全国税收调查的企业数据,进行回归分析,测算出初步结果并补充实地调研、专家讨论,验证计量模型的合理性,进一步完善模型;其三是用改进后的计量模型,选择一个基准地区或用全部样本进行实际测算,并根据测算结果对所有地区进行排序;最后是排位靠后的地区应对照排位靠前地区进行自查,分析可能存在的特殊原因,如缺乏有说服力的其他原因,应着力分析征管体系存在的问题,并提出整改措施。

(2) 应重视宏观税负的地区间差异,分析背后可能存在的财税体制方面的问题。如前文所述,中国各省份之间存在巨大的宏观税负差异。事实上,即使在同一省份内部,不同地级市、县的宏观税负差异也较大。这一现象可能影响到各地区之间的财力平衡,还可能导致企业的税收转移,已经引起财政管理部门以及学术界的重视。在现有文献中,更多的是将宏观税负的地区间差异与税收征管问题联系起来,但从本文的研究结果来看,税收征管努力导致的地区间企业税负的差异,可以部分解释不同地区间的宏观税负差异,但不能说其是主要因素,其他的诸如经济发展水平、产业结构等因素依然不容忽视。

现实中,中国不同省份经济发展程度相差较大,由此行业结构乃至同一行业中的企业结构也存在较大差异,再加上总部经济、GDP 虚报问题等,这些因素对于宏观税负的影响可能更大。因此,就广受关注的中国地区间宏观税负存在巨大差异现象,透彻分析其原因依然任重道远。例如,北京、上海的宏观税负远高于其他省份,而上海的工业企业税负甚至低于全国平均水平,显示出主要原因应是两地利用总部经济发达的特殊优势,将其他地区生产活动创造的税收转移到本地。显然,这本身就反映出现有的跨区域生产活动的税收分配制度存在不合理之处,应进一步深化改革。对于其他省份,如宏观税负远低于全国平均水平,但企业税负不低的话,应着重分析自身的产业结构或者企业结构是否纳税能力较弱;在未来的招商引资以及产业发展规划中,应注重纳税能力强的产业或企业的发展。

参考文献

[1] 崔兴芳,樊勇,吕冰洋.税收征管效率提高测算及对税收增长的影响[J].税务研究,2006(4):7-11.

[2] 高培勇.中国税收持续高速增长之谜[J].经济研究,2006,12:2.

[3] 高培勇.理解十八届三中全会税制改革"路线图"[J].税务研究,2014(1):3-4.

[4] 黄夏岚,胡祖铨,刘怡.税收能力,税收努力与地区税负差异[J].经济科学,2012(4):80-90.

[5] 李宗卉,鲁明泓.中国外商投资企业税收优惠政策的有效性分析[J].世界经济,2004,27(10):15-21.

[6] 吕冰洋,郭庆旺.中国税收高速增长的源泉:税收能力和税收努力框架下的解释[J].中国社会科学,2011,2:76-90.

[7] 吕冰洋,李峰.中国税收超GDP增长之谜的实证解释[J].财贸经济,2007(3):29-36.

[8] 潘雷驰."可税与否"未改变我国GDP与税收的基本关系——基于1978—2005年数据的实证检验[J].财经研究,2007,33(7):17-30.

[9] 潘贤掌,黄耀军.我国各地区税负差异及其影响因素的实证分析[J].经济研究,1998,11:69-73.

[10] 王剑锋.中央集权型税收高增长路径:理论与实证分析[J].管理世界,2008,7:7.

[11] 王金秀.我国地区间财税的失衡及其矫正——以产业结构为视角对三大地区财税收入差异的经济分析[J].财贸经济,2007(6):57-62.

[12] 吴联生.国有股权,税收优惠与公司税负[J].经济研究,2009,10:109-120.

[13] 周黎安,刘冲,厉行.税收努力,征税机构与税收增长之谜[J].经济学(季刊),2012,11(1):1-18.

[14] BAHL R W. A regression approach to tax effort and tax ratio analysis[J]. Staff papers, 1971, 18(3): 570-612.

[15] BAHL R W. A representative tax system approach to measuring tax effort in developing countries[J]. Staff papers, 1972, 19(1): 87-124.

[16] PESSINO C, FECOCHIETTO R. Determining countries' tax effort[J]. Hacienda

Pública Española, 2010, 4(195): 65 - 87.

[17] DERASHID C, ZHANG H. Effective tax rates and the "Industrial Policy" hypothesis: evidence from malaysia[J]. Journal of international accounting, auditing and taxation, 2003, 12(1): 45 - 62.

[18] MERENS J B. Measuring tax effort in central and eastern europe[J]. Public finance & management, 2003, 3(4).

[19] SIEGFRIED J J. Effective average US corporation income tax rates[J]. National tax journal, 1974: 245 - 259.

[20] ZIMMERMAN J L. Taxes and firm size[J]. Journal of accounting and economics, 1983, 5: 119 - 149.

新时代推进基本公共服务均等化再探讨

高传胜①

现代化经济体系应该是一个迈向世界先进水平,涵盖社会经济活动各个环节、各个层面、各个领域的有机整体,其中包括既能体现效率、又有助于促进社会公平正义的收入分配体系和基本公共服务体系。推进基本公共服务均等化,不仅是保障民生、实现底线公平和机会均等、促进社会公平正义的重要途径,也有助于减缓贫富悬殊带来的社会压力、促进社会和谐稳定,并为新时代实现经济高质量发展、建设现代化产业体系提供有利的宏观环境和有力的人力资本支撑。更何况,基本公共服务供给侧本身还存在着规模不足、质量不高和发展不平衡等诸多突出的短板。因此,需要充分认识新时代推进基本公共服务均等化的战略意义与现实紧迫性,正确理解其理论内核与基础,在看到业已取得的成绩的同时,又对面临的突出问题保持清醒认识,并能积极借鉴国内外经验,提出合理可行的政策建议。

一、推进基本公共服务均等化的战略意义

新时代中国社会的主要矛盾已经转化为人民日益增长的美好生活需要和不平衡不充分发展之间的矛盾。已经基本解决温饱问题的中国,在不久的将来还要全面建成经济更加发达、民主更加健全、科教更加进步、文化更加繁荣、社会更加和谐、人民生活更加殷实的小康社会。为此,必须更好地满足人民群众日益广泛的美好生活需要。毕竟,新时代的人民不仅对物质生活提出了更高的要求,而且在民主、法治、公平、正义、安全、环境等诸多方面的要求亦日益增长。中国虽然经济总量已经位居世

---

① 南京大学政府管理学院教授。

界前列,社会生产力水平在总体上已经有了显著提升,但依然面临着十分突出的发展不平衡、不充分和包容性不强等问题,这正是满足人民群众日益增长的美好生活需要的主要制约因素。而推进基本公共服务均等化,不仅有助于保障民生、增进社会福祉、满足民众在美好生活方面的诸多需要,而且可以发挥保证底线公平、促进社会正义、增进社会和谐稳定等积极功用。因此,在新时代扎实推进基本公共服务均等化,是保障底线公平、缓解社会矛盾、全面建设小康社会的重要途径。

不仅如此,推进基本公共服务均等化,还是实现经济高质量发展、建设现代化经济体系的重要基础与支撑条件。中国经济已经由高速增长转向高质量发展阶段,并处于转变发展方式、优化经济结构和转换增长动力的攻坚期,而建设现代化经济体系则是跨越关口的迫切要求和新时代中国发展的重要目标。市场经济是需求导向的经济,高质量发展必须要能适应需求、引导需求并提升需求。忽视,甚至不顾社会需求的发展,不仅本身难以维续,而且也很难保证高质量。推进基本公共服务均等化,不仅有助于保障民众的多方面基本需求,实现民众的安居乐业,而且可以借此支撑高质量发展并建设现代化经济体系,毕竟,高质量发展与建设现代化经济体系都要靠人来实现。而人的素质、工作态度与积极性如何,都直接关系到高质量发展能否实现、现代化经济体系能否建成。推进基本公共服务均等化,不仅有助于人力资本投资开发,为高质量发展和现代化经济体系建设提供强有力的人才支撑,而且事关社会公平正义与和谐稳定的实现,影响到劳动者的生活环境与工作投入。

二、基本公共服务均等化的理论内核与基础

(一) 公共服务与基本公共服务的内涵

"概念引导我们进行探索"(维特根斯坦,2001)。概念界定,不仅是学术研究的逻辑起点,而且影响着研究方向、内容与范围。公共服务(public service)虽然是一个老生常谈的话题,但一直缺少一个严谨统一、能够被广泛接受的概念界定,这可能是源于公共服务本身的复杂性,它一方面涉及不同领域、具有不同的功能和类型,另一方面在保障上又有顺序之先后,水平之高低的区分。国家关于基本公共服务的"十二五"和"十三五规划"中确定的基本公共服务清单便有对这些方面的综合考虑。综合

而言，公共服务就是在一定社会共识的基础上，需要由政府承担供给责任，动用公共资源，并以某种方式适当介入（或者直接提供服务，或者提供财政资助，或者进行行业管制），向辖区内的公民提供并保障其可及性（accessibility）、可得性（availability）和可持续性（sustainability）的服务。

公共服务供给，不仅关乎国民的基本生活水准、能力的培养，而且影响到经济社会发展的条件和机会，涉及国民收入分配的利益共享性。基于功能视角，可以把公共服务分为基础性、经济性、社会性和安全性公共服务等四种基本类型（高传胜，2011）。(1) 基础性公共服务是国民生活和企事业组织从事经济社会活动所必需的，如供水、电、气、油，交通与通讯，以及邮政与气象等。这类公共服务的供给，重在保证可及性、易得性，并防止垄断、不正当竞争而产生的限产高价。(2) 经济性公共服务是为国民及其组织从事经济社会活动所提供的，如工商税务、行业准入等注册登记和监管服务、政策咨询与信息服务以及政策性金融等，它事关发展环境和发展条件的优劣，在供给上讲求便捷高效。(3) 社会性公共服务事关民生保障和人力资本投资开发，如社会保障、教育、医疗卫生等，在经济发展水平许可的条件下，应该保障优先供给。(4) 安全性公共服务以创造安全、稳定、和谐的国内外环境，推进诚信法治建设为己任，主要为公民提供安全保卫和监督管理服务，如国防外交、公共安全、司法监察以及各类市场监管等，这实际上也是国家最原始、最基本的公共管理职能。

考虑到公共服务涉及的范围较广，包含的类型较多，因而在经济发展水平还不是很高的发展阶段，政府在提供公共服务时会充分考虑其保障顺序之先后、水平之高低。因此，基本公共服务就是与经济社会发展阶段和水平相适应，旨在保障公民生存和发展基本需要的公共服务。在现代文明国家中，享有基本公共服务属于公民的基本权利，保障人人可以享有基本公共服务是政府的重要职责。从范围上看，基本公共服务一般包括保障基本民生需要的公共教育、医疗卫生、劳动就业创业、社会保障、社会服务、住房保障、公共文化体育、残疾人服务等领域的公共服务；在广义上，还包括与人民生活环境紧密相关的交通、通信、公用设施、环境保护等领域的公共服务，以及保障安全需要的公共安全、消费安全和国防安全等领域的公共服务。进入新时代的中国，不仅更加重视以人民为中心的发展思想，而且已经从追求增长速度转向追求发展质量，不平衡不充分的发展与人民日益增长的美好生活需要之间的矛盾已经上升为社会主要矛盾，民生短板已经受到社会各界的广泛关注。因此，当前基本公共服务供给必须优先保证民生保障等社会性公共服务，这也是国家制定的《"十三五"推进基本公共服务均等化规划》中确定的《"十三五"国家基本公共服务清单》中的主要内容，如公共教育、劳动力就业创业、社会保险、医疗卫生、社会服务、住房保障等。

（二）基本公共服务均等化及其理论基础

保证基本公共服务的可及可得，是基本公共服务均等化追求的主要目标。所谓基本公共服务均等化，就是要保证全体公民能够公平及可持续地获得大致均等的基本公共服务机会，其核心是机会均等、底线公平，而不是简单的平均化和无差异化。这实际上是一种较为可行的社会公平目标，如果从理论上溯源，其理论基础可以追溯到商品平均主义（commodity egalitarianism），即强调有些特殊商品应当人人有份、公平分配，而不管其供给成本与收益。尽管在历史上曾经出现过那些商品应该公平分配的争议，但是，如果把这些商品限定在保障基本生存和发展需要的公共服务上，则是可以被广泛接受的，而且又具有很强的可行性。更何况，经过长时间计划经济洗礼的中国人理应深知追求目标平等的平均主义危害，这种最纯粹的、最乌托邦式的平等理想（Drabble，1988）不仅曾让中国错失历史上的大好发展时机，而且也经不住学理上的认真推敲。

首先，每个人都是有差异的，不论这是否源于自然因素。绝对平等的平均主义则忽视了个人在天赋、能力、情感等方面的差异。可以想见，同样对待懒惰、没技能、不诚实的人和有创新力、有智慧、诚实的人，虽然可以让所有人都得到相同的结果，但在本质上却缺乏正义公正。其次，平均主义还会出现强制、不自由等问题。为实现绝对平等状态，势必要有一个权威机构来调查个人收入、财富分配并监督每个人及每项工作。这样，不但需要巨大的实施成本，还会造就一个过度膨胀的政府。如是，每个人的生活都将受到严格监察，任何人的境况也都不会变得更好。因此，一些人得到的比另一些人多，虽然会造成不平等和不自由，但平均主义则会降低每个人的自由度，甚至还可能走向极端。正因为追求目标平等的平均主义有着严重缺陷，因而将其限定在有限的特殊商品上，追求基本公共服务均等化，则是将公平理念与严峻现实有机结合的可行做法。

三、基本公共服务：主要进步与突出问题

推进基本公共服务均等化，不仅是解决新时代社会主要矛盾、实现经济高质量发展和建设现代化经济体系的战略需要，也是解决基本公共服务供给侧存在的总量与结构性问题的迫切要求。总体而言，伴随着改革开放以来经济持续快速发展，我国在基本公共服务领域也取得了长足进步，不仅已经初步构建起覆盖全民的国家基本公共服务制度体系，而且各级各类基本公共服务设施得到不断完善，基本公共服务的普及率、覆盖面有了持续上升，保障能力得到进一步增强。尽管如此，与民众不断增长的需求相比，与公平可及可得的要求相比，我国基本公共服务还存在着规模不足、质量不高、发展不平衡等突出的问题，因而，推进基本公共服务均等化还有许多艰苦卓绝的工作要做。

（一）基本公共服务领域取得的主要进步

目前国家确定的基本公共服务清单主要涉及 8 大领域，这里仅以其中与民生密切相关的公共教育、医疗卫生服务和社会保险 3 个领域为例，从时间上纵向来看我国在基本公共服务领域所取得的主要进步。

首先是公共教育。图 1 反映了改革开放以来学前教育、普通小学和初中的师生比变化情况。从中可以看出：尽管在 2000 年之前曾有过起伏波动，但之后三类教育的师生比都呈稳步下降态势，这意味着单个教师教育的学生人数在不断减少，这无疑是义务教育持续发展的结果。图 2 则反映了改革开放以来小学学龄儿童净入学率和普通小学、初中毕业生的升学率变化状况。从中可以看出：小学和初中升学率早期都有过短暂几年的下降情况，之后总体上都呈现上升态势，而学龄儿童净入学率则一直处于高位水平，最近 20 年学龄儿童的净入学率和小学升学率都接近 100%，初中升学率近几年也上升到 95%左右。这些都说明义务教育的普及率在不断提高，公共教育的保障能力在提升。

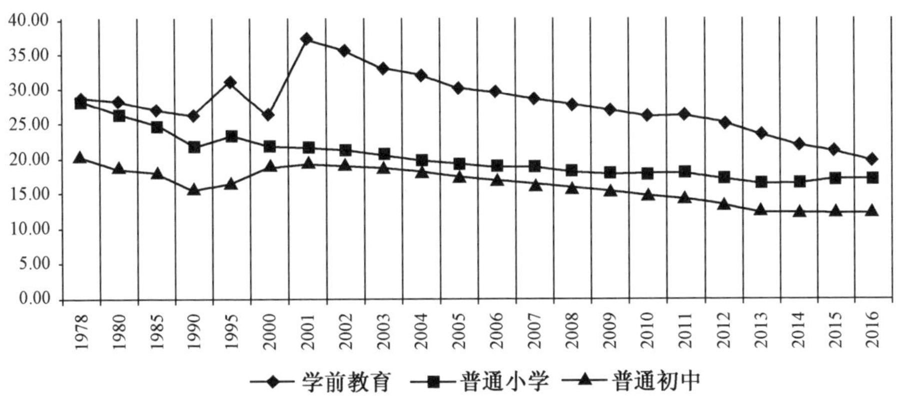

图 1　改革开放以来各类学校的生师比(教师=1)

数据来源:各年的《中国统计年鉴》

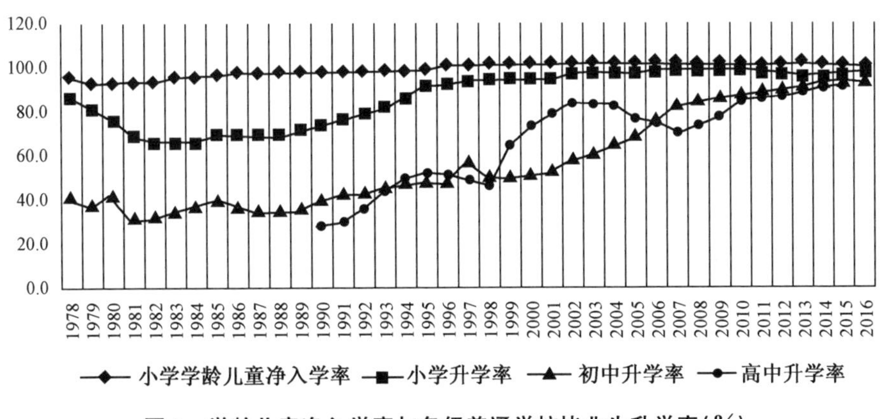

图 2　学龄儿童净入学率与各级普通学校毕业生升学率(%)

数据来源:各年的《中国统计年鉴》

其次是医疗卫生服务。图 3 反映了改革开放以来每千人口执业医师数和医疗卫生机构床位数的变化状况。从中可以明显看出:医疗卫生服务资源经过早期一段时间的缓慢增长之后,从 2003 年开始有了较大幅度的增长,到 2016 年每千人口执业医师数已经由 1978 年的 1.08 人上升至 2.31 人,医疗卫生机构床位更由 1.94 上升至 5.37,进步都十分明显。尽管在增长幅度上尚有很大差异,特别是医疗卫生服务的主

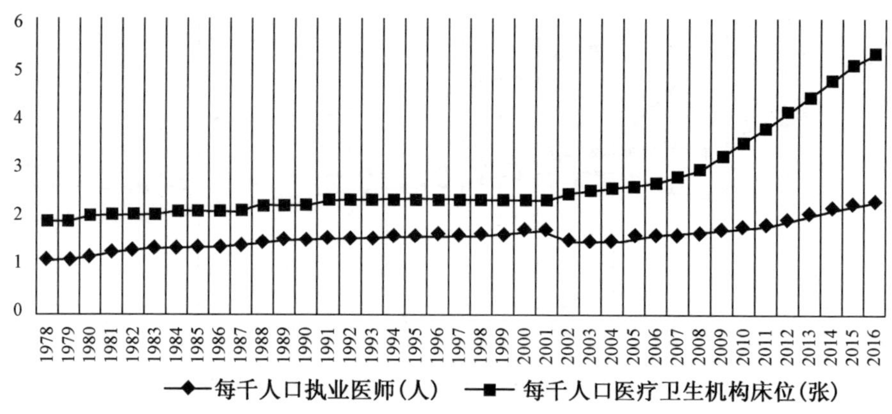

图3　每千人口医疗卫生资源状况

数据来源：各年《中国统计年鉴》和《2017年国民经济和社会发展统计公报》

导性资源——执业医师增长得相对较小。

最后看社会保险。这里主要以涉及面最广的基本养老保险和医疗保险为例。图4反映了城乡居民和城镇职工基本养老保险的参保情况。从中可以看出：起步较早、建设时间最长的城镇职工基本养老保险的参保人数一直在稳步增加，2017年末已经由1989年末的5 710.3万人上升至40 293.0万人，而起步稍晚的城乡居民基本养老保险，也由2010年末的10 276.8万人上升至2017年末的51 255.0万人，参保面均有了大幅度提升。2017年末全民基本养老保险的参保总人数已经达到91 845.0万人，达到历史最高水平，进步十分显著。图5则反映了基本医疗保险的参保情况。从中可以看出：起步较早、建设时间也最长的城镇职工基本医疗保险的参保人数一直在稳步上升，1994年末只有400.3万人，到2017年末已经达到30 323.0万人，而城镇居民基本医疗保险的参保人数则由2007年末的4 291.1万人增加到2016年末的44 860.0万人，增长幅度都非常明显；新型农村合作医疗(简称"新农合")的参合人数由2005年末的1.79亿人一度上升至2010年末的8.36亿人，此后由于人口迁移与城乡居民两种基本医疗保险制度整合等原因开始下降。2017年末城乡居民基本医疗保险的参保总人数为87 359.0万人，加上城镇职工参保人数，基本医疗保险已经覆盖了11 768.1万人，尽管比2013年末的历史最高水平137 272.6万人有所下降，但进步仍然十分明显。而参保人数的下降，可能只是城乡居民基本医疗保险制度整合过程中出现的暂时性下降，2017 年末城乡居民参保总数和全民参保总数相比于 2016 年末均已有所恢复，即是证明。

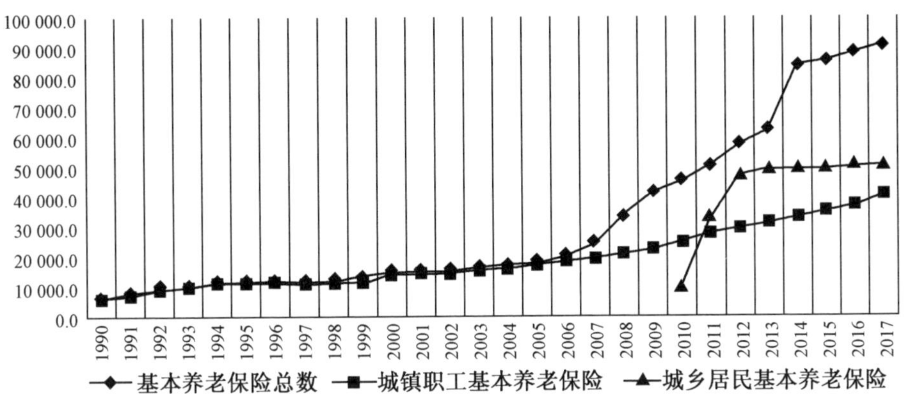

图 4　基本养老保险参加人数(万人)

数据来源：各年《中国统计年鉴》和《2017 年国民经济和社会发展统计公报》

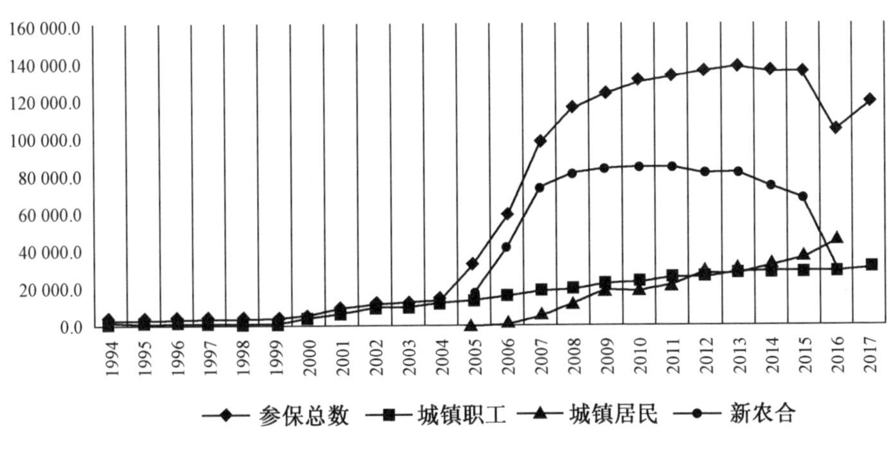

图 5　城乡基本医疗保险年末参保人数(万人)

数据来源：各年《中国统计年鉴》《中国卫生统计年鉴》和《2017 年国民经济和社会发展统计公报》

（二）基本公共服务领域存在的突出问题

虽然我国在基本公共服务领域已经取得了非常大的进步，但与民众不断增长的合理需求相比，与基本公共服务公平可及可得的要求相比，仍然还有一定差距，其中主要存在着规模不足、质量不高和发展不平衡等问题，突出表现在以下几个方面：

1. 城乡区域间资源配置不均衡，硬软件不协调，服务水平差异较大。基本公共服务资源配置的不均衡问题在我国早已有之，直到今天也未能得到根本性解决。其中，最突出的主要是城乡之间和地区之间配置的不均衡，尤其在公共教育、医疗卫生、社会服务和公共文化等方面。总体而言，一般是城市好于农村，经济发达地区好于欠发达地区。以关系国计民生的医疗卫生为例，根据《中国卫生和计划生育统计年鉴—2017》的数据，2016 年底每千人口执业医师数，城市和农村分别为 3.92、1.59 人；而每万人医疗机构床位数，城市和农村分别为 84.13、39.09 张，城乡差距都非常之大。事实上，不仅在数量上存在较大的城乡差距，质量上也同样如此，其中包括硬件和软件的不协调；此外，还有服务水平的较大差异。实质上，这也是农村居民更愿意选择到城市大医院就医的重要原因。城乡医疗资源配置存在的巨大差异，加上城乡居民之间存在的文化素养、卫生习惯等诸多方面的差别，必然会在一些指标上反映出来，表 1 显示的 5 岁以下儿童和孕产妇死亡率的城乡差距即是某个方面的具体体现。

表 1　2016 年 5 岁以下儿童和孕产妇死亡率

	新生儿死亡率（‰）	婴儿死亡率（‰）	5 岁以下儿童死亡率（‰）	孕产妇死亡率（1/10 万）
城市	2.9	4.2	5.2	19.5
农村	5.7	9.0	12.4	20.0

资料来源：《中国统计年鉴—2017》

基本公共服务资源配置的不均衡在地区之间也同样显著存在。首先看数量。同样是根据《中国卫生和计划生育统计年鉴—2017》的数据，2016 年底每千人口执业医师数，东部、中部和西部分别为 2.5、2.2 和 2.1 人，东部明显好于中西部；而每千人口医疗卫生机构床位数，东部、中部和西部则分别为 5.08、5.46 和 5.71 张，东部又明显不如中西部。再看质量方面。2016 年底,东部地区有三级医院 1 051 家,中部有 596 家,西部有 585 家,东部地区三级医院数量占全国的 47.1%。而东部、中部和西部地区的人口则分别为 57 329、43 241、37 414 万人,东部地区的人口占41.5%,三级医院的区域分布与人口分布比例略显不太协调。事实上,不仅优质医疗卫生机构如此,优质医疗卫生技术人员、先进仪器设备等也存在类似的分布不均衡问题,这里就不再一一赘言。

2. 服务设施不足和利用不够并存,人才短缺严重。基本公共服务供给离不开配套设施建设,衡量基本公共服务设施均等化起码可以从质量、规模和距离三个方面着手(罗震东等,2011)。当前我国基本公共服务设施建设的不均衡问题,体现在服务设施供给不足与利用不够并存,与此相伴的还有人才严重短缺等问题。比如,有的农村及偏远地区即存在着教育设施供给不足,而有的地方则出现生源流失、教育设施闲置问题;在养老方面,有的地方社区服务设施建设明显滞后,而养老机构则是"一床难求"与"床位闲置"现象并存;在医疗领域,以前是基层医疗设施不足,但经过前几年的大幅度增加投资,现在的状况则变成了基层设施已经增加了,但基层由于吸引不来、且难以留住优秀医疗卫生技术人员,因而出现民众需求不断转移、基层医疗设施不少处于闲置状态;公共文化体育设施,往往是在城市中心大量集聚,而基层社区设施则相对缺乏、建设滞后、维护欠缺。

在相关部门大力推进分级诊疗的当下,不妨以医疗卫生设施为例来作进一步分析。根据《中国统计年鉴—2017》的数据,如表 2 所示,2016 年我国基层医疗卫生机构(如社区卫生服务中心、街道与乡镇卫生院、村卫生室、门诊部)的诊疗人次数和医师日均担负诊疗人次均高于医院(如综合医院、中西医院、民族医院、专科医院),但基层医疗卫生机构的实际入院人数却远低于医院,而且基层医疗卫生机构的实际开放总床日数和平均开放病床均远低于医院,病床使用率仅为 59.7%,远低于医院的 85.3%,也低于专业公共卫生机构(如专科疾病防治院、妇幼保健院)。基层医疗卫生机构优质医疗资源(高级专业技术人员和医疗仪器设备)的短缺,导致患者在入院就诊时往往首选大医院,因而大医院往往是超负荷运转,而基层医疗卫生机构的设施则得不到有效利用,病床和医疗设备闲置率往往比较高。

表 2　各类医疗卫生机构医疗服务及床位利用情况(2016 年)

机构名称	诊疗人次(万人次)	入院人数(万人)	医师日均诊疗人次(人次)	实际开放总床日数(日)	平均开放病床(张)	病床周转次数(次)	病床工作日(日)	病床使用率(%)	平均住院日(日)
医院	326 956	17 528	7.3	1 986 184 210	5 441 601	32.0	311.3	85.3	9.4
基层医疗卫生机构	436 663	4 165	10.1	497 325 644	1 362 536	30.4	218.0	59.7	6.7
专业公共卫生机构	29 300	991	8.6	85 491 157	234 222	42.0	263.7	72.3	6.0
其他机构	251	45	3.2	10 029 267	27 477	16.2	186.8	51.2	8.4

数据来源:《中国统计年鉴—2017》。

3. 一些服务项目存在覆盖盲区,尚未有效惠及全部流动人口和困难群体。在过去相当长的一段时间内,基本公共服务事权与支出责任的属地关系没有完全理顺,因而一些本地化供给的基本公共服务往往仅覆盖到辖区内的户籍人口,却并未有效惠及全部人口,特别是流动人口。根据国家卫计委发布的《中国流动人口发展报告—2017》,2016 年我国流动人口规模达到 2.45 亿人。但在现行的社会管理体制下,很大一部分流动人口仍不能在务工地享受与当地民众平等的基本公共服务,基本公共服务的供给侧还存在着诸多不平等问题。一是劳动就业机会的不平等。当前仍有很大一部分流动人口被排斥在流入地的工作和生活体系之外。同时,很大一部分流动人口在工作所在地不能平等地享受当地人力资源与社会保障部门提供的就业指导、技能培训等信息和服务。二是流动人口子女教育的不平等。在义务教育阶段,流动人口普遍面临着高额择校费或借读费,致使相当一部分流动人口子女在务工地不能像当地儿童一样进入公办中小学,以经济排斥的方式剥夺了多数流动人口子女进入城市主流文化教育体系的权利。三是流动人口享受社会保障权利的不平等。“五险一金”制度本身设计的先天不足和后天管理上的统筹层次低、转移接续难等,都影响到流动人口公平享有医疗、住房等社会保障权利与服务(李晓霞,2014)。

困难人群未能享受到应有的基本公共服务，实质上正是不少家庭致贫的重要原因。基本公共教育服务不到位、责任未落实，往往是贫困代际传递的一大根源。因此，必须保证义务教育的公平可及可得，真正实现扶贫先扶智，扶贫与扶志相结合。健全医疗救助、基本医疗保险和大病保险等多层次医疗保障体系，则是防止因病致贫的重要途径。能够被这三个层次的医疗保障网络兜住的家庭，往往不会出现因病致贫状况，更何况现在社会上还有诸多公益慈善等救助渠道。如果就业救助、培训和社会帮扶能够覆盖到零就业家庭，让困难家庭能够有充分的就业甚至创业机会，那么，也会大幅减少贫困家庭与人口。正如 2006 年诺贝尔和平奖得主尤努斯（Muhammad Yunus）所言，每个人与生俱来即具有一定的潜能与创造力，使其不仅能照顾自己与家人，还能造福社会，只是我们建立的体制、设计的机构及形成的观念阻碍了他们发挥潜能（尤努斯、韦伯，2011）。基本公共服务就是开发人的潜能、保障潜能得以有效发挥的重要制度安排。如果出现盲区，贫困便可能因此产生。

4. 体制机制创新滞后，社会力量参与不足。保障人人都可以享有基本公共服务是政府的重要职责，但政府未必要亲力亲为，可以充分发挥市场组织、社会组织的广泛参与功能。然而，由于管理体制机制改革创新滞后，社会力量在我国基本公共服务领域的参与度明显不足。以平均每万人拥有社会组织的数量来看，巴西是 13 个，新加坡是 15 个，阿根廷是 25 个，美国是 52 个，日本是 97 个，法国是 110 个（杨佳伟，2016）。而按我国民政部公布的《2016 年社会服务发展统计公报》数据来看，登记在册的社会组织数量只有 70.2 万个，我国平均每万人拥有的社会组织的数量仅为 5 个，与上述国家的差距十分明显。

从亚当·斯密的“廉价政府论”，到约翰·梅纳德·凯恩斯的“政府干预论”再到詹姆斯·布坎南的“公共选择学派”，受自然法的影响，政府提供公共服务都被认为是天经地义的事情，市场失灵也为公共服务和公共产品的不断扩展提供了理论支撑（谢芬，2017）。从我国的实践看，由于计划经济时代的路径依赖，政府仍旧在很多方面习惯于做一个“大包大揽”的家长，并以保证公共服务供给质量和规范为名，对非营利组织进行过度干预甚至改造，“逐渐削夺其自主权和自治性，压抑其社区精神与首创能力”（陈少晖等，2018）。同时，我国的社会组织“先天不足”“发育迟缓”“能力不高”，亦影响其成为合格的公共服务提供主体，有的甚至就是政府部门的办事机构，出现为与政府相关组织“两块牌子，一套人马”共同运作的怪象。

新公共管理(NPM)理论的倡导者奥斯本等人主张将“把掌舵和划桨分开”，政府应更好地发挥“掌舵”功能而不是去“划桨”，政府要善于授权与分权，让各种力量参与其中，目的是将竞争机制注入服务提供中从而提高效率与效果；此外，他们还主张通过市场力量进行变革，来更好地满足“顾客”需要，等等(奥斯本、盖布勒，2006)。反观我国，不仅社会组织管理体制机制改革推进困难，而且社会组织注册登记难问题仍然未能得到根本性解决，社会组织发展缓慢，将直接影响他们承接基本公共服务的供给职能。

四、推进基本公共服务均等化的经验借鉴

在解决基本公共服务供给总量不足、质量不高和发展不平衡等短板上，国内外已经积累了不少有益的经验与做法，值得我们学习借鉴，以便进一步完善基本公共服务法律制度、改进管理体制机制与方式方法，更加有效地实现基本公共服务均等化的初衷与功能。

（一）完善法规政策，明确各方责任

绝大多数国家都是以立法形式来保障基本公共服务的普及责任，甚至有的还是一项立法保障一项基本公共服务的具体落实，其中包括明确各级政府的责任。比如，1601年英国女王伊丽莎白颁布了《济贫法》(一般称《旧济贫法》)，拉开了现代社会保障的序幕；后来针对旧济贫法存在的问题，1834年又出台了《济贫法(修正案)》(即史称的“新济贫法”)，不仅明确规定了社会救助是公民的一项基本权利，实施救济是社会应尽的义务，而且要求有专门的机构和专职人员来管理该项事业，并保证统一性和社会普遍性。德国则分别于1883年、1884年、1887年和1889年相继出台了强制性的《疾病社会保险法案》《工伤事故保险法》《生育保险法》和《养老保险法》，建立相应的社会保险制度；1903年更是通过了《童工法》，以法律形式对6—14岁的青少年必须接受最基本的义务教育作出了明文规定，并明确由国家和地方政府共同承担责任以从制度上保证不同人群获得基本公共服务的权利(徐水源，2016)。

(二) 加强转移支付，弥补落后地区财力不足

为了让地方政府能够承担起提供基本公共服务的职责，西方发达国家纷纷在财政制度上做出相应安排，以确保公共服务的财力投入。比如，加拿大即通过转移支付制度来保障基本公共服务均等化，联邦政府根据各个区域政府提供公共服务的财力水平，通过实施均等化财政，来保障欠发达省份的民众享受同等的基本公共服务。挪威中央政府则通过提供专项资金来保障地方政府的特定公共服务项目，并根据人口结构、收入水平等因素进行再分配(廖文剑，2011)。日本则是实行独特的“集权分散型”财政模式来保障基本公共服务均等化，即中央政府以《地方交付税法》为依据，将地方税收按照一定比例和系数加成后形成财政基金，再按照一定的标准在各地方政府间进行分配，以实现经济发达地区帮助经济欠发达地区的效果(刘志广，2011)。法国农村的公共基础设施十分完备，农民的生活也十分富足，这主要得益于法国通过各种法令建立多种公私合营的专业化公司，由他们来承担建设农村公共基础设施的责任，这些专业化的公司则必须按照政府计划和统一管理来进行经营，而公司承担的工程建设资金通常由政府提供 60%～75%，地方政府的工业部门和农业部门以及金融机构也可以参与投资。

(三) 改革创新政策，覆盖服务盲区

或者是中央政府主动作为，或者是地方政府高瞻远瞩、自主突破视野局限，改革创新政策措施，让基本公共服务能够覆盖全部人口，不留下服务盲区。针对民主德国并入联邦德国而产生的基本公共服务地区间不均衡问题，德国政府采取了横向转移支付策略来缩小东西部地区之间的经济和社会差距：一是在 16 个州之间进行分配，二是在州内各市之间进行分配，以便持续改善东部各州的基础设施建设和经济社会人文环境，逐渐实现地区均等化(刘涛，2017)。国内一些地区，则是高瞻远瞩，自主突破一些地方政府的视野局限，改革创新政策，让基本公共服务能够覆盖流动人口。比如上海市闵行区，率先建立公益性就业服务中心，对来沪人员提供免费就业服务，并对来沪从业人员参加技能培训实施补贴政策，鼓励他们参加职业技能培训和职业资格培训；此外，全区还较早地建立了覆盖全区的社会保障体系，形成了城保、镇保、农保、征地养老和综合保险等各种社会保险并存的社会保障框架(刘玉博等，2011)。贵

州省贵阳市则针对流动人口，全面实施流动人口居住证制度，推行居住证“一证通”制度，并逐步完善其功能。按照该制度规定，办理《贵阳市居住证》的流动人口，可享受计划生育、子女教育、就业保障、公共卫生、就业创业和住房保障等方面的均等化服务，并借鉴流动人口积分制管理，探索渐进式融合之路，如流动人口子女基础教育可以通过积分排名在居住地安排入读公办学校（申鹏，2013）。

（四）充分调动各方力量，积极参与服务供给

尽管提供基本公共服务是政府的责任，但既要发挥各级政府的职能，也要充分调动市场和社会的力量。比如美国，主要以分权方式来保证基本公共服务均等化。美国政府分为联邦、州和地方三级，三级财政各自使用相对独立的财税制度和法律，并依据宪法明确划分事权。其中，联邦政府主要负责保持宏观经济健康发展，同时向州和地方政府提供转移支付；州和地方政府则主要提供公共服务，同时引入竞争机制。再如韩国，曾把农村开发作为国家发展战略，着力改善农民生活环境，加强农村基础设施建设。为此，韩国政府先后制定了一系列政策措施，鼓励并充分调动社会各界的投资力量，为农村居民盖房、通水电、修路等，从而大幅改善了农村基础建设和公共事业，同时也促进了农产品有效供给，并为农业建立了基本保障体系。再如较早建立比较健全的社会保险制度体系的德国，依据 2005 年生效的《老年收入法》，通过大额补贴和高比例退税方式，建立了与法定养老保险同属第一层次养老保障的吕库普养老金计划（于秀伟，2013），这一计划并非通过公办组织，而是通过商业保险公司来实施。此外，在很多国家和地区，提供医疗、养老、教育等基本公共服务的，并不局限于政府投资兴办的公立组织，而是有很多的市场组织和社会组织（包括传统非营利组织和新兴的社会企业）参与其中，这些组织甚至成为一些基本公共服务的供给主力，而政府则通过购买服务或补助困难人群等方式来体现其职能与责任。

五、推进基本公共服务均等化的政策建议

为了保证底线公平、实现共同富裕，进入新时代的中国必须坚持以人民为中心的发展思想，进一步推进基本公共服务均等化。为此，必须针对目前基本公共服务领域存在的突出问题，广泛借鉴国内外经验，从完善制度、明确各级政府责任，加强转移支

付、保障落后地区财力支撑,鼓励各地改革创新、努力解决服务盲区问题,以及破除体制机制障碍、有效激发社会活力等四个方面着手。

(一) 进一步完善制度,明确各级政府责任

保障人人享受基本公共服务是政府最重要的责任。然而,这一责任并非总是放在各级政府的优先落实地位。究其根源,除了一些领导干部尚未形成民生保障的优先思想意识之外,考核问责机制不健全也是一大主因。因此,应该学习借鉴一些法治国家立法先行、保障有力的重要做法,一方面全面贯彻以人民为中心的发展思想,进一步完善地方政府政绩考核与问责制度,明确各级党委政府及主要领导人的具体责任,确保基本公共服务均等化能够成为各级党委政府的首要职责;另一方面则应建立健全激励机制,让重视民生保障且工作做得好、有效落实基本公共服务均等化责任的部门与人员,能够得到有效的激励,从而最终形成压力与动力双轮驱动、激励与约束有机结合的管理体制与机制。

(二) 加强转移支付,保障落后地区财力支持

落实基本公共服务均等化,必须以坚实的财力做支撑。即使在财力有限的情况下,按理也应将与民生紧密相关的基本公共服务均等化,放在优先保障的地位。因此,对一些经济欠发达地区,除了要通过考核问责制度的健全与完善来保障这一责任的优先落实地位,还要积极借鉴国内外的有效做法,一方面加强转移支付体制机制与方式方法的改革创新,通过纵向与横向转移支付制度来确保落后地区的财力支撑;另一方面则要建立起相应的风险防范机制,以规避一些地方政府可能因此而产生的道德风险与败德行为,从而让各地政府在尽力而为、量力而行的基础上,接受纵向和横向的转移支付。社会救助基金的中央补助机制引起的一些地方政府的博弈行为,在此应该引起足够的关注与重视。

(三) 鼓励各地改革创新,自主解决服务盲区问题

中国这样一个地域辽阔、区域城乡发展差距均较大、各地情况又千差万别的发展中人口大国,在制定政策解决社会经济问题时,既要注重宏观总揽与顶层设计,又要鼓励和支持各地的改革创新,自主探索解决自身问题的机制与方式。在落实基本公共服务均等化、解决政策与扫除服务盲区问题上,不仅要重视问责、强化责任,还要善

于借鉴学习国内外已经出现的不少有益的政策创新与实践探索，比如上海闵行的外来人口就业培训制度、贵州贵阳的居住证制度、江苏淮安的共有产权房制度，等等。对于这些地方性自主改革创新与实践探索，不仅要加以积极鼓励与引导，而且应注意及时总结与有效推广，以期充分发挥制度改革与创新的后发优势与外溢效应。

（四）破除体制机制障碍，有效激发社会活力

供给主体多元化、供给渠道多样化，有助于提高基本公共服务供给的总量与效率，更好地满足情况复杂多样的不同群体的合理需求，而且这也是实现基本公共服务均等化的重要趋向。更何况，我国区域城乡发展差距较大，流动人口数量庞大，困难人群多种多样，仅仅依靠政府这一单一的供给主体，难以在短时期内高效实现基本公共服务均等化(郁建兴,2011)。为此，必须积极借鉴发达国家的成功经验，充分认识社会组织在公共治理中的积极功用，尽快破除行政管理体制机制上的各种障碍，加快推进“放管服”综合改革，有效激励社会组织的活力，尽快形成政府主导、社会力量充分发展与广泛参与的多元化基本公共服务供给格局，其中尤其要重视正在世界各地兴起、具有营利性企业与传统非营利组织杂交优势的新型社会经济组织形式——社会企业的发展及其公共服务的供给作用。

参考文献

[1] 陈少晖，陈冠南.公共价值理论视角下公共服务供给的结构性短板与矫正路径[J].东南学术，2018(1)：113－121.

[2] 高传胜.论公共服务供给与中国实现包容性发展[J].东岳论丛，2011，12：67－72.

[3] 李晓霞.融合与发展：流动人口基本公共服务均等化的思考[J].华东理工大学学报：社会科学版，2014，29(2)：110－116.

[4] 廖文剑.西方发达国家基本公共服务均等化路径选择的经验与启示[J].中国行政管理，2011，3：97－100.

[5] 刘涛.社会整合与基本公共服务均等化——迈向均衡发展的德国社会政策[J].社会政策研究，2017(2)：14－34.

[6] 刘玉博，向明勋，李永珍.上海市闵行区推进流动人口基本公共服务均等化研究[J].上

海经济研究,2011(11):91-98.

[7] 刘志广. 日本地方交付税制度及其对中国实现基本公共服务均等化的启示[J]. 現代日本經濟,2011(1):31-37.

[8] 罗震东,韦江绿,张京祥. 本期聚焦:公共服务设施均等化研究——城乡基本公共服务设施均等化发展的界定,特征与途径[J]. 现代城市研究,2011(7):6-13.

[9] 戴维·奥斯本,特德·盖布勒. 改革政府:企业家精神如何改革着公共部门[M]. 周敦仁等译. 上海:上海译文出版社,2006.

[10] 尤努斯,韦伯. 企业的未来:构建社会企业的创想[M]. 杨励轩,译. 北京:中信出版社,2011.

[11] 申鹏. 城市流动人口社会化服务管理的困境与创新:基于贵阳市实践的探索[J]. 人口学刊,2013,06:85-94.

[12] 谢芬. 转变我国公共服务提供方式的现实逻辑,理论依据及优化路径[J]. 公共经济与政策研究,2017,2:5.

[13] 徐水源. 流动人口基本公共服务均等化的德国经验及其启示[J]. 人口与社会,2016(2016年04):45-51.

[14] 杨佳伟. 公共服务领域供给侧改革的困境——从供给方不足角度分析[J]. 中共济南市委党校学报,2016(6):69-72.

[15] 肯·布莱克默. 社会政策导论[M]. 王宏亮,等译. 北京:中国人民大学出版社,2009.

[16] 维特根斯坦. 哲学研究[M]. 陈嘉映,译. 上海:上海人民出版社,2001.

[17] 郁建兴. 中国的公共服务体系:发展历程,社会政策与体制机制[J]. 学术月刊,2011,3:5-17.

[18] 于秀伟. 德国新型个人储蓄性养老保险计划述评[J]. 社会保障研究,2013(3):106-112.

后　记

2018年是中国改革开放40周年，习总书记在2018年新年贺词中强调，要“以庆祝改革开放40周年为契机，逢山开路，遇水架桥，将改革进行到底”。市场化取向依然是我国经济改革的主旋律，在我国经济进入高质量发展阶段后，也依然不会发生变化。不可否认的是，高质量的发展必然意味着经济增长路径与经济新旧动能转换。从产业经济分析的角度来说，这种转换最为核心的要求就是要抓紧构建现代化产业体系。

什么是现代化产业体系？十九大报告指出：要着力加快建设实体经济、科技创新、现代金融、人力资源协同发展的产业体系。这是中国特色社会主义进入新时代，实现建设现代化经济体系战略目标的重要战略举措，也是其坚实的物质基础。现代化产业体系中，实体经济是核心，是根本；科技创新是动力，现代金融是“血液”，人力资源是“主体”。科技创新、现代金融与人力资源作为高级生产要素，发挥协同作用，共同服务于中国新时代实体经济的发展壮大。但具体而言，究竟如何推进现代化产业体系建设？在哪些方面需要推进进一步的改革？这些问题迫切需要理论界、实务界、政策界各位专家、学者的共同讨论。正是在此背景下，“建设现代化产业体系”论坛在盛夏的南京隆重开幕。

2018年7月21日，南京市新纪元酒店，群贤毕至，各抒高见，分享感悟，正是一场思想与学术的盛宴。参加者有高校学者，有政府人士，有企业家，有投资大咖……尽管来自不同领域，不同地区，但是大家都有一个共同的身份：刘志彪老师的学生。每年的七月，借恩师刘志彪教授生辰之际，天南地北的同门会欢聚一堂，聆听师训，专题研讨中国经济与产业发展中的重大问题，已成为师门传统。一来交流看法，增长见闻;二来互相了解,增进友情。犹记恩师五十寿诞之际,我们出版了论文集《中国产业经济学前沿》,该书依然还在案头,时常翻来,仍颇有收获。白马过隙,今年又逢恩师六十寿诞,我们再次倡议并征集了同门们的论文,出版《中国产业发展路径和机制——现代产业体系建设论坛文集》,以此为契机集中展现恩师与各位同门的研究成果,同时感谢刘志彪教授一直以来对学生们的关爱与提携。

是为后记!

李晓蓉　巫　强　安同良

2018 年 10 月 31 日

图书在版编目(CIP)数据

中国产业发展路径和机制 ：现代产业体系建设论坛文集 / 李晓蓉等编著. -- 南京 ：南京大学出版社，2019.10

ISBN 978-7-305-22056-2

Ⅰ. ①中… Ⅱ. ①李… Ⅲ. ①产业发展－中国－文集 Ⅳ. ①F124－53

中国版本图书馆 CIP 数据核字(2019)第 079256 号

出版发行　南京大学出版社
社　　址　南京市汉口路 22 号　　　　邮　编　210093
出 版 人　金鑫荣

书　　名　中国产业发展路径和机制：现代产业体系建设论坛文集
编 著 者　李晓蓉　巫　强 等
责任编辑　曹思佳　张　静

照　　排　南京南琳图文制作有限公司
印　　刷　江苏苏中印刷有限公司
开　　本　787×960　1/16　印张 23　字数 364 千字
版　　次　2019 年 10 月第 1 版　2019 年 10 月第 1 次印刷
ISBN 978-7-305-22056-2
定　　价　88.00 元

网址：http://www.njupco.com
官方微博：http://weibo.com/njupco
官方微信号：njupress
销售咨询热线：(025) 83594756
